"十四五"职业教育河南省规划教材

大学生创新创业教育基础

（第二版）

主　编　李延玲　杨　涛
副主编　黄战功　杜　凯

中国财经出版传媒集团
中国财政经济出版社

图书在版编目（CIP）数据

大学生创新创业教育基础 / 李延玲，杨涛主编；黄战功，杜凯副主编. --2 版. --北京：中国财政经济出版社，2024.1

"十四五"职业教育河南省规划教材

ISBN 978-7-5223-2646-7

Ⅰ.①大… Ⅱ.①李… ②杨… ③黄… ④杜… Ⅲ.①大学生-创业-高等职业教育-教材 Ⅳ.①G647.38

中国国家版本馆 CIP 数据核字(2024)第 003199 号

责任编辑：张　军　马宇泽　　　　责任校对：胡永立

封面设计：孙俪铭

大学生创新创业教育基础

DAXUESHENG CHUANGXIN CHUANGYE JIAOYU JICHU

中国财政经济出版社 出版

URL：http：//www.cfeph.cn

E-mail：cfeph@cfeph.cn

社址：北京市海淀区阜成路甲 28 号　邮政编码：100142

营销中心电话：010-88191522　编辑部门电话：010-88190666

天猫网店：中国财政经济出版社旗舰店

网址：https：//zgczjjcbs.tmall.com

北京富生印刷厂印刷　各地新华书店经销

成品尺寸：185mm×260mm　17.75 印张　421 000 字

2024 年 1 月第 2 版　2024 年 1 月北京第 1 次印刷

定价：51.00 元

ISBN 978-7-5223-2646-7

（图书出现印装问题，本社负责调换，电话：010-88190548）

本社质量投诉电话：010-88190744

打击盗版举报热线：010-88191661　QQ：2242791300

前 言

本教材是“十四五”职业教育河南省规划教材，作为全国高职高专院校公共基础课教材及河南省教育厅认定河南省高等职业院校创新发展行动计划教育教学类项目教材使用。

2015 年底，教育部发出通知，要求从 2016 年起所有高校都要对全体学生开设创新创业教育必修课和选修课，纳入学分管理。同时，要为有创业意愿的学生开设创业指导及实训类课程，落实完善创新创业优惠政策，建设和利用好大学科技园、创业孵化基地等创新创业平台。2017 年国务院总理李克强在政府工作报告中指出：推进以保障和改善民生为重点的社会建设，大力促进就业创业，完善就业政策，加大就业培训力度，加强对灵活就业、新就业形态的支持。要实施好就业促进、创业引领、基层成长等计划，促进多渠道就业创业。

本书作为大学生素质教育的特色教材，坚持科学发展观，严格按照教育部关于“加强国民素质教育”的要求，在国家大力推进“大众创业、万众创新”的时代背景下，本着对大学毕业生和社会高度负责的精神，结合大学生的实际特点，加强大学生创新创业教育，帮助大学生了解和掌握创新创业相关知识，以使大学生能够更好地在创新中成长，在创业中实现人生价值。

本书分为两大主题，前六章从创新理念入手，对创新的认识、思维、能力、创新创业两者关系、成功创业者的素质等知识点进行了梳理，后六章从创业策略入手，详细讲解了如何组建一个优秀的团队，通过优秀的团队，发现创业资源、机会、模式并识别创业计划等必备知识。特色上主要突破了相对滞后的创新创业教育理念，阐明了“创新引领未来、创业是一种生活方式”，不纠结于狭义的创业，而是以创业的心态、创造性地做好本职工作作为创业根本。

由于本教材融入了最新的教学理念，力求严谨，注重与时俱进，具有知识新颖、内容丰富、案例鲜活、贴近实际、注重素质培养和创新能力提升等特点，因此本书既可以作为财经类高等院校、高职高专院校大学生创新创业教育的教材，也可以为广大有志于创业的青年提供有益的参考和借鉴。

本教材由李延玲、杨涛策划总体方案并具体组织编写，李延玲、杨涛为主编，黄战功、杜凯为副主编。编写分工：白亚峰（第一章），李延玲（第二章），张雪丽（第三章），黄战功（第四章），范书珍（第五章），段春霞（第六章），王莉（第七章），杜凯（第八章、第九章），董茂（第十章），付静（第十一章、第十二章）。

本书为用书学校任课老师提供了相关教学资源，如有需要请以电子邮件形式向中国财政经济出版社索取（请注明：学校、全书名、作者、版次），Email：caijingjiaocai@163.com。亦可登录以下网址下载：http://jiaocai.cfeph.cn。

编 者

2023 年 7 月

目　录

第一章
认识创新

学习目标

- ☐ 了解创新的内涵及特点
- ☐ 了解创新的分类
- ☐ 了解创新的积极作用
- ☐ 了解培养创新思维的方法
- ☐ 了解大学生在校期间的创新渠道

【案例导入】

"发明大王"的创业路

在江苏大学的大学生创业孵化园内，一块"环球创新学校"的招牌显得格外耀眼。它的创办人小吴看上去与"创新""环球"这些"张扬"的词语似乎没有任何关联，然而他却是39项国家专利的获得者。

"发明其实挺简单的。"对于多数人来讲高深莫测的发明创造，在小吴眼中却是很平常的一件事。对日常见到的事物，小吴总是能从多角度进行观察和分析，找出改进和提高的方法。他的发明创意就像泉水一样源源不断地涌现出来，有时候一节自习课就能搞出几个小发明。就这样，三年多的时间，小吴就申请了"磁性防滑卫生勺""双面透明胶带""可控茶汤浓度茶杯"等共39项国家专利，29项已获得授权，受到的学校奖励也高达14500元，成了校园内小有名气的"发明大王"。

"发明不能只留在纸上"，小吴告诉记者。除了积极向社会推介自己的发明专利外，他还发现，推广创新思维和专利知识也是一门不错的生意。随着发明专利的增多，小吴身边的"粉丝"也越来越多，不少同学向他"取经"发明创新的技巧。到底有多少学生对发明创新感兴趣呢？他带着疑问、壮着胆子开始了一系列创新教育免费公益培训的宣传推广。参加培训的同学数量之多出乎小吴的意料。同学们兴趣浓厚，让他心中暗喜，看来开展创新教育"有戏"。

后来，学校的大学生创业孵化基地开放，这让小吴的创业梦想得以变成现实。“学校不仅给我们提供免费的办公场地，配了办公桌、电脑，还定期请专家提供创业指导。”小吴高兴地告诉记者，他的创新学校开业才一个多星期，报名的学员就达180多人。

（资料来源：大学生四年申请39项国家专利 创业欲办“创新学校”，中国江苏网，2011年04月07日。）

第一节　创新概述

一、社会现状

随着我国经济社会发展进入新常态，党中央、国务院作出了加快实施创新驱动发展战略、建设创新型国家的重大决策。人才是创新的核心要素，创新驱动实质上是人才驱动，其迫切需要深化教育教学改革，加快培养富有创新精神的人才队伍。从中央到教育系统，全面、深入开展创新创业教育改革已成为共识。

2015年5月，国务院颁发《关于深化高等学校创新创业教育改革的实施意见》（以下简称《实施意见》），确立了到2020年建立健全高校创新创业教育体系，普及创新创业教育的总体目标。

努力造就大众创业、万众创新的生力军，需要推动高等教育主动适应和积极引领经济发展新常态。《实施意见》将加速高等教育与科技、经济、社会紧密结合，加快培养规模宏大、富有创新精神、勇于投身实践的创新创业人才队伍，推动高等教育为我国人力资源强国建设做出新贡献，这正是我国高等教育服务于人力资源强国建设的时代担当。

现在的世界是一个强调创新、鼓励创新的世界。2022年10月，党的二十大报告指出，必须坚持科技是第一生产力、人才是第一资源、创新是第一动力，深入实施科教兴国战略、人才强国战略、创新驱动发展战略，开辟发展新领域新赛道，不断塑造发展新动能新优势。蓝图绘就，使命在肩。作为接受过高等教育的大学生群体，既肩负着创新知识、传播知识和应用知识的责任，也是培育创新精神和创业能力的先锋，应以更加良好的风貌和更加饱满的热情，激发“第一生产力”，激活“第一资源”，点燃“第一动力”，奋力开创高质量创新发展新局面。所以，大学生更应该注重在平时的学习和研究中有意识地培育和锻炼创新思维能力，主动适应社会经济发展需要，更新思维观念，积极推进创新实践，大力培养自身的创新思维和创业能力。树立“天下—国—家—自我”的关系观念，提升自身的社会责任感，使自己成为具有家国情怀、创新意识的高素质创新创业人才。

二、创新的内涵

创新是以新思维、新发明和新描述为特征的一种概念化过程。它起源于拉丁语，原意有三层含义：第一，更新，即对原有的东西进行替换；第二，创造

认识创新

新的东西；第三，改变，即对原有的东西进行发展和改造。准确地说，创新是创新思维蓝图的外化和物化。

经济学上，“创新”概念最初源于美籍经济学家约瑟夫·熊彼特，他在1912年出版的著作《经济发展概论》中，以“创新”为核心概念，揭示了创新、增长与发展、周期性波动的关系。他认为创新是把一种生产要素和生产条件的“新结合”引入生产体系。“创新”包括五种情况：引入新产品、引入新的生产方法、开辟新的市场、获得原材料或半成品的新的供应来源、建立新的组织。

现代中国，创新已上升到了国家层面。党的十八届五中全会提出：“坚持创新发展，必须把创新摆在国家发展全局的核心位置，不断推进理论创新、制度创新、科技创新、文化创新等各方面创新，让创新贯穿党和国家的一切工作，让创新在全社会蔚然成风。必须把发展基点放在创新上，形成促进创新的体制架构，塑造更多依靠创新驱动、更多发挥先发优势的引领型发展。”这是将创新发展提到了一个新的高度。创新发展，不是指某一领域的创新，也不是指某一方面的创新，而是系统的、全方位的创新。创新是一个分层次的结构性体系，既包括宏观层面的理论创新、制度创新、科技创新、文化创新等，也包括微观层面的产品创新、市场创新、管理创新、业态创新等。在各类创新体系中，理论创新居于统率地位，发挥先导指引作用；科技创新是关键环节；而制度创新是科技创新、文化创新等的重要保障。

综上所述，创新就是以提出有别于常规或常人思路的见解为导向，利用现有的知识和物质，在特定的环境中，本着理想化需要或为满足社会需求而改进或创造新的事物、方法、元素、路径、环境，并能获得一定有益效果的行为。一般意义上，创新是指在批判或改变旧事物的过程中有新的发现、提出新的见解、开拓新的领域、解决新的问题、创造新的事物，以及为了某种目的对前人、他人已有的成果进行创造性应用的行为。

为了使大家对于创新有更直观的认识，我们举几个例子。

案例学习 1－1

名画邀顾客——专有独到，绝不雷同

某保险公司出资2.5亿元，买来梵高的世界名画《向日葵》，悬挂于营业大厅。消息不胫而走，每天前来观赏者达2万多人次，一时成为当地一大热点。各种报道充斥媒体，各种传闻流入街巷，公司知名度大为提高，生意蒸蒸日上。据行家估算，此“广告”产生的价值在100亿元之上。

商业竞争，人们或者做广告，或者讲服务，总有一套常规的办法。如何通过创新，少花钱、多办事，这是商家苦苦追求的。

在这个例子中，以梵高名画招徕顾客，的确是个价值很高、构思独到的好创意。它的独创性表现在：一是以常人难得一见的名画吸引人，满足广大民众的审美需求，从而引来广泛关注；二是高值示人，名画的价格高得令人咋舌，既能引发轰动效应，又能实实在在地展现企业强大的经济实力，赢得社会信任；三是以免费吸引人，让人不付分文即可获得高档次文化享受，提高企业的社会美誉度。一石数鸟，创意是金。概而言之，这种招客手法是首创、是“第一个”。

此外，我们也不必为高昂的购画费用担心，实际上更独特的地方恰恰就在这里——从经济上核算，此保险公司可以不耗费分文资金，将名画轮流放到各分公司悬挂宣传，一定时间后，目的基本达到了，再将它请进拍卖行，本钱不是全收回来了吗？说不定还可以升值！借物自重、借人自重，这是独到有效的制胜方式。

案例学习 1－2

鲁班造锯——世上无难事，只怕有心人

相传有一年，鲁班接受了一项建筑一座巨大宫殿的任务。这座宫殿需要很多木料，他和徒弟们只好上山用斧头砍木，当时还没有锯子，效率非常低。一次上山的时候，由于他不小心，无意中抓了一把山上长的一种野草，却一下子将手划破了。

鲁班很奇怪，一根小草为什么这样锋利？于是他摘下了一片叶子来细心观察，发现叶子两边长着许多锋利的小细齿，用手轻轻一摸，便很容易划出口子。

后来，鲁班又看到一条大蝗虫在一株草上啃吃叶子，两颗大板牙非常锋利，一开一合，很快就吃下一大片。这同样引起了鲁班的好奇心，他抓住一只蝗虫，仔细观察蝗虫牙齿的结构，发现蝗虫的两颗大板牙上同样排列着许多小细齿，蝗虫正是靠这些小细齿来咬断草叶的。

这两件事给了鲁班很大启发。于是他就用大毛竹做成一条带有许多小锯齿的竹片，然后到小树上去做试验，结果不出所料，竹片几下子就把树干划出一道深沟，鲁班非常高兴。但是由于竹片比较软，强度比较差，不能长久使用，拉了一会儿，有的小锯齿就断了，有的变钝了，需要更换竹片。

鲁班想到了用铁替换竹子，便请铁匠帮助制作带有小锯齿的铁片。鲁班和徒弟各拉一端，在一棵树上拉了起来，只见他俩一来一往，不一会儿就把树锯断了，又快又省力，锯就这样被发明了。

（资料来源：鲁班是如何发明锯子的，中国历史网，2021 年 03 月 06 日。）

草叶两边的细齿划破了鲁班的手指，促使鲁班发明了锯子。我们可以看出，任何生活工作中的小细节都可能成为一个新的发明、一个新的突破，关键在于是否用心去观察思考这些小细节。劳动是创造价值的唯一源泉，古今中外的伟大发明，无一不是在劳动智慧中产生的，而鲁班造锯再次证明了这一伟大真理。

创新不分大小。氢弹爆炸、卫星上天之类的科学新发现、新发明或新创造是创新成果，家用冰箱单门变双门、电源插座单座变多座，同样也是创新的重要成果。

可见，创新并不都关在高雅的象牙塔里，也不都高居华贵的殿堂之上。相反，在日常生活中，它触目皆是、人人皆能。因此，每个人都不要将创新神秘化，我们应该相信，它貌似艰深实则平常，只有这样才能打消对创新的恐惧，积极地开动脑筋。

总之，不要当创新的看客，而要成为创新的主人。

三、创新的特征

创新是创造出新的东西并由此引发相关领域的变革和发展的过程。创新本质是一个经济概念，它可以使新概念、新设想或者新技术转变为经济效益。从这个意义上说，创新具有以下几个基本的特点：

1. 新颖性

创新不是模仿、再造，新颖性是创新的首要特征。具体说，新颖性包括三个层次：一是绝对新颖性；二是局部新颖性；三是主观新颖性，即对创造者个人来说是前所未有的。

2. 价值性

创新可以重新组合生产要素，从而改变资源产出，提高经济效益。而对于企业来说，创新利润是最重要、最基础的部分，也只有创新利润才能够反映出企业的个性。

3. 目的性

创新特别强调效益的产生，它不仅仅要知道“是什么”“为什么”，还要知道“有什么用”“怎样才能产生效益”。所以，创新是一个创造财富、产生效益的过程。

4. 风险性

创新可能成功，也可能失败，这种不确定性构成了创新的风险。因此，在创新过程中，只准成功、不许失败的要求，实际上是不切实际的。只能通过科学的设计与严格的实施，来尽量降低创新的风险。

5. 动态性

创新是一个动态的过程。在知识经济条件下，唯一的不变就是一切都在变，而且变化得越来越快。因此，任何创新都不可能是一劳永逸的，而只有不断地变革和创新，才能适应时代的要求。

四、创新的分类

新时代下，创新有哪些类型？

创新没有空间和时间的限制，创新的分类也多种多样。

（一）根据表现形式，创新可分为知识创新、产品创新、管理创新和营销创新

1. 知识创新

知识创新是知识经济化和价值增值的过程，是指通过知识的获取、整合、共享、创造、应用和反馈等过程，不断地将新创造的成果应用于组织系统、技术系统和管理系统中，促使组织更好地适应复杂多变的环境，创造出更高的经济价值。例如，格力双级变容积比压缩机技术，是在第一代双级增焓压缩机技术的基础上创新升级，拥有完全自主知识产权，应用此项技术的产品在能效进一步提升的基础上，大幅提高了严寒环境下的制热能力，使空气热泵在室外环境温度低至 –25℃时制热量仍不衰减，并具有优秀的性能系数，彻底取消了其他辅助加热手段。

2. 产品创新

产品创新是指性能和特征上全新的或有显著改进的产品，包括全新的产品和性能显著改进的产品两类。例如，华为公司在为其手机安装了 QWERTY 标准键盘的同时，还在显示屏幕上设计了一个虚拟键盘，当手指按到某一键上时，这个键就会凸显出来，以防止误操作。这样的设计使用户操作更加方便，体现了产品的改进和创新。

3. 管理创新

管理创新是指在特定的时空条件下，通过计划、组织、指挥、协调控制、反馈等手段，对企业所拥有的生物、非生物、资本、信息、能量等资源要素进行再优化配置，并实现人们新需求的生物流、非生物流、资金流、信息流、能量流等目标的活动。1995 年，海尔集团

创始人张瑞敏率领5000名员工将海尔总部东迁至青岛高新区，提出“二次创业”的口号。依靠这种“上升力”，海尔先后兼并了18家企业，共盘活了15亿资产，企业全部扭亏为盈，最终创建出中国家电第一品牌。

4. 营销创新

营销创新是指采用新的营销方式，包括营销理念、产品设计或包装等，以新思维渠道、促销方式等来促进销售。例如，“天天P图”借“武媚娘妆”火速“上位”。2016年，随着《武媚娘传奇》的开播，照片美化类智能应用“天天P图”立刻推出新功能——“武媚娘妆”，只要在手机上拍摄自拍照，就能一秒钟“变身”为妖艳的武媚娘。结果“天天P图”在极短时间内荣登中国大陆、中国台湾、中国香港和越南等智能应用榜首。

（二）根据企业经营方式，创新可分为商业模式创新、流程创新和服务创新

1. 商业模式创新

商业模式就是如何创造和传递客户价值和公司价值的系统，包含客户价值、盈利模式、关键资源和关键流程四个要素。

商业模式创新是把新的商业模式引入社会的生产体系，并为客户和自身创造价值，通俗地说，商业模式创新就是指企业以新的有效方式赚钱。例如，某航空公司以“廉价航空公司”闻名全球，是民航业“廉价航空公司”经营模式的鼻祖，创造了多项世界民航业记录，是自1973年以来连续盈利时间最长的航空公司。公司采取独特的商业模式：以没有额外服务的国内城际间航线为主，为顾客提供低价票。

案例学习1－3

“互联网＋”创新商业模式

互联网所具有的超越地域空间限制和开放包容的特质，使得它作为一个平台，可以将散落于不同地理空间的个体聚集到一起形成群体。现代社会物质生产的极大富裕和生活水平的提升又充分释放了人们的物质欲望和消费潜能，使得由互联网聚合起来的形形色色的社群具有极其巨大的消费潜力和市场价值。由此，以互联网虚拟社群为市场目标的“工具＋社群＋电商/微商”的商业模式便出现了。工具是流量入口，能够满足用户需求；社群是关系属性，可以稳定沉淀流量；电商/微商是交易属性，能够刺激社群成员的消费欲望，实现市场价值。

微信最开始只是一个社交工具，当它成功聚合了大量的用户群体时，又加入了朋友圈点赞和评论等功能。这种海量用户聚集和功能增加促成了多样化的消费需求，使得不同商家都可以在其中找到自己的目标群体。由此，微信支付、商品精选、电影票购买、话费充值等商业功能相继出现，从而形成了“工具＋社群＋电商/微商”的商业运营模式。

（资料来源：江远涛：《商业生态圈：“互联网＋”时代，构建互赢共生的商业生态模式》，当代世界出版社2016年版。）

2. 流程创新

流程创新是指技术活动或生产活动中的操作程序、方式方法和规则体系的创新。广义的

流程创新包括各种工作流程的创新，不仅局限于生产、工艺。这类创新需要彻底改变以往的业务经营方式，使得公司具备独特的能力，高效运转，迅速适应新环境，并领先市场获得较高利润。

作为中国最具影响力的通信设备制造商，1993 年，华为在西门子相关技术人员的帮助下，重新设计了立体仓库、自动仓库生产线布局等整体生产流程，希望通过内部统一的物流体系，严格的质量控制和生产管理，减少物料移送环节，缩短生产周期，以全面提升华为的产品供应能力。1997 年，华为开始 MRPⅡ 系统的试运行，拉开了大规模扩大生产的序幕。通过先进的计算机技术对这一系统进行改造，华为的生产进度、物料供应、现金周转等环节协调一致，从而使企业的生产经营活动处于不断优化之中。

3. 服务创新

服务创新是在服务内容和方式上创造新的与原来完全不同的服务方式。它能使顾客更方便地试用产品，为顾客全方位展现产品的特性和功用。

案例学习 1－4

海底捞“捞”什么

海底捞“捞”的不是别的，而是服务。从停车泊位、座位、点菜、中途上洗手间、结账等流程的各个环节，都能感受到这种细微的服务。吃饭时服务员会帮顾客将手机装到小塑料袋以防进水，会给长发女士提供橡皮筋和小发夹，为戴眼镜的顾客送来擦镜布。尤其值得一提的是等候服务时，顾客的脸上完全看不到烦躁的表情，每个人都没闲着，上网玩牌、下棋、喝东西、擦皮鞋、美甲等，这些都是免费提供的服务。海底捞正是因为很好地抓住了顾客的心理，把重点放在了服务上，做到你想不到的，做好你做到了的，凭借顾客至上的服务原则，在火锅行业中脱颖而出。

（资料来源：海底捞的员工激励措施，职业餐饮网，2012 年 03 月 29 日。）

（三）根据是否是原创，创新可分为原始创新和改进创新

1. 原始创新

原始创新，是指前所未有的重大科学发现、技术发明、原理性主导技术等产业界发生的技术创新。原始创新一般有三大特点：一是首创性，前所未有、与众不同；二是突破性，在原理、技术、方法等方面实现了重大变革；三是带动性，宏观上可能引发经济结构和产业的重大创新，微观上可能使企业竞争地位得到提升。例如，中国中车是中国轨道交通装备制造行业的领军企业，也是世界轨道交通装备制造行业的重要成员。该企业汇集了一大批技术人才，技术开发实力雄厚，取得了一系列国家级重大科研成果，拥有时速 200 千米和 300 千米两个速度等级、国际一流水平的动车组产品技术平台，研发出具有自主知识产权的高速动车组系列产品。

2. 改进创新

改进创新是指在率先创新者已有创新成果基础上的改进，或者是在他人已有成果基础上的改进。改进创新也是一种学习过程，是创新能力不断积累和提高的过程，有助于提高创新的起点和水平。

五、创新与创业的关系

（一）创新与创业的契合

创新与创业是两个不同的概念，但是两个范畴之间却存在着本质上的契合、内涵上的相互包容和实践过程中的互动。创新是创业的基础，创新的成效，需要通过未来的创业实践来检验；创业是创新的载体和表现形式，创业的成败与创新教育的根基扎实程度有关。从总体上说，科学技术、思想观念的创新，促进人们物质生产和生活方式的变革，在此基础上产生新的生产、生活方式，进而为整个社会不断地提供新的物资需求，这是创业活动之所以源源不断的根本动因；另一方面，创业在本质上是人们的一种创新性实践活动。无论是何种性质、类型的创业活动，它们都有一个共同的特征，即它们都是人的一种能动、开创性的实践活动，是一种高度的自主行为。在创业实践的过程中，人的主观能动性将会得到充分的发挥和张扬，正是这种主观能动性充分体现了创业的创新性特征。

（二）创业与创新的相互作用

1. 创新是创业的本质与源泉

经济学家熊彼特曾提出，“创业包括创新和未曾尝试过的技术”。创业者只有在创业的过程中具有持续不断的创新思维和创新意识，才可能产生新的、富有创意的想法和方案，才可能不断寻求新模式、新思路，最终获得创业的成功。

2. 创新的价值在于创业

从一定程度上讲，创新的价值就在于将潜在的知识技术和市场机会转变为现实生产力，实现社会财富的增长，造福于人类社会，而实现这种转化的根本途径就是创业。创业者可能不是创新者或是发明家，但必须具有发现潜在商机的能力和敢于冒险的精神；创新者也并不一定是创业者或是企业家，但是创新的成果需要经由创业者推向市场，这样才能使潜在的价值市场化，使创新成果转化为现实生产力。这也从一个侧面体现了创新与创业的相互关联性。

（三）创业推动并深化创新

创业可以推动新发明新产品或是新服务的不断涌现并创造出新的市场需求，从而进一步推动和深化各方面的创新，因而也就提高了企业和整个国家的创新能力，推动经济的增长。

六、创新的意义

（一）国家层面

创新是一个民族进步的灵魂，是一个国家兴旺发达的不竭动力，也是中华民族最深层的民族禀赋。纵观社会经济的发展，创新引导着人类文明的进化历程，创新开创着人类社会的未来前途，创新蕴藏着人类发展的无限生机。在激烈的国际竞争中，唯创新者进、唯创新者强、唯创新者胜。创新是国家乃至世界经济长远发展的动力，总结历史经验，人们会发现体制机制变革释放出的活力和创造力，科技进步造就的新产业和新产品，是历次重大危机后世界经济走出困境、实现复苏的根本原因。

（二）企业层面

企业是社会经济的细胞，是经济发展的基本单位。企业要发展就需要不断生产商品或提供服务，以满足社会需求。而随着社会的发展，人类的需求也处于不断变化和进步之中，所以要求企业不能一成不变，必须根据市场不断变革、不断创新。创新对提高产品的质量，实现产品多样化战略，形成企业独特的品牌优势具有不可忽视的作用。同时，创新还可促进企业组织形式的改善和管理效率的提高，从而使企业不断提高效率，不断适应经济发展的要求。在知识经济时代，企业只有依据市场变化不断调整产品结构提高技术水平、推陈出新，才有可能在激烈的竞争中立于不败之地。从这个意义上说，创新是企业生存和发展的必要前提，是企业生命力的不竭源泉。

第二节 培养创新兴趣

创新与常规性思维相对。创新是指以新颖独创的方法解决问题的过程。

有的人习惯于遵循老传统，恪守老经验，宁愿平平淡淡做事，安安稳稳生活，日复一日、年复一年从事别人为他们安排的重复性劳动。他们的生活毫无波澜，更乏创造。这种人思想守旧，循规蹈矩，凡事小心翼翼，中规中矩，虽然办事稳妥，但一般不会有多大出息。

有的人一身“反骨”，你拿苹果直着切，我偏横着切，看看究竟有什么不同；你说“不听老人言，吃亏在眼前”，我却偏不听你的，自己闯闯看。这种人不愿死守传统，不愿盲从他人，凡事喜欢自己动脑筋，喜欢有自己的独立见解。他们思想开放、不拘小节、兴趣广泛、好奇心重、喜欢标新立异、最爱别出心裁。这种人脑瓜活、办法多，最能创造好成绩。

我们希望读者能多做后面那种人，努力在生活和工作中开创新局面。所以，如何培养大学生的创新兴趣就变得尤为重要。

一、创新兴趣的内涵

（一）兴趣的两种表现

兴趣是积极探究某种事物的认识倾向，它使人对该事物给予优先的注意，并且具有向往的心情。兴趣具有吸引力，有了兴趣，就会使人感到满意、快乐、兴奋。

人的兴趣具有两种表现：一种表现为积极的、健康的、高尚的兴趣；另一种表现为消极的、不健康的、低俗的兴趣。创新兴趣，即指对于创新工作的兴趣，属于积极的兴趣。

（二）兴趣与爱好紧密相联

兴趣与爱好是紧密联系的。兴趣是人们对客观事物的认识倾向，当它进一步发展成为实际活动倾向时，就是爱好。爱好是兴趣的深化，是将自己所感兴趣的事物转化为社会实践的倾向。当个人对某一事物产生爱好时，就会出现迷恋的状态，甚至废寝忘食，在这种情况下，个人的感受不是苦，而是乐。许多科学家发明家取得巨大的成就，与他们的兴趣爱好是分不开的。

（三）兴趣与其他心理因素的关系

第一，兴趣与需要联系密切。深刻而稳定的兴趣是在需要的基础上产生的。当个人有了某种需要，就会对相关的事物引起注意和产生兴趣，并产生向往的心情。相应地，如果自己有了成为科技创新人才的需要和向往，就会产生相应的创新兴趣。需要是一种积极而活跃的因素，当一种需要满足了，又会产生新的需要，因而人的兴趣也随之丰富和加强。

第二，兴趣也与感知、观察、想象、记忆、思维、注意有关。兴趣是一种特殊的认识倾向，它的表现是：人们有了兴趣的推动，就能提高感知的效果，耐心细致地去观察，就能大胆设想；对于能够引起兴趣的事物，可以轻易地记住它；有了兴趣之后，就能勤奋动脑，积极思考；由于兴趣的吸引，就能优先注意和集中注意，从而把自己的创造潜能充分地发挥出来，以提高创新能力。

第三，兴趣与价值观也有密切的联系。价值观反映的是人与社会之间的关系，包括两个方面的内容：社会对个人的尊重和满足；个人对社会的责任和贡献。这两个方面是有机联系相互依存的。因为人类是集合体，任何人都不能离开人类社会集体而孤立存在，个体与个体、个体与集体之间总是要发生一定的利益关系，这就是说人的价值只有在社会中，在与他人的关系中才能表现出来。从这个意义上说，人的价值就在于能够在多大程度上满足包括自身在内的整个社会的物质和精神生活的需要。只有认识到工作的社会价值时，人们才能更深刻地体会到自己工作的重要意义，从而培养强烈的事业心，产生钻研事业的浓厚兴趣。

二、创新兴趣的作用

兴趣有直接兴趣和间接兴趣，两者都能引发人们的创造愿望。

（一）直接兴趣

直接兴趣是指对活动本身的兴趣，也就是客观事物中有趣现象对人的直接吸引。

以发明听诊器的例子来说：一位医生有一次在朋友家的院子里散步，看见玩耍的孩子们把耳朵贴在长木棍的一端，倾听系在另一端的一根大头针轻轻的敲击声。这位医生觉得很有趣，也走上去和孩子们一道玩，一听，果然能听到清晰的沙沙声。回医院工作时，他立即用一张纸紧紧地卷成一个圆筒，将一头按在一位患者的心脏部位，另一头贴在自己的耳朵上，他惊喜地发现这种方式比直接用耳朵贴着胸部听心脏跳动要清晰得多，连平时很难听到的轻微的杂音，也能听出来。实验成功后，他就找人制成了一根空心的木管专门用来听诊。后来这位医生又对听诊器进行了多次改进，最后确定为喇叭型的象牙管接上橡皮管子。听诊器的出现改变了传统的诊断方式，提高了诊断的准确性。

案例学习 1－5

旱冰鞋的产生

有一位小职员，整天坐在办公室里抄写东西，常常累得腰酸背痛。他消除疲劳的最好办法，就是在工作之余去滑冰。冬季很容易就能在室外找个滑冰的地方，而在其他季节就没有机会滑冰了。怎样才能在其他季节也能像冬季那样滑冰呢？对滑冰情有独钟的小职员一直思考这个问题。想来想去，他想到了脚上穿的鞋和能滑行的轮子。小职员在脑海里把这两样东西的形象组合在一起，想像出了一种“能滑行的鞋”。经过反复设计和试验，他终于制成了四季都能用的“旱冰鞋”。

（二）间接兴趣

间接兴趣是由活动目的、任务或活动结果引起的兴趣，它吸引着人们去探索更深奥的问题。

著名生命科学家，共和国勋章获得者、中国首位诺贝尔医学奖获得者屠呦呦说：“我很幸运地获得了诺贝尔奖，我的工作能得到认可是令人激动的，但真正的乐趣蕴含在工作本身。科学研究就像发现新大陆，你不断地尝试以前没有尝试过的新事物，这些尝试有很多是没有效果的，但我在计划遭受挫折时从来不着急，我会开始设计下一次实验，整个探索的过程都充满了快乐。”

我们知道，对水电解可获得氢和氧，应用逆向思维方法，人类在 19 世纪末将氢和氧在催化剂和质子膜的共同作用下进行逆向反应，在化合成水的同时发出电，发明了最理想的电动汽车的动力源——氢燃料电池。

人类很早就发明了火箭，火箭可以上天，而科学家将火箭向地下发射，发明了全新的挖井、打桩、采矿等方法，其优点是速度快、质量好，且节省大量费用。

又如在进行锗元素的性能研究时，科学家对在锗元素的提纯试验中如何去除其杂质总是一筹莫展。后来，科学家认为既然杂质不易除去，不妨再增加一些杂质试试看。于是他们转而进行掺入杂质后晶体性能的研究，不久就发现了掺入杂质晶体的“隧道效应”，并因此发明了“隧道效应二极管”。创新使他们得到重大科学发现，并因此获得科学界的最高荣誉——诺贝尔奖。

案例学习 1－6

艺术的生命在于创新

我国著名画家齐白石，曾荣获世界和平奖。面对已经取得的巨大成就，他并不满足，而是不断汲取历代画家的长处，不断改进自己作品的风格。他 60 岁以后的画明显不同于 60 岁以前，70 岁以后，他的画风又变了一次。80 岁以后，他的画风再度变化。

据说，齐白石的一生曾五易画风。正因为白石老人在成功后，仍然能不断地改变、创新，所以他晚年的作品比早期的作品更完美成熟，也形成了自己独特的流派与风格。

齐白石先生经常告诫弟子的一句话是“学我者生，似我者死”。他认为画家要“我行我道，我有我法”。就是说，在学习别人长处时，不能照搬照抄，而要创造性地学习，不断发展，这样才会赋予艺术鲜活的生命力。

（资料来源：建盏名家系列：非遗文化传承人——杨敏，搜狐网，2018 年 10 月 24 日。）

案例学习 1－7

自来水笔的发明

一家公司的职员从好几位竞争者中为自己的公司拉到一笔生意。当他递上一瓶墨水和一支当时人们使用的羽毛笔，请对方在合同上签字时，不料从笔尖滴下几滴墨水，把合同给弄脏了。

更糟糕的是，合同上关键的字句被染得模糊不清。这位职员只得请对方稍等片刻，让他去重新拿一张合同纸来。可是就在他离开的那一会儿，另一家公司的业务员乘机抢走了这笔生意。这使得职员十分沮丧，他认为问题出在那支羽毛笔上。强烈的悔恨与愤慨的心情，变成了一种巨大的力量，他决心研制一种使用方便、墨水能自动地均匀流出的笔。经过努力，这位职员终于发明了自来水笔。虽然当时的自来水笔远远不如现在的钢笔这样精巧，但也不再像羽毛笔那样使用不便和容易滴出墨水来。

由于研制出自来水笔的过程是这样的，所以有人把自来水笔的诞生叫做“盛怒之后的发明”。

兴趣往往对人们的心理有深刻的影响，因为在各种外界事物对人脑的刺激中，新鲜事物留下的痕迹、激起的反应是强烈的。所以，创新的课题，就能够吸引人们从已有的知识出发，进一步去探索更深的奥秘，开拓新的领域，创造新的成果。

自然界的构造具有和谐、对称等美学特征，自然科学反映了自然界的内在美。以研究水著称的江本胜博士说：只要是天然水，无论出自何处，它所展现的结晶都异常美丽。一天，拍摄水结晶的研究员突然说让水听一听音乐，看看会形成什么样的结晶。这项独特的实验，其结果美妙极了：听了贝多芬《田园交响曲》的水，所呈现的结晶像这首明快清爽的曲子一样美丽而工整；而听到对美充满深深祈望的莫扎特《第40号交响曲》的水，其结晶也竭尽全力展现出一种华丽的美。可见欣赏科学的美，已经成为科学家们从事科学研究的一种动力。应该说美感是一种欣赏力、一种感受力、一种鉴别力、一种特有的认识能力。正是这些特征，把人类社会一些最有才华的人引进了科学的殿堂，并使其中的佼佼者搜寻到了瑰丽的珍宝。因此，要认识事物，最重要的是认识该事物的结构，由于结构联系着系统和要素，所以，通过认识系统就能够了解该事物的本质。

案例学习1－8

兴趣带来的机会

15世纪时，意大利一个小镇上有一个默默无闻的穷画家。他穷困潦倒，没有人欣赏他的作品。他苦心创作的画，连街头的面包也换不来，为此他常常饿着肚子。可就是在这样的困境下，他仍然坚持创作。

在30多岁的时候，深陷困境的他只好千里迢迢去米兰投身到一位热爱绘画的公爵的门下。这位公爵很喜欢画，可对他的作品并不欣赏。认为他不过是一个庸俗的画匠，美术创作对他不过是一种狂热的奢想，凭他的水平只能做一个在街头给人画像的画匠而已。

一天公爵突发奇想，要在自己刚装修好的餐厅的空白墙上画一幅壁画。公爵门下的好多画家听说这个消息后都争先恐后，希望能得到这个机会。

穷画家也去了，可是公爵拒绝了他：“这只不过是一个餐厅的壁画而已，很无关紧要的，不用劳您大驾了。”可是他再三恳求公爵，最后在他的百般央求后，公爵把餐厅的壁画交给了他。

开始创作后，穷画家一遍又一遍通宵达旦地勾勒草图，一次又一次地在那堵墙壁前徘徊思考。一连几天了，他还迟迟没有动笔。公爵看着他耽误了工期就催促他：“这只不过是一幅餐厅的壁画，用不着你那么劳心费神，随便画一幅就是了。”

但是穷画家并不这样想，他并没有把它看成一幅普通的壁画，而是看成一件艺术精品去做。他查阅了大量的资料后开始动笔了，他没有像公爵说的那样随便涂涂就匆匆完工，而是每画一笔都很谨慎，有的时候甚至思考几天才动笔画。公爵来看了好几次，见他进展缓慢，非常不满："你快点画！餐厅马上就要投入使用了。"就这样，街头画匠只要十几天就可以画好的壁画，他却整整画了三个月。

餐厅投入使用了，每一个来用餐的人都会注意到这幅壁画，最后往往是公爵宴请的客人由用餐变成了讨论和欣赏这幅壁画，画家也由此声名鹊起。

几百年后，这幅公爵餐厅里的壁画成了世人皆晓的一幅名画，它价值连城，这幅作品就是《最后的晚餐》，而它的作者就是世界美术史上伟大的画家——达·芬奇。

就因为达·芬奇的这幅壁画，公爵餐厅里的那面普通墙壁也身价百倍，成为了美术史上的圣地，而达·芬奇也因此名垂千古。

只要有兴趣，再小的机会也有成功的可能，就看你愿不愿意像达·芬奇那样去抓住每一个细小的机会。

三、培养创新兴趣的障碍

知己知彼方能百战不殆，培养创新兴趣我们要面对哪些障碍？

【案例导入】

谁之吻——思维定势的误区

第二次世界大战前夕的一列火车上，车厢里突然没了灯光，到处漆黑一团。一组相对而坐的人分别是法国青年男军官、德国青年男军官、年轻漂亮的小姐、满脸皱纹的老妇人。突然他们听到一声响亮的亲吻声，随之是一记响亮的耳光声。4 个人的内心世界都"活动"开了：

老妇人钦佩小姐有节操，不轻易让人占便宜；漂亮小姐很纳闷，竟会有人去亲吻那满脸皱纹的老妇人；德国军官很委屈，自己没做荒唐事，为何挨耳光？法国军官很得意，这一切都是他自己的杰作。原来，灯一灭，法国军官响亮地吻了一下自己的手背，随即给了德国军官一记耳光。一个恶作剧，引来诸多误会。

他们都是怎么想的呢？

老妇人：被亲吻的当然是年轻漂亮的小姐，而绝不会是其他人，更不是自己了；甩耳光的自然是那位不愿受辱的小姐。所以，她钦佩小姐。

小姐：自己没有被亲吻，那么，能被亲吻的就只有那个老太婆了；连满脸皱纹的老太婆也要亲？叫人纳闷。

德国军官：自己没有去亲吻别人，那么，干坏事的一定是那位法国军官；被欺负的女士打错了人。自己遭殃，白挨了打。

这一切都在法国军官的预料之中，也是他搞恶作剧的依据。

那么，法国军官的预料依据是什么？显然，老妇人、小姐、德国军官所想的都是法国军官所预料的、所依据的。这一切都是经验性思维定势在作祟。

（资料来源：谁之吻？思维定势带来的误区，简书网，2019 年 11 月 16 日。）

课堂训练 1－1

一位公安局长同一位老人谈话，这时跑过来一位小孩，急促地对公安局长说：“你爸爸和我爸爸吵起来了！”这孩子是公安局长的儿子。

想一想：这两个吵架的人和公安局长是什么关系？

（一）思维定势的涵义

思维定势，是指按照思维活动经验和很多自己默认的前提假设，形成比较稳定的、定型化了的思维路线、程序或模式。先前积累的知识、经验、习惯，使人经常按某种方式或默认的前提假设来思考问题，会使人们形成思维的固定倾向，从而影响之后对其他问题的分析、判断。因此，我们要有意识地减少思维定势的不利影响，否则它会变成“思维枷锁”，阻碍人们看到新的情况、学习新的知识；阻碍构想新观念、新方法。

（二）思维定势的分类

1. 经验型思维定势

经验型思维定势是指人们不自觉地用已有的经验和习惯化的思维方式去思考。一种是强势经验，这是长期形成的一种生活经验或工作经验导致思维机械化，使人习惯用老眼光来看新问题，无视新问题的特殊性。一种是前提经验，在思考中受到前提或已有信息的限制，虽然情况已产生变化，但仍顺着已给的思路继续下去。

案例学习 1－9

蜜蜂和苍蝇——冲破思维障碍

把六只蜜蜂和同样多的苍蝇装进一个玻璃瓶中，然后将瓶子平放，让瓶底朝着窗户。结果发生了什么情况？

蜜蜂不停地想在瓶底上找到出口，一直到它们力竭倒毙或饿死；而苍蝇则会在不到两分钟之内，穿过另一端的瓶颈逃逸一空。

由于蜜蜂基于出口就在光亮处的思维方式，想当然地设定了出口的方位，并且不停地重复着这种合乎逻辑的行动。可以说，正是由于这种思维定势，它们才没有能走出“囚室”。

而那些苍蝇则对所谓的逻辑毫不留意，全然没有对亮光的思维定势，而是四处乱飞，最终走出了“囚室”，头脑简单者在智者消亡的地方顺利得救，在偶然当中有很深的必然性。

叔本华说：世界上最大的监狱，是人的思维；我们经常说的一个词——大格局，什么是大格局？就是思维边界少；《道德经》里说“散则为器，大制不割”，意思是：真正的器具，真正的大格局，都是无边界的，边界越多，被分割得越多，标准就越多，我们的思维障碍就越多，跟日新月异的世界无法兼容，眼里全是各种条条框框。要破除习惯性思维定势，就得冲破固有的思维障碍。

2. 权威型思维定势

权威型思维定势，是指对权威人士的言行不自觉地认同和盲从。如果没有自己的思考，没有对权威的质疑，恐怕很多新的科学理论都不能诞生。

案例学习 1－10

飞机怎样飞上天——不畏权威，勇于独立思考

19 世纪，一些科技人员开始研究人类上天的可能，着手研制飞机。可是，反对的力量十分强大，他们都是当时世界上的科技名流。最有代表性的是法国著名天文学家勒让德，这位最早用三角方法测量地球与月亮之间距离的科学家认为，企图制造一种比空气重的东西到空中飞行是永远不可能的。这一观点得到德国大发明家西门子的支持。西门子认为，飞机根本上不了天。能量守恒定律的发明者之一德国物理学家赫尔姆霍茨也“大泼冷水”，认为想将沉重的机械送上天纯属空谈。美国天文学家纽康经过对各种科学数据的反复计算，也拿出权威的结论：飞机根本无法离开地面。由于众多科学家与学术权威的坚决反对，金融界、工业界对飞机的研制也持不合作态度，飞机研制陷入重重困难之中。

然而，在 1903 年，没有上过大学的美国人莱特兄弟首次将飞机送上天。莱特兄弟学历不高，有关知识都是自学得到的。他们如初生牛犊，不惧虎狼，不在乎权威的反对。他们细心观察鸟类的体态结构及翅膀的动作，从中受到启发，再运用科学原理反复试制、修改，终于取得突破性成功。

（资料来源：林敏：《影响你一生的习惯》，中国长安出版社 2008 年版。）

科学理论是相对的，具有先进性，也有局限性。有些人虽然知识不足，但初生牛犊不怕虎，敢于奋力拼搏，因此获得成功。权威人士常常以自己头脑中定型的见解，甚至是自己苦心研究得到的有效成果为依据，紧紧抱住不放，遇到同类事项总是以之为标准去衡量，而不愿去思考别人的意见，哪怕是更好更有效的办法。故而，曾经先进的东西有时反而成为创新思维的障碍。

著名物理学家杨振宁谈到科学家的胆魄时曾说：“当你老了，你会变得越来越胆小……因为一旦有了新想法，马上会想到一大堆永无休止的争论；当你年轻力壮的时候，可以到处寻找新的观念，大胆地面对挑战。”为什么有些大人物成名之后辉煌难再，其重要原因之一恐怕就在这里，反对研制飞机的那些科学家们就是这样。我们应该学习莱特兄弟，敢于挑战权威。

3. 书本型思维定势

书本型思维定势是指看问题或做事情习惯照搬书本知识，而不去关注和研究实际情况。“死读书”会给自己套上思维的枷锁，而且容易使人割裂理论与实践，轻视实践和创新。

课堂训练 1－2

下列选项中，对材料立意最准确的一项是（　　）。

（1）一秀才被一条小沟挡住去路。他翻开书仔细看，却怎么也找不出过沟的方法。一老农告诉他跳过去就行了。秀才听了他的话，双脚一蹬，往上一跳，竟落在沟中。老农说，不是那么跳。说罢，他单脚起跳，一跃而过。秀才看了埋怨道：单脚起步为跃，双脚起步为跳，你该说“跃”，不能说“跳”。

（2）湍急的河上有一位哲学家乘小船过河。哲学家问：“船夫，你学过外语吗？”船夫说：“没有。”哲学家又问：“你研究过历史吗？”船夫说：“没有。”哲学家摇摇头说：“那你失去了一半的生命。你学过数学吗？”船夫说：“没有。”哲学家说“你简直失去了一半以上的生命。”

这时一阵狂风把船吹翻了。船夫说：“你会游泳吗？”哲学家说：“不会。”船夫说：“那你将失去整个生命。”

A. 人贵有自知之明。

B. 在别人遇到危险时不能袖手旁观。

C. 妄自尊大没有好下场。

D. 尺有所短，寸有所长，彼此都有可取之处。

E. 知识分子不应轻视劳动人民，应虚心向他们学习。

F. 理论知识若不和实践结合便是无用的知识。

4. 从众型思维定势

从众型思维定势，是指做事不加思索地效仿大部分人的做法，缺乏自己独立思考和选择的意识与勇气。盲目从众的人是很难创新的，要么压制了创新的意识，要么受迫于压力而不敢坚持自己的主张。所以创新者要敢于独立思考，另辟蹊径，向他人主张你的思想。

课堂训练 1－3

阅读下面这篇短文，谈一谈自己的感受。

在山谷中有一群天使，她们能决定各种花开成什么颜色、什么模样。有一朵美丽的蓓蕾，是天之骄子，特别蒙受天使们的照顾。

天使们让它自行决定要开成什么颜色、什么模样，让它自由地选择。没想到，那朵蓓蕾因为选择太多了，最后什么也决定不下来。

在花季过后，天使们在山谷中发现了一朵未开放便枯死的蓓蕾。

案例学习 1－11

王安石游褒禅山——盲从的遗憾

王安石的《游褒禅山记》一文，作者意在表达自己不畏艰险、勇于进取的志向，但我们今天读来，此文对从众心理的阐述也是鞭辟入里，让人深受启发。

现摘录两段于下：

“余与四人拥火以入，入之愈深，其进愈难，而其见愈奇。有怠而欲出者，曰：“不出，且尽。”遂与之俱出。盖余所至，比好游者尚不能十一，然视其左右，来而记之者已少。盖其又深，则其至又加少矣。方是时，余之力尚足以入，火尚足以明也。既其出，则或咎其欲出者，而余亦悔其随之而不得极夫游之乐也。

于是余有叹焉。古之观于天地、山川、草木、虫鱼、鸟兽，往往有得，以其求思之深而无不在也。夫夷以近，则游者众；险以远，则至者少。而世之奇伟瑰怪非常之观，常在于险远，而人之所罕至焉，故非有志者不能至也。有志矣，不随以止也，然力不足者，亦不能至也。有志与力，而又不随以怠，至于幽暗昏惑而无物以相之，亦不能至也。然力足以至焉，于人为可讥，而在己为有悔。尽吾志也而不能至者，可以无悔矣，其孰能讥之乎？此余之所得也。”

王安石为一代人杰，尚且因同行某君“欲出”的动议而失去独见，作为常人的我们就更应该注意克服从众心理了。在生活中，我们一定不要将自己的命运交给别人安排，只有这样才能创造出他人所不能创造的事业。

在这个例子中，如果我们把“奇伟瑰怪非常之观”视同创新思维的精美创意，则“不以止”是一个必不可少的条件。如果没有自己的见解，经不起“怠而欲出者”的宣传与诱惑“遂与之俱出”，则只能收获后悔而无缘无限风光了。可见，权威并非都是高层人物、学界泰斗，身边那些受自己尊敬、信赖、崇拜的人，其实也是自己心中的权威，对自己的思想行为具有十分强大的影响力。

5. 模式型思维定势

模式型思维定势，是指固守以往成功经验所总结、固化的一套方式方法。众多大大小小的模式是经验的总结、优化，对实践有很好的指导作用，很多商业上的成功正是模式的成功，然而，成也萧何败也萧何，很多商业上的失败也是由于模式的失败。

案例学习 1 –12

温州市政府花小钱办大事——到传统模式之外寻找办法

温州境内有条 104 国道，国道通过平阳，在一座大山边绕了一个大弯。为了把路“拉直”，温州市政府计划打通一条隧道，直接穿过大山，投资预算达 4900 万元。

温州经济一天天发展起来，温州街道也一天天拥挤起来。为了改造旧温州，市里决定，拓宽人民路，投资概算 15 亿元。

温州拟兴建一个大型体育场，也是一笔很大数额的投资。

修公路、建街道、办体育，都是公益事业。依传统习惯，应国家兴建、政府投资。可政府哪来那么多钱呢？

温州人勇于改革，勇于克服“习惯”——将消费性公益事业改为生产性经济事业，将政府投资的旧习惯改为社会投资的新思路。观念更新，思路改变，生意就来了。

隧道让企业家来打。他们公开招标，谁中标谁打洞，谁投资谁收益。政府只附一条政策：承包者按国家规定，对过隧道车辆收费，运营 15 年后，隧道无偿交还国家。就这样，这项工程国家不花 1 分钱，15 年后拥有全部产权；承办人的前期投资 5 年左右即可收回，不但不赔本，还能净赚数千万元。

人民路让人民来建。政府按一定价格买下原人民路两侧的旧平房并拆迁。由于街小房小地价低，所花的钱不多。接着，政府公布人民路建设规划，定位为全市最繁华地段。对两侧土地公开招标，中间道路的建设费用由两侧中标者承担。中标者根据规划建高楼大厦，底层为商铺，上层为办公楼或住宅。由于规划档次高，地价数倍于前，政府前期投入全部收回，中标者也颇多得利。

体育场让商家来建。这个体育场建在商场上，上面轰轰烈烈搞比赛，下面热热闹闹做买卖。体育场的部分座位动工前就预先出售。愿出 5 万元者，便可获得某个座位的免费使用权，不管何时、何种演出或比赛的第一场，都可以免费使用该座位。仅此两项举措筹得资金 3000 多万元。

温州市政府变由自己充当投资主体为只负责协调关系，将投资担子交给市场，交给社会，结果政府、社会、企业都得益，堪称好办法。

（资料来源：温州市政府花小钱办大事——到传统模式之外寻找办法，温州新闻网，2022 年 08 月 23 日。）

温州市政府的如上改革都源于他们的创新思维，源于他们对习惯性思维定势的有力克服。如果依老传统、老习惯，一切均由政府投资，则建设步伐将大大放慢。习惯一破除，思维一改变，投资主体由政府变为社会，消费性设施变为生产性设施，一切都得心应手了。据报道，温州市政府决定 5 年内建设百项重点工程，总投资约 360 亿元，即每 5 天投入 1 亿元。偌大投资，除政府投资、吸引外资外，克服习惯，利用市场经济手段筹资也是重要途径。这种对传统习惯行为的破旧创新是值得大力提倡的。

四、创新兴趣的培养方法

创新兴趣的培养是人才得以成功的实质所在。如何进行创新，不仅有基础问题，还有技巧问题。那么如何激发和增强创新兴趣呢？其先决条件就是具备大量的知识，有了一定的知识基础才有产生创新思维的方法。近年来，许多科学技术工作者提出了帮助和激发创新的发现法，大致有以下几种方法：

1. 潜心钻研法

这种方法可以不局限于对问题只有一种特定的看法。例如，雨伞不仅可以防雨用，还能当拐杖或防身器用。又如，瓶装开启需要用启子，在旅行中不便携带，设想如果不用启子工具，罐体自带工具更为简便。首先，罐侧及底部不宜开口，那么开口处需在上方，如果扎孔，密封不牢便会流出液体。因此，不如改为金属表面划轧线，加一拉环，稍用力即可开启；其次为防止滴漏，金属内加一薄膜，便于保护。这便是易拉罐的设计来源。

2. 类比创新法

用这种方法激发人们的想象，例如，牛顿从落下的苹果想到万有引力问题；贝尔从人的耳朵想到研制电话机。

3. 分析法

例如，首先分析一种旧事物的各种属性，并将其列表，然后将逐个属性加以改进，每改一个就与其他未改进的属性配合起来，这样便可以创造出一系列具有某种新的优良属性的新事物来。例如，制药的工艺流程每一步都设想加以改进，然后将改进的一步与其他未改进的配合起来，就可以创造出一系列新的流程。最后，可以把所有流程加以比较，选择效果最佳的流程。

4. 自由联想法

自由联想法即将创造性的问题提出，请若干人（可多可少）来参加议论，这样，可以使那些富有想象力和独创性的人能够敞开思想，独立思考，抛开审查和评价的关卡，任意发表对该问题的创见，主持会议的人不对其意见进行评价，避免妨碍自由联想。只有在思想评价阶段，才接受理性的思考。

5. 强制联想法

强制联想法是将两个或多个风马牛不相及的想法和事物勉强的联系在一起，进行苦思冥想，以启发独创性的思维。

第三节 大学生如何创新

科技的发展、知识的创新越来越决定着一个国家、一个民族的发展进程。创新是一个民族进步的灵魂，是一个国家兴旺发达的不竭动力。中华民族自古以来就具有自强不息、锐意创新的光荣传统。

创新，最根本的一条路就是要靠教育，在各类创新创业实践活动教学中，大学生通过创业实践活动，既能感悟中华民族主流传统文化，又能结合自身更好践行社会主义核心价值观。提高自主创新能力不仅仅是大学生的责任，高校也重任在肩。让我们从学生自身和高校角度进行思考，如何提高大学生的自主创新能力。

怎样提高大学生的自主创新能力

一、大学生层面

虽然大学生创新素质的培养是需要具备良好的外界条件的，但大学生自身必须善于利用这些外部条件，积极主动地锻炼及增强自己的创新素质。

大学生要了解自身的特点，包括优点和缺点。大学生创新的优势在于总体素质较高，理论知识丰富，善于接受新事物，能够抓住变化的趋势；劣势是经验不足，而且创新多凭一时激情，较冲动，不够成熟和系统化，心高气傲，缺乏吃苦耐劳的精神。

大学生还应该尽早地明确自己的人生方向，这样才能在大学期间尽可能多地学习对将来有用的知识，从事相关领域的研究等。大学时代要会学习，更要学会学以致用才能将所学的各种知识相互连接起来，迁移到未来实际的工作中去。

大学生必须学会自我管理。许多国外的高等学府在教学管理中融入了学生自我管理这一机制，使得学生的自律能力大大提高，并且能够积极地对学习、生活、学生工作甚至学校运行过程中出现的问题进行思考，努力寻求解决办法。这会给学生一个自由发挥的空间。

二、校方层面

学校作为向社会输送人才的主要场所，在培养学生自主创新能力上发挥着重要的引导作用。高校应该从教师队伍和教学体制等方面进行改进。

1. 学校重建对学生的评价标准

探索校企“双元”“岗课赛证”融通育人模式，开展1+X职业技能等级证书工作，同时将学生的发明、制作、设计、论文、著作、技能证书、竞赛等创新成果用学分纳入考核标准。目前许多高校在这一方面进行了有益的尝试，有些学校甚至明确规定修满创新学分方可毕业，鼓励学生参加各种形式的创造性活动。在创新学分的激励下，学生会变被动为主动，主动学习、主动研究、主动思考，鼓励学生向自己感兴趣的方向发展，激发学生的创造动机，培养其创造意识和创造能力。

2. 教师变灌输为引导

教师要摆正自己在教学中的地位，教师和学生是引导和被引导关系。教师在教学中，要了解学生的需要，建立宽松的课堂环境，引导学生去发现问题，筛选有用的知识，构建知识的框架、分析知识的正确性，学习并运用知识。这是一项穿针引线的工作，所谓“授人以鱼不如授人以渔”，教师所要传授的是一种获取知识的方法，培养敢于质疑的品质，使学生乐于独立思考，发现自己的想法。

3. 开展课外创新活动

课外创新活动是创新能力培养的重要组成。高校应围绕如何提高大学生创新能力，组织大学生活动小组，提高教师参与大学生科技活动的积极性。一方面充分利用现有的国内、国际开展的学术讨论大会和竞赛等；另一方面，开发具有本校特色的综合竞赛，促使各类顶尖人才脱颖而出。

4. 提供实践平台

随着社会与高校的联系日益密切，企业、专业研究机构等与高校的合作不断加强，学生可以到院校与企业建立的实习基地实习、到企业参观学习等，不仅可以辅助课内教学，加深学生对课堂知识的理解，拓展相关学科的知识面，协助科学研究和技术开发，而且对大学生的思想观念、道德品质、态度作风、人际交往能力等都能起到推动作用。

5. 建立创新基金

许多学生都曾经历过有了新点子、新创意，却因为资金有限、个人力量单薄、缺乏引导等原因无法完成全部工作，最终不得不放弃。绝大多数学生都没有收入，高校应建立创新基金，给予学生资金上的支持，使他们有能力从事与创意相关的活动、购买必要的资料设备等。同时组织社团，不仅可以使学生以小团体的形式合作，借助集体的力量来解决问题、实现自己的想法，还为学生们的交流提供了场所。更重要的是，创新基金不能只来源于学校有限的经费，而是要学生们自己去争取。当有了较为成熟并具有一定商业价值的创意时，社团成员可以与企业沟通，由企业提供资金和技术支持，共同来完成这一项目。这不仅缓解了高校的资金压力，更增加了学生与社会的接触，锻炼了自身的能力，丰富了高校可利用的资源。

综上，我们大学生接受着高等教育，学习着先进的科学文化知识，是富有智慧和创造力的一代，是思维活跃的一个集体。我们是未来创新的主力军，担当着责任，我们要弘扬党的二十大精神，在更高起点上实施创新驱动发展战略，努力把自己培育成为具有创新能力和创新素质的大学生，使自己成为适应知识经济时代和我国社会主义建设事业需要的创新型高级专业人才，为我们的国家做贡献，报效祖国。

思考与练习

斩获联合国大奖的手语翻译神器——“手音”

我们身边，生活着数千万的失语者。他们与正常人交流困难，面对生活的种种情景有太多无奈。包容和理解固然可贵，但更可贵的是用行动去改变。而改变，已经在发生。

这款能够翻译手语的神器名叫“手音”，创始人是两位90后女孩儿——王娜娜和黄爽。两人同为北京航空航天大学2012级的学生，还是一个宿舍的闺蜜。

2015年，王娜娜在一次活动上认识了北京联合大学特殊教育学院毕业的张权。张权是失语者，而王娜娜不会手语，两位朋友的相处更像网友，即便面对面也要用微信交流。

在把情况告诉大学室友黄爽后，三人成为了好朋友。然而，女性敏感的神经让王娜娜意识到，对她们来说正常的开心交流，对失语者有可能是一种间接的“伤害”，“有时我觉得我说话是在伤害他们，一聊得开心就在想是不是忽略他们了，甚至有些自责。”

为了帮助张权，王娜娜和黄爽逐渐开始了解失语者的现状。两个聪明的姑娘开始思考做点什么去改变这些。她们想起了参加“冯如杯”（冯如杯为北航校内学生学术科技作品竞赛）时的图像识别项目，当时这个项目获得了一等奖，或许可以用这种技术帮助失语者。王娜娜说：“我们感觉发现了一个没有人发现的需求，想成为第一个实现它的人，也让我们所学的知识有价值。”

于是，她俩开始着手研究手语翻译的可行性，查论文、做实验、写代码，用“冯如杯”一等奖奖金5万元作为启动资金行动了起来。图像识别的方案被否决了，因为随身携带摄像头并不可行；“手套”的方案也被否决了，虽然技术上可行，但太引人注意，会给失语者带来心理上的苦恼……要帮助别人，也要考虑受助者的尊严和感受。

产品一次次迭代后，两位姑娘最终确定了通过臂环捕捉肌电信号的方法。因为随着智能手表的逐渐普及，戴着臂环看上去也并不突兀。确定研发方向后，关键是不断地输入数据、调试数据以保证手语翻译的准确性。为了检验模型的可靠性，最初只有两个人在录手语的数据，整天戴着臂环不停地做动作；为了保证数据的多样化，并且真正让失语者喜爱，她们后来联系了天津理工大学聋人工学院，合作进行数据采集和智能臂环开发，还与北京市朝阳区残联达成合作意向，为“手音”的产品服务化提供咨询、指导，张权也成了团队的顾问。

后来，团队内有人因出国而退出，王娜娜在北航保研继续深造，黄爽保研至清华大学。两位女学霸没有因升学而放弃团队，继续坚定地研发产品。

2017年4月底，由联合国开发计划署与百度主办的“极·致未来”责任创新挑战赛上，“看见声音，听见手语”项目从两千多份参赛方案中脱颖而出，同时获得了决赛第一名和最受观众喜爱奖！联合国开发计划署驻华代表罗世礼十分认同中国青年人解决社会问题的想法和态度，他说，“年轻人不应该仅仅是环境的受益者，更应该是参与者、建设者。”

（资料来源：清华北航两位女大学生的这项发明，将造福千万失语者，斩获联合国大奖，搜狐网，2017年05月20日。）

［思考］ 王娜娜、黄爽是如何创新成功的？

第二章
创新思维

学习目标

□ 了解创新与创新思维的内涵和形式
□ 了解创新思维的训练方法

【案例导入】

大学生所处的创新环境能够促使大学生产生创新效能感，创新效能感在创新环境与创新能力间关系中起部分中介作用。据调查，3.2%的大学生认为自身的创新能力很强，18.7%的大学生认为自身的创新能力较强，绝大多数大学生认为自身的创新能力一般，而社会环境和学校氛围等是影响大学生创新能力提高的主要不良因素。有人对500名在校大学生进行问卷调查，结果分析显示：约90%的大学生具有创新意识，但不善于利用和创造条件，其依赖性强、动手能力差；约90%的大学生愿意毕业后自己去创新，但没有思路；约75%的大学生有过创新的想法；但只有4%—5%的大学生进行了创新实践。有专家用创新思维、创新知识、创新意识和创新人格综合评价大学生的创新素质，从浙江省高校随机抽样了750名在校大学生进行问卷调查，得出大学生的平均创新素质得分为2.289分（满分5分）。

习近平总书记在中国科学院第十七次院士大会、中国工程院第十二次院士大会上的讲话中说："广大青年科技人才要树立科学精神、培养创新思维、挖掘创新潜能、提高创新能力，在继承前人的基础上不断超越。"讲话表明了我国对提高科技人才的创新思维、创新能力的高度重视，也表明了当下对创新思维发生、运行机制进行理论研究及揭示创新思维发生与运行规律的重要性。创新思维的发生及运行是生理机制、文化机制、社会机制协同作用的结果，这三大机制相互作用、相互联结、协同作战，创新思维才可能发生且良性运行。

恩格斯曾经说过，人类思维是地球上最美丽的花朵，而创新思维是其中最璀璨的一枝。

（资料来源：岳晓东，龚放：创新思维的形成与创新人才的培养，道客巴巴网，2013年01月28日。）

第一节　创新与创新思维

最璀璨的思维花朵——创新思维

一、相关概念

什么叫创新呢？中华民族五千年文明史，诸多神话或历史典故中，随处可见创新，从盘古开天辟地到“四大发明”名扬世界，共产党人正是凭借这种开天辟地、敢为人先的首创精神；坚定理想、百折不挠的奋斗精神；立党为公、忠诚为民的奉献精神，在一条小船上开始民族伟大复兴的道路和征程。这些伟大事迹反映出的共同特征在于面对美好生活的渴望，敢于直面问题并且努力解决问题。

《礼记·学记》中记载：“是故学然后知不足，教然后知困。知不足然后能自反也，知困然后能自强也。故曰教学相长也。”这正是对直面问题、分析问题、解决问题的总结，《礼记·学记》也是中华民族最早提出这一问题的历史书籍。

因此，本书将创新定义为一个过程，创新者首先要正确理解问题的本质，分析当前的解决方案和约束条件，利用现有的、最新的、相对全面的科学技术知识或者信息，调动可以利用的资源，针对方案进行优化和改造，最终以最低的成本、最高的效率来解决该问题。

什么又叫思维？思维是指在表象、概念的基础上进行分析、综合、判断、推理等认知活动的过程。

创新思维，也叫创造性思维，是指主体通过自身思维能力推动认知活动创造性发展的逻辑过程，也指以新颖独创的方法解决问题的思维过程，通过这种方式能突破常规思维的界限，以超常规甚至反常规的方法、视角去思考问题，提出与众不同的解决方案，从而产生新颖的、独到的、有社会意义的思维成果。

二、创新思维的形式

创新思维有很多种，仅向大家介绍几种常见的、主要的形式或种类。

（一）逆向思维

逆向思维，是指与现有事物或理论相反方向的一种创新思维方式，它是创新思维中最主要、最基本的方式。在事物发展及其学术问题上，古人曾有“于无疑处有疑，方为进矣”“有疑则进，无疑不进”，以及“大疑大进，小疑小进”的名言教诲。也就是说，没有“问题”的生活，便平淡无趣，溅不起浪花。一个人不会发现问题和解决问题，他的生活乃至事业必定是一团糟。

逆向思维

要运用好逆向思维，可以从三点把握：

一是面对新的问题，我们可以将通常思考问题的思路反过来，用常识看来是对立的、似乎根本不可能的办法去思考问题。“油水不合”，即使在今天仍被人们当作常识。然而油水真的不相合吗？在印刷业，人们从相反的方向进行思考。经过试验发现，常规搅拌，油水确实不合，而采用超声波技术进行油水混合，再适量加点活性剂，问题就解决了。

二是面对长期解决不了的问题或长久困扰着我们的难题，我们不要沿着前辈或自己长久形成的固有思路去思考问题，而应该“迷途知返”，即从现有的思路上返回来，从与它相反的方向上寻找解决问题的办法。洗衣机的脱水缸，它的转轴是软的，用手轻轻一推，脱水缸就东倒西歪。可是脱水缸在高速旋转时，却非常平稳，脱水效果很好。当初设计时，为了解决脱水缸的颤抖和由此产生的噪声问题，工程技术人员想了许多办法：先加粗转轴，无效；后加硬转轴，仍然无效；最后，工程技术人员来了个“弃硬就软”，用软轴代替了硬轴，成功地解决了颤抖和噪声两大问题。

三是面对那些久久解决不了的特殊问题，我们可以采取“以毒攻毒”的办法，即不是从彼一问题中来寻找解决此一问题的办法，而是相反，就从此一问题本身来寻找解决它的办法。2022 年 4 月，黑龙江齐齐哈尔市疫情期间，很多老人和小孩因为没有手机而无法扫码。这一问题的本质在于没有二维码而并非没有手机，于是齐齐哈尔市制作了 15000 张二维码卡片，供老人、学生等“技术弱势群体”实施“反向扫码”，赢得了全网点赞。网友们纷纷表示政府服务需要这种逆向思维，“反向扫码”既体现出了政策制定者的智慧，也显出当地有关部门不怕累、不畏难的服务意识与责任担当。

反向思考法是一种科学复杂的思考方法。因此，在运用它时，一定要对所思考的对象有全面、深入、细致的了解，依据具体情况具体分析的原则，不能犯简单化的错误。简单化只能产生谬误，它同需要严密科学的创新思维是没有缘分的。

（二）发散思维

发散思维指的是一些看起来杂乱无章的、毫无规律可言的想法，最后总是能因为一个奇妙的点，联系起来的一种思维扩散方式。很多时候，发散思维是指在对事物或对问题的研究中，要保持思想活跃和开放状态的思维，用来触发更多的想法或者创意。简单说，我们可以理解为脑洞大开，在看似离谱荒诞的逻辑中找寻问题解决的方法。

在古代，中华民族用“嫦娥奔月”这个神话故事来表达古人对于追求自由、脱离束缚的探索发现精神。也正是这种精神，不断激励着我们在科学技术上的突破与革新，最终，中国人民得以“上九天揽月，下五洋捉鳖”。

因此，发散思维一定是基于你原来的认知，建立在你能理解的认知范围内的有机组合和化学反应。发散思维常常也会借助头脑风暴，利用更多人的智慧，来激发更多的想法，产生更多的“脑洞”，触发更多的“脑回路”。例如，获得了第 73 届雨果奖最佳长篇小说奖，列入《教育部基础教育课程教材发展中心中小学生阅读指导目录（2020 年版）》高中段文学阅读的科幻小说《三体》，就是基于已有认知的基础上通过脑洞大开和对未来的无限遐想而创作出来的。

发散性思维，通俗地讲，就是辐射地思，多向地思，从中心向各方向沿着直线伸展出去，由一点思及一片，再思及一面。

如果说，创新是一个民族的灵魂，那么发散思维便是创新的基石。它是典型的、艺术化的思维，它能使我们对工作、生活和学习产生激情（浪漫）。

案例学习 2－1

刘墉论“夫”

某日，乾隆皇帝下江南，见一农夫荷锄而过，即问左右：“这是何人?”和珅抢前一步答道：“是个农夫。”乾隆又问：“这农夫的夫字怎写?”

和珅微微一怔，不知皇上此问何意，便即答曰：“农夫之夫，即两横一撇一捺。与轿夫的夫，孔夫子的夫、夫妻的夫和匹夫的夫同一写法。”乾隆听罢大摇其头，大摆其手，说：“你身为宰相，纵无经天纬地之才，却如何连一个‘夫’字都不能解!”转脸道：“刘墉，你来说说看，农夫的‘夫’字当作何解?”

刘墉见皇上点名让他解答，便不慌不忙地上前答道：“农夫是刨土之人，故而上为土字，下加人字；轿夫为肩扛竹竿之人，应先写人字，再加两根竿子；孔夫子上通天文，下知地理，当作天字出头之夫；夫妻是两个人，该是心心相印，二字加人可也；匹夫乃天下百姓之谓也，可载舟亦可覆舟，是为巍巍然大丈夫，理应作大字之上加一才对。用法不同，写法自当有别，岂可混为一谈?”乾隆闻言，拊掌大笑，赞道：“真不愧大学士也。”

案例学习 2－2

周总理对外访问出席记者招待会，一位资本主义国家的记者突然发问：中国现在一共有多少钱？问完外国记者一脸傲慢，自信这刁难的问题能够让周总理难以回答。那个时候新中国成立不久，经济正慢慢地从战乱中恢复，这些老牌帝国主义想显出自己经济的优越性，提出如此刁难的问题，没想到伟大的周总理面带笑容地回答道：总共 18 元 8 角 8 分。外国记者露出惊讶和嘲讽的表情，总理却不紧不慢的解释其中原因：原来当时中国人民银行发布的钱币面值分别是 10 元、5 元、2 元、1 元、5 角、2 角、1 角、5 分、2 分、1 分，加起来就是 18 元 8 角 8 分。睿智的周总理让狂妄的外国记者哑口无言，不但刁难不成反让我们总理睿智的美名在国际上不断流传。

启示：发散思维使人对问题从不同层面进行分析，从不同角度进行探索，让视野开阔，思维活跃，可以产生大量独特的新思想。

（三）联想思维

古时候有一位皇帝，有一天他让宫廷画师以“踏花归来马蹄香”这句诗词来作画，既要表现出诗意，又不能出现花朵。众画师冥思苦想，不得要领，只有一位画师的作品，使得“龙颜大悦”。这位画师的作品中，一匹奔腾而归的骏马，飞扬的四蹄周围飞舞着几只蜜蜂，没有花朵，但花的意境却跃然纸上。这就是创新性思维的灵活运用使然。这种思维方式就是联想思维，画师先是由香气想到花，再由花联想到绕其飞舞的蜜蜂，最终解决了问题。

联想思维

联想思维，是在原先并不相关的事物之间，搭起一座认识的桥梁，将表面看来互不相关的事物联系起来，从而达到创新思维的境地。

这种联想思维，可以使我们扩展思路、升华认识、把握规律。联想思维主要有以下四种：

（1）接近联想。即由一事物容易联想到在时间上或空间上相接近的另一事物。例如，我们由“阳春三月”容易想到“桃花”；由“天安门”容易想到“人民大会堂”；看到大雁南飞，容易想到我是不是能像大雁那样，也回到我南方的故乡；由三角形的外角和是360°，容易想到四边形、多边形的外角和是不是也都是360°。一些重大发明，可以说就是联想思维的结果。比如，鲁班从山上可以割破人皮肤的野草受到启发，发明了锯子；人们从鸟和蜻蜓的飞行中受到启发，发明了飞机；从鱼儿可以在水中有升有浮受到启发，发明了潜水艇，等等。

（2）对比联想。即由一事物联想到和它具有相反特点的另一事物。例如，由朋友想到敌人，由水想到火，由战争想到和平等。

（3）相似联想。即由一事物想到另一个在与它性质上接近或相似的事物。例如由大海想到海浪，想到鱼群，想到轮船，想到海底电缆，想到资源的开发和利用等。

（4）关系联想。即由事物所具有的各种关系而形成的联想思维。例如，《“钱”的来历与联想》中提到：古时候，最早做生意用的钱是贝壳。其价值按贝壳大小、优劣、多少而定。《说文》中讲，“至秦废贝行钱”（秦朝，公元前221年）。贝壳虽已废止，但汉字中的“贝”字，做偏旁时仍然与钱有关。

货物的“货”，由“化”与“贝”组成。化者，变也，货就是“变钱”的。商谚云：“货不停留钱自来，薄利多销照样能发财。”

赚钱的“赚”，由“贝”与“兼”组成。辞典讲“兼”可作“加位”“合并”解，“赚”就是使钱加位、成倍、翻番。

“贪”由“今”和“贝”组成。“今”指现在、眼前，急功近利者只求眼前，不顾将来；只管捞钱，不问后果，这是自私所致。“贪”是万恶之源，“今日有钱今日花”“人为财死”等就是由贪而来。

“贫”字由“分”和“贝”组成。有钱乱花，把钱“分”了，“分”散了，就会一贫如洗，导致贫穷、贫困。

（四）纵向思维（纵深思维或纵深思考）

任何事物的发展以及与其他事物的联系，总是呈现纵向态势和横向态势。纵向态势即纵向思维，它与横向思维一样，都是认识事物发展以及与其他事物相联系的重要创新思维方式。纵向思维，通俗地讲，就是按照既定目标、方向，在现有基础上，向纵深领域深化、挖掘的一种创新思维方式。

老子曰：“挖井七仞而不及泉，废井也。”挖井七仞（仞是计量单位，七仞约为7米）没有出水，是废井；如果超过七仞一点就出水了，甘泉涌流，就是好井。成功往往只差那么一点，这一点，常常就是成败之分。须记住，任何时候都不能灰心泄气，灰心泄气就等于前功尽弃。

纵深思考的创新思维方法，不仅对我们搞好重大发明有帮助、有意义，而且对我们加强品德修养，塑好人格形象，都有不可低估的影响和作用。例如，俗、仙、佛这三个字，按照《现代汉语词典》的解释，似乎没有什么感情色彩，没有什么“新鲜味道”。而如果我们结合品德修养实践作深入思考，结果则大不一样。

俗：左人右谷。意思一是民以食为天，人是吃五谷杂粮的；二是如果世人的心态往山谷坠落，那就没有超凡脱俗，注定是个凡人，是个凡夫俗子。

仙：左人右山。意思一是人要修身养性，必须得到僻静处，即山里去，只有在僻静处，到山里修行，才能成仙；二是世人的心态，价值取向，奋斗目标，只有一直向上攀登，向山上攀登，向高处攀登，才可能“成仙”。

佛：左人右弗。弗即“不是”。意思就是佛不是凡人，不是一般的人，“人圆即成佛。”所以，六祖慧能说，一念“觉”，即是佛，一念“迷”，便是众生。

再如：眼、耳、鼻、舌、心。

眼：人有两只眼睛，并且是平行的，所以应当平等看人。既不能“眼高于顶”，也不能“狗眼看人低”。

耳：人有两只耳朵，并且左右并列，所以不能偏听一面之词。

鼻：人的鼻端共有两个孔，所以不应当随着别人一个鼻孔出气。

舌：人只有一条舌头，所以不能说两面话，阴一套，阳一套。

心：人只有一个心，然而有左右两个心房，所以做事不但要为自己着想，也要为别人着想。

（五）灵感思维

灵感思维，是指在事物的接触及思考中，因受到某种启发而产生的灵发性创新思维方式。

灵感思维中的灵感是一个由量变转向质变的过程，需要具备大量已知认知，在认知的储备下，通过身临其境的环境，为我们带来远在星辰之外的一丝灵感。所以，无论是创业者还是科学家，其共同之处在于实践，而实践的目的则是将理论知识通过大量的实验数据，转化为解决问题的一丝灵感。

由于这种创新思维方式具有转瞬即逝的偶发性，所以，要善于抓住这种稍纵即逝的灵感思维，对此进行深入思考和研究，以促使新生事物的应运而生或疑难问题的解决。

例如，被大家熟知的《荷塘月色》，正是朱自清先生在清华大学任教期间所写的一篇经典散文。当时正值社会动荡，国民生活处于水深火热当中，朱自清先生感于世变，夜不能寐，内心因不满现实又看不到出路心生苦闷。于是，他通过月下散步、荷塘观月，将情感倾注于月色下的荷塘，以求短暂的超脱，最终内心渐渐平静，一番自我解围之后，重新对生活燃起热情之火。

（六）换位思维

换位思维，就是设身处地将自己摆放在对方位置，用对方的视角看待问题，这是一种非常有益且十分实用的好思维。

换位思维人人都可以做到，它不是一种复杂的技巧，而是一种人生态度。只要你愿意，你就可以做到。

换位思维

案例学习 2-3

从前有一个老国王，平时头脑很古怪。一天，老国王想把自己的王位传给两个儿子中的一个。他决定举行比赛，要求是这样的：谁的马跑得慢，谁就将继承王位。两个儿子都担心对方弄虚作假，使自己的马跑得比实际慢，就去请教宫廷的弄臣（中世纪宫廷内或贵族家中供人娱乐的人）。这位弄臣只用了两个字，就说出了确保比赛公正的方法，这两个字就是：对换。

（资料来源：山田屋：换位思维，个人图书馆网，2012 年 03 月 02 日。）

案例学习 2 –4

有一位母亲，很喜欢带着 5 岁的女儿逛商店，可是女儿却总是不愿意去，母亲觉得很奇怪，商店里琳琅满目五颜六色的东西那么多，小孩子为什么不喜欢呢？直到有一次，孩子的鞋带开了，母亲蹲下身子为孩子系鞋带，突然看到了一种从未见过的可怕景象：眼前晃动着的全是顾客的腿和胳膊。于是，她抱起孩子，快步走出商店。从此，即使是必须带孩子去商店的时候，她也是把孩子扛在肩上，真是一位细心的母亲。

换位思考可以帮助我们探究他人的行为，同时也得以解决自身的困惑，实现问题的解决和相互共赢，因此，对我们而言，换位思考也可以是互助的前提。

学院中的辅导员在处理学生问题上的方法十分有效，如把违反班级班规的学生叫到办公室，让学生坐在辅导员的椅子上，辅导员自己则坐在旁边的待客椅上，然后再开始交谈。辅导员说："这样能将学生置于学校负责人的位置上更好的考虑和认识自己的错误。"

如果人们学会了换位思考，彼此为对方着想，许多表面上十分棘手的事就会迎刃而解。

案例学习 2 –5

有一对要租房子的夫妻，俩人拖着疲累的身躯挨家挨户的寻找房源，却没有几个中意的。到了下午，奇迹出现了，两个人共同看上一间他们都满意的房子，于是急着想付订金，把房子订下来。这时，房东出现了，是位老先生，这位老先生说："租房子，我只有一个限制，那就是我不租给有小孩子的家庭。"这对夫妻面面相觑。

夫妻两人回答："可我们确实有一个孩子，我们可以保证孩子不会扰乱公共环境和屋里卫生。"

老人仍然不愿意将房子租给两人。俩人正沮丧地要离去时，只见两人的小孩回头按了一下门铃。房东老人打开房门，笑着说："什么事啊？小朋友。"小孩："阿伯，我要租房子！"老伯说："租房子？我不租给有小孩子的家庭哦！"小孩："我知道！我只有爸爸妈妈没有小孩子啊！你可以把房子租给我！"老伯被孩子的机灵逗笑，同时也想到夫妻俩带孩子的不易，将房子租给了这对夫妻。

生活中总有许多限制，如果我们能换位思考，体会别人的感受，同时让别人看到你的决心和能力，那么事情解决起来通常并不复杂。

这则故事，生动地说明了换位思考的妙趣，当我们学会灵活运用的时候，也就是我们频频成功的开始。

第二节　创新思维的训练

一、大学生创新思维能力形成的影响因素

我们从大学生自身因素、教育体系因素、社会创新环境因素、家庭培养因素 4 个维度，总结出大学生创新思维能力形成的具体影响要素，以大学生创新思维能力为因变量，构建大学生创新思维能力形成影响因素分析模型。

大学生自身维度主要包括的因素是创新意识、创新品质、创新精神、人生理想、主动学习、创新知识、创新技能、社会实践；教育体系维度主要包括的因素是教育理念、教育体制与模式、教育制度、教学方法、校园文化；社会创新环境维度主要包括的因素是社会氛围、社会价值观、传统文化、用人机制、实践支持；家庭培养维度主要包括的因素是教育观念、教育方式、社会活动支持、长辈标杆作用。

大学生创新思维能力的构成要素如下：

（1）创新欲望。好奇心、探究热情、求知欲、创新兴趣及参与创新活动的渴望。

（2）创新理念。拥有创新的先进观念，对创新的价值、机理、机制有较好的理解。

（3）创新观察力。对事物的感知能力，即具有观察、分析、综合推理能力，从而对创新机遇与条件具有良好的评判能力。

（4）创新思维方式。掌握一定的科学思想方法和思维方法，在直觉思维、逻辑思维、联想思维、发散思维、逆向思维方面体现出的创新潜力。

（5）创新方法知识运用。对创新规律有较好的认识，掌握了必要的科学知识、创新知识、创新技能，具有形成合理的创新构思或方案的能力。

创造力是每个人与生俱来的能力，只有懂得珍惜它的人，才能积极地加以开发和利用，才能使人的生活过得更加美好和充实。在这层意义上讲，不断认识和开发个人的创造潜力，是现代人生活的目标和意义之所在。

二、创新思维的训练

大量的心理学调查表明，创新思维不仅是一个能力开发的问题，也是个性特征培养的问题。要培养一个人的创新思维，也要培养与创新思维有关的个性特征。这主要包括求知欲、独立性、灵活性、观察力、坚韧性等人格品质。陶行知说：“教育不能创造什么，但它能启发儿童创造力以从事于创造工作。”在这层意义上讲，教育不应使人因学习而陷入知识的“深渊”不可自拔，而应使人永远保持好奇心、求知欲、敏锐的观察力和丰富的想象力。

当今，《中国学生发展核心素养》要求同学们形成丰富而独特的综合素质。这一综合素质的一个极其重要的方面就是创新素质，而培养同学们创新素质的关键在于培养创新思维能力。

（一）培养创新思维能力

1. 引奇激趣——迎接创新的使者

激发同学们浓厚的创造兴趣和欲望，多思多问，是培养创造性思维的首要工作。兴趣又往往表现为一种好奇心，有好奇心才会有深刻而独特的思维方式，才会有发明创造。

（1）巧设悬念。只有以一个探索者、发现者的身份投入学习的思维活动中，才能在课堂的有限时间内迸发创新因素，获得新的知识。

（2）创设情境。“作者胸有境，入境始与亲”（叶圣陶）。通过各种形式来创设特定的情境感染孩子，通过一定的情感调控，架起同学们与知识之间的情感桥梁，沉浸在所描述的情感氛围之中，主动领会知识的思想内容。

（3）联系实际。经过联系现实的训练，能唤起同学们浓厚兴趣，改善思维空间，实现认识能力的飞跃和突破，使创新思维更符合现实。

2. 诱导质疑——催生创新的萌芽

古人云：“学贵有疑。”质疑是人类思维的精华，拥有创新能力的人必须具备敢于质疑的思维品质。

（1）激发探究欲。探究欲是创造性思维活动的内驱力之一。

（2）培养自信心。自信心是质疑精神的心理依据，要培养质疑精神，就必须保护和培养自信心。

（3）培养寻疑意识。所谓寻疑意识，是指学习者在头脑中始终带着寻找问题的意识，以怀疑的眼光在整个学习过程中捕捉可供设疑的细节，挖掘疑点。

总之，在疑问→探索→发现→创新这一路径中，只有把握好质疑这一关，才能启动创新思维，捕捉创新灵感，并坚持不懈最终取得创新成果。

3. 驰骋想象——舞动创新的翅膀

想象是创新的翅膀，是拓展思维空间的内驱力，是人们对头脑记忆表象进行加工改造而建立新形象的心理过程。想象渗透在生活的一切方面，是同学们完成学习任务必须具备的心理品质，特别是在发展思维创新素质中，想象更是具有重要作用。

（1）丰富表象，唤起想象。想象来源于生活实际，但由于时间和空间的限制，使孩子的思维受到限制，想象力难以拓展。在学习过程中，应注重选择适当的方法，来唤起孩子的想象。

（2）填补空白，发散想象。所谓“空白”，是指作品给读者留下的联想和再创造的空间。在课堂教学中，合理地利用这些“空白”，发散学生的想象，能有效地培养孩子的创新能力。

（3）异想天开，拓展思维。知识是有限的，而想象力是无边的，它概括着世界上的一切，要鼓励学生展开想象，特别是异想天开的创造性想象。

4. 鼓励求异——激活创新的灵魂

求异是创造的先驱，促进孩子思维的多向性发展，允许孩子发表不同的见解，鼓励孩子寻求多种解决问题的方案，使孩子在形成求异思维过程中学习知识；在学习新知识的过程中培养思维的多向性。

（1）同一个任务，鼓励孩子寻求不同方法完成。

（2）同一个问题，引导孩子进行不同的理解或表达。

（3）适当安排一些具有不确定答案的练习。

（二）把握正确的训练方法

要养成创新思维，要把握以下三个方面：

1. 突破思维定势，善于发现问题

思维定势的产生原因一个是迷信权威，一个是从众心理。权威可以让人迷信，从众会使个体顺应群体，不管是权威还是从众都会让人盲目地、有理无理地迷信或顺应。创新就是要突破思维定势，打破常规；但要坚守底线：那就是不标新立异、不违背规律、不违反规则。任何事情都是由粗糙到精细，由不完善到完善，遵循否定→改进→再否定→再改进的过程，在这过程中最关键的是要善于发现问题，及时认识不足。只有发现问题，才能解决问题，才能为创新思维提供素材，创造“入口”。

2. 改变思维惯性，善于利用思维工具

思维惯性指的是习惯性思维，传统性思维。举一个很容易让人掉进思维陷阱的例子：小明的爸爸有三个孩子，大儿子叫大毛，二儿子叫二毛，三儿子叫什么？在听完题目后很多人都会不假思索地回答“叫三毛”。

问题非常简单，但我们的思维已形成了惯性，才会得出如此可笑的答案。要进行创新，使用惯用的思维模式几乎是不可能的，就像一个人揪着自己的头发无法离开地球一样。如果我们受困于习惯的环境、习惯的思维，那么问题还是一样的问题，解决的方法也还是一样的方法，没有任何改变。

因此，创新思维，就是要善于利用各种思维工具。比如：（1）发散思维（又称辐射思维、放射思维、扩散思维或求异思维），它是指大脑在思维时呈现的一种扩散状态的思维模式，它表现为思维视野广阔，思维呈现出多维发散状，如“一题多解”“一事多写”“一物多用”等方式。（2）立体思维，是指思考问题时跳出点、线、面的限制，立体式进行思维。此外还有逆向思维（即从相反方向思考问题的方法，也叫作反向思维）、侧向思维（从与问题相距很远的事物中受到启示，从而解决问题的思维方式）、形象思维、博弈思维等，在我们的工作生活中，灵活使用这些思维工具可以创新性地解决出现的各种问题。

3. 掌握基本方法，不断加强训练

要做到创新思维，还要掌握正确的方法，加强训练。创新的基础在于熟悉，要创新思维、改进工作方法就要加强学习，在熟悉的基础上才能观察总结、才能发现问题。同时，在学习的基础上，注意加强思维方面的训练，掌握一系列基本方法，如两难推理法、逻辑推理法、归纳推理法、借势法、分解法、类比法等方法开发自己的智力。平时在工作学习当中要养成多打问号的习惯，多问问自己“还有别的更好的办法吗”，从而给自己的思维施加压力，使思维保持在灵活状态，一旦注入要素，就能确保正常运转。

案例学习 2－6

创新即是表现个性

郑板桥是清代书画家、文学家，“扬州八怪”之一。他自幼爱好书法，立志掌握古今书法大家的要旨。他勤学苦练，开始时只是反复临摹名家字帖，进步不大，深感苦恼。

据说，有次练书法入了神，竟在妻子的背上画来画去，妻子问他这是干什么，他说是在练字。妻子嗔怪道：“人各有一体，你体是你体；人体是人体，你老在别人的体上缠什么？”郑板桥听后，猛然醒悟到：书法贵在独创，自成一体，老是临摹别人的碑帖，怎么行呢！从此以后，他力求创新，摸索着把画竹的技巧渗入书法艺术中，最后构成了自己独特的风格——板桥体。

创新是世界进步的动力。有了创新精神，就有了前进的期望。小鸟飞行需要翅膀；世界要进步需要创新，创新就是进步的翅膀。

从前有一种病，只要人得了这种病，便无药可治，只能慢慢地被病魔折磨至死。有一位化学家不幸得了这种病，他四处求医，也没有将病治好。有一天，他听说有个村子里有一口能治好这种病的井，只要喝了井中的水，便能治好这种病。化学家喝了井水后不久便药到病除了，也因此对井水产生了兴趣。通过对井水进行的研究，他发现井水中内含一种化学物质——芒硝，对这种病有神奇功效。

常有所疑，是创新的开端；勇于破疑，是创新的动力。一个人如果能用疑惑的眼光观察周围的现象，就会产生去破疑的动力。常年喝井水的村民没有因为井水能治病产生疑问，而化学家则对井水产生了疑惑，最终发现了井水的秘密。如果说化学家仅仅因为井水治好病感到庆幸，那么可能永远都不会发现其中的奥妙。这充分说明了创新精神对于我们的重要性。

思考与练习

1. 谈一谈你在学习过程中遇到的打破思维定式的事例。
2. 从自身角度谈一谈，你打算如何培养创新意识。

第三章
创新能力

学习目标

- □ 了解创新能力的基本概念
- □ 认识创新能力的表现形式
- □ 培养学生的创新能力

【案例导入】

如何用 5 美元赚到 500 美元

斯坦福大学有一个名为“斯坦福科技创业计划”（Stanford Technology Ventures Program）的项目。蒂娜是其中的明星讲师，她的想法总是与众不同。最近，她把学生分成了 14 个小组，并给每组各一个装有 5 美元的信封作为启动基金。学生们有 4 天的时间去思考如何完成任务（当他们打开信封，就代表任务启动）。每个队伍需要在 2 个小时之内，用这 5 美元赚到尽量多的钱，然后在周日晚上将他们的成果整理成文档发给教授，并在周一早上用 3 分钟在全班同学面前展示。

虽然斯坦福的学生个个顶尖聪明，但对于涉世未深的他们来说，这仍然是个不小的难题。为了完成这项任务，同学们必须最大化地利用他们所拥有的资源——也就是这 5 美元。几个比较普遍的做法是先用 5 美元初始基金购买饮料，然后帮别人洗车或者开个果汁摊。这些点子确实不错，赚点小钱是没问题的。然而有 3 个小组想到了打破常规的方法，他们认真对待这次挑战，考虑不同的可能性，创造尽可能多的价值，在 2 小时内赚到了超过 600 美元的利润。5 美元的平均回报率竟高达 4000%，他们是如何做到的呢？

第一个小组发现了大学城里的常见问题——周六晚上某些受欢迎的餐馆总是排起长龙。他们发现了商机，于是向餐馆预订座位，周六临近的时候将每个座位以最高 20 美元的价格出售给那些不想等待的顾客。实施过程中他们观察到了一个有意思的现象：团队里女同学比男同学卖出了更多的座位，可能因为女生更具亲和力。于是他们调整了方案：男生负责联系餐馆预订座位，女生负责寻找买主。

第二个小组在学生委员会旁边支了一个小摊，帮助经过的同学测量他们的自行车轮胎气压。如果压力不足，可以花1美元在他们的摊位充气。事实证明：这个点子虽然简单，但很具有可行性。虽然同学们可以很方便地在旁边的加油站免费充气，但大部分人都乐于在他们的摊点充气，而且对他们所提供的服务表示感谢。不过，这一组学生及时调整策略，摆了1个小时摊之后，便不再对充气服务收费，而是在充气后向同学们请求一些捐款。就这样，收入一下子暴涨！这个团队与第一组一样，都在实施过程中观察客户反馈，及时优化方案，使收入大幅提升。

第三个小组认为他们最宝贵的资源既不是5美元，也不是2小时的赚钱时间，而是他们周一课堂上的3分钟展示。斯坦福大学作为一所世界名校，不仅学生挤破了头想进，各大公司也挤破头了希望在里面招人。这个团队把课上的3分钟时间卖给了一个公司，让他们打招聘广告，从而简简单单地赚到了650美元。

（资料来源：如何用5美元在2小时内赚到500美元，搜狐网，2016年05月30日。）

启示：好的创意无处不在，每个人的想法都可能带来巨大的效益。应该鼓励更多的人发散思维，大胆提出新设想、新思路。

第一节　创新能力概述

党的二十大报告在“实施科教兴国战略，强化现代化建设人才支撑”的论述中明确要求“加快实施创新驱动发展战略”，做到“增强自主创新能力，突出原创，鼓励自由探索，激发创新活力”。报告振奋人心、催人奋进，为推动培育创新文化、营造创新氛围指明了方向，也对新时代高职院校学生创新能力培养提出了更高的要求。

创新能力一般视为智慧的最高形式，它是一种复杂的能力结构。在这个结构中，创新思维处于最高层次，它是创新能力的重要特性。随着知识经济时代的来临，知识创新将成为未来社会文化的基础和核心，创新人才将成为决定国家和企业竞争力的关键。

> **课堂活动3－1**
>
> 提问：创新能力包含哪些方面？我们身边有哪些富有创新的案例？

一、创新能力的内涵

创新能力的内涵

创新能力是指人在顺利完成以原有的知识、经验为基础创建新事物的活动过程中表现出来的潜在的心理品质。创新能力是人们革旧布新和创造新事物的能力，包括发现问题、分析问题、发现矛盾、提出假设、论证假设、解决问题以及在解决问题过程中进一步发现新问题，从而不断推动事物发展变化等。创新能力有一部分来自不断发问的能力和坚持不懈的精神；创新能力在一定的知识积累的基础上，可以被训练出来、启发出来。总的来说，创新能力是人们运用已有的基础知识和可以利用的材料，并掌握相关学科的前沿知识，产生某种新颖、独特、有社会价值或个人价值的思想、观点、方法和产品的能力。

创新能力最基本的构成要素是创新意识、创新思维、创新技能。

（一）创新意识

1. 创新意识的内涵

创新意识是指人们根据社会和个体生活发展的需要，产生创造前所未有的事物或观念的动机，并在创造活动中表现出的意向、愿望和设想。它是人类意识活动中的一种积极的、富有成果性的表现形式，是人们进行创造活动的出发点和内在动力，是创造性思维和创造力的前提。

2. 创新意识的特征

（1）新颖性。创新意识或是为了满足新的社会需求，或是用新的方式更好地满足原来的社会需求，创新意识是求新意识。

（2）社会历史性。创新意识是以提高物质生活和精神生活水平需要为出发点的，而这两种需要在很大程度上受具体的社会历史条件制约，在阶级社会里，创新意识受阶级性和道德观影响制约。人们的创新意识激起的创造活动和产生的创造成果，应为人类进步和社会发展服务，创新意识必须考虑社会效果。

案例学习 3－1

怀炳和尚捞铁牛

公元 1066 年，我国宋朝英宗年间，黄河突发洪水，冲垮了河中府（今山西省永济县）城外的一座浮桥，也将两岸岸边用来拴住铁桥的八个铁牛（每个约万斤重）冲到了河里。洪水退去，为了重建浮桥，需将这八个大铁牛打捞上来。

在当时的历史条件下，这是一件极为困难的事，府衙为此张贴了招贤榜。一位叫怀炳的和尚揭了招贤榜。他经过一番调查摸底和反复思考，指挥一帮船工终于将大铁牛全都捞上了岸。

怀炳想出的办法是，船工将两条大船装满泥沙，并排地靠在一起，同时在两条船之间搭起了连接架。船划到铁牛沉没的地方后，便叫人潜入水下，把拴在木架上绳子的另一端牢牢地绑在铁牛上。然后，船上的船工一边在木架上收紧绳子，一边将船里的泥沙一铲铲地抛入河中，河底的铁牛便逐渐浮了起来。这时，通过船的划动，很容易地就能把铁牛拉到江边并拉上岸。

如此反复进行了八次，终于将八个大铁牛全都打捞到了岸上。

（资料来源：生活中具有创新思维的例子——怀炳和尚捞铁牛，百度文库，2020 年 04 月 07 日。）

启示：在目前的技术条件下，将沉重的铁牛捞出水面，并不是一件难事。但在当时的历史背景中，怀炳和尚运用自己的智慧，创新性地联想到浮力的作用，从而将一件看似复杂的事情变得简单起来。

（3）个体差异性。人们的创新意识和社会地位、文化素质、兴趣爱好、情感志趣等相应，这些因素对创新起重大推进作用，而这些方面，每个人都会有所不同，因此对于创新意识，既要考察人的社会背景，又要考查其文化素养和志趣动机。

案例学习 3－2

杂交水稻之父

袁隆平长期从事杂交水稻育种理论研究和制种技术实践。1964 年，他首先提出“不育系、保持系、恢复系”的三系法，利用水稻杂种优势的设想进行科学实验。1970 年，袁隆平与其助手李必湖和冯克珊在海南发现一株花粉败育的雄性不育野生稻，这一发现成为突破“三系”配套的关键。1972 年育成中国第一个大面积应用的水稻雄性不育系“二九南一号 A”和相应的保持系“二九南一号 B”，次年育成了第一个大面积推广的强优组合“南优二号”，并研究出整套制种技术。1986 年，他率先提出杂交水稻育种分为“三系法品种间杂种优势利用、两系法亚种间杂种优势利用到一系法远缘杂种优势利用”的战略设想。袁隆平一生致力于杂交水稻技术的研究、应用与推广，为我国粮食安全、农业科学发展做出了突出贡献，被誉为“杂交水稻之父”。

（资料来源：吴秀笔：一生只做一件事，“杂交水稻之父”袁隆平的传奇人生，钱江晚报，2021 年 05 月 22 日。）

启示：研究水稻育种是袁隆平毕生的志趣。禾下乘凉梦是袁隆平对杂交水稻高产的理想追求，他梦想到禾下乘凉，梦里水稻长得有高粱那么高，子粒有花生米那么大。正是这种志趣动机推动着他实现一个又一个高产梦。

3. 创新意识的构成

创新意识包括创新动机、创新兴趣、创新情感和创新意志。

创新动机是创造活动的动力因素，它能推动和激励人们发动和维持创造性活动。

创新兴趣能促进创造活动的成功，是促使人们积极探求新奇事物的心理倾向。

案例学习 3－3

王旭宁与他的豆浆机

在王旭宁生长的村子里，有位 80 多岁的老人，他眼不花、腰不弯，是远近闻名的健康老人，村里人都说，他身板好，是因为喝豆浆的缘故。1987 年，王旭宁考上了大学，也经常喝豆浆，可总感觉不对味，不知其中的原因。一天他偶然听到校园里卖新鲜的豆浆，他恍然大悟，差别就在“新鲜”上。他毕业后回到家乡工作，为了让老乡能喝上新鲜的豆浆，他想尽办法发明了家用豆浆机。这种产品问世以后，受到广大老百姓的欢迎，不久就成功占领了几个大城市的市场。

（资料来源：关丹丹：九阳创始人王旭宁的故事，搜狐网，2017 年 07 月 12 日。）

启示：正是为了让老百姓喝上新鲜的豆浆，促使王旭宁探索发明豆浆机。王旭宁积极探索新鲜事物的心理倾向性，推动了豆浆机的问世。

创新情感是引起、推进乃至完成创造的心理因素，只有具有正确的创造情感才能使创造成功。

创新意志是在创造中克服困难，冲破阻碍的心理因素，创造意志具有目的性、顽强性和自制性。

案例学习 3 -4

吸油泵的诞生

日本著名创造学家高桥浩讲述他发明吸油泵的经过：1942 年，我正在读中学二年级，发明的目的是孝敬母亲，向她表示我的爱和孝心。在冬季一个冰冷的早晨，我看见母亲在厨房里，双手抱着一个巨大的玻璃酱油瓶，向桌上的小瓶子里倒酱油。现在使用的酱油瓶已改成方便的、体积小的塑料瓶。那时却是又大又重的玻璃瓶，瓶口上也没有现在的注出口，所以对一个妇女来说，向小瓶中倒酱油不是一件轻松的事。冬天，厚厚的玻璃制成的大瓶子，连同里面的酱油一起被冻得冰冷，母亲的双手不断地颤抖，酱油洒了一桌子，但小瓶子里却没装进去多少。母亲弯着腰、低着头，努力地做着这件艰难的事情，我看见她蜷缩的身影，心里很难过。

平日里我一直想为母亲做点事帮她的忙，这时我想："为了让母亲少受些苦，为了让她不用抱个冰冷的大瓶子就能轻松地将小瓶装满酱油，我一定要想个好办法！"

于是我自己去图书馆，读了许多书，查了一些资料。在学习流体理论和原理的过程中，我了解了流体力学的虹吸现象，找到了解决问题的关键所在。经过多次的改造、试验，克服了许多困难，终于成功地使吸上来的液体不再倒流回去，能顺利地连续流动了。40 多年来，这项发明一直被家家户户使用。

（资料来源：创新思维的例子，百度文库，2018 年 02 月 16 日。）

启示：高桥浩在寒冷的冬天，看到母亲艰苦倒酱油的情景，激发创新动机，使他决定要创造自动吸油泵。正是因为对母亲的孝心作为动机，他才克服了种种困难，最终找到了解决问题的方法。

4. 创新意识的作用

创新意识的作用主要体现在以下几个方面：

（1）创新意识是决定一个国家、民族创新能力最直接的精神力量。如今，创新能力实际上就是国家、民族发展能力的代名词，是一个国家和民族解决自身生存、发展问题能力大小的最客观和最重要的标志。创新更新了人们的生产工具和生产技术，提高了劳动者素质，开辟了更广阔的劳动对象，也推动了社会生产力的发展。

（2）创新意识促成社会多种因素的变化，推动社会的全面进步。创新意识根源于社会生产方式，它的形成和发展必然进一步推动社会生产方式的进步，从而带动经济的飞速发展，促进上层建筑的进步；创新意识进一步推动人的思想解放，有利于人们形成开拓意识、领先意识等先进观念，有利于促进社会政治向更加民主、宽容的方向发展。这些条件反过来也会促进创新意识的发展，更有利于创新活动的进行。

（3）创新意识促成人才素质结构的变化，提升人的本质力量。创新意识实质上是一种新的人才标准，代表着人才素质变化的性质和方向，输出着一种重要的信息：社会需要充满生机和活力的人、有开拓精神的人、有新思想道德素质和现代科学文化素质的人。它客观上引导人们朝着这个目标提高自己的素质，使人的本质力量在更高的层次上得以确证。它激发人的主体性、能动性、创造性，从而使人自身的内涵获得极大的丰富和发展。

5. 大学生创新意识的培养

大学生创新意识的培养主要包括创新精神和创新思维的培养、创新人格的培养、团队协作精神的培养，以及智力因素和非智力因素的培养。大学生创新意识的培养途径和方法主要有以下几种：

首先，从大学生的角度，应注重完善自身的知识结构，加强创造性思维的训练。当前，大学生普遍存在着知识结构单一、文化底蕴不够深厚、兴趣爱好不够广泛及创造性思维欠缺的现象。而创新创业活动是综合运用知识的过程，所以大学生要努力学习各方面的知识，不断完善自己的知识结构，以丰富自身的文化底蕴，为创业做好准备。

大学生可根据自身的特点进行以下几个方面的训练：

（1）加强元认知训练，即加强对思维的训练，以监督和调节人的认知活动，从而提高认知活动的效率。元认知水平高的人，能够多角度地思考问题，能看到事物的不同侧面，也能充分认识到自己行为的各种可能后果。

元认知是美国心理学家 J. H. 弗拉维尔提出的概念，即对认知的认知。例如，学生在学习中，一方面进行着各种认知活动（感知、记忆、思维等）；另一方面又要对自己的各种认知活动进行积极的监控和调节，这种对自己的感知、记忆、思维等认知活动本身的再感知、再记忆、再思维就称为元认知。元认知主要包括元认知知识、元认知体验、元认知监控等部分。

元认知和认知都属于人的认识和思维活动，二者的区别主要表现在以下四个方面：

①认识和思考的对象不同。认知活动的对象是外在的、具体的，如记忆的对象是某个具体的事件或某篇文章，阅读的对象是某段具体的文字；而元认知的对象是内在的、抽象的，是主体自身正在进行的认知活动。

②活动的内容不同。认知活动的内容是对认识对象进行某种智力操作，例如，阅读某一篇文章，通过对这篇文章的字词进行辨认，句子、段落进行理解，最后达到对文章的整体把握。元认知活动的内容是对认知活动进行调节和监控，例如，阅读中的元认知活动有明确阅读目的、将注意力集中在阅读材料中的主要内容上、对当前阅读活动不断进行调节、自我提问以检查阅读效果、随时采取修正策略等。

③作用方式不同。认知活动可以直接使认知主体取得认知活动的进展，例如，个体阅读一篇文章，就可以知道这篇文章的大意、中心思想。而元认知只能通过对认知活动的调控，间接地影响主体的认知活动，例如，通过自我检查确认主体的阅读是否达到预期目标。

④发展速度不同。从个体认知发展看，元认知落后于认知的发展。研究表明，婴儿出生以后就有了一定的认知能力。而幼儿到了学前期才开始获得一些零星的、肤浅的元认知能力，这时元认知能力才开始发展。在大学生中，元认知能力存在着极大的个体差异，通过加强对元认知的学习和培养，能使大学生的元认知能力获得迅速发展和提高。

从本质上讲，元认知是不同于认知的另一种现象，它反映了主体对自己“认知”的认知。同时两者又是相互联系、不可分割的，认知是元认知的基础，没有认知，元认知便没有对象；元认知通过对认知的调控，促进认知的发展。元认知和认知共同作用，促进和保证认知主体完成认知任务，实现认知目标。

（2）进行一系列创造技能的训练，包括坚持不懈的毅力训练、发散思维训练、打破思维定式的能力训练和敢冒风险的能力训练等。

（3）养成爱读书的习惯。广泛阅读各种学科的图书，不断吸取知识，以弥补自己的不足之处。

其次，从学校教育的角度，学校应转变教育观念，充分尊重学生的个性与创新精神。在实际的教学工作中，应当促进大学生主动性和独立性的发展，不应把学生当作灌输知识的容器，而应把每个学生都看作具有创造潜能、具有个性的主体，为学生提供更多选择和发展机会。这样，学生的主体性就会得到很好的发挥，个性也会得到不断发展，从而有利于大学生创新精神和创造能力的培养。

最后，从国家角度来看，要营造有利于创新的社会环境。如何为大学生创新意识的培养创设良好的环境，是目前备受社会关注的问题。结合当前大学生创新意识培养的实际情况，概括起来，国家可从以下这些方面来开展工作：

（1）重视创新意识培养的硬件建设，为大学生成才提供条件，如建设创新创业基地，为大学生提供实训、实习机会等。

（2）增强创新创业制度供给，完善相关法律法规、扶持政策和激励措施，营造均等普惠环境，加强创新创业公共服务资源开放共享，整合利用全球创新创业资源，实现人才等创新创业要素跨区域、跨行业自由流动。

案例学习 3－5

互联网——人类历史上最伟大的创意之一

互联网奇迹诞生至今已经五十多年了，它改变了我们的生活方式，让我们可以在网络里回顾我们的模样。2010 年在英国发起的一场“人类史上最伟大创意”的评选活动中，互联网高居榜首。这个伟大的创意是如何产生的呢？

互联网的诞生过程其实是一个灵感慢慢孕育并产生创意的过程。创立者之一的伯纳斯·李小时候就花很长时间钻研《探寻一切事物》这本指南手册，试图打开“一扇通向想象世界的大门”。十多年后在瑞典的一家实验室里，作为软件信息专家，他给自己的一项业余项目命名为“探寻者”，在这之后的十多年时间中，这个项目缓慢孕育，也更改过几次名字。最终，他尝试通过超文本链接的应用，将存储于不同电子计算机上的文件连接起来，他称这个平台为“互联网”。

（资料来源：辛西娅：互联网才是最伟大的发明，别把它毁了，新周刊，2020 年 07 月 16 日。）

启示：好创意永远是时间的玫瑰。维持一个创意存活更多的时候只需慢慢培育它，而并非汗流浃背式地耕耘。只需要给创意足够的营养，并且让它生长在肥沃土壤里，然后，给它时间，静待花开结果即可。

案例学习 3－6

经济特区给了我新梦想

“如果不是在深圳，我可能早就放弃了。经济特区鼓励创新、宽容失败的环境和无数创业路上的同行者，让我充满了追逐梦想的勇气。”周剑，大名鼎鼎的“机器人爸爸”和他的优必选科技公司，人们已是耳熟能详：2016 年央视春晚上，优必选的 540 台 Alpha 机器人集体起舞；2018 年央视春晚开场表演，24 只 Jimu 机器狗惊艳亮相；2019 年央视春晚深圳分会场，6 台大型仿人服务机器人 Walker 与明星们同台竞技。

“优必选的第一个机器人样机，技术上没问题，但在量产前连续开了四次模，都失败了，仅这一项就耗资千万元。”这是周剑创业之初的“痛”。公司初创期，这样的失败打击几乎让优必选垮掉。

2015 年，周剑想把公司搬到南山智园，这里地理位置优越、租金优惠，但当时处于创业期的优必选，在纳税额等方面还不满足园区入驻条件。园区负责人对公司进行了全面“摸底”后，认为智能机器人正是深圳积极布局的“未来产业”，破格让优必选入驻。“在深圳，政府高度重视创新，不是靠发文件开大会，而是落实到每一个具体行动。”周剑说。

在深圳经济特区这个成就梦想的“舞台”上，优必选一直在加速奔跑：自主研发的伺服驱动器诞生，成本降到进口产品的几十分之一；第一台机器人 Alpha 诞生，教育机器人 JimuRobot、悟空、商用服务机器人 Cruzr（克鲁泽）、大型仿人服务机器人 Walker 等接踵而至……

每当工作累了的时候，周剑喜欢透过办公室窗户向外远眺。几年前还是一片旧工业区的南山智园，如今已成为高科技产业园，有众多创新企业进驻。周剑真切地感受到，一路走来，怀揣创新梦想的同行者正变得越来越多。

启示：深圳将创新落实到具体行动上，完善的法律法规、扶持政策和激励措施，为创业提供了诸多便利，是创新创业者的沃土，值得其他城市学习和效仿。

（二）创新思维

1. 创新思维的含义

创新思维（Creative Thinking）是指重新运用已获得的知识和经验，提出新途径、新方式，并创造出新思维成果的一种思维方式。它是在一般思维的基础上发展起来的，是人类思维的最高级形式，是人类思维能力高度发展的体现。

创新思维的内涵可以作狭义与广义两种不同的解释。

狭义的创新思维，指的是建立新的理论，产生新的发明、发现，或塑造新的艺术形象的思维活动。它强调的是，思维的成果是独创的，是前所未有的，而且是得到了社会的承认且具有巨大社会效益的。此外，它也包括那些在社会范围内得到了该行业专家公认或权威性专利机构承认的具有重大价值的种种新设想。

广义的创新思维，指的是思考自己所不熟悉的问题，而且没有现成的思路可以完全套用的思维活动。它强调的是，所思考的问题对思考者来说是生疏的，思考活动的进行没有老一套的思维程序和模式可以完全照搬照套。这种广义的创新思维活动包括的范围很广：企业员工提出关于技术革新和改进经营管理的建议；机关工作人员开拓、改善管理工作的构想；服装设计师对服饰款式的设计；广告设计人员提出的产品营销计划等。形形色色的创新过程虽指向不同，但都体现其核心——思维活动的创新或是思维成果的创新。因此，只要有思维能力的人就有产生创新思维的可能性。

必须肯定和承认狭义创新思维的存在及其作用，才能使具有重大价值的创造发明成果，以及创造发明者付出的辛勤艰苦的劳动，得到全社会的高度重视、尊重和钦佩，从而切实有效地保护和激励创造发明者继续进一步发挥创新积极性，为社会的发展作出更多更大的贡献；同时也必须肯定和承认广义创新思维的存在及其作用，才能使社会的广大成员都乐于参与社会各个领域的创造性活动，调动起社会各类人员的创造积极性，从而培养造就出适应社会发展需要的千千万万勇于创新、善于创新的开拓型人才。

2. 创新思维的过程

创新思维是有创见的思维过程，它不仅能把握事物发展的本质，而且能进一步提供具有新价值的各种思维成果。我们只有充分了解创新思维的运行过程，才能使智慧之船沿着正确的航道驶向光辉的彼岸。究竟怎样的思维过程才会产生创意呢？世界公认的创意大师詹姆斯·韦伯·扬（James Webb Young）给出了创意产生的两点基本条件：

（1）创意完全是把事物原来的许多旧要素作新的组合。

（2）必须具有把事物旧要素予以新的组合的能力。

这就揭示了创新思维过程实质上表现为选择和重新建构两者的统一。借用著名话剧导演赖声川先生在《赖声川的创意学》曾提到的一个比喻来形容：人的大脑像一台神秘的电脑，这台电脑平时自动搜集并储存一些文档，包括已经发生过的各种事件、各种素材；已经经历过的各种情感、各种思想，这些文档就是创意工作的原始资料。在创新思维的发生过程中这台电脑进入一种机制，自动搜索挑选这些文档，并将这些文档重新排列组合放进同一个新文档，形成新的创意构想，再通过不断地修改、完善使其完整。这台电脑的配置优劣决定了其重组要素的能力高低，唯有那些高效、先进的电脑机制才能运作出最佳、最快的创新思维。因此，创新思维就是一个“无中生有”“有中出新”的“重组”过程，如何完美地完成这个过程需要创新思维方法和能力去实现、完善。

选择，可分为无意识的选择和有意识的选择。任何思维活动都本能地具有无意识的选择功能，很多无价值的联系不需要什么分析判断，就会被淘汰。但创新思维，特别强调有意识的选择。富有创意的人常在提出问题之初，就花较多的时间去思索、去选择，而缺乏创意的人则可能倾向于马上就干。前者由于思考周密、选择正确，往往能在创新思维的中途或后半程迅速超过后者。

在创新思维过程中，选择是创新思维得以展开的首要因素，也是创新思维各个环节上的制约因素。然而，选择不是盲目的，创新思维选择的目标在于破旧立新，在于对未知“王国”外围的层层阻碍和重重“迷雾”的突破。清代国学大师王国维在其代表作《人间词话》中，用三段绝美的宋词诠释了“古今之成大事业大学问者，必经过三种之境界”：第一境界——“昨夜西风凋碧树，独上高楼，望尽天涯路”；第二境界——“衣带渐宽终不悔，为伊消得人憔悴”；第三境界——“蓦然回首，那人却在灯火阑珊处”。这“三境界”说也可作为创新思维过程中主观感受的描述，对应了创意产生前后不断探索、比较、验证乃至顿悟的时刻。可见，无论思维的内容如何，人类创新思维的过程都是相似的，都是一个经过选择和酝酿，最终创意喷涌的思维演变。

重新建构，就是有效、及时地抓住新质，建筑起新的思维框架，迅速扩充其新的价值、完善和充实新的思想体系，为理论的发展和各种新的思维成果奠定新的根基。选择是重新建构的基础，重新建构是选择的归宿。人类的创造行为、创新成果，都受到创新思维的制约，更准确地说都是受到重新建构后具有新价值的思想体系的制约。这种新的思想体系，只有经过完善和充实之后，才有可能成为创意行为的指南。历史上的科学家、发明家、艺术家、思想家以及各类伟大的创新者，都善于进行思维的重新建构。

英国心理学家奥勒斯（G. Wallas）1926 年提出：科学创造一般都呈现出“准备—酝酿—明朗—验证”四阶段的结构模式。在准备期，发现问题、提出创造性课题，并搜集与课题有关的知识材料，对材料进行整理和加工；酝酿期是在第一阶段的基础上，对问题做试探性解决，提出各种试探方案；明朗期经过第二阶段的试探，提出新的认识成果，产生新的观念、新的思想。这是创新思维最关键的阶段，正是在这一阶段，思维主体的思想得以摆脱旧经验、旧观念的束缚，新思想脱颖而出，从而产生质的飞跃；最后是验证期，本阶段主要任务是对第三阶段得到的初具轮廓的新思想进行验证和证明。创新思维在本质上是选择和重新建构的辩证统一，这两者并不具有绝对的界限，而是相互渗透、相互促进，从而构成创新思维的运行过程。

3. 创新思维的特征

创新思维具有独创性、灵活性、偶然性和综合性。

（1）独创性。创新思维具有独创性，内涵表现为其思维内容的“独一无二”“与众不同”。当一个人的思维可以不受外界因素的干扰，不受已有知识、经验的限制，也不依附或屈从于任何一种旧有的或权威的理论，那么他在认识问题、处理问题和解决问题时就具有了独创性。因此，独创性是创新思维最重要的特征，也是衡量一个人创新活力的重要因素。

同其他思维类型相比，创新思维以“新”“奇”制胜，它是人类智慧的集中体现。人类之所以能与其他动物相区别，成为大自然的主人，主要就是归功于其创造性禀赋。正是人类的创造性禀赋，赋予人类创造自然和社会环境、创造新世界的能力，使人类突破自然极限，在一切领域里开创新局面。具体到各种创新思维过程中，思维的独创性又可分为求异性独创、探索性独创、自变性独创三种。

①求异性独创。创新思维是一种求异思维，这个特征贯穿于创新活动的始终。这种求异性并非主观臆想之说，而是指认识过程中着力发掘客观事物的差异性、现象与本质的不一致性和已有知识的局限性。因此，创新思维往往是一个冲破传统、超越习惯的过程；是一种反思性的思维活动；是对司空见惯的现象和已有的权威理论持分析的、怀疑的、批判的态度。无论是发明创造、行政管理、商贸经营，还是科学研究、文艺创作，求异性的体现都是对思维的再思维，力求在时间、空间、观念及方法上另辟蹊径、别具一格。也就是说，当他人或自己有了某种观点和思想后，人们就会利用既有的思维成果加以“审查”，看其符合事实与否、解释合理与否、根据充分与否，如有评估成分，其内容应包括评价客观与否、所采用的标准是否合理、有无应用价值以及应当如何去应用等。通过怀疑和批判，能够对其有效取舍，有助于明晰思维。

案例学习 3－7

求异性思维的力量

“近代化学之父”拉瓦锡 21 岁时对流行的“燃素说”产生了怀疑。当时“燃素说”

已经统治人类科学一个多世纪，人们普遍认为燃素是一种构成火的元素，他却敏锐地直觉出其中的破绽，他在潜心钻研6年后，系统地提出了氧化理论，发动了物理学和化学史上的一场摧毁“燃素说”的革命。

（资料来源：石冬喜：《创新创业指导》，西安交通大学出版社2016年版。）

启示：正是创新思维的求异性，使拉瓦锡提出了科学的理论。

②探索性独创。创新思维独创性的实质在于独立思考和创新。具有这种思维素质的人，对于未知领域迷惑不解的现象有着强烈的探索欲，他们善于发现理论和实践中的新情况、新问题，提出意想不到的新课题；或从新的角度进一步研究老问题；或用新材料、新方法进行新的概括，赋予新的生命。这种创新思维特征带有鲜明的开放性和探索性。

案例学习3-8

“中国人也能办到”——侯德榜发明联合制碱法的故事

纯碱作为一种重要的工业原料，在石油、化工、医药制造等工业生产中具有至关重要的作用。1938年，担任天津碱厂总工程师的侯德榜获悉德国新发明了一种制碱法，可使原料利用率高达92%—95%，他立即前往柏林考察，准备购买这项专利。可是，让他深感失望和气愤的是，这些趾高气扬的德国人瞧不起黄皮肤的中国人，不准他们到制碱现场参观，而且漫天要价，甚至还提出产品不得在中国东三省出售的苛刻条件。

面对讥笑、冷遇和欺侮，侯德榜愤然离开德国，他说：“外国人能办到的，我们黄皮肤的中国人也一定能够办到，而且一定会比他们办得更好！”

一回到祖国，侯德榜就像拧紧了发条的时钟一样，一刻不停地转了起来。他决心闯出一条制碱的新路来。为此，他进行了500多次循环实验，分析了2000多种样品。功夫不负有心人，1939年他终于确定了新的制碱工艺流程，发明了“侯氏制碱法”。这种方法可以使原料利用率高达98%以上，且具有循环生产的特点，对纯碱和氮肥工业做出了巨大贡献。“侯氏制碱法”的发明，是世界制碱史上的一块里程碑。

（资料来源：刘宜学，沙莉：《改变世界的发明：技术大发明背后的故事》，齐鲁书社2020年版。）

启示：侯德榜满怀爱国热情和对制碱法的强烈探索欲望，执着追求制碱方法的创新，闯出了一条新路子，发明了“侯氏制碱法”，对纯碱工业做出了里程碑式的贡献。

③自变性独创。创新思维反映了一批思维活跃的人能够主动否定自己，打破自身的约束，不断去发现事物自身不合理的东西，并力图改变它们、完善它们的一种心态。新事物、新思想发展的初期往往会受到现有的、落后的制度阻碍，然而创新思维毕竟代表着社会发展的客观规律，所以这种变革的思想或迟或早要被社会绝大多数人所接受。随着创新思维的主张被绝大多数人接受并经过一定的过程之后，这种思维的内部就会开始孕育并分化，其中一部分会转变为传统的观念而保留下来，另一部分则随着自身的消亡转变为新的意识。因此，“新”与“旧”都是相对的，创新思维也是在自身的变革中不断完成的。

案例学习 3－9

费曼成功的秘诀

理查德·费曼在量子电动力学方面进行了卓有成效的工作，获得了 1965 年诺贝尔物理学奖。但在荣获诺贝尔奖后的 1965—1967 年间，他却放弃了自己的独创风格，忙于追踪别人的研究成果。结果，不但研究工作收效甚微，还把自己搞得筋疲力尽。1967 年，费曼访问芝加哥大学时，遇到了分子生物学家沃森。在拜读了沃森的名作《双螺旋》的打印稿后，他发现了一件令人震惊的事情：尽管当时沃森取得了非常突破性的科学进展，却对同一研究领域内其他人的工作一无所知。

后来，费曼终于清醒地意识到，沃森的成功秘诀就在于这种“无知”。正是因为不刻意关注别人正在做什么，而完全埋首于自己的研究工作，专心致志地在自己的研究领地上耕耘，才获得如此重要的成就。费曼由此联想到自己先前在量子电动力学、超流性和弱相互作用方面做出的开创性工作，再次发现了独立思考、创新探索的价值。他不再亦步亦趋地关注其他研究者，而是一心一意地思考自己的研究对象，摒弃先入之见和用普通形式来解决问题的做法，使他再次获得了引人注目的研究成果。

（资料来源：石冬喜：《创新创业指导》，西安交通大学出版社 2016 年版。）

启示：费曼不再用先入为主和普遍的思维来思考问题，而是专注于自己的研究领域，独立思考，从而在科研上取得重大成果，再次印证了独立创新思维的价值。

（2）灵活性。创新思维具有灵活性，内涵表现为其思维内容的“随机应变”“与时俱进”。创新思维最忌讳“以不变应万变”的教条思考模式，需要创新者发散思维，“因时、因人、因地制宜”，对一个问题尽可能地想出多种思路和多种解决方案，以扩大选择余地。美国著名心理学家吉尔福特曾指出，创新思维主要是由发散性的智力因素构成，“凡有发散性加工或转化的地方，都表明发生了创造性思维。”灵活多向的思考为解决问题提供了多种可能性，发散性地调整影响事物质和量的诸多因素中的某一个，从而产生新的思路；或者当思维在某一方向受阻时，马上转向另一个方向，以寻求最优方案。

案例学习 3－10

错失报道良机

《纽约时报》的著名记者泰勒年轻时曾因为思维缺乏灵活性而失去了一次绝佳的机会。当时，泰勒刚参加工作，奉命采访一位在纽约进行首场演出的著名演员，到了剧场才知道该演出取消了，于是他回家睡觉了。半夜，值班编辑打来电话训斥他：“你知道明天各家报纸头版头条是什么吗？就是我叫你采访的演员自杀的消息！”确实，著名演员的演出取消本身就是新闻，可年轻的泰勒因为采访经验不足，思维缺乏变通，只想到采访演出，而未能随机应变地采访演出取消的前因后果，从而失去了一次出色报道的机会。

（资料来源：石冬喜：《创新创业指导》，西安交通大学出版社 2016 年版。）

启示：泰勒因思维缺乏变通，没有从另一个角度看到报道的机会，从而未能采取正确的行动。

（3）偶然性。创新思维具有偶然性，内涵表现为其思维内容的“突发”和“跳跃”。这是指在某一个时间节点上，思维因为偶然因素而诱发顿悟，省略了某些中间环节而突然迸发出思想火花，新的观念在极短的时间里脱颖而出，这是创新思维最“可遇而不可得”的环节，却也是创新思维最精彩、最迷人的灵光闪现。

案例学习 3－11

一闪而过的灵感

H. H. 梅契尼科夫是俄国著名的科学家，他发现了吞噬细胞，建立了细胞免疫学说。在谈及细胞吞噬作用时，他这样描述思维是如何运转为自己引出重要新思路的：“一天，我的家人全都去马戏团观看几只大猩猩的特技表演，我独自在家里工作，在显微镜下观察一只透明幼虫细胞的生命。忽然，一个新念头闪过脑际，这一类细胞能起到保护机体不受侵袭的作用——我深感这一点的意义非常重大，兴奋不已，在书房中来回踱步，后来干脆到海边去理清我的思路……”1908 年，梅契尼科夫因对免疫性的研究而荣获诺贝尔生理学和医学奖。

（资料来源：石冬喜：《创新创业指导》，西安交通大学出版社 2016 年版。）

启示：

梅契尼科夫抓住一闪而过的灵感，通过“顿悟”研究出细胞免疫性，说明思维的偶然性也会带来巨大创新。

（4）综合性。创新思维具有综合性，内涵表现为其思维内容的广博和融会贯通。创新思维不是一种简单的平面思维，而是一种复杂的立体思维，是运用各种知识，综合多种思维方法的一门高超艺术。创新思维形成于大量概念、事实和观察材料的综合；形成于前人智慧的巧妙结合；形成于多种思维形式和方法的交替、融合。在创新思维的过程中，既有归纳、演绎、分析、综合等逻辑思维，又有超越经验材料的科学遐想；既有长期的积累和经久的沉思，又有短时间的突破和一时的顿悟；既有正向、逆向的线性思维和纵向、横向的平面思维，也有多维的立体、空间思维和交叉、整体思维。一言以蔽之，创新思维是一种具有综合、统摄性的高级思维形态，具有高度概括性，是建立在各种思维基础之上的整体，是人类多方面智慧的体现；创新思维又具有深刻性，是各种思维的最后升华，是突破性的质的飞跃。从这个意义上说，创新思维是人类思维的最美花朵。

案例学习 3－12

“阿波罗”登月计划

美国在 1969 年 7 月 16 日，实现了“阿波罗”登月计划，参加这项工程的科学家和工程师达 42 万多人，参加单位 2 万多个，历时 11 年，耗资 300 多亿美元，共用 700 多万个零件。美国“阿波罗”登月计划总指挥韦伯曾指出：“阿波罗计划中没有一项新发明的技术，都是现成的技术，关键在于综合。”可见，阿波罗计划是充分运用创新思维综合性的绝佳范例。

启示：阿波罗登月计划是个综合性、系统性的工程，说明创新思维综合性的重要作用。

4. 创新思维的形成机制

创新思维作为一种复杂的立体思维，以创新主体为中心，具有内外系统的统一性。就外在系统而言，创新思维与创新主体所在的家庭、学校、社会及历史背景等因素有关；就内在系统而言，创新思维与创新主体的认知因素、动机、意识、人格等因素有关。这就要求我们以系统的观点来考察创新思维的形成机制，不仅要考察创新思维的过程和特征，还要综合考察影响主体创新思维的诸多内外因素。

（1）影响创新思维形成的外在系统。人创造环境，环境也同样影响人，人类固然离不开自然环境，与社会环境更是密不可分。因此，创新与环境的关系涉及创新思维的各个过程和环节。

①家庭环境。父母是孩子的第一任老师，家庭环境在培养创新品质方面起着开发创造力摇篮的作用。研究表明，儿童一生中身心发展最快的时期是从出生到 8 岁，而处在这一时期的儿童最易接受外界信息，家庭环境对儿童心理、性格的成熟；对儿童兴趣爱好的形成；对儿童意志品质的培养；对儿童人格的发展都具有非常重要的影响。

形成良好的创造个性对创新思维能力的培养起到积极的作用，而父母的心理开放度高、宽容、民主、独立性强等个性特征对儿童的个性和心理发展具有良好的示范效应。

案例学习 3－13

用种子改变世界，背后站着伟大母亲

水稻杂交之父袁隆平，解决了中国几千年来的吃饭问题，堪称当代的“神农”。他的母亲华静女士，接受过良好的教育，尤其注重对孩子的启蒙教育。在她的引导下，小小年纪的袁隆平成为了勤奋好学的小“书虫”，也对农业产生了浓厚兴趣。母亲用一个个故事充盈着孩子的头脑，让他们在有趣的故事中学会了善良、正直、感恩，种下了理想的种子。当孩子们有十万个为什么，比如好奇人是从哪里来的？母亲没有不耐烦，而是用亚当和夏娃的故事让孩子知道了黄土地，知道了人类的起源。当母亲带孩子参观神农洞时，她引导孩子们给神农炎帝鞠躬，告诉孩子们神农尝百草、植五谷……为孩子们的内心种下榜样的种子。

正是在母亲的教导和故事中，小小年纪的袁隆平成为了一个爱思考、爱读书、有同情心的孩子。他在母亲的故事中，知道了“土地是生命之源”；知道了“先天下之忧而忧，后天下之乐而乐”；也在心理种下了志存高远、敢为人先、开拓创新的种子。

启示：袁隆平的母亲注重对他的启蒙教育，帮助他养成了渴望知识、善于思考的习惯；呵护孩子的好奇心，通过通俗易懂的故事，给孩子幼小的心灵种下了向榜样学习、敢为人先的种子。

②学校环境。学校是个体发展和成长的重要环境，它对个体思维、智力发展、性格和人格形成具有非常重要的作用。学校对个体的影响主要体现在学校采用的教育模式、教学方式、教师的教学风格、教学气氛以及教学评价等方面。

从教育模式来说，素质教育应比应试教育更有利于创新思维的发展；从教学方式上来说，启发式教学、自主式学习、研究式学习等教学方式比灌输学习更有利于创新思维能力的提高；从教师的教学风格来说，民主型教学风格最有利于创造力的发展，仁慈专断型容易养成学生的依赖性，强硬专断型会压抑学生的个性，放任型则使学生缺乏自我控制力。

安全、开放、自由的教学氛围是创造力得以表现的必要条件，宽松、和谐的气氛能使每个学生都具有心理上的安全感，使学生能够充分表达自己的不同见解，使不同观点、观念能够进行相互交流和碰撞。学生在这样的环境下，才会思维活跃，没有顾忌，勇于展开辩论和大胆质疑，树立创新意识。

美国著名的人本主义心理学家罗杰斯1959年提出了“心理安全”和“心理自由”的概念，认为它们是有利于创造性活动的普遍环境条件。他认为，“在一种教育环境里，它容许获得知识的多种途径，并承认解决问题的异常方法。在一个无威胁的社会环境里，有创造力的人就不感到忧虑。他的动机的主要源泉能变为钻研和发明的积极的满足，而不是减少他的忧虑；当一个人感到心理安全时，他就能积极地表达出他的不同意见。”他还列举了“心理自由”的特征：能承认自己是什么就是什么，而不怕被人笑话和奚落；对其思想冲动，至少能做出象征性的表达，而不必压制、歪曲或隐藏它们；能用开玩笑或独特的方式处理某些印象、概念和字词，而不感到不安；把未知和神秘的东西既看作是一种需要解决的严肃挑战，也看作是一种好玩的游戏。

从教学评价机制上来看，尊重学生的个体差异，不以学业成绩为唯一标准的多元教学评价标准和考核体系更有利于创新思维的发展，教学评价体系也是创新环境和创新教育的重要组成部分。

案例学习 3－14

鬼谷子与创新思维

相传，中国古代著名军事家孙膑的老师鬼谷子，在教学中极善于培养学生的创新思维，其方法别具一格。有一天，鬼谷子给孙膑和庞涓每人一把斧头，让他们上山砍柴，要求“木柴无烟，百担有余”，并限期10天内完成。庞涓未加思索，每天砍柴不止。孙膑则经过认真考虑后，选择一些榆木放到一个“大肚子小门”的窑洞里，烧成木炭，然后用一根柏树枝做成扁担，将榆木烧成的木炭担回鬼谷洞。意为“百（柏）担有余（榆）”。10天后，鬼谷子先在洞中点燃庞涓的木柴，火势虽旺，但浓烟滚滚。接着，鬼谷子又点燃孙膑的木炭，火旺且无烟。这正是鬼谷子所期望的。

启示：鬼谷子在教学中不拘泥于常规教法，而是采用与众不同的方式启发学生的创新思维，对培养学生的创新意识具有重要作用。

③社会环境。一个尊重知识和人才，提倡和鼓励创新的社会环境对创新活动具有重要的支持和推动作用。在这样的社会环境下，个人的兴趣爱好得到充分尊重，个体的独特见解和行为不会受到社会的过度指责和批评，没有权威和学派的压制，不同观点、观念和学术上的交流和争鸣都得到鼓励，个体的创新活动得到社会群体的肯定，社会能为个体展现个人潜能及多方面的发展提供充分的机会。

创新思维活动所需要的信息、资源条件和信息、资源的充分开放分享也是社会环境为创新思维的形成提供的一个重要因素。创新个体拥有获取信息的畅通渠道和便利条件，能及时获得新信息，捕捉和跟踪科技发展前沿、国内外最新科研动态和进展，能及时获得国外最新期刊，及时通过互联网搜索所需信息和进行便利交流等，都是有助于创新思维展开的外部因素。因此，社会应重视社会公共资源的开发、开放和有效使用，创造创新活动所必需的信息和资源条件，如国家大型图书馆的建设，不同科研院所图书、知识库资源的开放和共享，正式的、非正式的学术研讨交流等。

一个国家的创新能力和竞争力还与其人才评价体系和考核机制有密切的关系。重大的基础性研究往往需要经过数年甚至十年以上的艰苦研究才会取得成果，如果一个国家或行业评价体系不够合理，则往往会造成人们只关注短期效益，在学术上更多采取短期行为，并容易引发急功近利、肤浅、急躁、学术造假等一系列学术、学风问题。这种情况特别不利于基础科学研究的进行，不利于重大基础创新成果的出现，不利于国家原始创新能力和核心竞争力的提高。

案例学习 3－15

创新创业者的天堂——深圳

权威机构发布的全球营商环境指数显示，深圳一直位居第一梯队。据统计，2020 年 1 至 6 月，深圳新登记商事主体 237209 户，同比增长 1.3%；其中企业 151144 户，同比增长 14.9%；战略性新兴产业企业 17234 户，同比上涨 38.5%。目前，全市每千人拥有商事主体 253.4 户，拥有企业 159 户，商事主体总量和创业密度已连续多年居全国大中城市首位。

2020 年，深圳推出有着“一号改革工程”之称的《深圳市 2020 年优化营商环境改革重点任务清单》，涵盖 14 个重点领域，提出 210 项改革举措，全面打造公开透明、可预期的国际一流营商环境。

中国（深圳）综合开发研究院金融与现代产业研究所所长刘国宏表示，纵观深圳 40 年来的产业发展，从最初的“三来一补”起步到高新技术产业崛起，再到战略性新兴产业和未来产业发展，历经了一轮又一轮的转型升级和迭代发展。一批又一批的创新型企业，得益于深圳良好的市场氛围、创新生态和营商环境，就如同种子撒在肥沃的土壤，迸发了无限生机和活力。诸如云天励飞、微芯生物等初创企业，在深圳落地生根，在短短几年内迅速成长并发展壮大，引领行业发展甚至催生新业态新产业。简而言之，全球范围内知名的创新生态——“优渥的土壤”；国内城市中最多的市场主体——“众多种子”；改革开放后最先的市场探索——“不找市长，找市场”的市场氛围，共同构成了深圳经济成色和 GDP 含金量，培育和成就了深圳创新企业和创新型经济蓬勃发展。

启示：深圳厚植创业沃土；积极打造良好的市场氛围、创新生态和营商环境；用心培育优质企业，这些因素都构成有助于创新创业展开的重要外部因素。

④历史背景和文化传统。在人类社会漫长的发展史上，为什么有的时代仁人志士辈出，新论丛生，经济繁荣，科技成果累累；而有的时代则君昏臣庸，经济萧条，科技文化死水一潭？这是因为人类的创新活动会受到社会历史条件，当时社会、科技、经济发展水平和历史背景的影响。在生产力水平前进的时期，在一门学科大发展的时期，或是在社会形势大变动的时期，许许多多的社会新课题迫使人们去研究、去思索，因而往往有益于创新活动的成批涌现。

我国春秋战国时代，出现了一批彪炳千秋的名人：老子、庄子、孔子、孟子、荀子、墨子、韩非子等。初唐和盛唐时期，出现了李白、杜甫、白居易、李贺等杰出诗人。再比如古代欧洲的希腊，一大批圣哲相继出现，创造了灿烂的古希腊文明。文艺复兴时期的欧洲更是名人迭出，有达·芬奇、哥白尼、但丁、伽利略、莎士比亚等。18 世纪的法国，出现了一大批科学家和工程师，如数学家拉普拉希，物理学家库伦，化学家拉瓦锡，生物学家居维叶、拉马克等。

文化传统是一个民族文化的积淀，是民族精神的支柱。一个民族的历史、文化价值观会从深层次上对人们的创新活动发挥深远的影响，会潜意识地制约人们的创造性活动。然而，应当承认，东方文化中譬如重传统、重实用、重和谐等许多不利于创新思维形成的文化传统和价值取向，会干扰东方人对创新思维本能的追求，一味以求同心理压抑对未知的怀疑和探索。创新是一个民族的灵魂，是一个国家的核心竞争力。我们应克服本民族文化传统中不利于创新思维发挥的因素，重视个性的培养，重视实证的研究，培养对大自然的探索兴趣，培养对客观世界、对科学活动的兴趣和动机，充分调动和发挥个体的创新才能，以提高民族的创新能力，提高国家的核心竞争力。

（2）影响创新思维形成的内在系统。心理学常把心理现象分为智力因素（如观察、注意、感觉、知觉、直觉、记忆、想象等）和非智力因素（如需要、理想、兴趣、动机、情感、情绪、意志、性格、气质等）两类，分别以“智商”和“情商”来衡量智力因素和非智力因素的高低。在创新思维的整个活动中，智力因素属于认识范畴，组织和调控认知过程；非智力因素属于情绪范畴，主导情感过程。个人想从创新中获得成功，除了必要的智力因素，还要有优秀的非智力因素。两者紧密联系，互相影响。

创新活动，从心理机制上说是智力因素和非智力因素共同作用的结果。因此创新需要智力和知识，然而，一个智力较高、知识丰富的人，假如没有创新的强烈愿望、使命感、责任感和坚强的意志，那么创新活动就很难进行下去，也难以取得理想的结果。

①智力因素。智力因素是大脑对于客观世界、主体自身和周围事件进行反映和作出反应的综合能力，是主客观相互统一、沟通、协调的能力。从思维的角度来说，智力主要涉及一

般思维和信息加工能力，而创新则是人类通过主动选择、改造、能动地适应环境的能力，因此智力因素是创新思维的基础，创新思维是智力的最高表现形式。

当然，换个角度看，前人的知识和体会可能会成为双刃剑。一方面，不继承前人的知识和体会就没有创新的基础和营养；另一方面，任何前人的知识和体会都不可避免地带有一定的局限性，不可避免地对后人的思维产生规范和阻碍作用。继承和学习前人，而又不被前人所限制；并突破和超过前人，有所创新，这是问题的关键所在。

随着人类知识的不断积存，学习显得越来越重要了，我们通常把现代社会称为“学习型社会”，继承和学习前人是我们前进的基础。那么，如何学习才能既有效率而又不被前人所禁锢呢？科学合理的知识结构和优良的思维品质，是形成创新能力的基础和关键。根据著名心理学家皮亚杰的观点，人的知识结构和思维方式有一个特点，人们已形成的认识“图式”对新的体会具有“同化”和“顺应”功能，“图式”既不要过分“同化”，也不要过分“顺应”，过分“同化”的思维往往顽固已见、僵化保守；而过分“顺应”的思维则没有主见、人云亦云。那么怎样才能形成优良的认识“图式”呢？试想，一个天资聪慧的学生，假如遇上一位笨拙而又顽固的先生和一本充满谬误的教材，再加上封闭的不科学的教学方法，其结果可想而知。

因此，科学地认识“图式”取决于认识主体所学习的材料的真实性、原理的正确性和系统性，以及方法和过程的合理性。材料和原理的真实性、正确性能够保证思维的严谨性和可信度；材料和原理的系统性能够保证思维的联系性和扩展性；方法和过程的合理性则能够保证思维的逻辑性和流畅性。严谨、准确、深刻、流畅的思维就是科学的思维。这样的思维品质就是创新能力的保证。

思维的系统性和扩展性，能够使主体从相互联系的多个方向、多个角度摸索问题，能够把不同学科、不同层次、新旧知识以及理论和实践结合起来，突破原有知识和思维的限制，从而找到解决问题的新思路和新方法；思维的集中性和坚决性也很重要，人只有坚信自己已有的知识和判定，只有坚守自己思维的正确性，才能创新。当年哥白尼和布鲁诺对日心说的坚信不移，甚至面对宗教迫害宁死不屈，这充分说明了思维的集中性和坚决性对创新活动的极端重要性。世界上任何一项创新和发明，都是建立在创新者对自己原有知识和体会坚信不移的基础之上的，没有集中思维就没有创新和发明。

作为产生思维的生理基础，人类大脑的左右脑分别掌管着不同的机理功能。在很长一段时间里，人们总是认为左脑是优势半球，右脑缺乏较高级的认识功能，仅处于从属地位。然而，现代脑科学研究的一系列新成果得出了截然不同的结论：右脑在许多方面明显地优于左脑。许多较高级的认识功能，如具体思维能力、直觉思维能力、对空间的认知能力、对错综复杂关系的理解能力以及形象记忆等都集中在右脑。左脑功能是智力活动的基础，右脑功能则是创新性的源泉，只有当左、右脑得到同步开发与利用，形成一个有机的平衡发展的整体时，人脑的机能才可能健全协调，相辅相成。

但对于单个个体来说，其左右脑的功能可能会不平衡，会有优劣势之分，不同的人所具有的各种智力因素之间有差异。因此，每个人都应当发挥和发扬自己的智力优势，有的人善于严密推理，有的人善于开拓创新，理应用其所长，避其所短。但同时也需要看到，长期偏用脑部机能，犹如长期偏用某一只眼睛或某一只耳朵一样，会不利于思维功能的全面发挥和发展，是一种不正常的“跛足”现象。我们应当在创新思维中让左脑、右脑都转起来，力求既善于周密思考、有冷静的头脑和科学的求实精神，又善于运用非逻辑的思维方法，有广阔的视野和丰富的想象力。这正是我国当今一切优秀人才都应当具有的一种素质和特征。

培养情趣，多参与音乐、绘画等艺术类活动，是开发右脑便捷、有效的方法。绘画离不开丰富的想象、空间关系组合和形象思维；音乐欣赏与创作需要依赖右脑的节奏、曲调功能。多参与这些活动，除了可以提高艺术水平、陶冶情操外，还可使右脑更加灵活，充满活力。

美国畅销书作家丹尼尔·平克（Daniel H. Pink）曾在其著作《全新思维》（A Whole New Mind）中提出“六感”概念，探讨如何开发右脑能力。他认为，当今时代是右脑崛起的时代，需要拥有“高概念”（High Concept）和“高感性”（High Touch）的能力才能适应社会发展。“高概念”涉及创造艺术和情感美的能力、发现格调和机遇的能力、构思令人满意的故事的能力、把没什么关联的东西组合出新奇发明的能力；“高感性”涉及共情感知的能力、洞悉人际交往的奇妙之处的能力、探寻内心愉悦并帮别人找到这种愉悦的能力、跳出日常琐事追寻目的和意义的能力。要拥有“高概念”和“高感性”的能力，就需要通过“六感”的技能来锻炼我们曾经低估和忽视的右脑。这“六感”具体是指：设计感、故事感、交响能力、共情能力、娱乐感和意义感，丹尼尔认为“六感”是每个人都能掌握的基本技能，关键看是否愿意主动开发和训练右脑，从而启迪智慧，有效提高创新能力。

②非智力因素。

a. 创新动机。动机、需要和兴趣，是非智力因素的重要组成要素，是人有意识有目的地反映和改造世界的原动力。创新动机是直接推动人们进行创新思维活动的诱因，因此也是创新心理学的一个重要问题。创意心理学家泰勒曾经指出：“动机是创造力的主要成分，这实际上是每一个人的信念。”从本质上说，动机是个体想要参与某项活动的本质和力量，心理学家将这种力量分为内在和外在两类。当个体做某件事是因为非常喜欢它，可以从中获得满足感，而不是为了某些外在奖赏，这说明受内部动机的驱使；当个体做某件事是因为想要得到一些与这件事本身关系不大的其他利益，则说明是受外部动机的驱使。

内部动机对创造力具有十分重要的作用。受内部动机驱使的个体，会关注任务本身，其动机目标的本质是个体与任务本身的融合。换句话说，具有创新思维的人，往往是有意识、有目的地遵循自己的兴趣来做事，他们做某件事是因为他们喜欢做，而不是因为别人想让他们做。相关研究都支持内部动机对创造力的重要性这一观点。有研究发现，某一作品创造性的高低，与作者是否按自己的兴趣选择主题呈正相关。还有研究发现，从写诗中获得乐趣的儿童，比那些仅仅为了取悦老师而写诗的儿童，更能够创造出有新意的作品。这说明，个体内部动机的乐趣可以从其所参与的某项任务中获得，这是动机与任务之间最强的联结。相反，对于那些受外部动机支配的个体来说，其动机目标和任务本身是明显分离的。

朱莉·亨利（Julian Henley）曾这样描述：“有些人从打高尔夫球中获得乐趣，有些人从品尝美味佳肴中获得乐趣，当我进行某一项研究时，可以废寝忘食，可以放弃打高尔夫球。因此，对我来说产生一种新的想法并在现实中加以证实，这一行为完全是内在、自发的，这个过程对我来说就像是我的业余爱好。”具有创新思维的人可以将自己所做的事情当作业余爱好，并且从中获得乐趣，因此对于他们来说，这不是工作。

早期的实证研究发现，外部动机会毒害个体创新思维，使个体关注任务目标，而不是关注实现目标的具体途径和方法，具有消极作用。但是关于心理学的问题本就是复杂的，非一分为二的严格划分。近期的一些研究也发现，尽管外在动机之前受到了一些不良指责，但对于创造力并不一定就是负面的。缺乏内部动机的外部动机可能会损害创造力，但如果外部动机与内部动机结合起来，则可能会更好地提高创新能力。一般在创造性工作的早期阶段，即问题的形成阶段和观点产生阶段，内部动机尤其重要；而当创造工作进入到需要大量艰苦的劳动，对其所创造的产品进一步完善的阶段时，外部动机就会显得格外重要。因此，内部动机和外部动机往往是交互作用的，它们可以一起对个体发挥作用，而不互相排斥。许多具有高水平创造力的个体需要做的是：去寻找一种能够将报酬、奖赏与自己的兴趣高度结合的发展道路。

b. 创新人格。人格可被看作是一个人与环境交互作用的方式。20 世纪早期，理论家倾向于将人格看作是在各种情境中保持相对稳定的特质，不同的人具有不同的人格特质，他们建立了大量的理论来描述个性特质的维度。因此，创新人格是指从总体上看创新活动中所必备的个性特征，也是从创造主体的大多数人身上看到的共同性的个性特征。研究证明，良好的创新人格会激发或催化创意能力，自觉地克服不利于创意的个性。培养良好的创造个性，是创新思维形成的重要因素，有学者将创新人格总结为 12 种个性特性，较为全面地将这一复杂的问题作了梳理：

好奇心强：不可遏制的求知欲望和好奇心是创新人格最突出的特点。研究表明，好奇心使创意在活动中具有“多样性”，常常使他们产生许多新的联想。

挑战与冒险精神：创新往往要走前人未走的路，创新者必须有鲜明的挑战与冒险精神。有人曾对 100 位最重要的人物做过调查，他们“几乎是在积极地寻求挑战中成长的”。

审美力强：创新与美有不解之缘，对美的追求和对真、善的追求一样，是创新人格最重要的特征。创新者有强烈的美感，追求全面的、优雅的解决方式，思考和表达的严密性与最终产品的优雅性有关系。可以说，美学是一种高层次的创意学，两者结合可把两门学科的发展推向一个崭新的阶段。艺术美学、科学美学、技术美学等学科的蓬勃发展，显示了这一方向强大的生命力。有意识培养和自觉提高审美力正在成为普遍趋势。

全神贯注：专心致志是创新人格的关键。创新者一进入创意状态，便别无他顾，将全身心都投入进去，往往是忘了世界、忘了时间、忘了自己，以致达到苦心孤诣、如痴如醉的境界。正如创造学家贝利所指出的，“事实上任何领域里的发明创造，在解决创造性任务时都需要全神贯注；不集中精力，创造者就无法取得有用的成果。”

想象无拘：科学家普利斯特利指出：“凡是能自由想象并把互不相干的各种观点结合起来的人，就是最勇敢、最有创造性的。”任何创造、创作或发明，都离不开“形象化能力”、“感知确定对象的能力”、“空间想象力”。创造性强的人总是想象丰富、自由舒展、无拘无束。天上地下、幻梦现实，无不有他们想象的足迹。

抽象深刻：高度抽象，洞察深刻，能够透过现象洞察本质，把复杂现象简洁化、条理化。科学家需要高度的抽象能力和洞察力，即使艺术家也需要较强的抽象力和洞察力，才能使作品更为深刻和典型，把握时代旋律，揭示生活的深刻哲理。

坚忍不拔：在创新中尤其需要坚忍不拔、锲而不舍、长期拼搏、百折不挠的精神。

激情似火：创新人格的情感世界应当是丰富的，往往有火一样的激情，对创新充满着深沉的爱，把创造看作是其乐无穷的事业。

兴趣广泛：现代创新事业具有高度的综合性、跨学科性，创新者要有广博的求知欲，多学科的知识。因此，大多数创造型人才的兴趣十分广泛，善于利用“他山之石”攻创新之“玉”，出其不意地解决创意难题。

珍视自由：对创新人格来说，想象的自由、思考的自由和行动的自由极其珍贵。自由天地越大，创造成果就越丰硕。巴伦指出：“以不平常或独特的方式做出回答的能力随着自由的增加而增加。”创新思维一般有超前性，因此应当允许独辟蹊径。

不随大流：不满足现状，不随大流，不盲从权威，不从众，坚定自己的路，是创新者的可贵人格。

豁达幽默：创新者很少在生活小事和物质追求上斤斤计较，他们胸怀创意大目标，关心创新大局，注重净化心灵，摆脱俗气。他们喜欢“抓住事物的本质或根本”，不管喜欢不喜欢，都绝不“被眼前的琐事搞花眼睛”和“对经常出现的枝节问题患得患失”。他们豁达大度，不拘小节，有深沉的幽默感。既不为别人的诋毁诽谤而悲观丧气，也不为自己的挫败而气馁，更不为一时的成功而得意忘形。幽默感是灵活思维的“兴奋剂”和“调节器”，常与灵感、直觉形影相随，保证创意思路的畅通；同时，幽默感又是抚慰心灵的“镇静剂”，使人保持一种坦然的乐观。总之，深沉的幽默标志着一种内在的心理自由，有了这种自由，就会有成功的创新思维和成果。

二、创新能力的来源

当今世界已进入创新的时代。创造性思维方式是培养创新能力、进行开创性活动的起点。一般来说，常规思维是纵向、线性、收敛和刚性的思维方式，而创新思维是多向、发散、辩证的思维方式。在中国古代，诸子百家中的兵家和纵横家就很重视谋略思维。关于谋略的产生，人们通常认为，中、下略是常规思维的结果，上略是创造性思维的结果。因此，要以中略和下略作为设谋的起点。常规思维为正，创造性思维为奇，设谋要经历“参正变奇”和“参奇再变”的过程。只有具备了创造性思维，才有可能进行开创性的工作。

根据马克思主义认识论的基本原理，创新能力的来源是社会实践。但具体来说，创新能力的来源是：意外的机遇、新知识的产生、现实生活中的不协调现象、工作任务的需要、人文情况的变化、知觉和观念的变化等。

三、创新能力的形成及其作用

当人的目标需求体系通过实践操作系统和外部环境接触后，发现现实条件不能满足自己的需要，便会发现问题，并力图解决它，以便达到目的。于是，创新能力便在人类利用外在环境以求自身生存发展的过程中生成。这种生成过程是一个漫长的历史进程，而且其总是伴随着人类自身的进化发展——尤其是人脑机能的不断健全，而从简单的工具发明到复杂的思想和物质创造，最终形成物质文明、制度文明和精神文明组成的纷繁斑斓的人类文明体系。

创新能力的作用主要表现在：

（1）教人学会创新思维。

（2）教人如何进行创新实践。

（3）教人解决遇到的各种现实问题。

第二节　创新能力的培养

创新能力培养概述

创新能力可通过以下几种方式加以培养提高：

一、通过教育、训练培养创新能力

人的创造性是先天自然属性，它随着人的大脑进化而进化，其存在的形式表现为创新潜能，不同人之间这种天生的创新能力并无大小之分。创新的可开发性是指人的创新能力是可以激发和提升的。将创新潜能转化为显能，这个显能就是具有社会属性的后天的创新能力。潜能转化为显能后，人的创新能力也就有了强、弱之分。通过激发、教育、训练可以使人的创新能力由弱变强，迅速提升。

创新思维是创新能力的核心因素，是创新活动的灵魂。开展创新训练的实质就是对创新思维的开发和引导。俗话说："有什么样的思路就有什么样的出路。"一个人的创新能力，特别是创新思维能力的强弱，将决定他将来的发展前途。有人对自己的创新能力总是持怀疑态度，这严重影响了创新潜能的开发。其实，早在 1943 年，我国的创新教育先驱、著名教育家陶行知先生在其《创新宣言》等论著中，就对"环境太平凡不能创新、生活太单调不能创新、年纪太小不能创新、我太无能不能创新"等错误观点进行了批判。

二、生活中有意识地培养创新能力

没有想象就没有创新，创新的实质是对现实的超越。要实现超越，就要对现实独具"挑剔"与"批判"的眼光，对周围事物善于发现和捕捉其不正确、不完善的地方。古人云："学起于思，思源于疑"。提出质疑是探求知识、发现问题的开始。爱因斯坦曾经说过，"提出一个问题比解决一个问题更重要"。

在日常生活中经常有意识地观察和思考一些问题，通过这种日常的自我训练，可以提高观察能力和大脑灵活性。

参加培养创新能力的培训班，学习一些创新理论和技法，经常做一做创造学家、创新专家设计的训练题，能起到提高创新思维能力的效果。

积极参加创新实践活动，尝试用创造性的方法解决实践中的问题。只有在实践中人才能有发现、发明和创新。实践又能够检验和发展创新，一些重大的创新目标，往往要经过实践的反复检验，才最终确立和完善。人们越是积极地从事创新实践，就越能积累创新经验、锻炼创新能力、增长创新才干。创新是通过创新者的活动实现的，任何创新思想，只有付诸行动，才能形成创新成果。因此，重视实干、重视实践是创新的基本要求。

三、学习创新方法

创新能力培养方法（上）

创新方法是指创新活动中带有普遍性和规律性的方法和技巧，是我们对各种新事物新方法的总结。创新的方法有很多，本节着重介绍头脑风暴法、综摄法、信息交合法、形态分析法、“5W2H”法、六顶思考帽法等创新方法。

（一）头脑风暴法

头脑风暴法（Brain Storming，BS）又称智力激励法、自由思考法。头脑风暴法出自“头脑风暴”一词。最初是精神病理学上的用语，指精神病患者精神紊乱的状态。而现在则成为无限制的自由联想和讨论的代名词，其目的在于产生新观念或激发创新设想。

头脑风暴法是由美国创造学家奥斯本于1939年首次提出、1953年正式发表的一种激发性思维的方法。此法经各国创造学研究者的实践和发展，至今已经形成了一个发明技法群，如奥斯本智力激励法、默写式智力激励法、卡片式智力激励法等。在群体决策中，由于群体成员心理相互作用影响，易屈于权威或大多数人意见，形成所谓的“群体思维”。群体思维削弱了群体的批判精神和创造力，损害了决策的质量。为了保证群体决策的创造性，提高决策质量，管理学上发展了一系列改善群体决策的方法，头脑风暴法是较为典型的一个。

头脑风暴法又可分为直接头脑风暴法和质疑头脑风暴法。前者是在专家群体决策中尽可能激发其创造性，产生尽可能多的想法；后者则是对前者提出的设想、方案逐一质疑，分析其现实可行性。采用头脑风暴法做决策时，要集中有关专家召开专题会议，主持者以明确的方式向所有参与者阐明主题，说明会议的规则，尽力创造融洽轻松的会议气氛。主持者一般不发表意见，以免影响会议的自由气氛，由专家们自由提出尽可能多的方案。

1. 头脑风暴法的激发机理

第一，联想反应。联想是产生新观念的基本过程。在集体讨论问题的过程中，每提出1个新的观念，都能引发他人的联想，由此产生的连锁反应，会产生一连串的新观念，为创造性地解决问题提供了更多的可能性。

第二，热情感染。在不受任何限制的情况下，集体讨论问题能激发人的热情。人人自由发言、相互影响、相互感染、形成讨论热潮，有利于突破固有观念的束缚，最大限度地发挥创造性思维能力。

第三，竞争意识。在有竞争意识的情况下，人人争先恐后，竞相发言，不断地开动思维机器，力求有独到见解，新奇观念。心理学原理告诉我们，人类有争强好胜心理，在有竞争意识的情况下，人的心理活动效率可增加50%或更多。

第四，个人欲望。在集体讨论解决问题过程中，个人的欲望自由不受任何干扰和控制是非常重要的。头脑风暴法有一条原则，不得批评仓促的发言，甚至不许有任何怀疑的表情、动作、神色。这就能使每个人畅所欲言，提出大量的新观念。

2. 头脑风暴法成功的关键

（1）自由畅谈。参加者不应该受任何条条框框的限制，放松思想，让思维自由驰骋，从不同角度，不同层次，不同方位，大胆地展开想象，尽可能地标新立异，与众不同，提出独创性的想法。

（2）延迟评判。头脑风暴必须坚持当场不对任何设想做出评价的原则，既不能肯定某个设想，又不否定某个设想，也不对某个设想发表评论性的意见，一切评价和判断都要延迟到会议结束以后才能进行。这样做一方面是为了防止评判约束与会者的积极思维，破坏自由畅谈的有利气氛；另一方面是为了集中精力先开发设想，避免把应该在后阶段做的工作提前进行，影响创造性设想的大量产生。

（3）禁止批评。绝对禁止批评是头脑风暴法应该遵循的一个重要原则。参加头脑风暴会议的每个人都不得对别人的设想提出批评意见，因为批评对创造性思维无疑会产生抑制作用。即使自己认为是幼稚的、错误的，甚至是荒诞离奇的设想，亦不得予以驳压。同时，发言人的自我批评也在禁止之列。有些人习惯于用一些自谦之词，这些自我批评性质的说法同样会破坏会场气氛，影响自由畅想。诸如“这根本行不通”“这不符合某某定律”“我提一个不成熟的看法”“我有一个不一定行得通的想法”等语句禁止在会议上出现。

（二）综摄法

综摄法是美国麻省理工大学戈登（William Gordon）教授提出的一种典型的创意构思方法。它以已知事物为媒介，将毫无关联且不相同的知识和要素结合起来，以打开“未知世界的门扉”，激起人们的创造欲，使潜在的创造力得以发挥，产生众多创造性设想。

1. 综摄法的基本规则

为了摆脱旧框框的束缚，开阔思路，综摄法认为在创造性思考时，要有一段时间暂时抛开原来想要解决的问题，通过类比探索得到启发。因此，它是一个“变熟悉为陌生”和“变陌生为熟悉”的创造性思考过程。

规则一：变熟悉为陌生

简单来说是指对某些早已熟悉的事物，从新的角度或运用新知识进行观察和研究，从而摆脱陈旧固定看法的桎梏，产生创造性想法，即将熟悉的事物化成陌生的事物看待。

规则二：变陌生为熟悉

变陌生为熟悉是指把看不习惯的事物当成早已习惯的熟悉事物。要求我们在碰到一个完全陌生的事物或问题时，运用全部经验、知识对其进行分析、比较，并根据这些结果，再思考用什么方法才能达到目的。

案例学习 3－16

特殊的“输油管”

某南极探险队初次到南极过冬，没有足够经验，在用输送船把汽油运到越冬基地时，才发现输送管的长度不够，又没有备用的管子，如何解决这一难题？大家用综摄法提出了数十种建议，但都有一定的局限性。随后通过净化问题、理解问题等分析过程，最终产生了“用冰来做输油管”的创造性设想。探险队队长考虑到南极非常冷，滴水成冰，于是很快就有了灵感：“用医用绷带缠在铁管子上，淋水结冰，再拔出铁管，便形成了冰管子。再一节节地连接，要多长就有多长。”在整个创造性构想中，首先是找出冰管来代替输油管，其次是将绷带的机能由包扎伤口转为包缠铁管。通过已知的事物做媒介，将毫无关联、不相同的知识元素有机地结合起来，也就是提取各种事物的长处，把它们综合在一起，创造性地找出了解决问题的办法。

（资料来源：张钱、李强、詹一览：《大学生创新创业教育教程》，上海交通大学出版社 2017 年版。）

2. 综摄法的实施

（1）与会人员的确定。

组成人员的要求：具备经常运用、熟练掌握类比思维方法的能力；年龄最好在 25—40 岁；有积极配合的团队意识，有一定的抽象概括能力，对组织以及组织目标忠诚。

会议规模及要求：5—8 人，其中包含主持人 1 名，与讨论问题相关的专家 1 名，各科学领域的专业人士 3—6 名，这是此种方法所要求的基本组合。

①主持人。主持人的选择对方法的实施十分重要。

主持人素质的要求：有相当丰富的技巧和策略，要让成员的能力都能得到充分的发挥。在专家受到组员的意见启发而顿悟，显示出要进行积极思考的迹象时，主持人还应把握好时机向专家交代清楚问题。

主持内容的要求：不介入有关内容的讨论，仅指导过程的开展与进展；不操纵小组，努力成为倾听者，能充分调动成员的积极性，使其保持旺盛的精力。

②专家。小组中至少要有 1 名专家，且必须是所讨论问题方面的专家。专家的任务：说明问题，让组员了解问题的背景以及现状等关键因素。然后，他与主持人一起对应该达到的目标进行研究，同时广泛听取其他组员的意见。在目标确定后，他从组员提出的设想中提取具有启示性的要素，激发自己的创意。专家在组员的帮助下提出创意。

运用综摄法提方案是为了解决实际的问题，因此要求专家具有一定能力或权威，能让小组集思广益得到的方案付诸实施，这样才能让成员有满足感、成就感。同时，在过程中，专家还应该明确自己的期望目标是什么。

③其他成员。其他成员的知识背景：最好和会议主题没有多大的关系。可邀请社会学、心理学、人类学、市场学等方面的专家，以及熟悉物理、化学、生物、通信或电子等技术的人。这样组成成员的目的：各自运用不同的专业知识提想法，又可以互相激发创造性思维。如果成员中有几位思路开阔、善于提出奇思妙想的成员，就更好了。

其它成员的要求：成员间应互相鼓励、彼此支持，可以在适当的时候给予赞美，这将极大地提高工作成效。

（2）应用操作步骤。综摄法是一个流程化的方法，其操作步骤如下：

①提出问题。提出待解决的问题，可由小组成员提出，也可来自外界，由主持人宣读。

②专家分析。主持人提出问题后，专家先对该问题进行简要分析。由于组员不是该问题的专家，故无须详细说明。

③净化问题。首先，小组成员逐一谈想法，提交专家进行评价；其次，专家进行评判。此时专家会尽力对引出的观点做出判断和评论，如为何有的方法从他的角度看是不合适的，存在哪些问题；最后，专家记录。专家将十分新颖且具有启发性的观点全部记录，并做好应用。目的是进一步理清问题，同时消除前两步所隐含的僵化、肤浅的解决办法。

④理解问题。从选择问题的某一部分入手，每一个参与者都要描述他所感知到的问题，写下一种或多种见解。主持人鼓励组员畅所欲言并记录其观点，然后选择一位成员与专家再进行讨论。

⑤类比畅想。这一步是综摄法的关键所在，使用类比来获得解决问题的方法。首先，主持人提出一些需要或激发类比性答案的问题；其次，小组成员用直接类比、因果类比、幻想类比等类比法提出具体想法；最后，主持人从众多具体的类比想法中选择一种来进行详细分

析或阐述。要求主持人要熟悉组员的知识背景。

⑥牵强配对。这一步通常有两种做法：戈登的做法是把类比畅想（第五步）与被理解的问题（第四步）牵强地进行配对。在这种情况下，通常会激发产生极具创造性的想法；另一种做法是把两种元素牵强地联系在一起，同时尽其所能幻想，将二者联系起来。无论采取哪种做法，小组成员都需要围绕问题与类比展开讨论和研究，直到发现解决问题的新途径。

⑦实用配对。在此阶段，要有效结合解决问题的目标，对之前开发出的类比案例进行深入研究，从类比的例子中彻底找出更明确、详尽的启示。例如：浙江一家机械厂为贵州一家食品厂安装蛋卷机，轧出的蛋卷容易碎裂，几经调试后，问题还是没能得到解决，并且机器本身没有什么毛病。后来发现贵州比南方要干燥很多，进而，又想到丝绸厂在车间里喷洒水汽，以保持一定湿度。以此类比，在生产蛋卷的车间里也喷洒一些水汽来保持湿度，最后取得了成功。在此例中，这位技术人员在丝绸厂的断丝情况和食品厂的蛋卷碎裂情况之间找到了因果类比关系，创造性地解决了问题。

⑧制订方案。使用综摄法要最终形成对问题的新观点和解决方法。为了制订完整的解决方案，充分发挥专家的作用，把创意构思转化为对问题的解决方案。

3. 综摄法的适用范围

（1）适用于要寻求创新，或想得到创造性方案的情况。

（2）适用于产品开发，且创新收效较大的情况。

（3）适用于社会领域，如美国产业界和学术界的成员们就曾经利用这种方法研究“怎样分配政府预算”的问题。

总之，综摄法作为一种创意构思方法，在新产品开发、现有产品改进设计、广告创意以及社会问题解决等方面都得到了广泛的应用。

（三）信息交合法

信息交合法亦称为“魔球法”，由我国学者许国泰于1983年提出。该法认为人的大脑中贮存的信息和新接受的信息进行巧妙的系统综合，必然产生新信息。信息交合法实质上就是利用物体的信息来构造其信息场，通过信息场寻求创新性的设想。信息交合法运用的程序与形态分析法类似，也是用组合的方式来进行创新。

运用信息交合法的第一步是确定待解决的问题。第二步，针对目标问题，构造信息场。在构造信息场时，一方面将该物体的功能进行分解，并将该物体所能实现的每一种功能分别投射到X轴上，每一个功能与X轴上的一个点相对应；另一方面选择物体某一属性（例如：颜色），对其信息进行分解（将颜色分为红、黄、橙、绿、青、蓝、紫等），并将分解出的属性值投射到Y轴上，每一个属性值与Y轴上的一个点相对应。X轴和Y轴垂直相交便构成了该物体的信息场。第三步，通过将坐标轴中各个坐标点进行相互组合，从而获得大量的创新性设想方案。第四步，在所获得的设想中，筛选出合适的方案。第五步，执行方案。

（四）形态分析法

1. 形态分析法的定义

创新能力培养方法（下）

形态分析法（Morphological Analysis，MA）由瑞士天文学家弗里茨·兹维基（Fitz Zincky）于1942年提出，是一种系统化构思和程式化解题的创新方法，通过将对象分解为若干相互独立的基本要素，找出实现每个要素功能要求的所有可能的技术方式，然后加以排列组合，经过综合分析，从中寻求创新性设想。

因素和形态是形态分析中的两个基本概念。所谓因素，是指构成某种事物的特性因子。如工业产品，可以用若干反映产品的特定用途或功能作为基本因素；相应地实现各功能的技术手段，则称为形态。形态分析是对创造对象进行因素分解和形态集合的过程。在这过程中，发散思维和收敛思维起着重要作用。在创造过程中，应用形态分析法的基本途径，是先将创造课题分解为若干相互独立的基本因素，找出实现每个因素要求的所有可能的技术手段，然后加以系统综合而得到多种解决问题的方案，经筛选获得最佳方案。

2. 形态分析法的步骤

形态分析法的步骤如下：

（1）确定研究课题。明确用此技法所要解决的问题（发明或设计）。

（2）要素提取。将要解决的问题，按重要功能分解成基本组成部分，列出有关的独立因素。

（3）形态分析。按照发明对象对各独立要素所要求的功能，详细列出各要素全部可能的形态。

（4）编制形态表。将上述的分析结果编入形态表内。要素用 f 表示，要素的形态用 j 表示，每个要素的具体形态用符号 p 表示。

（5）形态组合。按照对发明对象的总体功能要求，分别将各要素的不同形态方式进行组合而获得尽可能多的合理设想。

（6）优选。即从组合方案中选优，并具体化。

（五）5W2H 分析法

1. 5W2H 分析法的定义

5W2H 分析法又叫七何分析法，是“二战”中美国陆军兵器修理部首创。简单、方便、易于理解和使用、富有启发意义，广泛用于企业管理和技术活动，对于决策和执行性的活动措施也非常有帮助，也有助于弥补考虑问题的疏漏。

发明者用五个以 W 开头的英语单词和两个以 H 开头的英语单词进行设问，发现问题的线索，寻找发明思路，进行设计构思，从而搞出新的发明项目，这就叫作 5W2H 分析法。

发明者在设计新产品时，常常提出：为什么（Why）；做什么（What）；何人做（Who）；何时（When）；何地（Where）；如何（How）；多少（How much）。这就构成了 5W2H 分析法的总框架。

案例学习 3-17

叶圣陶的 5W2H 小诗

我有几位好朋友，万事指导有方向。你若想问其姓名，名字不同都姓何。
何事何故什么人，好像弟弟和哥哥。何时何地怎么做，姓名颠倒叫几何。
若向七贤常请教，即使笨人不会错。

如果提问题中常有“假如……”“如果……”“是否……”这样的虚构，就是多种设问，设问需要更高的想象力。在发明设计中，对问题不敏感，看不出毛病是与平时不善于提问有密切关系的。对某个问题追根刨底，有可能发现新的知识和新的疑问。所以从根本上说，学会发明首先要会提问，善于提问。阻碍提问的因素有很多，一是怕提问多，被别人看成什么也不懂的傻瓜；二是随着年龄和知识的增长，提问欲望渐渐淡薄。如果提问得不到答复和鼓励，反而遭人讥讽，结果在人的意识中就形成了这种看法：好提问、好挑毛病的人是扰乱别人的讨厌鬼，最好紧闭嘴唇，不看、不闻、不问，但是这恰恰阻碍了人创造性的发挥。

2. 5W2H 分析法的应用步骤

下面以检查原产品的合理性为例，说明 5W2H 分析法的应用步骤。

（1）检查原产品的合理性。

为什么（Why）：为什么采用这个技术参数？为什么不能有响声？为什么停用？为什么变成红色？为什么要做成这个形状？为什么采用机器代替人力？为什么产品的制造要经过这么多环节？为什么非做不可？

做什么（What）：条件是什么？哪一部分工作要做？目的是什么？重点是什么？与什么有关系？功能是什么？规范是什么？工作对象是什么？

谁（Who）：谁来办最方便？谁会生产？谁可以办？谁是顾客？谁被忽略了？谁是决策人？谁会受益？

何时（When）：何时要完成？何时安装？何时销售？何时是最佳营业时间？工作人员何时容易疲劳？何时产量最高？何时完成最为适宜？需要几天才算合理？

何地（Where）：何地最适宜某物生长？何处生产经济？从何处买？还有什么地方可以作销售点？安装在什么地方最合适？何地有资源？

怎样（How）：怎样做省力？怎样做效率最高？怎样改进？怎样得到？怎样避免失败？怎样求发展？怎样增加销路？怎样做更有效率？怎样才能使产品更加美观大方？怎样使产品用起来方便？

多少（How much）：功能指标达到多少？销售多少？成本多少？输出功率多少？效率多高？尺寸多少？重量多少？

（2）找出主要优缺点。如果现行的做法或产品经过七个问题的审核已无懈可击，便可认为这一做法或产品可取。如果七个问题中有一个答复不能令人满意，则表示这方面有改进余地。如果哪方面的答复有独创的优点，则可以扩大产品这方面的效用。

（3）决定设计新产品。克服原产品的缺点，扩大原产品独特优点的效用，这样的“5W2H”的思维方式，换种说法，就是管理的精确化、数字化，这不只限于执行工作指令时有用，还可以运用到管理的一切方面。在你做任何事情的时候，头脑中都有如此精确化、数字化的概念，才能避免你在工作中的盲目冲动或感情用事。比如在审查改善方案是否值得实施的时候，只要做一个“5W2H”的比较评价，立刻就会清楚。

3. 5W2H 分析法的应用技巧

（1）简化：无论何种动作、工作、工序、布局、地点等，都可以进行简化，提高效率。

（2）取消：对现场工作程序进行识别，看能否排除某道工序，如果可以，取消该工序。

（3）改变：前面两个方法若不可行，可改变工作的顺序，或是改变工艺来提高工作效率。

（4）合并：思考能否把几道工序进行合并，尤其是在流水生产线上，合并技巧的应用能立竿见影地提高工作效率。

案例学习 3-18

5W2H 工作计划案例

What	打红色样板
Why	按照客户要求，有大型货物要下单
Who	由小何负责，小王协助
When	2021 年 7 月 3 日至 7 月 16 日期间完成
Where	在公司的实验室做，用 1 号实验转鼓
How	选择 1 号工艺路线，小王负责称料、看鼓，小何负责调色、对板，选择蓝皮（5 级：6 级 1：2，2-4 尺）
How much	要花费 5 天时间，2 吨水，50 元钱化料，5 度电，5 个人工，20 张蓝皮（2-4 尺规格）

（六）六顶思考帽法

1. 六顶思考帽法的定义

六顶思考帽法是英国学者爱德华·德·博诺（Edward de Bono）博士开发的一种思维训练模式，或者说是一个全面思考问题的模型。它提供了“平行思维”的工具，避免将时间浪费在互相争执上。强调的是“能够成为什么”，而非“本身是什么”，是寻求一条向前发展的路，而不是争论谁对谁错。运用德·博诺的六顶思考帽，将会使混乱的思考变得清晰；使团体中无意义的争论变成集思广益的创造；使每个人变得富有创造性。

所谓六顶思考帽，是指使用六种不同颜色的帽子代表六种不同的思维模式。任何人都有能力使用以下六种基本思维模式：

（1）白色思考帽。白色是中立而客观的，戴上白色思考帽，人们关注的是客观事实。

（2）绿色思考帽。绿色代表茵茵芳草，象征勃勃生机。绿色思考帽寓意创造力和想象力，它具有创造性思考、头脑风暴、求异思维等功能。

（3）黄色思考帽。黄色代表价值与肯定，戴上黄色思考帽，人们从正面考虑问题。

（4）黑色思考帽。戴上黑色思考帽，人们可以运用否定、怀疑、质疑的看法，合乎表达乐观的、满怀希望的、建设性的观点，逻辑地进行批判，尽情发表负面的意见，找出逻辑上的错误。

（5）红色思考帽。红色是情感的色彩，戴上红色思考帽，人们可以表现自己的情绪，还可以表达直觉、感受、预感等方面的看法。

（6）蓝色思考帽。蓝色思考帽负责控制和调节思维过程，它负责控制各种思考帽的使用顺序，它规划和管理整个思考过程，并负责做出结论。

六顶思考帽是一个操作简单、经过反复验证的思维工具，它给人以热情、勇气和创造力，让每一次会议，每一次讨论，每一份报告，每一个决策都充满新意和生命力。这个工具能够帮助人们提出建设性的观点，从不同角度思考同一个问题，从而创造高效能的解决方案。用“平行思维”取代批判式思维和“垂直思维”，聆听别人的观点，提高团队成员集思广益的能力。

2. 六顶思考帽的应用步骤

下面以使用六顶思考帽来考虑我们工作中存在的问题为例，简要介绍一下六顶思考帽的应用步骤：

第一步，运用白色思考帽来思考、搜集各环节的信息，收取各个部门存在的问题，获得基础数据。

第二步，戴上绿色思考帽，用创新思维来考虑这些问题，不是一个人思考，而是各层次管理人员都用创新的思维去思考，大家提出各自解决问题的办法、建议、措施。也许这些方法不对，甚至无法实施，但是，运用创新思维就是要跳出一般的思考模式。

第三步，分别戴上黄色思考帽和黑色思考帽，对所有的想法从“光明面”和“良性面”进行逐个分析；再对每一种想法的危险性和隐患进行分析，找出最佳切合点。黄色思考帽和黑色思考帽这两种思考方法，就好像是孟子的性善论和性恶论，都能对所有想法进行肯定或否决。

第四步，戴上红色思考帽，从经验、直觉上对已经过滤的问题进行分析、筛选，做出决定；在思考过程中，还应随时运用蓝色思考帽对思考的顺序进行调整和控制，甚至有时还要“刹车”。

思考与练习

1. 比比谁的创新意识强？

有这样一个著名试验：把六只蜜蜂和同样多的苍蝇装进一个玻璃瓶中，将瓶子平放，瓶底朝着窗户，结果发生了这样的情况：蜜蜂不停地想在瓶底上找到出口，一直到它们力竭倒毙或饿死；而苍蝇则在不到两分钟之内，穿过另一端的瓶颈逃逸一空。请分析这种现象的原因。

2. 测测你的创新能力。

请回答下面的问题，如符合请在（　　）里打“√”，不符合的打“×”。

（1）听别人说话时，你总能专心倾听。（　　）

（2）完成了上级布置的某项工作，你总有一种兴奋感。（　　）

（3）观察事物向来很仔细。（　　）

（4）你在说话及写文章时经常采用类比的方法。（　　）

（5）你总能全神贯注地读书、书写或者绘画。（　　）

（6）你从来不迷信权威。（　　）

（7）对事物的各种原因喜欢寻根问底。（　　）

（8）平时喜欢学习或琢磨问题。（　　）

（9）经常思考事物的新答案和新结果。（　　）

（10）能够经常从别人的谈话中发现问题。（　　）

（11）从事带有创造性的工作时，经常忘记时间的推移。（　　）

（12）能够主动发现问题，以及和问题有关的各种联系。（　　）

（13）总是对周围的事物保持好奇心。（　　）

（14）能够经常预测事情的结果，并正确地验证这一结果。（　　）

(15) 总是有些新设想在脑子里涌现。（ ）

(16) 有很敏锐的观察力和提出问题的能力。（ ）

(17) 遇到困难和挫折时，从不气馁。（ ）

(18) 在工作遇到困难时，常能采用独特的方法解决。（ ）

(19) 在问题解决过程中找到新发现时，总会感到十分兴奋。（ ）

(20) 遇到问题，能从多方面、多途径探索解决的可能性。（ ）

评分标准：如果20道题答案都是“√”的，说明你的创新能力非常强；如果有14道及以上题目答案是“√”，说明你的创新能力良好；如果有13道及以下题目答案是“√”，说明你的创新能力处于一般水平。

第四章
创新与创业

学习目标

- □ 了解创新与创业的关系
- □ 了解高校开设创新创业教育的目的和意义
- □ 了解国内外的创新创业教育体系

【案例导入】

手机"备备"诞生记

1981年，方毅出生于浙江省温州市。18岁入党，1999年保送浙江大学并进入混合班学习，2001年进入浙江大学创新与创业管理强化班并担任班长，2003年保送攻读浙江大学计算机学院硕士研究生。2005年10月份研究生在校期间就创办了杭州每日科技有限公司，担任董事长兼总经理，发明了"八项专利、世界首创"的手机数据备份"无知觉解决方案"——充电过程中把数据备份到充电器上去。

混合班以培养学生创新精神和创新能力为核心，强化基础、优化知识能力结构、注重学生个性发展的培养模式，使他在前两年打下了扎实的公共基础和过硬的理科素质。大量的扎实有效的社会工作极大锻炼了方毅团队运营的能力。在进入大学前担任过10年的班长，来浙大后先后担任了学生会学习部副部长、生活部部长、党支部副书记、创业团队队长和强化班班长等职务。研究生期间继续担任党支部书记、ASES - ZJU主席并创办了浙大学生科协以及成为了Google Camp的资深顾问。毕业后还担任着金融实验班班主任、浙江大学竺可桢学院同学会会长和华星时代广场联合党支部书记。在校期间，方毅所带领的创业大赛团队最终获得浙江省二等奖，并作为主要负责人承办了浙江大学的挑战杯创业比赛。

在公司设立之初，这群初出茅庐的学生军认为"两个星期可以做出原形"，然而做一个全世界没有的东西，在技术实现的无数细节上都具有相当的难度，需要积累和时间来攻克解决。目前不同品牌的手机不仅是充电器接口的形状不一样，其电池额定的电流、电压标准也不尽相同。如果要统一的话，就要对电路板配置进行不少改造，幸好公司在电源的模块设计方面有着强大的技术实力：核心人员曾经设计过多种军工和民用的电源系统，因此能够做到对各种手机的兼容支持，还能够适应各个国家的电源。随着手机充电器国家标准的推出，这个问题将会得到更好的解决。当时主流机型当中只有诺基亚的是充电和数据线分开，而新出的款式大都统一到 mini USB 接口，可以靠使用多线头的方式来解决现有手机充电及数据备份问题。

曾经很多次，研发工程师在经历过长时间苦战未果后会冲到方毅的办公室，瘫坐在地上说“老大，搞不出来了”，当时“近百万”“十几个人”“快一年”“搞不定”“泡汤”“怎么办”等一系列关键词一个接一个地涌现脑海，但是他告诉自己必须挺过去，而且作为“带头大哥”还必须镇定的组织攻坚讨论，请教领域高手，并参与到每个技术细节的讨论中，共同解决并最终攻克一个又一个的难题。这当然绝不轻松，这家叫做每日科技的公司凝聚着一群年轻人的创业梦想“up and down”，方毅用这个词汇来形容他们最难过的坎儿。

分析：无论是个人还是企业，无论是大学生还是社会人士，如果具备了创新的意识，勇于实践与探索，都有可能产生意想不到的成果。“创新”是一种魔力，它可以改变个人、改变生活、改变世界！

（资料来源：杨敏：《创新与创业指导》，浙江大学出版社 2011 年版。）

第一节　创新与创业的关系

创新与创业的关系

一、创新是创业的基础

什么样的创业者更容易成功？创新对创业有什么帮助？带着这些疑惑，让我们来做个游戏。

课堂活动 4－1

将同学们分为 3 组，分别扮演创业者、投资方和市场。创业者共 3 组，每组 5 人，经过讨论后决定一个创业方向和一种售卖商品；投资方共 3 组，每组 1 人，每人手中有 10 万、50 万和 100 万三个筹码，经过对创业者的考察后决定投资额度，投资额度由投资方自行决定；市场由 9 人组成，每人手中有一票，根据喜好选择最想购买的商品。

创业者经过分组讨论后，选出一人作为创业代表，向投资方进行商品的介绍，能够获得投资的一组才能完成创业。投资方每投资 10 万元，创业者可生产一件商品，投资金额越大，能够生产的商品就越多。

投资方手中共有合计 160 万元的筹码，可以选择向创业者投资，也可以选择不投资。投资根据市场选择进行相应升值，如市场选择了投资方所投资的商品，每买走一件商品，投资方的投资金额翻一番。

市场选择商品时，只能选择成功创业者所卖出的商品，且只能购买一件，当商品售罄时无法选择购买。

最终考核创业者时，首先考核是否能够吸引投资完成创业，完成创业后，生产的商品是否具有市场吸引力，卖出商品最多的一组为胜利者；考核投资方，以其手中最终筹码和投资利润为依据，金额最大的一组为胜利者。

上面的游戏验证了创新对企业创业的重要性，那么在现实社会中，创新对于创业究竟意味着什么呢？

（一）创新为创业寻找突破口

创业，意味着从零开始，要开创一番新的事业。站在前人基础上的创业只是变相的就业，或者是继承事业。许多创业学者对创业进行了定义，认为它是“不拘泥于当前资源约束、寻求机会、进行价值创造的行为过程”。寻求机会、创造价值，无疑是创业的关键词，也是决定创业成功与否的关键点。

创业难，难于寻找到一个打开市场的突破口；难于找到一个与众不同的立足点；难于打乱一个已经相对平衡的局面，并从中寻求到商机和取胜之道。在现今社会优胜劣汰、适者生存的环境下，创业绝非只凭匹夫之勇就能完成，在众多渴望成功的创业者中，只有最独特最出类拔萃的那一位，才能脱颖而出。

当人类经历了以石器为代表的农耕时代，和以蒸汽机为代表的工业时代，如今已进入了以创意为代表的知识时代。随着科学技术的不断发展，人类已经把80%的劳动力转向以知识为中心的服务产业，这一时期是以创意产业和高科技为代表，不仅为我们提供了无穷无尽的创新机遇和创业机会，也提出了更高的创新挑战。

当中国处于19世纪坚船利炮的打压下，以无数鲜血为代价学会了“穷则变，变则通，通则久”的道理，时代发展到今天，更需要众志成城的合力。“以守维成则成难继，因创兴业则业自达。”任何一项事业都不能靠“守”来维系，必须靠14亿中国人民不断的再创业来发展。推动创新发展成为各行各业、各个领域乃至全社会的共识，才能为党和国家事业发展注入澎湃动能。

案例学习4－1

90后靠一杯20元奶茶年销近10亿

2012年，广东江门九中街开了一家叫作皇茶的奶茶店，当时负责奶茶店的只有创始人聂云宸一人，产品单价在20－30块之间，但是生意并不理想，不好的时候，每天只能卖出几杯。16年店铺更名为喜茶。

提到喜茶，大部分人都听过其大名，是著名的网红奶茶店，不少人排队四五个小时，就为了喝上一杯该店的奶茶，喝到的人更是在朋友圈晒图。如今喜茶已经开了50多家门店，平均每天卖出2000多杯。其中广深两地的门面店，平均单店单月的营业额超过了100万元。

发展的几年间，喜茶没有依靠任何外资，仅靠自身的经营利润发展。终于在2016年喜茶获得了超1亿元的融资，这是自聂云宸投入十几万后，喜茶的第一笔外来资金。

喜茶虽然卖奶茶，但是却不同于传统的奶茶，聂云宸认为传统奶茶加的各种料并不是消费者真正喜欢的，不是真正的消费者需求，于是他从需求和想法出发，进行创新。

比如在制作“金凤茶王”的时候，联系供应商，为降低茶的苦涩口感，多次进行茶的拼配，提高回香，最终生产出了市面上独一无二的茶饮，饱受消费者喜爱。

即便有了闲置资金，他仍然不急着开新店扩张而是稳扎稳打，用更多的钱去满足消费者的体验。每一家分店，都有自己独特的设计而不是照搬星巴克等传统饮料店，希望给消费者一个更独特的环境。在开店后，他也常常去微博搜评价，尤其是差评，从中了解顾客喜好，不断修改配方，满足消费者的需求。

网络上常常会有人发排队买喜茶的照片，通常可以看到排队很长，让很多网络围观者想要一试，而一些排队买到奶茶的人也会在朋友圈发布喜茶的图片，并抒发自己的喜爱和喝到的开心，增加了喜茶的传播量。

正是因为喜茶立足消费者，生产出消费者喜欢的产品，所以才能在网络上营销地如此成功，消费者甚至自愿帮助喜茶传播营销。而这一切的最主要的原因还是有一个如此厉害的创始人，才有了喜茶品牌如今的发展。

（资料来源：90 后靠一杯奶茶年销近 10 亿，顺便拿了 1 亿融资，青年创业网，2018 年 01 月 31 日。）

（二）创新为创业增加竞争力

创业是一次“逆水行舟，不进则退”的旅途，如果不能具备强大的竞争力，创业者迟早会输得一分不剩。即使是阿里巴巴的创立者马云也曾说过：“95% 的企业都在创业过程中倒下了”，他本人在创业的路上曾经两度失败，直到第三次才成功创立阿里巴巴。

10 个失败的企业可能有 11 种失败的方法，但是如果没有创新，10 个企业只会 100% 的失败。创新已经成为一个企业的核心竞争力，没有创新，创业是无源之水、无本之木，能够生成一个新的创意并成功实践的企业，才能不断获取生机。

宜家是一家瑞典的家具公司，他们一年会打造上千种产品，不断地实践自己的创意，并把它们销往全球。这种方式已经融入了整个企业，并成了它的基因。宜家在成千上万的家具企业中能够保持领先不败的地位，正因为他们格外重视创新，将其作为一种成功的经验，保持并不断运用。

新东方创始人俞敏洪谈到过去创业与现在创业的不同点，认为现代创业必须要和高科技、创新联系起来。过去的创业是为了就业与生存，现代创业与之有很大的不同，为了适应现代中国从低档的制造业转向真正有创新意义的高品质产业的进程，创业也必须富有创新精神，以增加核心竞争力。

俗话说，“人无我有，人有我优。”现代社会仅仅如此已不足够，还要做到“人优我新”。当创新做到另辟蹊径，在某种程度上抓住改革的痛点，解决顾客的应急之需，方能为企业注入生机和活力，帮助创业者在同行竞争中保持不败，屹立不倒。

企业的创新竞争力表现在：

（1）创新产品能够更好地吸引消费者目光，增加客户体验，帮助打开市场；

（2）创新产品能够提升客户黏性，帮助客户分享产品；

（3）创新服务能够帮助稳定客户，降低市场开发难度。

案例学习 4－2

中国创新品牌——华为

华为是全球领先的信息与通信解决方案供应商。从一家做海外产品代理的小公司，到能与世界顶级电信巨头同台角逐，华为只用了 21 年时间。在国际金融危机袭来之时，沃达丰、爱立信等世界电信巨头业绩纷纷滑坡，而华为合同销售额高达 230 亿美元，实现同比增长 46%。华为成功的背后，是其独特的发展模式：把宝贵的资源都押在“开放式创新”上，即肯定和承认他人的优秀智力成果，承认与西方公司的差距，并勇于在他人优秀成果的基础上开展持续的创新。2012 年，华为研发费用支出为人民币 300.9 亿元，占收入的 13.7%。其中创新研究投入为人民币 13 亿元，近十年投入的研发费用超过人民币 130 亿元。

（资料来源：如果没有开放式创新，或许就没有今天的华为．搜狐网，2018 年 03 月 15 日。）

案例学习 4－3

冲印店的大生意

一个时代翻篇了。渐渐消失的胶卷，带走了曾经街头遍布的彩扩冲印店。

十几年前，济南的一家照片冲印店就面临着时代的选择。店主郭志强之前在事业单位做 IT 相关工作，即将迈入不惑之年的他下海和几个朋友一起开了这家店。他们盯着街上来来往往、拿着手机的人们，进退维谷：有人提议现在已从胶片时代进入了数码时代，应该识时务，直接关店了事；有人心有不甘，店里的旧设备也卖不了几个钱，好歹每月还有几万元的营业额，再熬熬看。

翻着一张张老照片，感受着胶片带来的质感和温情，郭志强掏腰包收回了其他人的股份，决定干下去。

研究完欧美市场后，他关闭了线下冲印店，全面转战线上。几年之后，曾经视作竞争对手的咔嚓鱼，退出了中国市场；网易印象派也处于半放弃状态。而他，将企业送上了线上影像冲印“第一宝座”。

据生意参谋数据显示，在冲印这个冷门类目里，世纪开元的销售额排名第一，占市场份额的 70%，连续多年成为天猫双 11 定制类产品销量冠军。郭志强告诉《天下网商》记者，2017 年世纪开元销售额是 6 亿元，今年的目标是 10 亿元。

虽已头戴王冠，但他发现这场冲印电商之战远远没有结束。个人影像冲印业务难再实现更大突破，在瞬息万变的商业世界，郭志强开始由 100% 只服务个人用户转型同时服务企业用户，由 100% 做线上到如今又开起了线下店。

“这个世界，唯一不变的就是变。”如今 50 岁的郭志强将这句话奉为商业真理，并无时无刻不在提醒自己。

（资料来源：高考状元开打印店：几毛钱的生意，年入 6 亿，青年创业网，2018 年 07 月 28 日。）

二、创业是创新价值的体现

创新的价值，在于将潜在的知识、技术和商机转化为产品与服务，能够创造财富，实现企业再创业，通过将创新成果进行商品化和产业化，实现社会财富的增值。

科技发展推动社会进步，发明创造改变人们生活。试着来玩下面的小游戏，将这些重大发明与他们的发明者连在一起，并为其发明的价值排序。

课堂活动 4－2

发明家连线

发明家	发明	价值
帕斯卡	轮船	★★★★
爱迪生	拉链	★★★
富尔敦	计算器	★★
贾德森	冰箱	★
帕金斯	电灯	无价

这个游戏告诉我们，仅有创意还不够，只有转化成为成果，创意才有价值。

创业的过程，是将创新的思想或成果用于事业或产业之中，开创新的领域或局面的过程，创新与创业，更接近于知与行的关系。好的创意只是一个想法，必须投入实践才能体现价值，创新思维如果不能作用于创业中去，不能将其转化为具体成果，创新的价值将无从体现。

古往今来无数的科学家、发明家，甚至是不起眼的小人物，脑海中经常会有一些奇思妙想，这些想法中只有 1% 付诸实践，1‰能够批量生产，成为我们当今生活中的必需品。那些被抛之脑后的想法，并非不够新奇，也并非全然不能产生经济效益，只是鲜少有人能将这些创新的想法创造性地与我们的生产生活联系起来，也很少有人敢于将其作为开创事业的起点。

新技术的第一个发明者，往往不一定是最后的赢家，这样的例子不胜枚举。Xerox 发明了图形用户界面，但赢家是我们所熟知的苹果、微软；Visicalc 发明 Spreadsheet，但赢家是 Excel；Mosaic 发明了浏览器，但赢家是 IE；LexisNexis 很早就做了搜索，但赢家是 Google；Friendster 很早就做了 SNS，但 Facebook 成为最大的赢家。也许创新并不是一件困难的事，然而成功的重点是谁能真的在正确的时机，把技术做到普及和广泛的应用，为更广泛的顾客创造价值。

美国斯坦福大学的 Richard Dasher 教授说过，创新是人类与其他动物的最本质区别，正是因为具有创新意识和创新能力，人类才能在岁月的洪流中不断适应环境的变化繁衍生息到今天。发明创造很多时候是灵感涌现，许多人即便是申请了专利，也未真正挖掘出其真正价值，这些发明创造在短时期也许并没有经济效用甚至是荒谬无边的，只有独具慧眼的一少部分人敢于去将其投入到生产中，并真正实现了成果转化。这种对原产品颠覆性创新甚至改变了其发明者的思想观念和运作模式，事实上，很多极其成功的创业者都是靠着“颠覆性创新”在竞争激烈的商业社会中占领鳌头的。

创新的价值在于创业，从某种程度上讲，创新的价值就在于将潜在的知识、技术和市场机会转化为现实生产力，实现社会财富增长，造福人类社会。实现这种转化的根本途径就是创业，创业者可能不是创新者或发明家，但必须具有能发现潜在商业机会并敢于冒险的特质；创新者也并不一定是创业者或企业家，但科技创新成果须经由创业者推向市场，使潜在的价值市场化，创新成果才能转化为现实生产力。

纵观人类历史，正是由于科学技术、思想观念方面的创新，推动了物质生产和生活方式的变革，引发了新的生产、生活方式，进而为整个社会不断提供新的消费需求，创业活动才能够源源不断的开展。创业者可能不是创新者或者发明家，但无一例外的，他们都拥有一双发现商机的慧眼，使创新思维的潜在价值市场化，转化为现实生产力。

案例学习 4－4

新型出行模式——小黄车

90后北京大学经济学博士戴威，创立了ofo小黄车这种“无桩单车共享”的新型出行模式。由于受到周围环境的影响，戴威对商业和管理有浓厚的兴趣与独到的见解，通过自己的努力，他顺利考上北京大学，还凭借优越的能力成为学生会主席，这也为他将来从商奠定了基础和人脉。

毕业之后，他发现很多人出行存在一定困难，便开始创办骑行旅游项目，他声称想要通过骑行了解世界，渐渐地开始转型升级变为校园单车，刚开始的侧重点还是各大高校，再后来又发展为全民共享单车。小黄车发展势头很快，三年内就获得了12轮投资，总计约150亿资金支持，公司估值约200亿，本人也因35亿身价成为胡润年轻富豪排行榜上一员。虽然小黄车后期发展遇到问题，但共享单车这一行业的持续发展依然拥有着蓬勃的生命力。

（资料来源：小黄车从我们生活中逐渐消失，但却留下了一段创业故事，搜狐网，2021年04月01日。）

案例学习 4－5

15美元债务引出的安全别针

安全别针的发明人是美国机械师沃尔特·亨特。在工作之余，他还是一个高产的发明家，他的发明中除了安全别针之外，还有锁式缝纫机、亚麻纺线、制钉机、磨刀床、小型破冰船、街道清扫机等。不过，虽然有这样的天才和创意，沃尔特的生活却过得紧巴巴的。他热衷发明，但并不是为了追逐专利和利润，而是完全出于爱好。他在发明出锁式缝纫机之后，思考了很久，最终决定放弃专利的申请，因为他担心有了这种机器，无数缝纫女工会失业。

由于发明需要经费的支持，靠着机械师工资生活的沃尔特一度过得非常窘迫。他的专利文书中的绘图都是请一位画家朋友绘制的，久而久之，他欠下了这位朋友15美元。为了偿还这笔债务，有一天他拿着一根8英寸长的黄铜丝坐下，希望能靠它弄点发明出来赚钱。

其实，别针对人类来说一点也不陌生。早在公元前14世纪，古希腊人就制作出了最初的别针，在拉链、纽扣还没诞生之前，别针是人类唯一用来固定衣服的工具。而华丽的别针更是身份和地位的象征。不过，由于尖锐的针头的确太过危险，后来它们就逐渐被抛弃了。

沃尔特在拿着那根铁丝把玩时，心里一直思索着有没有什么方法能令别针变得更加安全。他设想了一个可以保护针头的扣子，不过这样针头还是容易从扣子里溜出来。之后他便试着将黄铜丝在中央拗了一个小弹簧样的圆圈，松开手的时候，针头会往上弹开顶住扣子，这样固定住的针头就不会从扣子里溜出来了。

1849年4月10日，沃尔特正式为安全别针申请到了专利，后来，他将这个专利以400美元的价格卖给了一个20岁的年轻人威廉·格雷斯。这个价格看起来很不赖，如果按照购买力换算的话，大概相当于今天的1万美元。沃尔特在拿到这400美元之后，很愉快地还了15美元给自己的画家朋友，之后就将安全别针这东西抛到脑后了。而那位购买了安全别针专利的年轻人威廉·格雷斯于1854年也就是他22岁那年创办了格雷斯化学公司。沃尔特万万没想到的是，格雷斯化学公司靠着安全别针这个发明在后续的几年内挣了几百万美元。如今，这家公司已经成为美国商业巨头之一。

三、创新与创业的相互深化

创新与创业，二者有着本质上的契合，在内涵上相互包容，并且在实践过程中互相深化发展。第一次提出了“创新”概念的奥地利著名经济学家熊彼特认为：创新是生产要素和生产条件的一种从未有过的新组合，这种“新组合”能够使原来的成本曲线不断更新，由此会产生超额利润或潜在的超额利润。创新活动的本质内涵，体现着它与创业活动性质上的一致性和关联性。

创业就是让新发明、新创造不断涌现，营造出旺盛的、全新的市场需求，使创新的经济价值、社会价值得以实现，实现科技创新的进一步深化，从而提高企业和国家的创新能力，推动经济转型与发展。创业的关键在于创新，持续创新才能推动和成就创业。

无数创业者的成功事例表明，创新是开启创业之路的第一把“钥匙”，创业者只有通过创新，才能使所开拓的事业生存、发展并保持持久的生命力。作为大学生创业，更需要有创新意识、创新思维、创新技能、创新品质，只有如此才能在严酷的市场环境下开辟创业之路。可以说创新是创业者实现创业的核心。但是，仅仅具备创新精神是远远不够的，创新只是为创业成功提供了可能性和必要准备，如果脱离了创业实践，缺乏一定的创业能力，创新终将停留于纸面，或是成为一个空想。创新精神所具有的意义，只有作用于创业实践活动才能有所体现，才有可能最终产生创业的成功。因此，创新和创业要有机融合，相互深化。

案例学习 4 -6

小罐茶——打造茶行业“现象级”产品

小罐茶自从上市便在行业内引起了一场风暴，受到茶叶行业及饮茶者的极度关注。旁观者也从开始的鄙夷、不屑、挑剔，发展到了不得不承认其营销的成功，小罐茶给予传统茶叶行业的不只是“一记重拳”，同时也带给传统茶人一些思考。

小罐茶从开始就明晰传统茶业的“品类众多、产品繁杂、价格杂乱、过于传统、标准缺失”等现状，所以产品的创意定位直奔主题而去，八大名茶品类的名茶非遗传承人背书，“小罐茶、大师作”作为诉求，以此来树立小罐茶的产品品质。同时，标准化的产品、价格、规格以及大规模的广告传播在树立品牌形象的同时，也给了消费者一个标准化产品的价值参考。小罐茶大气、轻奢、时尚的包装直接切入茶叶最核心的市场：茶礼市场，定位于高端商务礼品茶，并直接点明“总裁办公室的待客茶”。另外，小罐茶还强化产品细节，注重消费体验等，紧紧围绕消费者来做文章。

小罐茶的经营理念包括四点：以用户体验思维去做产品、以消费品思维做营销、以生活方式思维做品牌、以现代商业文明思维做企业。谈到创业理念，小罐茶的创始人杜国楹说：“我们不玩传统的茶文化，而是与现代生活方式充分融合，突出茶的现代感、时尚感，使茶文化跟音乐、餐饮、旅行、艺术、设计有不断的跨界合作。我们就是要挣脱中国茶文化的枷锁，让它融入今天主流人群的生活场景中去，才能机会重新走出国门。”

当越来越多的中国人习惯了添加奶与方糖的各式咖啡，忘记了中国茶的韵味时；当都市人习惯了上班前匆匆一杯星巴克，忘记了中国茶的恬静时，中国茶品牌小罐茶举起了“做中国好茶，做好中国茶”的大旗，正努力以茶为媒，用创意打造属于当下中国人的品质生活方式，试图再次唤醒国人对中国茶的热爱。

（资料来源：杜国楹：原来，这就是小罐茶的商业逻辑，百度百家号，2018 年 08 月 08 日。）

第二节　高校创新创业教育

为什么要学习
创新创业教育

一、高校开设创新创业教育的目的

课堂活动 4 -3

创新人格特质

创新人才到底有多少人格特质？表 4 -1 中有 26 个形容词，请你从中选择适合描述自己的词。

表 4－1 创新人格特质的形容词

有能力的	谨慎的	易受别人影响的	有洞察力的
有礼貌的	兴趣狭窄的	理智的	聪明的
兴趣广泛的	多疑的	有信心的	有发明精神的
不拘礼节的	自我中心的	保守的	抱怨的
幽默的	有独创性的	自信的	个人主义的
沉思的	顺从的	忠诚的	老实的
随机应变的	平凡的		

这个测试方法叫“形容词检查单”，是由社会学家高夫发明的，他对不同领域的1700多人进行研究发现，有一些形容词与创造力呈正相关关系（见表4－2），有一些形容词与创造力呈负相关关系（见表4－3）。大家可以对照自己选的形容词，看看到底是正相关关系的词多，还是负相关关系的词多，对自己的创造力强弱有初步了解。

表 4－2 创新人格特质正相关关系形容词

有能力的	有洞察力的	聪明的	理智的
有信心的	兴趣广泛的	不拘礼节的	自我中心的
有发明精神的	自信的	幽默的	有独创性的
随机应变的	个人主义的	沉思的	

表 4－3 创新人格特质负相关关系形容词

易受别人影响的	谨慎的	兴趣狭窄的	保守的
平凡的	老实的	忠诚的	有礼貌的
抱怨的	多疑的	顺从的	

大家应该明确的是，这份表格是检查个性特征与创造力强弱的关系，不是道德评价，不要从道德评价的角度来判断。当然这份调查表仅仅是参考，不是唯一的评价标准。对一个人创造力进行评价，方法很多，各有侧重，很难说哪一种方法更可靠，关键在于塑造我们的创新人格。

（材料来源：《创新思维》）

（一）培养当代大学生的“双创”精神

创新创业教育是适应经济社会和国家发展战略需要而产生的一种教学理念与模式。在高等学校中大力推进创新创业教育，对于促进高等教育科学发展，深化教育教学改革，提高人才培养质量具有重大的现实意义和长远的战略意义。

习近平总书记深刻指出，当今世界正面临百年未有之大变局，新科技革命和产业变革的时代浪潮奔腾而至，如果我们不应变、不求变，将错失发展机遇，甚至错过整个时代。

2015 年 5 月，国务院办公厅印发《关于深化高等学校创新创业教育改革的实施意见》，提出了完善人才培养质量标准、创新人才培养机制、健全创新创业教育课程体系、改革教学方法和考核方式、强化创新创业实践等整套任务措施。近年来，为落实总书记重要指示精神和党中央、国务院的决策部署，教育部实施了一系列有力举措，建基地、办大赛、强实践，创新创业教育改革取得显著成效。

在高校开展创新创业教育，首先要厘清创新创业教育的目标与核心。创新创业教育并非是要让每一位学生都必须开展自主创业，而是重点对学生人格品质、头脑思维和能力素质的培养。其中，创新创业精神的培育是核心。换言之，创新创业教育的重中之重就是培养学生的创新创业精神。

何谓“创新创业精神”？它集中表现为一种积极向上的人生态度和坚韧不拔的意志品质。这种精神本质上是对自我的挑战，即要求大学生不沉迷于安逸的现状，对自己的职业和人生进行主动规划与探索，养成负责任、能受挫的心理素质。创新创业精神的培育，需要高校孕育出创新创业的文化，即要大力鼓励探索与冒险，引导学生进行独立思考、客观判断，以积极的、锲而不舍的精神寻求解决问题的方案。

并非所有的学生都适合创业，在高校教学中盲目鼓励学生创业，无异于推学生“跳海”，是一种不负责任和有损师德的行为。然而新时代的创新创业教育，更加注重对学生创新创业精神的培养，无论学生今后从事何种行业，这种精神都能帮助他更好地面对问题，解决问题。

案例学习 4－7

大学生做起宿舍家居生意

在这样一个强调个性的时代，大学生无疑是当中最具代表性的。他们并不满足于单调和平淡的生活，从吃、穿到住、行都要走出自己的个性，就连千篇一律的大学宿舍，也被一个个牛人改造成了功能齐全兼具美观的“秘密基地”。

打开 Dormi 的网页，清新的网页设计马上就吸引住眼球。Dormi 是由几个广东外语外贸大学的学生共同创办的宿舍家居区域性电商。创始人余梓熔对记者说，Dormi 的意思就是“Dormitory and I”，即“宿舍与我”之意，他们主要的消费群体是在校大学生，主要针对广州大学城的在校大学生提供宿舍家居装饰用品等服务。

余梓熔对记者说，去年 5 月份的时候，他和几个同学出于相同的兴趣运营了这个创业项目。而他们几个人的共同点就是喜欢装饰自己的宿舍，有的人因为抽奖抽得了一个鱼缸就在宿舍养起了鱼；有人因为有那么点“考据癖”而把宿舍的书架填得很满；有人因为喜欢周杰伦所以将宿舍桌面的每个角落都放满了 CD。余梓熔说，“在 Dormi 的概念里，大学生活应该更有生活的味道，不是中学的三点一线，宿舍也不再只剩下门牌和方位来标识，它需要属于自己的小天地”。

仔细琢磨后，他们发现同样不愿趋于平凡而有装饰自己宿舍想法的大学生并不在少数，这个市场充满了商机，于是几个志同道合的人就办起了这样一个平台。他们的初衷是“不希望被格式化和快节奏淹没”，让宿舍有一种家的归属感，这或许有些理想化，但并非不可实现。

最初的团队里有八个人，他们分别来自不同专业，有学国际贸易的，也有学计算机的。他们针对大学生的喜好，建立了一个颇具小清新风格的简洁而有趣的网站，在上面放上自己的货品和宿舍家居的设计方案。他们的货品主要以一些组合式的简易家居为主，如组合式收纳盒、书架、相框、宿舍门帘等，这些产品的特征就是符合宿舍的狭小空间，最大程度利用这些组合家居打造出简洁实用又美观的宿舍环境。这些货品大多是团队中的成员从批发市场中精挑细选而来的。余梓熔说，除了广州市内，他也去到过佛山、东莞等地去寻找货源。

余梓熔介绍，他们主要的目标消费群体是广州大学城内的在校学生。广州大学城位于广州番禺区新造镇小谷围岛及其南岸地区，总共入住了广东省10所高校，在这个不到18平方公里的区域内生活着近20万的在校大学生。而大学城内的学生购买Dormi的产品后，Dormi还提供相应的免费送货上门服务。送货的环节由团队成员承担，同时与快递公司合作，由于大学城的区域相对较小，这部分的成本也并不高。

经过一段时间的发展，Dormi在学生中也获得了不少的支持。在网站流量很难达到预期的情况下，他们在网购平台上开了一间网店，这对销售情况有很大的提升，尽管目前项目整体还未达到盈利，但网店发展起来之后每个月都能有一笔收入。

（资料来源：大学生创新创业案例，搜狐网，2017年04月05日。）

（二）帮助大学生完成创新创业“试水”

根据中国人民大学发布的《2016年中国大学生创业报告》显示，有近90%的我国在校大学生有创业的意向，20%有强烈的创业意向，其主要的创业领域涉及：餐饮、农业、信息技术、文化等。这一现象说明创业文化已经在中国的大学生群体中留下了很深的印记，同时，近年来中国各大高校一直致力于培养校园中的创业氛围，对在校大学生进行创新创业教育培养，起到了积极作用。

然而报告也显示出一个耐人寻味的问题，通过对大学生创业失败的原因进行分析，其中31%是因为缺少资金，25%是因为缺乏经验，这两项是大学生自主创业失败的最主要原因。

中国目前还没有一个完善的风险投资模式，或者说投资者对于大学生创业并不十分看好。大学生创业首先考虑的便是资金问题，虽然政府出台不少优惠政策，但对本身缺乏资金，筹资经验又不足的大学生而言“于事无补”。其次，企业基于自身发展角度考虑，很少提供在校大学生实习机会，那么大学生获得经验技能的渠道大大减少，不利于自身的创业活动。

目前中国大学生创业比较成功的案例有“中国Facebook”之称的“校内网”的创始人王兴，他从清华大学毕业之后出国深造，回国之后利用互联网自主创业创立了校内网，他抓住了Facebook因为种种原因无法在中国大陆市场运行的机会，利用庞大的高校学生人群，迅速抢占了国内新型互联网社交平台的市场。在校内网被200万美元收购之后又创立了互联网社交平台“饭否”，在2010年创立了“美团网”，时至今日，美团网流水已经突破了10亿元人民币。

王兴这样的成功很难被复制，其成功的经验却可以被借鉴。高校大学生既是创新创业的开创者，同时也是最大的受众群体，再没有别的创业者比他们自身更熟悉这个群体和潜在市场的需求，通过高校创新创业教育，能够帮助大学生找准市场定位，尽早挖掘创新创业的“第一桶金”。

新型的创新创业教育，与传统教育方法不同，更加注重培养校园创新创业氛围，加强了实践在教学环节中的比重，通过教师引导——学生实践——反馈总结等方式，将高校建设成为学生创新创业的实验平台，为学生提供一个安全性相对较高，成功率较大的创新创业实践环境，帮助大学生完成创新创业“试水”。

案例学习 4－8

90 后女大学生白手起家创业，年营业额达百万

大学生创业手法各种各样，从不起眼的服装租赁业起家的似乎还不多。2014 年刚从南京信息职业技术学院毕业的女大学生彭丽，却在这个领域闯出了一片天地。她在大一时就在校内创业尝试二手服装的租赁生意，迄今为止市场已经覆盖了南京几乎所有的高校，年营业额有望在今年突破百万元。

说起彭丽，在南京当前的很多高校里，大量的演出活动却都要依赖她公司提供的服装道具产品来进行。这个外形瘦小、一脸朴实的女孩，竟然是“垄断”了南京大部分高校服装租赁生意市场的“大佬”级人物，实在让人不敢相信。

彭丽是南京信息职业技术学院电子信息工程专业的学生。大一时彭丽开始创业，当时觉得学校里的服装租赁生意有市场，她便开始尝试，但是，进服装需要一定的资金基础，她只能退而求其次从外面租来服装再转租给客户使用。就这样，生意在不温不火中持续了几个月，彭丽没有赚到什么钱，却积累了不少经验。

大二时，彭丽的创业道路迎来了转机，当时学校举办了一场创业大赛，希望从中发现有潜质的学生进行创业扶持。彭丽和一名同学合作成功入围了大赛，获得了学校免费提供的创业场地支持，她的创业之路自此真正走上了正轨。

成功入围学校创业大赛的彭丽在校内的创业街内，获得了一间不大不小的店面，她的店正式开起来了。大三期间，一次庆典活动改变了她的命运——南信院 2013 年举行的 60 周年庆。当时南信院的领导大胆决定，要把这次活动的所有演出道具，交给彭丽简陋到近乎“寒碜”的公司来做。虽然学校是为了照顾彭丽的公司发展才与她合作，但是导演组是外聘的，对服装道具的要求很高，为演出准备的服装一次次被要求重新更换。这么折腾了一大圈下来，彭丽反而赔了钱。

虽然如此，彭丽的公司却发生了质的变化。“这次活动之后，我们的业务量大增，品牌一夜打响了，很多客户一听说南信院的 60 周年庆是我们做的，马上对我们刮目相看。”自承办了学校的周年庆活动之后，彭丽公司的业务量突然井喷，很快她的公司规模扩大了，不仅招募了一批团队成员辅佐自己，还在仙林地区的其他高校陆续开了分公司。公司经过一年的发展，面貌已经发生了翻天覆地的变化。当前她公司仓库里的服装数量已经超过了 1 万件，独立支撑一场大型演出也游刃有余。

顺理成章的，彭丽公司的市场也在逐步扩张，从早期的专注南信院业务到后来覆盖整个仙林地区，再到现在已经可以辐射南京的所有高校了。在当前几乎南京的每家高校，都有她公司的服务点。当前彭丽的公司，早已不是昔日单纯做二手服装租赁生意的小公司了，在经营服装租赁生意的同时，彭丽近期也开始尝试做一些文化创意和演出方面的业务，希望推动公司走多元化发展之路。

（资料来源：大学生创业成功故事案例，成功创业网，2022 年 02 月 16 日。）

二、高校创新创业教育体系

课堂活动 4－4

阅读并分析：

百森商学院是国外高校创新创业教育模式的典型。试分析这种创新创业教育的优越性，并讨论在国内开展此种教育方式的可行性和可能出现的问题。

百森商学院非常重视创业实践在创业教育中的作用，其创业教育课程体系也是按照从实践到理论再到实践的认知思路进行设计。学院所有大一新生均需修读为期一年的创业实践类课程——“管理与创业基础”（Foundations of Management and Entrepreneurship）。百森商学院认为理解一个公司是如何运行的唯一途径就是实际运行一个公司，所以《管理与创业基础》课程采取典型的“干中学”模式：学生组成创业团队，学院提供至多3000美金的启动资金，学生团队负责投资、发展、创办、管理一个FME企业，并在学年末进行清算，企业最终盈利全部捐赠给“社区服务计划”。学生在长达一年的时间里完全沉浸在真实的商业世界里，有机会了解公司运营的方方面面，并确定未来学科与职业生涯发展的方向。

（一）国外高校创新创业教育的几种模式

1. 美国——现代创新创业教育模式

中外创新创业教育体系概况

美国是世界上创新创业教育发展较为成功的国家之一，从1947年哈佛大学最早开设创业教育算起，已经有接近70年的历史。其他比较知名的有斯坦福大学于1949年开始的创新创业教育。百森商学院更是声称自己“集中于创业教育”，并于1967年开始设立创新创业课程。随后各个大学都开始设立相关的创新创业研究中心，相关的创新创业研究机构如雨后春笋出现，经过长期探索和实践，出现了美国百森商学院、滨州大学、斯坦福大学、克雷顿大学等知名创业研究中心。其中百森商学院著名的创业课程体系改革和斯坦福大学的“产学研”创新创业教育模式影响较大，其创新创业教育的最大成果就是享誉全球的“硅谷”的诞生。

案例学习 4－9

斯坦福大学：高校创新创业教育的典范

斯坦福大学位于美国加州旧金山湾区南部的帕拉阿图市，临近世界著名高科技园区硅谷，是世界著名私立研究型大学。斯坦福大学培养了众多高科技产品的领导者及创业精神的人才，这其中就包括惠普、谷歌、雅虎、耐克、罗技、特斯拉汽车、Firefox、艺电、太阳微系统、NVIDIA、思科、硅谷图形及eBay等公司的创办人，校友涵盖30名富豪企业家及17名太空员，亦为培养最多美国国会成员的院校之一。

斯坦福大学注重营造宽容失败、推崇创新、鼓励冒险创业的宽松、自由的环境，鼓励师生创新创业，校园内形成了浓郁的创新创业文化氛围，激发了师生的创新精神和创业欲望。与一般高校不同，每个斯坦福大学人都以开创自己的企业、创办自己的公司，作为自己的奋斗目标，所以，斯坦福大学把培养师生的创新创业精神作为其重要的使命之一。

斯坦福大学通过多种途径支持师生创业，学校制定了灵活的政策鼓励师生创业，给师生创新创业创造了宽松的环境，为他们在硅谷创业提供了巨大的前进动力。学校允许教师每周有一天到公司从事开发和经营等兼职工作；允许教师脱岗1—2年到硅谷创办科技公司或兼职；允许教师将自己在学校获得的科技成果向公司转移；允许参与创业的学生在两年时间内不论成功与否均可回校继续学业。

学校还设置专门机构，服务师生参与创新创业活动：学校设立了研究激励基金、鸟饵基金、缺口基金等孵化资金，为创业者提供资金支持。斯坦福大学的这些做法，在很大程度上方便了师生创新创业活动的顺利开展。

研究园区也是斯坦福大学创新创业的摇篮。在研究园区起家的惠普公司，是特曼教授鼓励其两名学生休利特和帕卡德，将其硕士论文中设计的音频振荡器转化为商品而创立的。教授还借给他们538美元，支持他们在硅谷的一个小仓库中创办公司。他们发达之后也不忘母校和师恩，于1977年回赠920万美元建造了特曼工程中心，这在学校和硅谷发展史上都具有“里程碑”意义。

2. 欧洲——政府主导的创新创业教育模式

在欧洲的创新创业教育中，政府行为占了很大比例。目前欧盟已有芬兰、丹麦、瑞典等9个国家或地区制定了专门的创业教育战略。欧盟委员会于2006年发布关于创业教育的报告，将创业教育与培育欧洲独特的创业文化联系在一起。

德国综合创新能力位居世界第三、欧洲第一。在德国，一半高校的发展定位以应用创新为基础，并且比例逐步提高。德国以高校为启动载体，开展创新创业方面的研究。德国创新创业生态体系的建立，得益于多级政府部门的支持与有效引导，中央和地方政策型银行融资资助，以及其本身的创新创业社会组织类型发达、体系综合和基础扎实。这样的体系也保障了系统的管路通畅和有效运行。

荷兰的特文特大学是一所富有创业精神的研究型大学，该校提供的教育和培训在欧盟属于顶尖水平，在科技研究方面的影响力在欧洲排名第六位。学校能取得如此成就，主要应归功于其鲜明的创业特色。

案例学习 4－10

英国创新创业教育：一场自上而下的冲击

一提到创新创业教育，人们自然而然会想到欧美国家，其中英国因其一直以来展示的企业家形象及其提供的独特产品和服务而名列世界前茅。世界知识产权组织、康奈尔大学等机构2017年联合发布的全球创新指数（GII）报告显示，英国在近130个国家和经济体中创新表现排名第五，前四名分别为瑞士、瑞典、荷兰和美国。

英国创新创业成果的取得与其良好的创新创业教育环境密不可分。从20世纪80年代开始，英国便持续营造良好的创业文化氛围；在不同的学段开设创新创业教育课程；倡导系列创业实践等。英国政府对创新创业教育给予大力支持、引导和规范，从而不断推动其发展，对创业教育的繁荣及英国经济的发展起到了重要的作用。

英国高等教育质量保障署（QAA）在2018年1月发布了创新创业教育标准文件，强调创新创业教育对于学生创造力的积极影响。自从2012年QAA第一次发布创新创业教育指导文件以来，国家指导就开始成为英国创新创业教育及评估的关键政策驱动。

2016年英国高等教育教学卓越框架的发布为高等教育机构提供了构建高质量创新创业教育的指南。该框架文件中有专门章节对创新创业教育的教学和学生成果提出标准和要求，将学生的成果与学习成绩的衡量指标扩展至学生在企业的参与程度、学生的创新数量等多个维度。

目前，英国创新创业教育已经作为一门独立学科纳入高等教育学科分类（HECoS）编码系统，这改变了之前该学科在原有联合学术编码体系（JACS系统）的缺失，创新创业教育从政策上、制度上得到了良好的保障和重视，这一系统将于2019年秋季开始实施。

（资料来源：英国创新创业教育的现状及其启示，搜狐网，2018年08月06日。）

（二）我国高校创新创业教育体系的建立

创新能力是一个结构性概念，高校创新创业教育也必然是一个系统化的结构。传统的高校人才培养由于其人才规格定位的单一化而决定了其人才培养体系的封闭化，难以使受教育者具备多元的创新创业素养。因此，传统高校人才培养模式的改革刻不容缓，必须建立起符合我国国情的新型创新创业人才培养体系。

1. 开放式

在国家推动深化实施高校创新创业教育以来，越来越多的高校建立了创业学院、开设了创业课程。高校创新创业教育体系的优化意味着校内教学部门、管理部门、服务部门的共同参与，各部门以培养创新创业人才为导向，在资源上相互补充、有机融合，在机制上相互沟通、协商管理，在职能上充分发挥各自优势、形成合力。创新创业人才的基本特征包括对现实的关注和社会需求变化的高敏感度，以及解决实际问题的能力，这意味着该类人才的社会化特征尤为明显，因而高校在人才培养上必须为学生提供面向社会、走向社会的机会，并通过将社会资源转化为课程与教学资源来培养学生适应社会、解决现实问题的能力。因此，高校要打破学校边界，凸显大课堂、大课程思想；整合校外资源，与行业企业、社会机构合作共建开放式创新创业人才培养体系，包括共建培养基地、合作开发专业与课程、联合实施教学、实现协同育人。

2. 特色化

创新创业教育并非高校人才培养体系的补充，而是高校人才培养的主体形式之一，这就要求高校的创新创业教育是全过程、全方位和全要素的投入，打破以教师、理论和课堂为中心的传统教育教学的桎梏，建立起以学生为中心的创新创业教育体系，培养出新型创业人才。高校创新创业教育不能脱离专业特色，除了传统面对全体学生的泛式教育以外，应该加强以专业为单位的小群体学生的创新创业教育；并打破院系界限，实行校内、市内、甚至省内的相近专业联动教学。

3. 全方位

创新创业教育不能凭空进行，脱离社会会使教育成为空中楼阁。新的创新创业教育体系需要将创新创业教育的课堂置于整个校园乃至整个社会，让教学空间、生活空间共同成为创新创业教育的阵地，既要覆盖固定阵地，还要渗透移动课堂、占据虚拟空间。在信息社会，“互联网+”本身就是创新创业的新模式、新内容，从教育的角度而言，以互联网为手段的创新教育教学模式是高校改革的重要趋势之一。高校实施创新创业教育，应开启“互联网+思维”，投资信息化建设，以信息化设施为平台，开展互联网教学、学习、实训、培训、信息查询、模拟孵化、模拟创业和互联网创业，学生随时看、随时学、随时练，师生随时互动。

案例学习 4-11

清华大学：创新创业的孵化园

清华大学作为国内顶尖高等学府，在双创示范基地建设中，将基于“人才培养”“科学研究”“社会服务”和“文化传承”四位一体的大学使命，与“学生双创”和“教师双创”一体两翼实施路径的高层次创新创业理念结合，充分发挥学校人才及科学研究优势，努力探索形成全球视野、中国特色、引领示范的高校创新创业模式和制度体系，在高校示范基地中发挥领头羊作用，探索建设国际领跑“双创”研究型大学。

在创新创业工作方面，清华大学高度重视创新创业教育与学生创新能力培养。1988年首次将创业计划大赛引入了国内大学校园，大力开展制度化和常态化的创新创业实践活动，不断探索创新创业教育在创新型人才培养中发挥的作用，不断深化学校、社会、企业和政府在创新创业方面的合作，逐步构建起了以围绕创新创业“启蒙—课程—赛事—实践”为内容，以“全过程累进支持、全方位匹配资源、多方协同支持、强化实践训练”为机制特征的创新创业教育体系，目前已建立了创客空间（iCenter）、创新实验室（X-lab）、学生未来兴趣团队、“创+”创业孵化平台等多个三创教育平台。

2015年3月24日开通“中国创业学院”频道，推出系列创业在线课程。2015年4月15日，在教育部的指导和支持下，清华大学发起并成立了“中国高校创新创业教育联盟”，清华大学为理事长单位，得到了国内众多高校和相关企事业单位、社会团体的积极响应。2015年9月，清华大学、美国华盛顿大学和微软公司合作创建全球创新学院（Global Innovation Exchange，GIX），创立了以跨国、跨学科、跨界融合为特色的高等教育和研究平台。

（资料来源：清华大学创新创业政策介绍．国家创新创业政策信息服务网，2017年04月11日。）

（三）高校开设创新创业教育的重要意义

新时代背景下的高校创新创业教育是一种新的教育理念，这种教育理念与传统教育理念有着本质特征上的不同，是传统教育理念在创新创业时代的新发展。在高校开设新型创新创业教育，有着重大意义。

创新创业教育的重要意义

1. 积极推进大学生创业教育和自主创业，顺应时代潮流，符合国家战略

《国家中长期教育改革和发展规划纲要（2010—2020年）》提出要“提高自主创新能力，建设创新型国家”，要“实施扩大就业的发展战略，促进以创业带动就业”，把鼓励创业、支持创业放到了更加突出的地位。

高校扩招以来，就业任务重，就业压力长期存在。做好大学生创业工作，可以为大学生营

造良好的就业环境，鼓励开展各种类型的创业活动，进一步创造更多的就业机会，促进高校毕业生充分就业；拓展创业实践基地，发挥大学科技创业园和科技企业孵化器作用，孵化新的微型企业，提高国家创新能力，促进经济结构调整和产业结构升级，促进经济发展和社会进步。

2. 积极推进大学生创业教育自主创业，是高等教育改革发展的必然要求

高等教育承担着培养高级专业人才、发展科学技术文化、促进现代化建设的重大任务。提高办学质量是高等教育发展的核心任务，是教育强国的基本要求。我国高等教育要提高办学质量，就要培养适应经济社会发展需要的各类中高级人才；要为每一个大学生的全面发展打下坚实的基础，就必须开展创新创业教育。创业教育是让在校大学生获得必备的创业知识、增强创业能力和培养创业品质的一种教育。通过创业教育，毕业生具备竞争能力和生存能力，既可以去寻找适合自己的工作岗位，还可以自主创业实现自我价值。创业的根基在实践，创业的本质是创新。把创新创业理念融入高等教育中，改革人才培养模式，注重培养学生的创新意识和创业能力，是高等教育改革的必然要求。

3. 积极推进学生创业教育和自主创业，是高校改革的必然趋势

在高等院校开展创新创业教育，积极鼓励在校大学生自主创业，是不断提升大学生就业竞争力和可持续性发展潜质的重要举措。高校通过一系列的创业教育，不仅把大学生变成高素质专业人才的求职者，更主要的是要逐渐变成工作岗位的创造者，成为主动适应国家经济社会协调发展和全面发展的人才。创新创业逐步成为我国经济发展的重要引擎和推动力，这不但是落实科教兴国政略决策的有益举措，而且也是时代和现实的迫切需要。

4. 积极推进大学生创业教育和自主创业，是在校大学生自我发展的需要

近几年来，大学扩招带来了沉重的就业压力，企业的快速发展更需要一专多能的人才。面对激烈的人力资源市场，大学生要不断夯实理论、掌握技能、拓展未来的职业发展空间，不断激发自己的创业欲望和创业热情，培养自己的创业精神。这样，大学毕业后，不但能解决自身创业问题，还能为社会创造更多就业机会，不管是就业还是自己创业，都能具有竞争能力和生存能力，在自我发展中立于不败之地。

思考与练习

分析以下案例并回答问题：

随着社会就业压力的增大，在国家政策的鼓励和支持下迅速掀起了“互联网 +”创业热潮。在邯郸市大学生创业园，三个怀揣梦想的大学生组成了“青春合伙人”，他们一边学习考察，一边走上创业之路，创办了邯郸地区首个 O2O 网上洗衣平台——猫先生洗衣。

足不出户，手机微信下单，1 个小时内工作人员上门取衣物，3 个工作日内清洗干净的衣服，又被完好地送回。在这个火热的夏天，他们勇敢地走出创业梦想的第一步。在邯郸大学生创业园一间不足 20 平米的办公室里见到了这三个朝气蓬勃的“青春合伙人”，电子商务专业的姚栋、会计专业的吉茂元和警校毕业的王盼。“我们三个是标准的黄金组合，我是电子商务专业负责运营，茂元学的会计专业负责管钱，走南闯北的盼哥负责对外社交”，姚栋笑着说道。

辞去高薪工作

为了突破自己性格上的局限，本科毕业的姚栋在邯郸市一家高端汽车4S店做起了销售的工作，在接触很多创业致富的客户时，也激起了自己创业的冲动。

吉茂元，毕业后一个人去厦门南漂，两年的时间里积攒了宝贵的经验，同时也认清了自我，希望通过创业来实现人生价值。

近几年互联网创业热潮中，O2O的服务模式一直备受关注。“以前上班忙的时候经常顾不上洗衣服，一般都拿到洗衣店去洗，最大的不便就是洗衣店不能上门收送衣服，还得在规定营业时间内自己取回衣服，很麻烦。后来想到现在网上购物、网上订餐很是流行，为什么不能做一个网上洗衣呢?”姚栋想到了把O2O模式搬到洗衣行业。

好的想法没有靠谱的合伙人也不行，4S店两个同事成了他的最佳人选。王盼，社会经验丰富，走南闯北，能说会道，上得了台面，谈得了业务；吉茂元，为人热情，创意无限的90后小伙。于是姚栋鼓动他们一起辞去高薪工作合伙创业。

创业伊始屡吃闭门羹

为了保证洗护的品质，他们想和市内一些专业的洗衣实体店谈合作，王盼他们跑了十几家知名的洗衣连锁店，没有一家愿意和他们合作。“我们找到洗衣店的老板说要跟他们合作，但是多数人都不理解网上洗衣新模式，也不愿意跟我们合作，有些人甚至把我们当小孩对待，根本不信任我们。”王盼说道。

恰在此时，邯郸市政府为鼓励大学生创业，专门在开发区建立了大学生创业园，高校毕业生申请入驻后可享受2年免缴场地租金、水电费，一次性创业补贴和社保补贴等政策，这个消息对于姚栋他们来说可以算是雪中送炭。经过半个多月的努力，猫先生洗衣终于获批入驻大学生创业园，而他们终于有了一间属于自己的办公室，也建立了自己的微信公众号。

有了办公实体和网上洗衣平台，姚栋和吉茂元在网上搜索学习北京、上海等地的专业的O2O洗衣模式，同时去洗衣实体店学习专业的洗护知识。“洗衣确实是个技术活儿，除渍的药剂都有一百多瓶，光洗衣工序就有8道，而且还有消毒柜、烘干机、熨烫台、去渍台等等各种专业的设备。”吉茂元说道。

完善网上洗衣品质

上线不到一个月的时间，猫先生洗衣微信公众号已经有了近200个关注用户，并且陆陆续续地开始有客户下单洗衣，不少知名的洗衣连锁店也选择和他们合作。而姚栋他们也在张罗着注册公司，订做专用的包装袋和统一制服。“因为目前资金上比较紧张，没有多余的资金来雇收衣服的快递员，需要我们3个人亲自上门取送客户的衣物。等业务慢慢地多起来了，肯定要雇快递员、买送货电动车。”吉茂元说道。

O2O模式的核心在于服务，而姚栋他们依靠完善的洗衣服务品质，用细心周到的服务来赢得客户的信任和青睐。说起未来的路，姚栋兴奋地说：“当然是希望把猫先生洗衣做成一个品牌，打造成邯郸一站式洗衣便捷平台。等我们慢慢强大起来了，还要建立我们自己的洗衣工厂!”

（资料来源：3位大学生挖掘懒人经济，网上洗衣平台玩转O2O，创业家，2018年10月15日。）

问题：

1. 姚栋等人最初决定创业的原因是什么？创业方向是什么？
2. 你认为他们的创业是否成功？为什么？
3. 他们创业过程中受到的阻力有哪些？得到的助力有哪些？

了解创业从这里起步

第五章
认识创业

学习目标

- ☐ 了解创业的背景
- ☐ 理解创业的概念、实质
- ☐ 把握创业与自我定位的关系
- ☐ 理解创业对个人发展的意义
- ☐ 理解将创业与个人职业发展有机结合的方法

【案例导入】

王子月：从剪纸世界中走出的创业女孩

王子月，女，汉族，1990年2月生，山西晋城人，中共预备党员，杭州师范大学医药卫生管理学院08级学生。获“挑战杯”全国大学生创业计划竞赛金奖、浙江省大学生“最具潜质校园创业之星”等十多项荣誉。在义乌和杭州创办飞点儿磁性剪纸有限公司，发展了50家加盟连锁店。

主要事迹

剪纸，是一种传承中华民族文化精粹的古老民间艺术。但如果将现代科技与剪纸文化相融合，其市场前景会如何呢？一位年轻的女大学生实现了这一创意，并在创业的历程中不断历练成长，她的创业项目是磁性剪纸，不仅屡获金奖，还在其刚刚创业不到一年的时间里，取得了良好的经济效益和社会效益。

创新思维激发创业灵感

王子月来自山西晋城，由于晋城的剪纸文化源远流长，在这种氛围熏陶下，从小就热爱发明创造的王子月对剪纸有着特殊的情感。在高二时，她就申请了“磁贴画”国家专用型专利，获得了国家知识产权局颁发的专利证书。

这个专利有什么用呢？简单地说，就是把将要剪的剪纸模型贴在磁性材料上，这样生产出来的磁贴画和磁性剪纸可以吸附到磁性相框、磁性画轴上；也可吸附在冰箱、防盗门、汽车等铁制物体上；也可贴附在玻璃等光滑面上，解决了传统剪纸容易变色、掉色和收藏不方便的问题。

90 后女孩的耀眼荣光

2009 年 6 月，她在义乌注册了属于自己的公司——义乌市飞点儿磁性剪纸有限公司。2009 年 11 月，王子月带领她的磁性剪纸团队参加了以“励志、成才、就业、创业”为主题的浙江省大学生职业生涯规划大赛，与全省 85 所高校推选出的 300 余件作品同台竞技、激烈角逐，并最终荣获此次大赛的最高奖“双十佳职业规划之星”。2009 年 12 月，王子月的磁性剪纸公司摘得杭州经济技术开发区“大学生创业训练营暨创业大赛”头魁。

2010 年 1 月，在杭州日报大学生创业就业俱乐部、高新区（滨江）大学生创业园主办的“相约在高新，创业在年少”杭州市大学生创业创意选拔大奖赛中，团队再次荣获金奖。

2010 年 6 月初，磁性剪纸创业项目获得浙江省第七届“挑战杯”大学生创业计划竞赛特等奖。

2010 年 10 月初，磁性剪纸创业项目获得全国第七届“挑战杯”大学生创业计划竞赛金奖。

2010 年新增五项专利，其中四项实用新型专利和一项发明专利已被国家知识产权局受理。

女大学生的创业梦想

在王子月眼中，以中国传统手工艺品剪纸为载体发展磁性剪纸事业，是一项传承和发扬民间文化的创举。2009 年 9 月，中国剪纸入选世界人类非物质文化遗产的消息，让王子月和她的创意团队欣喜不已。由此，王子月定下了更大的创业梦想：打造最具中国特色的文化创意产业，传承和弘扬世界非物质文化遗产，使剪纸走上产业化道路。

榜样引领，回馈社会

2010 年 9 月、11 月初，王子月分别参加了中央二台《创意中国星》和中央四台《天涯共此时》节目的录制。节目一经播出便在社会上引起了广泛反响，王子月为有志于创业的大学生们树立了一个很好的榜样。有很多大学生主动找上门来谈合作、谈创意，有的不要任何报酬直接就替她跑市场。这让王子月发现了新的商机。经过思考，她的新创意“磁贴画、磁性剪纸板子店”诞生了。王子月并没有沉浸在成功的喜悦之中，她想的更多的还是如何带动身边的同学一起创业，如何为社会创造更多的就业机会。2010 年 3 月，在王子月下沙高教园的门店里，王子月为广大同学和顾客提供免费的技术指导，在 10 分钟左右的时间内让顾客学会剪纸，剪出各具特色的作品，而这些作品，就贴在板子店上，进行销售。每页展板每天收取租金 1.5 元，在“磁贴画、磁性剪纸板子店”里会有专职人员经营管理。

此外，对每一个租“磁贴画、磁性剪纸板子店”的大学生，王子月公司的网站还同时提供一个免费的网络展示平台作推广，从而实现了“实体店 + 网店”的营销模式。大概每一个磁贴画、磁性剪纸板子店可以解决 30—50 个大学生的勤工俭学或创业实践活动。滨江高教园的店可以为近百名大学生提供的创业实践岗位。

（资料来源：小小发明家让剪纸更加深入人心，曾获央视金点子奖，创业家，2018 年 09 月 21 日。）

第一节 创业概述

创业活动是一个国家的经济能够长期发展的推动力（Romer，1994），是一个集合了想象力、变革力与创造力的动态过程，是创新的转化形式，它不仅成为公司利润新的增长方式（Kirzner，1997），也为很多人提供了追求经济成功和体现社会价值的平等就业机会，成为他们进入社会经济主体的基本途径之一（Donald，2005）。因此，创业活动备受各国政府的青睐，创业革命正在席卷全球。

创业教育起始于美国，美国哈佛商学院的 Myles Mace 教授在 1945 年开设了第一门名为“新创企业管理”（Management of New Enterprises）的创业课程（Katz，2003），从此高等教育的教学体系中出现了创业教育。

我国教育部门也非常关注创业教育工作，1999 年 1 月国务院批准教育部《面向 21 世纪教育振兴行动计划》的通知，提出要“加强对教师和学生的创业教育，鼓励他们自主创办高新技术企业”；2006 年出台《国家中长期科学和技术发展规划纲要（2006—2020 年）》，明确提出中国要在 2020 年建设成为创新型国家；2012 年 8 月教育部办公厅印发《普通本科学校创业教育教学基本要求（试行）》通知，要求各高校面向全体学生开设“创业基础”必修课。

习近平总书记指出：“创新是社会进步的灵魂，创业是推动经济社会发展、改善民生的重要途径。”时任总理李克强在 2015 年政府工作报告中，明确将“大众创业、万众创新”作为经济增长的新引擎。2016 年政府工作报告中强调：“充分释放全社会创业创新潜能。发挥大众创业、万众创新和‘互联网＋’集众智汇众力的乘数效应。打造众创、众包、众扶、众筹平台，构建大中小企业、高校、科研机构、创客多方协同的新型创业创新机制。建设一批‘双创’示范基地，培育创业服务业，发展天使、创业、产业等投资。”

一、创业的概念

何谓创业，至今在学术界尚无一个大家均认同的、统一的、标准的定义。“创业”一词由“创”和“业”组成。所谓“创”一般指创建、创新、创立、创造、创意，在《辞海》中的解释为创立基业；《现代汉语词典》对“业”的解释为学业、专业、事业、就业、家业、企业等。“创业”是指事业的基础、根基，既可以是古代的“帝王之业”“霸王之业”，也可以是百姓家业、家产和个人事业。

“创业”一词在英文中通常有三种表达方式：一是“Venture”，二是“Entrepreneurship”，三是“Startup”。“Venture”一词最初的意思是“冒险”，在创业领域主要指冒险创建企业；“Entrepreneurship”则主要用于表示静态的创业状态或创业活动，是从企业家、创业家的角度来理解的；“Startup”就是创建新企业，国内一般将“Startup”译为创业或创业活动。

创业有广义和狭义之分。广义的创业是指创业者对自己拥有的资源或通过努力能够拥有的资源进行优化整合，从而创造出更大的经济或社会价值的活动；狭义的创业是指个人或团队自主创办企业，不拘泥于当前资源条件的限制，寻求机会，进行创造价值的系列行动或过程。

拓展延伸 5－1

创业与就业的差异

1. 角色差异。创业者与就业者在企业中的地位、所肩负的责任和使命均有较大差异。创业者通常处于新创企业的高层，在企业实体的创建过程中，创业者始终是负责人，始终参与其中；而就业者通常处于企业的中底层，到达企业高层需要一个艰辛的奋斗过程，也不需要对企业的成长负责，只需要做好自己的本职工作即可。

2. 技能差异。就业者对于技能要求相对简单，通常有一项专业技能即可开展工作。而创业者通常自身综合能力出众，身兼多职，既要有战略发展眼光，也具备较强的具体经营技能，具备较强的综合素质和知识技能。

3. 风险与收益差异。就业者的成本主要是多年投入的教育成本；而创业者除了教育成本，还包括前期投入的人力、物力、财力。一旦失败，无论就业者还是创业者教育成本并不会丧失，但创业者前期所投入的人力、物力、财力各项成本将全部损失；一旦成功，就业者只是获得约定的工资、奖金或小额利润，创业者则获得大多数经营利润，其金额理论上并无上限。

4. “完成”差异。创业者对一件工作的完成定义为把某件事彻底解决，考虑到方方面面所有的可能性，而且今天能做完的一定不拖到明天。可是对于创业者来说，事业就是生命，工作就是生活；而就业者会习惯性地把工作按照天数来分解，每天只完成“八小时”，下班时间一到心里就习惯性地结束手头的工作，剩下的明天再做。

5. “成本”差异。作为创业者，每一分钱的支出都会算作是成本，省下来的就是利润。所以，“精打细算”是许多创业者的习惯性思维和动作，这是从创业过程中养成的习惯，绝对不是一个“抠”字能概括得了的；而就业者却很是“大方”，他们不把自己和工作或是公司融为一体，总觉得公司是老板的，又不是自己的，所以花的钱是公司的不是自己的。这样的思维模式虽然不能说不对，但确实狭隘和自私，以致许多就业者在自己创业的时候，还改变不了在就业时养成大手大脚的习惯。想创业没有很好的成本观念，就难以实现财富的积累。

二、创业的实质

创业，是一个项目的孕育、出生、发育、成长的过程。与这个过程同步，是创业者“蛹化”成为企业家的过程。这个过程是一个人凤凰涅槃般浴火重生的过程，是创造价值的过程、创建企业的过程、创造财富的过程。

（一）创业是创造价值的过程

创业活动的创造性体现在实现潜在价值的创造上。创业者通过发现和识别商业机会，组织各种资源以提供产品或服务的过程，就是创造价值的过程。这一过程包括创业者、商业机会、组织和资源等要素。这种价值的创造需要投入必要的时间和付出一定的努力，承担相应的金融、心理和社会风险，并能在个人成就感和社会地位等方面得到回报。创业是创新的一种衍生，创新能够带来价值，可以解决具体的社会问题，使社会进步成为可能。

（二）创业是创建企业的过程

创业需要设立一个创业运作的实体，而这一实体就是企业组织。创业者依据所属国家及地区的有关法律、法规办理企业的注册登记手续，这是创业过程的一个重要标志。由此看来，创业是一种创建企业的过程，这是创业与创新的一个重要区别：创业一般是指开创一个企业，创新则是指创造一种新的理念或新的技术等。创业最好引用创新的成果，而创新又最好融合到创业的实践中，这样才能有利于发展；创业活动包括创新，但创新不一定就是创业活动。

（三）创业是创造财富的过程

创业是创造者通过借鉴、模仿、学习他人的经验和方法，从头做起，独立、自主地进行财富的创造和积累的过程。从广义层面看，创业包括人类一切带有开拓意义的社会变革活动；从狭义层面看，创业专指社会上的个人或群体所开展的以创造财富为目标的社会活动。因此，创业也可以定义为：社会上的个人或群体为了改变现状、造福下一代，依靠自己的力量艰苦奋斗而创造财富的过程。

综合以上观点，我们认为创业就是挖掘自身潜力、整合周围资源、体现自身价值的过程。创业者运用自己所掌握的知识技能，利用现有的有限资源，发现和捕捉机会并由此创办企业，提供新的产品或服务，从而创造财富。创业既是一种精神，也是一种行动，更是一个过程，是一个从无到有的创造过程。

课堂活动 5－1

判断下列情形中哪些属于创业：

1. 一位女士喜欢为家庭制作开胃食品，朋友们经常称赞她。后来，她成立了一家公司，专门来制作和销售开胃食品。

2. 一位中年男人被裁员后，偶然发现了用特殊方法处理旧轮胎作为花园边饰（将不同种类植物分开的隔离物）的创意。

3. 一位从事生物化学基础研究的科学家有了能推动该领域前沿发展的重要发现。但是，他对识别该发现的实际用途没有兴趣，而且从未尝试那样做。

4. 一位退休军官想出一个创意：从政府那里购买淘汰的水陆两栖交通工具，并使用它们去建立一家专门从事偏远荒野旅游的公司。

5. 一个年轻的计算机科学家开发出比目前市场上任何软件都要好用很多的新软件，并寻求资金创建一家公司来开发和销售该产品。

案例学习 5－1

激情三十年——“创业者”雷军与他的三次蜕变

雷军，这位中国互联网历史上极富传奇色彩的连续创业者，迎来了他的“最后一次创业”。

“我的人生经历了许多次蜕变，在经历小米十年后，越来越体会到制造业的不容易，体会到硬件的难度。但我也越来越相信，把软硬件结合的难度比单纯做软件或硬件难度要小。”在 3 月 30 日晚的第二场小米硬件发布会上，雷军总结着小米一路走来的艰辛与不易，但随即他话锋一转，“在这个前提下，小米又将迎来一次新的蜕变：造车。”

成立全资子公司负责智能电动汽车业务、首期投资 100 亿元人民币、未来十年再投资 100 亿美元、后方还有 1080 亿人民币的储备资金随时准备支援——雷军为造车业务押下了重注。

“这将是我人生中最后一个重大的创业项目，为了这个项目，我将拿出人生全部的积累和储备，口号是：为小米汽车而战。”发布会现场，雷军难掩自身的激动之情。

在造车这件事上，雷军的激情一如既往：就像他年轻时在宿舍钻研汉卡那样；就像他在金山决定扛起“民族软件”旗帜那样；就像他屡次强调小米要“二次创业”那样。三十年一路走来，雷军有了许多头衔，但他最满意的那个头衔，或许还是创业者。

三色公司：雷军创业生涯的第一桶金

对于雷军来说，对电子设备的兴趣算得上是他创业的起始动力：彼时正逢 1986 年，互联网浪潮已经席卷至内地，当然也包括雷军求学的武汉。在“学海淀经验，建武汉硅谷”“北有中关村、南有广埠屯”等口号的驱动下，武汉大学周边一夜之间多出了大大小小数千家 IT 公司、电脑配件商和零售商，逐渐形成了所谓的“武汉电子一条街”。

当时，雷军已经腻味了一成不变的校园生活，电脑成为了他人生中新的兴趣方向。多次因赖在学校机房不走被赶出来后，雷军看上了正蓬勃生长的电子一条街。

为了方便在街上“蹭”到电脑，雷军做起了兼职的活计——编写加密软件、杀毒软件、财务软件、CAD、中文系统，甚至帮人设计、焊接电路板，还多次解密他人开发的软件。这段时光里，雷军几乎结识了电子一条街上所有的电脑公司老板，也收获了两位“小伙伴”——李儒雄与王全国。大四时，雷军与他们成立了自己人生中的第一家公司——三色公司。

尽管公司吃饭是在学校食堂、住宿也是在学校宿舍，但雷军丝毫没感觉有什么不妥，他依旧“志存高远”。“当时我被乔布斯的故事吸引，梦想能够自己写一套程序运行在全世界的每台电脑上，梦想创办一家全世界最牛的软件公司。”雷军后来回忆道。

事实证明，三色公司未必是雷军创办过的最牛的公司，但一定是他创业史上最惨的公司。公司创立初期，雷军没为三色公司定下具体的经营模式，完全跟着市场风口走——什么赚钱，就做什么，就像雷军当初在电子一条街厮混时那样。

卖电脑、做仿制汉卡、打字印刷……即使开辟了如此之多的新业务，三色公司仍然一直亏本，最困难时，雷军和他的团队甚至要靠与食堂师傅打麻将赢饭票钱。另一方面，三色公司潜心投入的汉卡业务在市场上遇挫，再加上毕业时间临近，雷军、李儒雄和王全国意识到，三色公司坚持不下去了。最终，三人分了办公室的电脑和打印机，回到宿舍结束了这次创业。

“开三色公司是一件非常艰苦的事，要研究各种知识和技术，要跑市场，还要对技术进行审核。”雷军这样评价自己在三色公司打拼的日子，但他也表示，办三色公司同样是一件能够将知识和能力发挥出来的事情。“挖人生中第一桶金的时光，是我人生中最难忘的时光。”

雷军的金山十六年：扛着“民族软件”大旗画出了一家上市公司

1991 年初，雷军在朋友那里试用了 WPS 的早期版本，并深深被这款产品所折服——一款能将打印结果先行在电脑上显示出来的软件，在那时可谓是黑科技产物。

因为当时电脑的存储能力和运算能力不足，WPS 需要一块价格不菲的汉卡支持才能运行，但雷军当时刚走出校门，身上一穷二白。为了自己用上 WPS，雷军整整两天不眠不休，最终解开了 WPS 的加密算法，将其移植到普通电脑上使用。

这些举动让 WPS 开发者，当时的 IT 大佬求伯君注意到了雷军。1992 年，求伯君把雷军破解的 WPS 仔细分析了一遍，随后便邀请雷军加入他的金山公司。对于求伯君的邀请，雷军当然是欣然前往：在破解 WPS 前，求伯君就已经是他心中的偶像了，在偶像滤镜加持下，雷军甚至兴奋到忘了问工资待遇。“加入之后，我才想起求总没跟我说拿多少工资和股票。”

最开始，雷军是以总经理的身份加入金山的，由此可见求伯君对他有多看重。2000 年金山公司迎来股份制改组后，雷军又出任金山软件总裁，后来兼任 CEO 一职。

雷军驾驶金山这艘大船时，航程也并非一帆风顺。1993 年，当时微软的 Windows 正逐渐取代 DOS 成为市场上的主流操作系统，金山也顺势推出了自己的 Windows 办公软件——盘古，取开天辟地之意。不过，盘古虽诞生于 Windows 环境下，但功能依旧只有 DOS 时代的模拟显示和模拟打印，而这时微软的 Word 已经能够做到“所见即所得”。巨大的差距使得盘古的市场销量不仅没能达到预期，还耗费了金山大量的资金，公司因此陷入低潮期。

“那年我失去了理想，没有理想对于一个年轻人来说，是致命的事情。”多年后雷军回忆道。

关键时刻，是求伯君“卖房求生”的执念打动了他：为了继续开发 WPS，求伯君卖掉了自己的别墅，换来 200 万现金。后来与求伯君的一席长谈让雷军意识到，金山必须扛起“民族软件”的大旗，“我们到底能为民族和国家做些什么？能不能做出让整个民族骄傲的事业？难道我们就这样认输了吗？”

雷军没放弃，所以他成功将金山送进了港交所。2007 年 10 月，金山软件成功在港股挂牌上市，发行价为 3.6 港元，总市值超过 6 亿港元。按照雷军 14.9% 的持股比例，他的身家已经超过了 3.5 亿港元。“1999 年我们就开始筹备上市，到现在总算是把饼画完了。”

投资能赚钱，但只有创业才能变得比苹果更伟大

将金山领上市后，“无债一身轻”的雷军选择隐退。2007 年底，他辞任金山 CEO，做起了天使投资人。从2008年开始一直到2011年，雷军共计投资了20余家公司，其中不乏好大夫在线、凡客、UCWeb、多玩（YY前身）、拉卡拉等知名公司，在投资界内混得风生水起。

即使做出了如此斐然的成绩，雷军依旧对自己不满意。他早年的梦想：“创办一家全世界最牛的软件公司，做一个像苹果那样伟大的企业”依旧没有实现。再看看当时叱咤风云的大佬马化腾、丁磊，他们原先只是雷军在金山的下属，转眼却坐拥国内最大的两家互联网公司。

彼时正值移动互联网时代前夕，而雷军在辞任金山CEO前已经意识到，未来十年将是移动互联网的时代，于是，他决定将手机作为自己再次创业的方向。2010年4月，雷军联合林斌、周光平、刘德、黎万强等人正式创办了小米科技。

那时的环境似乎并不适合小米发展，摩托罗拉、诺基亚等功能机品牌依旧占据着国内不小的市场份额，而苹果、三星都已推出了第一代智能手机，正摩拳擦掌进军中国市场。此外，业界也多不看好小米这个新品牌，纪源资本管理合伙人童士豪曾回忆称，2010年好几家厂商都有机会参与小米供应链，但他们都没敢参与。“最后只有英业达和富士康愿意赌上一把。”

除了组建供应链外，雷军还成功完成了其他人不敢想的事情——用最少的成本积累到第一批用户。开发MIUI时，小米在各大安卓论坛上打了广告，寻找资深用户一起“云开发”MIUI，通过这一招，小米在MIUI第一版发布时积累了100个核心用户。后来约见供应商时，MIUI的用户数量已经生长到了几十万人之多。

2011年8月，第一台小米手机在北京798艺术中心亮相，金色的“1999”在大屏幕上格外醒目，据说当时台下的欢呼声持续了将近一分钟，在当年的智能手机市场上，还没有人敢于给出如此低的价格。小米1开放预售6小时后，销量达到40万台，搭建不久的小米论坛甚至被蜂拥而至的网友们冲到宕机。

“为人们创造幸福感，应该是小米的终极价值观。”2012年的小米内部会议上，雷军如此定义小米的发展基调。那一年，小米全年销售额正式突破100亿元大关。

“重新创业，一切归零”

随后几年间，小米开始大步奔跑。到了2014年，这家新公司在国内几乎已经没有对手：估值超过450亿美元，全年出货量超过6000万台位列全国第一、全球第三；MIX正式立项，推出新产品线Redmi；海外业务也开始布局。一时间，几乎所有人都在谈论“小米模式”。

然而也正是那一年，OPPO与Vivo强势崛起，华为也推出千县计划迎合乡镇换机潮。同一时间，缺货、销量降低等问题却缠上了小米。2015年，小米头一次没能达到8000万的出货目标。“面对这样的成绩单，说实话，我不OK。”在当年的年会上，雷军如是说道。

“小米出了结构性问题，这不是一个月、两个月，也不是半年时间能够解决的。”雷军曾如此形容小米当时面临的局面。

为了搞定困扰小米许久的缺货问题，雷军亲自接管手机部门，在整个2016年里和两百名成员进行一对一交谈了解情况。同时，他还对供应链进行细致的调查，砍掉生产环节诸多冗余部分后，小米手机的成本下降了近50%。此外，雷军设想中以小米之家为核心的线下渠道也在那一年开始扩张，不到两年的时间里，小米之家全国门店已近300家。

2016年小米推出的那款搭载超声波技术、全陶瓷机身、屏占比超过91%的初代MIX，被业界广泛视为小米反攻的标志。“这部手机的发布，意味着小米已经能够推动供应链实现自己的想法。”一位业界人士表示。

也正是从那时开始，雷军开始更多的提到小米的生态，向外界讲AloT、讲小米的上百家生态链伙伴，例如九号机器人以及众多米字头的新兴企业，超过两亿台的loT连接设备数据也经常被他挂在嘴边——这自然是为了上市做打算。2018年成功登陆港交所后，考虑到智能手机市场竞争加剧的大环境，雷军又提出“向高端突破”的概念，并在2019年正式分拆Redmi，将做性价比产品的任务交给后者，小米自身则努力上探高端。

“重新创业，一切归零。”这是雷军在小米十周年活动上提出的策略之一。

然而，似乎并非所有人都认可小米的高端策略，在2020年11月举办的中国人力资源管理年会上，小米清河大学副校长王嵋就表示，未来的天下，得平民者得天下，得年轻人者得天下。“因为未来的年轻人经济基础不再薄弱了，所以小米才开始做高端机型”。三言两语之间，王嵋似乎就将年轻人与贫穷划上了等号，这无疑极其不利于小米高端形象的建立。

此外，相较于黑科技拉满的小米数字旗舰，消费者们也更青睐性价比高的Redmi。据Canalys数据显示，去年三季度Redmi Note 8系列累计销量达到4000万，2020上半年小米6400万台的出货量中，Redmi Note 8与Redmi Note Pro也占到了近乎三分之一。至少从数据上，我们至今都还没能看到小米发力高端化的优秀成绩。

“现在小米在一个很尴尬的位置：不算便宜，也不能说不值得。”有分析人士评论道。

在高端化遇阻的节骨眼上，雷军宣布全力投入造车，无疑是对未来趋势的再一次押注。通过造车，小米可以打通用户的全生活场景，树立起更高的消费电子产业壁垒。当然，造车需要长期投入庞大的资金，即便小米目前坐拥千亿现金流，这仍然是一个不小的考验。

不过，既然风口已经摆在雷军面前，那就没有不上车的道理，毕竟，小米目前的市值离苹果还太远太远，为了做出一家“像苹果般伟大的公司”，雷军需要继续奔跑才行。

（资源来源：激情三十年：“创业者”雷军与他的三次蜕变，有牛财经网，2021年03月31日。）

三、创业者的能力

习近平总书记在中国共产党第二十次全国代表大会报告中强调：“全面推进乡村振兴，坚持农业农村优先发展，巩固拓展脱贫攻坚成果，加快建设农业强国，扎实推动乡村产业人才、文化、生态、组织振兴，全方位夯实粮食安全根基，牢牢守住十八亿亩耕地红线，确保中国人的饭碗牢牢端在自己手中。”乡村振兴离不开创业，乡村振兴离不开创业者发挥先锋模范作用，带头致富、带头振兴。其实，创业是一种复杂的劳动，需要创业者具有较高的情商和智商，具有创业能力是创业成功的必要条件。创业能力是一种综合能力，包括专业技能、管理能力、自我反省能力、抗压能力、创新能力等。

（1）专业的行业技能。创业者在工作中不需要事无巨细、面面俱到，但是熟练的专业知识、精湛的专业技能却是保证自己在业内游刃有余的必备条件，而这对于从零开始的创业者来说更加重要。现在的社会是人才化、个性化社会，想通过权利和财力领导行业人、吃行业饭是不现实的。影星、明星出来开饭店、做生意，结果血本无归的比比皆是。可见吃专业饭、赚专业钱、拥有过硬的专业知识是多么的重要。

（2）独到的管理能力。说到管理可能大家都觉得很容易，不就是管管人、动口不动手的事么，谁不会？其实绝非那么简单，小到经营一个家庭、大到经营一个国家，都需要有科学的管理。如何能最大化地利用内部的资源，如何能使一个企业的办事效率最大化，这都与科学的管理有直接的关系。对于一个企业来说就更重要了，良好的管理体制，能使企业散发活力、充满生命力，这就形成了企业文化。优秀的企业文化能带领企业进行团队作战，其作用可想而知；相反，一个没有管理能力的创业者带领的企业就如一帮“团伙”，“哪里起火哪里救，哪里出事哪里死。”何谈战斗力，哪来生命力？

（3）自我反省的能力。反省其实是一种学习能力。创业既然是一个不断摸索的过程，创业者就难免在此过程中不断地犯错误。反省，正是认识错误、改正错误的前提。对创业者来说，反省的过程，就是学习的过程。有没有自我反省的能力，具不具备自我反省的精神，决定了创业者能不能认识到自己所犯的错误、能不能改正所犯的错误、是否能够不断地学到新东西。

（4）抗压能力。创业的时候压力是很大的，除了经常熬夜、休息不好等精神压力，还有经常被人不理解、甚至拒绝的压力。所以抗压能力对创业者也很重要。

（5）创新能力。创新是一个民族进步的灵魂，是一个国家兴旺发达的不竭动力。纵观祖国的发展历史，科技强则国强，而科技发展的生命力源于不断创新，大学生作为国家创新发展的新鲜血液，肩负着引领我国创新型战略走向高潮的历史使命，开拓创新能力是新时代赋予大学生的使命。

案例学习 5－2

奇迹永无终止——赵明恩与竹林镇的传奇

赵明恩同志，巩义市竹林镇人，1957 年 7 月参加工作，1965 年 12 月加入中国共产党，历任竹林村党委书记、小关镇党委副书记、竹林集团董事长、竹林镇党委书记、巩义市委副书记、郑州市第十二至十四届人大常委会副主任、河南省委第五至第六届候补委员、河南省第八至十届人大常委会委员、第八至十二届全国人大代表。

1974 年年初，村党支部看赵明恩是块好料，就让他带领副业队寻找挣钱门路。三十多岁的赵明恩当仁不让，担任起村里小耐火厂厂长，带领副业队办起了机械厂和矾土矿。

1978 年年底，竹林村的社会总产值达到 110 万，人均收入 89 元。

1980 年 2 月，在村民的热切推举中，刚 40 岁的赵明恩当选为竹林村第十五届党支部书记，掀开了竹林村发展的传奇之页。

1982 年，北方整体干旱、粮食歉收，好在竹林村村办企业红火，为村里买回 16 万斤小麦分给群众，每户还补贴 30 元钱。看似皆大欢喜的局面，却很快让赵明恩“如临深渊”。

1983 年春节后，因村里开始有人鼓捣“分掉个人承包村办企业”，这样的局面给赵明恩带来了很大的困扰，于是经过了“七天七夜大讨论”，赵明恩决定正式开启40年“竹林精神”的发展。

1983年6月25日，围绕“走什么路才能脱贫致富”主题，竹林村召开党员干部扩大会，大队全体党员、生产队以上干部和群众代表共60余人参加会议。从此，竹林村走上彻底摆脱贫困、走向共同富裕之路。

1994年11月，竹林村与周边三个村整合，设立竹林镇。12年后，竹林镇再次“扩张”，周边又有三个邻村并入，人口和区域面积均扩大一倍。

1996年4月，竹林镇在全省率先实现村改居，全镇近两万人口，全部成为城镇居民。

1999年，竹林众生制药股份有限公司（现太龙药业）实现上市，敲响了河南医药企业上市募资的第一锤，竹林品牌，在全国越叫越响。

如今的竹林镇，已是巩义市镇区面积最小、人口最少、人均纳税最多、人均纯收入最高的镇，总面积达38平方公里，户籍人口14721人。2019年10月，竹林镇入选“2019年度全国综合实力千强镇”。竹林博物馆位于河南省爱国主义教育基地北山公园内西北角，占地3000平方米，布展面积2600平方米，2019年11月建成开馆。人民日报社原社长邵华泽同志题写馆名，博物馆共设置“峥嵘岁月”“出彩今朝”“锦绣前程”三个展区，真实展现了中原名镇——竹林镇40年发展的艰辛、光辉历程。2020年竹林博物馆被河南省委组织部授予“党员教育示范性乡镇党校”“河南中共党史教育基地”。两年来共接待参观团队300多个，共记3万人次，得到了社会各界的好评。

2016年12月17日，镇里长寿山景区风情古镇项目启动。在赵明恩的带动下，全镇上下克服工期紧、任务重的巨大困难，全体党员干群发扬“小雨不停、大雨搭棚”“五加二”“白加黑”的“竹林精神”，挑灯夜战，千方百计保证工期，终于抢点运行、按期完工。项目从开工到建成，仅用时133天，创造了新的“竹林速度”。该项目于次年5月19日“中国旅游日”之际，实现正式开门迎宾。

如今，长寿山风情古镇项目已成为长寿山景区最重要的组成部分，项目占地120亩，总投资1.6亿元，建筑面积1.5万平方米，共包含特色古街14条，商铺400余间，是集民俗演艺、手工作坊、特色小吃、非遗展示、民宿客栈、酒吧慢生活、茶吧、VR体验等为一体的民俗文化旅游项目。

2020年7月15日起，每逢夜幕降临，风情古镇里都彩光纷飞，电音嘈杂，演员劲歌起舞，活力四射。这个由巩义市委、巩义市人民政府等主办的“醉美巩义·长寿山电音节”，吸引了一批又一批前来游玩的客人。“过瘾！没想到长寿山竟然这么潮流时尚，真是大开眼界！”不少游客极尽赞赏。

四十年来，赵明恩带领竹林干群，坚持走共同致富道路，抢抓机遇，乘势而上，不断扩宽经济发展门路，调整优化产业结构，改革经济发展体制，将一个偏僻的穷山村变成一个闻名全国的经济强镇。

四十年来，他坚持物质文明和精神文明两手抓，以“爱竹林、比贡献、谋发展、永创业、讲文明、共富裕”的“竹林精神”塑人育人，以“三评”活动听民声、察民情、聚民智、解民忧，以“十好”评选带动群众自我教育自我管理，竹林党员干群干事创业劲头十足，各项事业展现了“竹林速度”，创造了“竹林奇迹”。

四十年来，他带领竹林“聚精会神抓党建，抓好党建促发展”，坚持不懈抓党员干部的思想政治教育，打造“能吃苦、重实干、讲奉献”的干部队伍，忠实践行党的群众路线，以党员干部思想作风大转变促进竹林经济社会大发展。

在赵明恩同志的带领下，竹林镇获得了一系列荣誉：四次获得“全国文明镇”荣誉称号、三次获得“全国先进基层党组织”荣誉称号，还获得了“国家特色小镇”“国家卫生镇”“国家园林城镇”“全国环境优美镇”“国家级生态文明示范镇”“中国人居环境范例奖”“联合国改善人居环境最佳范例奖”等三十多项国家级荣誉称号，进入国家可持续发展实验区、全国发展改革试点城镇、联合国可持续发展中国小城镇改革试点行列。

赵明恩同志本人先后被授予全国劳动模范、全国优秀党务工作者、全国农村十大新闻人物、全国优秀乡镇企业家、全省优秀党务工作者、河南省优秀共产党员、河南省劳动模范等荣誉称号，荣获中共中央、国务院、中央军委联合颁发的“庆祝中华人民共和国成立70周年”纪念章。

“论发展，咱竹林镇从来不会落伍。电音节，是给年轻消费者提供的好玩产品，也是引领时代潮流的消费模式。这也是落实六稳、六保，为全面建成小康社会夯实基础的做法。这方面，竹林镇永立时代潮头。”赵明恩乐呵呵地介绍道。

永立时代潮头，永远挚爱祖国。是的，这样的革命人永远年轻，这样的改革者，永远年轻！

（资料来源：竹林博物馆、金台资讯。）

四、创业的意义

（1）创业有助于社会经济的发展。伴随着一浪高过一浪的创业高潮，中国自改革开放以来取得了前所未有的巨大成就，综合国力稳步提高。创业能够促进产业结构、经济结构和社会结构的调整，有力推动社会经济发展。“2016年中国快递发展指数报告”显示，我国快递业务量在全球占比超过四成，对世界快递业务量增长的贡献率达60%。随着时代的发展，民营电商（圆通、中通、申通、顺丰等）物流企业在技术上的不断创新，推动了中国电商物流行业规模不断扩大，促使中国GDP不断提升。

一个社会创业活动发展得越好，人们的物质、文化生活水平也就越高，从而越能推动社会经济的繁荣与发展。因此，创业是经济增长的一个积极的促进因素。经济增长必然引起一系列产业结构、经济结构乃至社会结构的变化，而这一系列的变化又可以推动经济的增长。

（2）创业有助于技术创新。在各国对知识产权的保护及知识产权资本化的背景下，加上风险投资的大力推动，技术创新的成果能够通过创业迅速转化为生产力，在为社会不断提供新产品和服务的同时，也给知识产权的所有者带来了巨大的经济利益，从而促进科学技术人员进行进一步的深入研究。

（3）创业有助于缓解就业压力。一个创业能力很强的大学生不但不会成为社会的就业压力，相反，能够通过自主创业活动来增加就业岗位，以缓解社会的就业压力。

（4）创业有助于实现个人价值。大学毕业生通过自主创业，可以把自己的兴趣与职业紧密结合，做自己喜欢的、最愿意做的和自己认为最值得做的事情。在五彩缤纷的社会中大显身手，最大限度的发挥自己的才能，实现自己的个人价值。因此，创业是实现个人理想的有效手段，是对自我价值的一种证明和挑战。

课堂活动 5－2

创业访谈

活动目的：通过创业访谈，使学生了解不同创业人物的创业过程，感受创业项目的孕育、出生、发育、成长的过程。

活动内容：以小组为单位进行创业人物访谈。具体步骤如下：

1. 每6—10人为一组，每组选出一名组长作为负责人；

2. 每组自行确定访谈对象1—2人；

3. 拟订访谈提纲，包括创业者的教育背景、成长环境、创业历程、创业体会等；

4. 访谈结束后，每组撰写访谈报告，分析他们的创业原因、成功的因素以及通过访谈从他们身上获得的启发；

5. 将访谈报告制作成PPT，在课堂上以小组为单位进行展示、交流汇报，每组限时8分钟。

活动检测：活动结束后，教师可根据下表进行评分。

活动评价表

评分标准	满分	实际得分	备注
积极参与访谈活动	20		
按要求实施访谈	20		
访谈报告内容翔实，分析到位	20		
PPT 制作精美	20		
交流汇报表述思路清晰	20		
总分	100		

案例学习 5－3

创业精神

创业精神是指在创业者的主观世界中，那些具有开创性的思想、观念、个性、意志，是以当前有限的资源为基础而追求商机的精神。从这个角度上讲，创业精神代表着一种突破资源限制，通过创新来创造机会、创造资源的行为，而不是简单地体现在创造新企业或创新上。因此，创业精神可以简洁的概括为："没有资源创造资源，没有条件创造条件，用有限资源去创造更大资源。"

《幸福，触手可及!》是一部以都市生活为背景的电视剧，塑造了励志青年创业者的群像，展现了在竞争激烈，技术和市场变化日新月异的当下，青年创业者们对机遇的把握、对现实的反思、对理想的追寻。尤其面对创业中的挫折与问题时，剧中人物所采取的积极态度和坚持不懈的努力，就是对青年创业精神的诠释，具有极大的现实借鉴意义。

把握时代机遇，揭示当代青年人生价值

机遇极为宝贵、稍纵即逝，只有将机遇与创业实干紧密结合，才能实现事业理想。《幸福，触手可及!》男主角宋凛为了赢得海外的合作机会，连夜赶往国外谈判抢占先机。同时他还能在行业发展中发现缺口，大胆投资初创团队，支持他们研发在线试衣技术。宋凛作为一个成功的创业者，除却独到的眼光外，自信与坚定也是他常胜的秘诀，正如他在剧中所说："人最重要的特质是信念感，不管混成什么样，只要相信自己，就有希望。"而女主角周放因商业纠纷致使成衣订单被工厂停工时，她没有坐以待毙，及时要回剩余布料制作样衣争取新订单，打响了创业的第一战，扭转了局面。与其说是幸运，不如说"机会永远垂青有准备的人"。

直面矛盾解决问题，用创业精神探索时代责任

创业要实，既要脚踏实地、真抓实干，敢于担当责任，也要勇于直面矛盾，善于解决问题，创造出经得起市场、消费者检验的产品。这种创业中的冲突，在《幸福，触手可及!》的剧情中，有充足的展示。

作为公司领导者，宋凛比普通创业青年遇到的困难与挑战更加严峻。一方面，在创业中不忘初心，坚守商业理想；另一方面，他面对竞争有勇有谋，面对同伴有情有义，用真诚和机智化解了一次又一次危机。对手苏屿山步步为营，宋凛选择将计就计，将假签约名单送到他手中及时化解了危机。当助理陈晨背叛自己的事实被揭露时，宋凛非但没有追究反而选择了谅解："人的好坏在一念之间，我希望我们之间的信任能获得你的忠心。"

周放在遇到创业难题时也同样展现出了过人的行动力。为了发展高定路线，她不计前嫌，向曾经陷害自己的设计师泉野发起合作邀约："独立设计师在国内不是非常兴盛的行业，想要生存非常困难，虽然资源有限，但我们不该成为竞争者，我们应该合作共赢，各取所长。"左宇霖虽然初入职场，但是工作努力，时刻关注着公司和行业的发展动向，是上司宋凛的"左膀右臂"。他将同学的创业团队引荐给宋凛，帮助他们解决了资金问题，同时也为宋凛开拓市场提供了新思路。

我们生活在一个鼓励大众创业、万众创新的蓬勃时代，这个时代赋予人们更多机遇、更多选择、更多发展空间。宋凛、周放等创业者身上体现的奋斗、责任、担当的创业精神，正是当代优秀青年创业者创新、拼搏、奋斗的一个小小缩影，更是所有优秀青年的共同底色。一个时代有一个时代的主题，一代人有一代人的使命。但不论身处哪个年代，这种底色都是青年人不变的精神。

（资料来源：《幸福，触手可及!》聚焦青年创业精神，百度百家号，2020 年 06 月 24 日。）

第二节　创业与自我认知

认识自我走进创业

大学生作为我国高级知识人群，有着较为丰富的知识储备和其他高级知识分子所欠缺的创造力，是我国目前创业规划的主要人群。但毋庸置疑，不是所有人都适合创业，创业之路也并非一帆风顺。相反创业之路是一条艰辛的路，坎坷的路。能否顺利走在这条路上并取得成功，需要的不仅仅是对创业的了解，更要结合自身实际情况分析自己是否适合创业，同时分析自己是否具备创业者的素质和能力。哈佛大学拉克教授讲过这样一段话：“创业对于大多数人而言是一件极具诱惑的事情，同时也是一件极具挑战的事。不是人人都能成功，也并非想象中那么困难。但任何一个梦想成功的人，倘若他知道创业需要策划、技术及创意的观点，那么成功已离他不远了。”

心灵探索 5－1

设想以下的情境：一个魔法师挥舞着他的魔法棒来到你面前，他说：“你是怎么样的一个人？你希望成为什么样的人？说出你的希望，我就能把你变成你希望的人！”

你会如何向魔法师描述你自己？你希望魔法师把你变成什么样的人呢？

一、自我认知

哲学家经常思考“我是谁?”“我从哪里来?”“要到哪里去?”这三个问题，帮助认清世界、认清自己、认清自己与世界的关系。不只是哲学家，每个人都有自己对这三个问题的认知。如果我们有正确的自我认知，就更容易规划未来之路。当我们去研究自己，就会认识到自己的优势和不足，发现哪些东西是自己感兴趣的、什么是自己认为最重要的。如果我们对这些东西有了足够的关注，就能够缩小我们需要寻求的信息范围，寻找到适合自己的发展之路。

而从自身的角度讲，了解和分析自我的主要方面应该包括：

我喜欢做什么（主要包括职业兴趣、职业价值观等）；

我适合做什么（主要包括职业性格、气质、情商、智商等）；

我擅长做什么（主要包括能力倾向，比如言语表达、逻辑推理、数字运算等）；

我能够做什么（主要包括自己掌握的专业知识、技能和工作经验等）。

二、创业动机

（一）创业动机的含义

创业动机，是创业者愿意冒各种风险去创立新的企业的激励因素。它是鼓励和引导大学生创业者为实现创业成功而行动的内在力量。通常创业动机体现在改善个人生活状况、对独立性的偏好、控制的欲望、改变家庭和个人的经济状况等方面。

（二）创业动机的分类

根据奥蒂奥等人研究“亚洲、斯堪的纳维亚和美国的学生创业模式”的结论显示：大学生的创业的动机大体上可以归为以下4类：对成就的需要、对独立性的偏好、控制的欲望、改变家庭和个人的经济状况。为什么会有大学生在本应认真学习的时候走上了创业的道路？他们的动机有一定的特殊性，按照马斯洛的需求层次理论，创业的动机归纳为以下4种类型：

1. 生存的需要

首先，由于家庭经济的原因，许多普通家庭越来越难以支付昂贵的学费，即使国家有助学贷款、奖学金制度等也不能完全解决他们的问题。在沉重的经济压力下，为了顺利完成学业，减轻家庭负担，一部分学生只好利用课余时间打工来维持正常的学习和生活。在打工的过程中有一部分具有创业素质的人会发现商机并且去把握它，开始走上了创业的道路。

其次，当前我国高校学生中城镇生源的学生95%均是独生子女，培养他们的独立性已经成为当务之急。目前已经有一部分学生开始独立承担自己的学习、生活费用，在他们中也产生了一定数量的创业先行者。这部分创业者通常都以学习为主要目的，从事一些投入时间、精力较少的行业，对经济回报要求较低。

2. 积累的需要

按照美国耶鲁大学组织行为学教授奥德弗的ERG理论，人的需求分为生存、相互关系和成长。这三种需求并不一定按照严格的由低向高的顺序发展，可以越级。当代大学生随着年龄的增长，对于相互关系和成长的需要会逐渐强烈。部分大学生为了积累实践经验，丰富社会阅历，或为了自己今后的发展以及实现自己的某个目标做好经济上的准备，在条件成熟时也会利用课余时间走上创业的道路。这个类型的创业者往往以锻炼为目的，承受失败的能力较强。同时由于压力较小，失败和半途而废的比例也比较高。

3. 自我实现的需要

心理学研究表明：25—29岁是创造力最为活跃的时期，这个年龄段的青年正处于创造能力的觉醒时期，对创新充满了渴望和憧憬。他们思维活跃、创新意识强烈，同时所受的约束和束缚较少，对成长的需要也更为强烈。另外，由于大学生所处的环境，他们往往更容易接触一些新的发明和学术上的新成果，或者他们中的一部分人本身拥有具有自主知识产权的科研成果。为了能早日实现自己成功的目标，他们中的一部分人改变了自己的成功观念，也开始了自己的创业生涯。

4. 就业的需要

目前，我国的大学生就业形势较为严峻，一方面表现为需求不足，另外一方面表现为大学毕业生的工资待遇降低。在这种情况之下，为了找到一份自己满意的工作，有一部分大学生也开始了创业。

案例学习 5－4

你适合创业吗？

广辉是汽车维修专业的学生，他为人踏实、正直，信守诺言。虽然家里很穷，在同学中的威信却很高，也深得老师的喜爱。毕业时，广辉本想直接进入汽车行业做销售或者学汽车修理技术，却一直没有找到合适的单位。迫于生计，广辉去了一家快餐店找了一份服务生的工作。工作之余，广辉经常到处询问，找到了到大阳摩托车公司做销售员的工作，工资提高了不少。半年后，广辉因为能力较强，被公司单独派往一个销售点做负责人。谁知不久后省会城市开始禁止摩托车上牌照，摩托车销售额直线下降。这时，广辉觉得自己有了销售经验，2004 年便从大阳摩托辞职，到了一个汽车配件销售公司，在那里做了 4 年销售。此时，广辉有几万元的存款，最重要的是他有了汽车零配件销售行业的经验和客户群。2007 年广辉又毅然辞掉汽车销售公司的工作，在汽车大世界租了一间门面房，开始了自己的创业。因为对汽车零配件销售行业的熟悉和诚实、守信的经营策略，广辉的汽车配件销售店生意兴隆。2009 年，广辉打算再扩大自己的店面，并准备做某知名汽车配件的代理。

从广辉的创业案例中你想到了什么？并不是每个人都适合创业，因为创业是一个创新的过程，它不仅需要创造性的思维，还需要大胆地决策并实践，更需要一定的素质。

（资料来源：课程教材研究所，职业教育课程教材研究开发中心：《心理健康》，人民教育出版社 2009 年版。）

（三）产生创业动机的驱动因素

一个大学生是否能成为创业者，会受三方面因素的影响：

一是个人特质，每个人都具有创业精神，但其强度不同，如温州人有强烈的创业动力，其中环境起到了很大作用。

二是创业机遇，创业机遇的增多会形成巨大的利益驱动，促使更多的大学生创业。

三是创业的机会成本，随着社会保障体系的建立和健全、产权制度改革的深化、国家的政策支持，原有体制差别形成的特殊利益会逐渐减少，结果会进一步降低创业成本，激发大学生的创业动机。

我们可对以上因素综合分析和权衡，来初步判定自己的发展方向。当然，每个人的情况都有所不同，关键还要结合自己的实际情况来具体考虑是否适合创业，是否具备创业所要求的基本素质和能力。

三、自我认知的方法

虽然每个人都有自我概念，但并不一定很清晰。想要清晰客观地认识自己，既需要我们主动地自我反省，还需要从他人的评价中多方面认识自己。

（一）自我观察

生活是面大镜子，社会生活折射出不同方面的自我，细心观察，你就能看清镜子中那个“我”的一些特点。例如，你的容貌举止、兴趣爱好、性别角色、道德观念等。

（二）社会比较

有些自我特征比较容易确定，会有一些相对客观的标准，如相貌特点；有些具有比较明确的社会准则，如诚实、乐于助人之类。而类似于“优秀”“保守”等内在特征，往往是相对的，是在一定群体范围或者某一社会环境下相对而言的，如我们常常要通过与我们周围的大多数人进行比较才能知道自己是否聪明、细心、关心他人等。

（三）他人评价

自我评价和他人评价往往是很不同的，我们经常错误地估计别人对我们的看法，有时认为自己很糟糕，但事实可能并不是这样。

在一篇名为《名声差距》的文章中，科学家对一个班级的163名学生进行了研究，让他们估计自己在班上的受欢迎程度。结果发现，只有25%的同学“别人喜欢他，他也自认为人气旺”，剩下的75%的同学估计都与实际受欢迎程度不同。在另一个研究中，科学家找来一群大学生，将他们分成两组，上台唱一首冗长的流行歌曲。科学家让A组直接拿着歌词上台唱，却让B组唱两次：第一次是在台下拿着歌词练唱；第二次让他们上台唱，却不让他们拿歌词。结果，观众们都觉得“两个组唱歌的水平差不多”，但是B组的人都觉得“自己唱得不好”，因为B组是与自己拿着歌词唱时作比较，即在自我比较。

因此，主动地听取他人的评价是认识自己的一个好方法。在不同人际关系中，例如亲人、师生、朋友、同学、邻里等，“我”在扮演着不同的角色。从这些不同的人际关系中，挑选你很看重的一些人，主动地、真诚地请他们帮你完成自我描述，认真地看待他们对你的描述，尤其是那些与你自己的自我概念不一致的描述，这将有助于你建立起更清晰、更丰富的自我概念。

心灵探索5-2

替别人打工，还是为自己打工？在就业时我们都应该好好思考一下这个问题。很多人愿意为自己打工，自己当老板。因为当老板的感觉多好啊！那么，请你想一想，什么样的人适合做老板呢？你身边有这样的人吗？他们是怎样的？把你的想法写下来：

我身边做老板的人：________________

这些人的性格特点：________________

这些人的主要活动：________________

或许写下来后，你要问自己：“结合我对自己的自我认知，我适不适合自主创业呢？如果我想创业，我该怎么做呢？”如果有这些疑惑，就请你仔细学习这一节的内容，你要的答案也许就在里面。

案例学习5-5

创业的十种动机

1. 当做正职工作。不想上班？那就把创业当做正职工作。因为创业也是需要付出大量心血和时间的。认真经营，它能带给你可观的经济回报和愉悦的成就感。

2. 当做副业兼职。既不想因为创业而放弃稳定的工作和收入，也不想因为工作束缚自己创业的念头和多余的热情，那就选择在业余时间进行创业吧，这样既稳妥，还能有双份收入。只是这么做要付出的可是双倍的辛苦。

3. 获得经济收入。大多数创业的人都是因为经济上得不到满足，才想要另辟蹊径。但是最后的结果是赚钱还是赔钱，是要看个人的本事和运气的。

4. 消磨闲暇时光。因为有多余的精力和时间无处消磨而开店，也是很常见的现象。不过除了投入精力和时间，更重要的是用心。

5. 满足兴趣爱好。例如，有的朋友因为喜欢小首饰而收集了许多，平时也都是闲置，或者有一些重复的存货。开家小店，把一部分东西交换出去，再回笼一些资金去淘更多自己喜欢的物品，这样既满足了兴趣，又减少了投资。

6. 实现自我价值。如果感到自己被碌碌无为的工作埋没了，那么创业是体现自我价值的最佳手段之一。

7. 消化囤积物品。如果发现家中有太多闲置品，另一方面又压抑不住购物欲望，那么开家店可以帮助你优化资源配置，解决囤积物品。

8. 当作交友渠道。一些人喜欢交朋友却总是无法扩大交际圈。开家小店是个很好的认识新朋友的渠道。

9. 偶像崇拜心理。因为崇拜某个企业家而“下海”的情形也时有出现。很多创业者在回顾自己创业之初的动机都会提到，自己是受到比尔·盖茨、李嘉诚等人的成功经历鼓舞而迈出第一步的。

10. 追随“下海”潮流。在这个全民皆商的环境里，“下海”成了潮流。许多人是看到了身边的同事开始创业，才纷纷投入经济大潮中的。

四、创业素质要求

如今的社会是信息化的社会，体制趋于成熟，消费趋于理智。那种单纯凭借着自己的一技之长，加上匹夫之勇就能成为百万富翁的年代已经成为过去；光凭一点经济实力和一个好的项目就能在业界独占鳌头的时代也已经成为历史。有一个笑话：从天上掉下个砖头砸死10个人，其中就有7个老板，2个领导。虽然这个笑话带有一点讽刺的味道，但确实体现了一个问题，创业者多了，打工者少了；独木桥拥挤了，行业饱和了，竞争也激烈了。结果是“一半是海水，一半是火焰”，有人成功，有人失败。

竞争的日趋激烈要求成功的创业者必须具备一些基本的创业素质。

（1）有强烈的创业意识。所谓创业意识就是在创业实践中对人起动力作用的倾向，包括需求、动机、兴趣、思想、信念和世界观等心理成分。创业意识是产生创业欲望的动机，没有创业意识就不会有自主创业的行动，创业意识支配着创业者对创业活动的态度和行为，是创业素质的重要组成部分。

（2）有承担风险的意愿和准备。创业和创新都会有很多曲折的道路，也会碰到很多艰难险阻，这个时候创业者需要做好准备，也愿意承担这样的风险。

（3）有一定的资本和资源。很多产业必须通过长期持续的投入才能产生效益。除了资金外，各种资源同样重要，如人脉关系。

（4）有长期的观点和视野。选择投资领域时要全方位且长远考虑创业的稳定性。创业者往往面临的是中长期的战斗，要获得一个比较好的、稳定的发展，也要有一种长期的观点和视野。

（5）与他人分享的愿望。作为创业者，一定要懂得与他人分享。往往在与别人分享的时候，你能得到别人的有益建议和帮助，甚至在与别人的交流中碰撞出创业的火花。一个不懂得与他人分享的创业者，不可能将事业做大。

课堂活动 5－3

小组讨论："对于创业者而言，今天是残酷的，明天是残酷的，后天是美好的，但大部分创业者都死在了明天晚上，失败的经验是没有坚持，我成功的经验就是坚持。"

你如何理解马云的这段话？请同学们 5—8 人一组，就上述命题展开讨论，积极发表自己的见解。

活动检测：活动结束后，教师可根据下表进行评分。

活动评价表

评分标准	满分	实际得分	备注
积极参与活动	20		
能提出鲜明的观点	20		
提出的观点具有合理性	20		
能大胆表述自己的想法	20		
语言表达流畅	20		
总分	100		

五、创业能力测评

对一个创业者来说，创业能力决定生意的盈亏。如果创业者在客观条件限度内，能够发挥自己的特长，施展自己的能力，就能获得较大的利益。并不是每一个人都适合创业，也并不是每个人的创业能力都一样。为了提高创业的安全系数，在创业前，可测试一下个人的创业能力。

请回答下列问题：

1. 你是否经常会认真考虑如何开办一家属于自己的公司？

（1）是的　（2）有时会　（3）从不

2. 你认为发财的梦想对成功创业非常重要吗？

（1）是　（2）难说　（3）不是

3. 你是否觉得"只要有足够的资金，就一定能够赚到钱"？

（1）不是　（2）有时是　（3）是的

4. 你是否能够针对一项创业计划制定出具体详细的实施步骤？
(1) 是 (2) 很难说 (3) 不是
5. 你认为想赚钱必须能承受赔钱的压力吗？
(1) 是 (2) 很难说 (3) 不是
6. 你对自己的创业能力充满信心吗？
(1) 是 (2) 很难说 (3) 不是
7. 在创业中，你认为勤奋比聪明更重要吗？
(1) 不是，勤奋和聪明同样重要 (2) 难说 (3) 是，肯干就一定能够赚钱
8. 你觉得赚钱要靠运气吗？
(1) 不是 (2) 很难说 (3) 是
9. 你认为向别人学习也能赚大钱吗？
(1) 是的，但学习的同时要充分考虑自己的情况。
(2) 难说，每个人的情况都不同。
(3) 不是，敢为天下先者才堪称英雄。
10. 你是否觉得想赚大钱必须能吃苦？
(1) 是 (2) 很难说 (3) 不是
【评分标准】
每个问题选择 (1) 得 2 分，选择 (2) 得 1 分，选择 (3) 得 0 分。
总分在 0—12 分，说明你的创业能力较差，必须加强这方面的学习。
总分在 13—16 分，说明你的创业能力一般，仍需继续学习和锻炼。
总分在 17 分以上，说明你的创业能力很强。
这个评价仅供参考，只是对创业能力一种定性的评估。

课堂活动 5－4

创业体验——旧物营销

活动目的： 让学生在活动中体会创收的过程。

活动内容：

1. 学生自行搜集不使用的旧物品（如日常用品、服装、书籍等），周一至周五利用中午与下午课余时间各 1 小时在校园自行选择人流密集的地方进行物品销售，记录自己的销售成果，体会创收的过程。

2. 分析旧物销售能否成为创业项目。若可行，可 3—5 人一组，进行创业实验。

3. 利用头脑风暴法思考，除了现有的营销方式，还能创造性的想出其他营销方法吗？

说明：活动内容不局限于旧物销售，可以是其他的商品或服务。

活动检测： 活动结束后，教师可根据下表进行评分。

活动评价表

评分标准	满分	实际得分	备注
积极参与活动	20		
能够实现有效销售	20		
创业机会分析过程准确	20		
提出的营销方式有创造性	20		
其他	20		
总分	100		

创业与职业生涯规划（上）

第三节　创业与职业生涯发展

生涯规划专家金树人说："一个人若是看不到未来，就掌握不了现在；一个人若是掌握不了现在，就看不到未来。"这两句话阐述了生涯规划的本质和精髓。"立足现在，胸怀未来"，对于大学生们来说，所要立足和面对的现状就是珍惜大学美好时光，养成良好的生活习惯和学习习惯，好好学习和生活；他们所要胸怀的未来就是毕业后即将开启的职业生涯。首先，作为已成年的大学生，你们可曾认真考虑过什么样的职业适合自己？其次，作为大学生，你们学习各门专业知识，全面培育自己各方面的素质和能力，但你们可曾想过这种努力是否是以未来的职业生涯为导向？最后，作为大学生，国家鼓励高校毕业生自主创业，明确自主创业的毕业生从毕业年度起可享受三年税收减免的优惠政策，以创业带动就业。面对人生，每个人都渴望实现自己的自我价值，追求事业的成功。大学时期是至关重要的职业准备阶段，在这个阶段是否积极地进行职业生涯规划，直接影响个人职业生涯的发展。

案例学习 5－6

哈佛大学对大学生人生目标的25年跟踪调查

哈佛大学有一个非常著名的关于目标对人生影响的跟踪调查。调查的对象是一群智力、学历、环境等条件差不多的年轻人。调查结果发现：27%的人没有目标；60%的人目标模糊；10%的人有清晰但比较短期的目标；3%的人有清晰且长期的目标。

25年的跟踪研究结果显示，他们的状况及分布现象十分有意思。

那些3%有清晰的长期目标的人，25年来他们都朝着同一方向不懈地努力，25年后，他们几乎都成了社会各界的顶尖成功人士。他们中不乏白手创业者、行业领袖、社会精英。

那些10%有清晰的短期目标者，大都在社会的中上层。他们的共同特点是，短期目标不断被达成，状态稳步上升，成为各行各业的不可或缺的专业人士，如医生、律师、工程师、高级主管，等等。

而那些占60%的模糊目标者，几乎都在社会的中下层面，他们能安稳地工作，但都没有什么特别的成绩。

剩下27%的是那些25年来都没有目标的人群，他们几乎都生活在社会的最底层。他们的生活过得不如意，常常失业，靠社会救济，并且常常都在抱怨他人、抱怨社会、抱怨世界。可见，人生在世，需要有一个目标，需要认真规划。有了这个目标的指引，你就会感到肩上的责任，你就会有一种使命感，你就不会随意浪费时间，你就不会无所事事。你的大学生活就一定是充实且富有成效的。

（资料来源：哈佛大学关于目标对人生影响的跟踪调查，思而学教育，2018年05月11日。）

一、职业生涯规划

创业与职业生涯规划（下）

职业生涯规划就是对职业生涯乃至人生进行持续的、系统的计划的过程。一个完整的职业规划由职业定位、目标设定和通道设计三个要素构成。

职业生涯规划（Career Planning）也叫“职业规划”。在学术界人们也喜欢叫“生涯规划”，在有些地区，也有一些人喜欢用“人生规划”来称呼，其表达的都是同样的内容。职业生涯规划，是指个人与组织相结合，在对一个人职业生涯的主客观条件进行测定、分析、总结的基础上，对自己的兴趣、爱好、能力、特点进行综合分析与权衡，结合时代特点，根据自己的职业倾向，确定其最佳的职业奋斗目标，并为实现这一目标做出行之有效的安排。

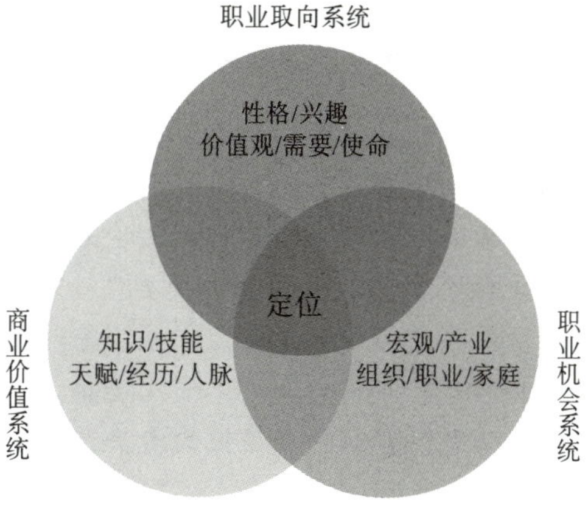

图5-1 职业生涯规划

课堂活动5－5

职业访谈

处于学习阶段的大学生，也许还不能明确自己毕业后选择的职业到底是什么，但可能已经有了一些朦胧的打算。如果你对这些职业还不太熟悉，可以寻找一位正在这一领域工作的人进行一次职业访谈（比如你的亲朋好友、你的同学、已经毕业的师兄师姐等等）以便了解这一行业，帮助你了解职业选择。下面是一份可以参考的访谈提纲。当然，学生们也可以根据自己的需要自行设计访谈提纲。总之，这一环节的目的就是帮助学生对某一行业有更多的了解。

1. 工作的内容主要是什么（例如，典型的一天是怎么度过的）？
2. 工作的环境如何？
3. 会跟什么样的人打交道？
4. 进入这一行业的标准是什么（学历、实践、技能要求）？
5. 对于工作者的个人特质有何要求？
6. 这一行业的未来发展前景如何？
7. 这一行业的人才供求状况如何？
8. 薪水待遇怎么样？
9. 个人职业发展路径是什么？
10. 这份工作的最大挑战是什么？
11. 对于这份工作，最满意的是什么？最不满意的是什么？
12. 如果希望进入这一行业，现在在学校里可以做哪些准备？

通过对以上问题的访谈。可以帮助你对自己感兴趣的行业和工作有更加深入的了解，在进行职业决策的时候，你可以从更多的角度去权衡利弊，从而做出更加完善的选择。

拓展延伸5－2

20—60岁的职业生涯规划

一个人的职业生涯，是一个漫长的过程。将其划分为不同的阶段，明确每个阶段的特征和任务，做好规划，对更好地从事自己的职业，完成事先确定的人生目标非常重要。

职业生涯阶段如何划分，各国专家学者有不同的划分理论和方法，主要可分为按年龄层次划分、按专业层次划分和按管理层次划分三种类型。我国从事职业生涯规划研究的人事人才研究所副研究员罗双平认为：以年龄为依据，每十年作为一个阶段比较合适，即20—30岁为一个阶段，30—40岁为一个阶段，依次类推。我们每个人都要经历这几个阶段，那么你现在该做些什么呢？罗双平谈了他的看法，供读者朋友参考。

20—30岁：走好第一步。

这一阶段的主要特征，是从学校走上工作位，是人生事业发展的起点。如何起步，直接关系到今后的成败。

这一阶段的主要任务之一就是选择职业，在充分做好自我分析和内外环境分析的基础上。选择适合自己的职业，设定人生目标，制订人生计划，树立自己的形象。年轻人步入职业世界，表现如何，对未来的发展影响极大。有些年轻人总认为自己有知识有文化，到单位工作后不屑于零星小事，不想给同事们留下良好的印象。这对一个年轻人的发展而言，可以说是一个危机。还有一个重要任务，就是要坚持学习。根据日本科学家研究发现，人一生工作所需的知识，90%是工作后学习的。这个数据说明了参加工作后学习的重要性。

30—40 岁：不可忽视修订目标。

这个时期是一个人风华正茂之时，是充分展现自己才能、获得晋升、事业得到迅速发展的时期。此时的任务，除发奋努力、展示才能、拓展事业以外，对很多人来说，还有调整职业、修订目标。人到30多岁，应当对自己、对环境有了更清楚的了解。看一看自己选择的职业、所选择的生涯路线、所确定的人生目标是否符合现实，如有出入，应尽快调整。

40—50 岁：及时充电。

50—60 岁：做好晚年生涯规划。

二、创业能力对个人职业发展的意义

创业，作为当代大学生职业选择的一种重要方式，要求创业者不仅要拥有创业精神和创新意识，同时还要具备较高的创业能力，创业能力强则成功的几率较高，反之亦然。对于一个立志创业的人来说，职业生涯规划与其创业规划在一定程度上是相同的，需要把握三个方面的主要内容：自己能够做什么、社会需要什么、自己拥有什么资源。

首先，自己能够做什么。作为一个创业者来说，单单知道自己想做什么是远远不够的，更重要的是要明白自己能够做什么，做到什么。当然这是相对而言的，因为一个人的潜能发挥是需要一个逐渐展现的过程。但是，一个人对自己的兴趣、潜能有一个基本的认知，仍然是一项具有前瞻性的工作。

其次，社会需要什么。一个人在明确自己想做什么、能做什么的同时，还应考虑社会的需求是什么。如果一个人所选择的创业领域既符合自己的兴趣爱好又与自己的能力相一致，但却不符合社会需求，那么这种创业的前景无疑是暗淡的。

最后，自己拥有什么资源。要创业就必须要依赖各种各样的资源，创业者应该清楚地审视自己已拥有或能够使用的一切资源，是否足以支持创业的启动和创业成功之后的可持续发展。这里所说的资源不仅仅指资金，还包括国家政策和社会关系，即通过人际关系所带来的各种具有支持性的东西。

任何一个职场上的成功人士，在成功之前都是普通人，但与一般人不同的是，他们拥有创业能力，创业能力是可以在实践中提升和培养的，而提升创业能力的方法就是不断学习和实践。

案例学习 5－7

王国宇：从身无分文到商业资源集团 CEO

他出身农民，却不甘平庸，从建筑工人到小商贩，从普通士兵到成功企业家，从乡村到城市，从军营到商海，始终依靠辛勤劳动与顽强拼搏，书写了一无学历、二无背景、三无资金的农家子弟白手起家、自强不息的励志经典。

创业 12 年来，他带领团队从无到有、从小到大、从弱到强，不断努力创新，在竞争激烈的装饰行业中，不仅打造出华人绿色家居第一品牌，还引领了中国绿色家居的发展潮流。他就是香港金鑫装饰集团、上海金鑫装饰有限公司董事长、总经理，建筑学专家，国家一级建筑师，亚洲商业资源机构发起人，中国品牌建设十大杰出企业家，全球企业家同盟会会长，中国家居装饰业“上海地区十强影响力”人物王国宇。

一、打造资源新平台

亚伯拉罕说过“一个人之所以没成为亿万富翁，只是没把身后的资源对换出去。”而王国宇之所以成功，就是他懂得如何对换身后的资源。他成立这个平台的目的，主要是想帮助所有的企业、创业者和普通人能够借助这个平台来找到自己所需要的资源与人脉。

王国宇就是致力于支持所有需要帮助的人、帮助所有的企业、创业者和普通人能够借助这个平台来找到自己所需要的资源与人脉。整合资源、互利共享，为每一个人提供服务、关爱与支持，正是创建这个平台的初衷与使命。秉承“会员至上，锐意进取”的经营理念，坚持“会员第一”的原则，王国宇已经帮助不少企业实现了资源互惠共享的愿望。到目前为止，亚洲商务资源集团有限公司目标就是争取在两年内帮助 1000 个人成为亿万富豪。

二、历练丰富人生

王国宇出生于革命老区的苏北农村，早年父母离异，13 岁开始一个人生活，并且一边上学，一边种地，初中没毕业便回家务农。说起当时的梦想，王国宇告诉记者：“我受够了农村的日子，那个时候每天村里就有一班汽车去县城，我每听到汽车喇叭声就像听到号角一样催着我离开那个地方，一看到大汽车来我就站在路边看，那时候我妈妈总问我在看什么。”

1985 年，王国宇和同村一个老师傅到了山东淄博做油漆工，每天 6 角钱包吃住的工资开始了他闯世界的生活，那时拿着半个月左右 11 块钱的工钱成了王国宇最大的幸福。后来他又去过徐州，跑过无锡，卖过大米，贩过鱼虾，在不断转换与奋斗中历练了自己的人生。

1995 年，王国宇谢绝地方政府的转业安排，毅然地选择了一条当时少有人敢冒险的复员之路，立志创办一家属于自己的企业。之后到深圳、宁波、湖南、湖北，最后到宁波中华职业有限公司做油漆工。几经沉浮，王国宇于 1997 年在上海创办了上海金鑫装饰有限公司，并把触角伸向香港，创办了香港金鑫装饰集团，成为业内重点设计施工单位。

三、成功源于创新

作为装饰企业，王国宇和他的金鑫装饰历经12年的市场拼争，形成了“要生存下来，永远多做一点，永远比别人早一点，永远快一点。”“认认真真，努力干好一件事情，不怕吃苦，踏实工作，就会成功。”“今天的市场不是能人的天下，而是模式的天下。”“感恩是发生美好的源泉。”“成功就是你在用心、加上努力、加上学习、加上勤奋”等历练而成的发展模式。

12年来，他带领全体员工不断努力创新，在竞争激烈的装饰行业中有了自己稳固的专业权威地位。旗下的香港圣迪铭家设计院云集了众多海内外优秀高级建筑装潢设计大师，可为每一位尊贵的客户提供最满意舒适的装饰设计服务。

四、引领绿色家装新方向

在努力做家装的同时，王国宇始终倡导绿色家居的理念。多年来，金鑫装饰始终倡导用绿色无污染的材料进行家庭装修。他们与国际知名品牌考拉涂料进行强强合作，绿色涂料已在家装中广泛使用。在引领绿色家装潮流的发展中，王国宇又在全国装饰业界率先推出并着力打造“装饰管家”的服务理念，并力推绿色家居概念。

五、价值在于奉献

在江苏射阳政府网上，曾经有一篇文章：“日前，四明镇双六村硬质路面建设在创业成功人士王国宇资助下，顺利开工。原本家境贫寒的王国宇，经过十多年辛苦经营，现已成为上海装饰行业“排头兵”。春节回乡探亲时目睹家乡道路泥泞不堪，并得知全镇有很多特困生面临辍学，王国宇当即捐出1万元给母校双湾小学搞基建，后又捐献10万元帮家乡修建硬质路面，并决定在全镇范围内每年挑选20名特困生，资助他们每人每年1500元学杂费及生活费用，并坚持为期9年的义务教育周期。”

王国宇在公司里设立“金鑫爱心基金”，除了公司员工的爱心捐款，主要是所有的家装客户所签订合同金额的1%作为收入，公司每年将基金分批捐献给贫困地区的孩子们作为助学金。最近王国宇出版了个人专著《闯与创》，旨在帮助像他一样渴望成功的年轻人，这本书一上市便得到了读者的好评，很多创业者表示通过这本书找到了方向。

（资料来源：王国宇：从身无分文到商业资源集团CEO，温州网财经频道，2018年03月13日。）

三、创业与人生发展

创业是实现人生价值的一种方式，也是一个对自己拥有的资源进行优化整合的过程。人的价值是作为客体的人对作为主体的人（自身或社会）的积极意义。根据马克思主义哲学观点，一个人的价值，不在于它对社会索取什么，而在于他对社会贡献了什么。他对社会的贡献就是他的社会价值，个人的价值是属于社会价值的。一个人的个人理想是否与社会总目标一致，并为实现这一目标做出了多大贡献决定了社会成员个体的人生价值。所以，创业者的价值就在于为社会带来了什么，为社会创造了多少财富，为社会总目标起到了多少的助推作用。

创业者是革新者，他们与众不同，他们善于有目的地寻求新的源泉，善于捕捉变化，并能把变化作为可供开发利用的机会。同时，他们更是创作者，在社会发展中扮演着非常重要的角色，当他们自己敢于演绎不同的角色时，不一样的人生自然会有不一样的结果。《大学》有云："德者本也，财者末也。"创业者的价值就在于不仅仅是为了自己更是为社会创造财富。因为他们可以在投资的各种可能性诱惑中，利用自己拥有或支配金钱的权利，促进一些更有价值或更有利于人与自然和谐发展的项目或事业。他们可以利用自己的支配力和社会影响力，引导自然、健康、高雅的生活方式和情趣，推动社会道德的提升和社会风气的演变。正如爱因斯坦所言"人只有奉献于社会，才能找出那实际上是短暂而有风险的生命的意义。"

课堂活动 5－6

从《中国合伙人》看创业的价值

《中国合伙人》是2013年上映的一部根据真人真事改编的励志电影，故事讲述教育机构"新梦想"的三位创始人艰辛的创业历程，以及他们的苦尽甘来。通过观看这部电影，回忆有关情节，思考并分析创办"新梦想"事业的过程中，创业对于电影主人公成冬青、孟晓骏和王阳，在不同阶段有哪些意义和价值？然后进一步分析"新梦想"事业对于他人和社会有哪些影响和价值？

课堂活动 5－7

创业毕业生现身说法

【主持人】今天我为大家请来了一位学长，我校2016届毕业生唐鹏，现任多家公司董事，联合创办了多个企业。这次课呢，我们就请唐鹏来和大家近距离聊一聊创业那些事儿！

【受访者】老师好，同学们好，我是唐鹏，很荣幸今天能够回到母校和大家分享我的创业故事。

【主持人】唐鹏，能和我们说说你创业的初衷是什么吗？我和同学们都很想知道，你创业的过程是怎样的。

【受访者】创业是我还没参加工作的时候，就决定一定要做的事情。所以创业对我而言，只不过是做一件自己一直以来想做的事情。其实我的经历也是一段小故事，在初高中时期，因个人兴趣，我的数学成绩出现了严重的偏科。那个阶段的老师为了学生成才，会不停地激励学生，并且施压。但当这些压力没有被我转化成动力时，我也就渐渐地对自己的成绩改变了看法，变得不那么重视，有时也会怀疑自己，对自己的未来失去信心。

2013年，对新环境满怀期待的我进入财税金融职业学院，刚进大学的我发现大学校园里的老师少了对成绩的偏激看法，更注重的是每个学生的特长与能力，根据不同的性格与能力，引导学生参与班级活动，进而热爱班集体。后来每个班推荐校内工作者，我便把自己的课余时间奉献给了学校。一年又一年，我在校内工作期间也经历了无数场比赛、校内活动、文化艺术交流、社会实践、社会公益等系列工作，在这过程中，我获得了影响我走向创业之路最重要的素质——组织和协调能力。这让我在后来的创业中，对团队搭建和商务洽谈有了自己的独特理解。后来找到了价值感，了解了自我价值的实现方式，在校期间就逐步开始了就业和创业生涯。

【主持人】在创业过程中，你印象最深刻的经历是什么？

【受访者】其中经历了百般磨难，也获取了上千位并肩作战的同事，每走一步都是对努力实现自我价值的坚持。直到今天，在公司开大会时，我还是会提到：当初为争取一笔融资，我会把对方近十年都做了什么，全部背下来。他向我问的每一个问题，我回答的每一个答案都与我前一天晚上准备的内容相差无几。所以成功不是偶然。

【主持人】那刚开始创业时，你有没有参加过比较专业的创业培训？对你有什么指导意义？

【受访者】因为我自身在校期间的专业是会计方向，所以创业初期首先选择了事务所。选择这个行业是想通过这个与各个企业都密切相关的行业，去观察分析什么是商业。另外一个角度，“会计”也是我的一项重要技能，创业初期，我利用这项技能对公司财务进行规划，基于所学会计知识，重要的板块我都可以亲力亲为，所以说选好专业、精通专业、运用专业才能不负专业，让知识改变命运。

刚开始创业时也参加过不同类型的培训，能吸收的是商业规则，学习经济学，研究人类社会在各个发展阶段上的各种经济活动和各种相应的经济关系及运行、发展的规律。书本上我们能学到创业前还未碰到的问题，从而提前做好预案。如果我们把听到的知识都作为明天就要面对的问题，这时我们才能真正把书本变成“财富秘籍”。这也是我学而不倦的的原因。

【主持人】那你觉得，就业者和创业者，在个人品质、性格和能力等方面有什么不同吗？

【受访者】人在生存价值上是绝对分层的。从创业的角度来分析，人可以简单地分成两类：创业者和就业者。两类人群的特点和职业出路是有差异的，很关键的决定因素包括经济价值、发展价值、安全价值和情感价值四个价值对比尺度。

有时我们总是在就业者的思维里折腾，怀着的是一颗就业者的心在创业，没有成本、积累与发展的意识；而一个真正的创业者是要有足够耐力的，必须表现出一种步骤感和成长过程，最关键的是要有一种自我管理的强烈意识，主要表现为一个创业者对时间的把握能力和坚定的生活规律。

【主持人】：看来你对创业有着深刻的认知和理解，也做了很多有益的尝试和实践，真是学弟学妹们的榜样！

【主持人】：好，非常感谢唐鹏来到我们的创业课堂，给大家分享这么宝贵的创业经验，通过这次访谈，同学们了解了他创业的整个过程，希望唐鹏学长的创业故事能够给同学们带来启发，能够帮助大家真正了解有关创业的知识，积极总结和归纳自己应有的创业能力，对创业有一个正确且具体的认识。再次感谢唐鹏的精彩分享！

思考与练习

1. 如果你有创业的想法，请列出你的创业理由，并详细描述你的创业梦想是什么。

2. 请自我评估，你认为自己具备了创业者需要具备的哪些素质？还有哪些方面存在欠缺？

3. 请结合个人职业生涯发展规划，具体阐述你的创业规划。

第六章
创业者的素质

学习目标

- □ 了解创业者的内涵和特质
- □ 了解创业意识的内涵和要素
- □ 了解创业者必备的心理素质和能力素质
- □ 了解创业精神的内涵和特征，理解培养大学生创业精神的途径

【案例导入】

坚持创新，打造绿色智能出行生态圈

2015 年 12 月，黄河科技学院 2011 届毕业生李威作为河南创客代表登上了央视《新闻联播》，从此让全国人民认识了这个热爱创新的年轻人。作为郑州飞轮威尔实业有限公司的创始人，李威赶上了大众创业、万众创新的好时代。

创业梦想，不因困难止步

李威是一个充满好奇心的人，是朋友眼中“闲不住的人”。关于好奇心，有位企业家说：“创新创业的最大驱动力是好奇心。好奇心会让你在做这个事情之前不会想太多，做这个事情很有兴趣，你愿意去尝试，愿意去尝试才会有灵感，不断尝试才会有创新。”

李威就是这样，小时候喜欢鼓捣一些小机器、小发明。2007 年，他进入黄河科技学院建筑工程技术专业学习，但他在大一下半学期又选修了自动控制的专业课程。在上大二时，他抱着“玩一玩”的心态，创办了学生论坛，后来又瞄准大学生群体这个特殊市场，组建了门户网站，为大学生和商家提供交流与展示的平台。同时，网站与学校周边商家推出联名让利卡，持卡会员可以在联盟商家打折消费。

李威说：“做网站之类的都是因为好玩，赚不到什么钱。所以我就想自己开发一个产品，然后利用互联网平台进行销售，这样才能把事业做大。”

2012 年 6 月的一天，李威从网站上看到一段视频，上面展示了一款双轮的平衡车，可用于交通代步、保安巡逻等场景。这款在当时堪称稀奇的产品一下子激起了李威的创造热

情，使他之前想开发这样一个产品的想法又疯长起来。

李威压抑住内心的激动，上网查阅了许多相关的资料，并联系了深圳的一位朋友，让他们帮忙评估平衡车生产的难度。那边的反馈很快过来了：双轮平衡车价格非常高，动辄几万元，而且，每辆车子重量在50千克左右。

李威想，如果能设计生产一款既便宜又轻便的平衡车，它的市场前景一定不错！怎么减轻重量呢？李威发现，当时的平衡车的重量主要集中在电机上，而电机与轮子是一体的。如果减少一个轮子，平衡车的体积就会相应缩小，重量也会相应减轻。2012年10月，正在百度公司上班的李威选择了辞职创业。他赶往深圳，决心和几个朋友一起把这个有70%成功率的梦想变成现实，于是，“飞轮威尔”团队正式组建。

一款平衡车除了外部结构，还有陀螺仪、电机、电路板、锂电池等4大部件。最初，李威的目标是解决独轮的平衡问题，“让一个人站上去，无论怎么摇摆，都可以保证前后不倒”。而陀螺仪在主板内部，可感受人体位移、重心方向，并反馈至芯片，芯片有一套算法计算位移（根据倒立摆系统原理），驱动电机运转。李威和伙伴们在深圳一个租来的房间里办公，那里除了电脑就是仪器，他们在这里架起电机空转，匹配算法，从而保证产品上市后可以获得100%成功。

在那段时间里，李威忍受着漫长的煎熬，解决各种各样意想不到的困难。研发团队每天测试都需要导入程序，有时几百次，有时甚至上千次，经常调试至半夜。“每天都在进步，但前几个月进展很小。”李威说，“有一个多月，每天都是10元一盒的烧鹅饭，大家都快吃吐了。”

2013年4月，飞轮威尔电动独轮平衡车终于进入了测试阶段。李威带领创业团队经常骑着车不停地在路上进行测试跑圈。在这个过程中，因为刚开始技术有偏差，大家都免不了经常摔跟头；甚至，有时为了测试一块电池能跑多远，他们需要一直不停地跟着车子转圈，直到电量耗完为止。

这年10月，独轮平衡车的测试基本没有出过什么问题，李威决定进行小规模的销售。他们生产了第一批独轮平衡车，总计8台，单价定到2499元，结果一售而空。李威说：“之所以能顺利售完，是因为我们在前期测试时，就不断地在网络上放出骑行的小视频，累积了很多意向客户。”至此，创业中的李威看到了成功的曙光。

不断创新，杀出重围

2014年，刚刚兴起的电动独轮车市场是一片蓝海，市场上的捞金者比比皆是。谁是笑到最后的黑马，没有人能够看得清。这一年，“飞轮威尔”进一步扩大销售及运营队伍，布局国内的经销商网络。李威按照一个城市一个独家代理的标准，迅速布局了100座城市。“飞轮威尔”也继续研发新产品，比如其中一款加入了拉杆功能，可自由伸缩。当年4月，李威专门针对独轮平衡车开发了一款App。“产品程序需不断优化升级，所以我们把程序放在手机客户端。这样，用户通过App就能自己更新程序。”

就这样，李威带领“飞轮威尔”团队不断创新，先后申请智能自平衡独轮车相关国家专利十余项，同时，以最快的速度取得了欧盟CE国际认证，希望以技术创新拉开与追赶者之间的距离。也正因为坚持创新，“飞轮威尔”很快受到了资本市场的青睐。

在2016年4月的淘宝众筹中，“飞轮威尔”的新产品小云车（Carbon）上线一个月就取得近600万元的佳绩，创造了当时的体感车众筹纪录。

对接资本，驶上发展“高速路”

好的创业项目，总是不乏投资人的关注。2014 年，“飞轮威尔”产品在市场上深受欢迎。李威的公司在黄河科技学院搭建的金融平台上融资 500 万元，他们开始加快产品研发和供应链搭建的步伐。到 2014 年年底，“飞轮威尔”在国内拥有 200 多家市级销售网点，出口 50 多个出家，向全球共输出了将近 1 万台独轮车，产值达到 2000 万元人民币。电动独轮车的火爆点燃了“飞轮威尔”腾飞的火焰。

2015 年 4 月，“飞轮威尔”研发出双轮平衡车。李威的努力让世界看到了中国创客的信心。随后，李威的公司再次完成了 2000 万元的融资。借助资本的力量，“飞轮威尔”抓住机遇，进一步扩大了规模。他们深圳投资兴建了厂房，又成立了“深圳市平衡力科技有限公司”，同时，借国家创新创业和“一带一路”的“东风”，他们在香港成立了平衡力科技（香港）有限公司，主营出口贸易。

2017 年春天，“飞轮威尔”新产品大鱼智行车上市，在淘宝网众筹。短短 40 天，这款新型电动车以超过 1200 万的金额结束众筹，成了这个春天里的一个现象级产品。

梦想的力量是无限的。李威的智能出行梦想正在成为越来越多的人能感受到的现实。

（资料来源：王继东著：《创吧！青春》，河南人民出版社 2017 年版。）

第一节 创业者

谁是创业者

一、创业者的内涵

创业者是指某个人发现某种信息、资源、机会或掌握某种技术，利用或借用相应的平台或载体，将其发现的信息、资源、机会或掌握的技术，以一定的方式，转化、创造成更多的财富、价值，并实现某种追求或目标的人。

创业者一词由法国经济学家 Cantillon 于 1755 年首次引入经济学。1800 年，法国经济学家萨伊（Say）首次给出了创业者的定义，他认为创业者在经济活动中充当着代理人的角色，目的是将经济资源从生产率较低的区域转移到生产率较高区域。在此基础上，学者们对于创业者内涵的界定基本能概括为：第一，指的是新创企业或即将创办企业的领导者和负责人；第二，指的是企业家，即在现有企业中负责经营和决策的领导人。郁义鸿（2000）比较国内外对企业家的研究后得出，当前对企业家的定义越发强调企业家的创新意识和能力，创业与企业家密不可分。基于此，企业家即是创业者。

香港创业学院院长张世平对创业者是这样定义的：创业者（Entrepreneur）是一种主导劳动方式的领导人；是一种无中生有的创业现象；是一种需要具有使命、荣誉、责任能力的人；是一种组织、运用服务、技术、器物作业的人；是一种具有思考、推理、判断的人；是一种能使人追随并在追随的过程中获得利益的人；是一种具有完全权利能力和行为能力的人。

二、创业者特质

（一）创业者特质的内涵

创业者特质是创业者个人在适应环境过程中所形成的独特行为和处事方式，是个人所具有的各项比较重要的和相对持久的心理特征的总和。在早期研究的基础上，一些学者除了从内在因素对创业者特质的内涵加以定义，也以创业者的能力表现为中心要旨进行提炼概括。

创业者特质的内涵表现为创业者所具有的与众不同的且能够导致企业绩效上升的素质特征及能力水平。是构成创业者个体独特性的一组中心特质。创业者特质包括创业者个体特质和创业者社会特质。

（二）创业者特质的组成

1. 创业者个体特质

创业者个体特质强调创业者本身在创业活动中所表现出的心理上和行为上的突出的特质。创业者个体特质包括：创业者的心理特质和创业者的行为特质。

（1）创业者的心理特质。创业者的心理特质强调对创业者在创业过程中内部心理活动现象和特征的研究。在创业者与非创业者的区别上，创业者独有的心理特质，如成就需求、内控制源、领袖气质、责任感、自我效能感等，起着灵魂、统帅的作用，对创业成功大有裨益；不同于非成功创业者，成功创业者的在创业过程中所表现出的心理特质，如责任、决心和胜出动机等，具有共性。本书将从成就需求、内控制源这两个维度来探讨创业者的心理特质内容。

第一，成就需求。美国心理学家默利·亨利（Murray Henry）最早系统的提出成就需求这个概念，他认为成就需求是指个人想要尽快且尽力做好事情的一种欲望或倾向。

在关于创业者成就需求的研究中，美国心理学家麦克利兰（David. G. M. Clelland）的成就需求理论是很多研究的理论基础。创业者根据自身情况设定相应目标，通过自身努力去完成目标，从而实现自我价值，表现出高成就导向。创业者做事特别主动，有着强烈的欲望去与人竞争、不断超越当下的标准且渴望面对和解决具有挑战性的目标，这种欲望驱使着他们进行创业，深深影响创业者在创业活动中的行为特点。

第二，内控制源。著名的控制源理论由美国社会学理论著名研究者罗特（Rotter）提出，他认为一个人在生活中对事件控制能力的自我感知，分内控制源和外控制源两种。内控制源的个体自信、个体行为对事情发展的结果产生直接影响，这也是创业者的心理特质的表现。

基于罗特的理论，在对于创业者控制内生观念的研究中，创业者被典型地描述为：在建立和管理新企业时具有精力旺盛、持续工作很长时间的人，喜好于一种能够使之运筹帷幄的环境，渴望有更高的内部掌控力。

（2）创业者的行为特质。创业者的行为特质主要是指创业者将自身的知识和能力付诸于实践之中，所表现出的在具体创业环境和背景下的外在行为规律。

创业者的行为特质，一方面表现为，随着环境的不断变化，创业者不断提升自身能力，以充分适应企业发展的要求。创业者在新创企业的发展过程中，表现出的行为特质有：积极进取、敏锐的市场洞察力与风险管理、开放合作与学习创新等；另一方面表现为，创业者通过合理有效地引导员工积极发展的行为，去促进创业的进行。

Hisrich 在对创业过程的研究中发现：领导者应具备多种行为特质来促进创业的进行，如使员工相信自己是组织中重要的一员；消除员工认为自身没有得到合理评估的消极心理；设定关心员工和产品的授权愿景等。

在诸多创业者行为特质的内容中，极具代表性的有创新能力和风险偏好行为。

①创新能力。创新是创业过程中一个关键的职能，而创新能力作为创业者重要的行为特质之一，使得创业者有能力整合资源，产生财富的同时，也能对资源的高利用效率赋予更大的潜能。创新是创业者把创业机会转化为创业实践的过程，换言之，创新在这其中充当了催化剂的角色。创新是产品或服务的研发过程，也是将其引入市场的过程。创新过程就是用一种新的做事方法来取代以前的做事方法，这种方法高效率且低成本。创业者在创业过程中发挥创新能力，对于新创企业的核心竞争优势的塑造起到重要作用。

②风险偏好行为。风险偏好行为是指在创业过程中创业者的行为表现为更具风险的方式或是风险较少的方式的一般可能性，这也是区别创业者与非创业者的一个重要特征。创业者的风险偏好行为实质上是愿意将大量资源投入不确定的事业中，以期获得更多的回报的行为。建立新创企业的创业者往往倾向于抓住各种创业机会，愿意将自己暴露在具有不确定结果的环境里。

2. 创业者社会特质

创业者的社会特质是指创业者通过后天的工作和学习形成的独特个性特征，主要表现在创业者的先前经验和社会资本两方面，这也是构成创业者独有特质的关键。

（1）创业者的先前经验。创业者的先前经验指的是创业者在过去各种创业、工作、学习等经历中不断积累而内化形成的知识和技能的总和。创业者先前经验主要包括创业经验、工作经验、行业与市场经验。

创业经验：创业者在本次创业之前参与创业时积累的经验，这种经验或知识储备有助于提升创业者的分析能力和识别能力。

工作经验：创业者在先前的工作中所积累的经验，包括产品生产、管理、销售等方面的经验。具备丰富的工作经验的创业者更容易识别相关领域的创业机会。

行业与市场经验：创业者在本次创业前对本次创业涉及的相关行业与市场所积累的知识和信息，具备丰富的行业与市场经验可以有效降低创业者在创业过程中，可能因为缺乏行业经验而导致的盲目性与无知性。行业经验可以为创业者提供那些外人无法获得的知识和信息。

较之经验不足的创业者，先前经验丰富的创业者在面对市场变动时，往往能够更快地采取有效行动。这些经验不仅与创业者个人创业能力的历练和提高正相关；对于先前经验的积累和学习也是创业者知识和能力变化的直接反映。创业者先前经验能够使创业者合理寻觅合适创业机会，进行精确创业定位，也同样能够促进企业绩效提升和加快企业发展，尤其是在创业实践领域，有先前经验的创业者更容易获得风险投资家的偏好，新企业的存活率也得以提高。

（2）创业者的社会资本。创业者的社会资本主要是指创业者拥有什么样的社会关系，以创业者为中心并依附于创业者形成的网络体系，是创业者动员内部和外部资源能力的表现。

创业者对内部资源的整合能力主要表现在，用特定的文化氛围和价值观，凝聚个体的力量、引导个体的行为，促使企业内成员团结为一个整体，形成一种合力，为共同愿景的实现而努力。团体成员受氛围和环境的影响互进互动、互相学习、互相帮助，实现集体目标的同时体现个人价值。

创业者整合外部资源的能力主要表现为：通过运用良好而广泛的社会关系网络获取信息资源，及时把握行业趋势和市场动态，在瞬息万变的竞争场捕捉机会，趋利避害，减少因信息不对称而产生的错误决策。

创业者的社会资本一方面能够激发创业者的积极性、主动性和创造性；另一方面通过在网络体系中与他人的互动、学习，可以促进自身素质的提高。再者，还可以通过影响新创企业其他成员的积极性来促进创业效果的提升。

创业者的特质

由于社会资本具有积累性、维护性和低投资回报率等特征，所以创业者对于如何在有限的资源下加大对社会资本的合理投资以取得相应的回报需要做出平衡决策。

案例学习 6－1

小笔芯书写扶贫大文章

党的二十大报告指出："广大青年要坚定不移听党话、跟党走，怀抱梦想又脚踏实地，敢想敢为又善作善成，立志做有理想、敢担当、能吃苦、肯奋斗的新时代好青年，让青春在全面建设社会主义现代化国家的火热实践中绽放绚丽之花。"

年超，南阳师范学院 2014 届毕业生，河南省第三届大学生创新创业标兵，南阳终结者文具有限公司董事长。

年超的家乡社旗县何庙村是国家级贫困村，少时在田野里挥洒汗水的经历，培养了年超勤奋执着的精神。在南阳师范学院读书期间，为减轻家庭的经济负担，年超开启了销售笔芯的勤工俭学之路，经过逐步扩大销售团队，他将业务范围拓展到了南阳市各个县市区，随后创立了南阳市终结者文具有限公司。

年超通过团队建设、品牌化运营，带领全村一半以上的村民脱贫致富，把社旗县何庙村这个国家扶贫村改造成中部地区最大的文具生产研发基地。如今，终结者笔芯年产量已突破 1 亿支。生产部门带动 200 多名农村留守人员就业，销售上带动全国各地 1000 多名大学生就业创业，年超的事迹也成为大学生返乡创业的典范。

"千里之行，始于足下""万丈高楼，始于寸瓦"，年超的笔芯销售、生产、研发、品牌化运营之路，体现了当代青年的创业热情与勤奋专注，年超以"做中国最好的笔芯"为使命，成就新时代大学生自强不息，追求卓越，致富乡邻的精彩人生。

（资料来源：李培俊著：《创吧！青春》，河南大学出版社 2021 年版。）

坚韧不拔的意志和勇往直前的精神是成功的创业者必备的素质，敏锐的市场意识一直是年超创业成功的重要因素。常常有学生说，我一没钱，二没资源，我就是一个穷学生，靠什么去创新创业？年超刚入学时生活费都成问题，他的创业就是从周末兼职卖笔芯开始的，年超能够成功创业，为每一个普通学生成功创业提供了可能。大学生缺的不是钱和资源，而是创新创业的意识和精神，以及创新创业的思维方式。在创新创业的道路上，只要有梦想，只要敢于行动，从小事做起，脚踏实地，开拓进取，我们就会收获成长的自信，最终从一株幼苗成长为一棵参天大树。

课堂活动 6－1

你是一个创业者吗——创业测试问卷

1. 追求什么？

A. 安稳　　B. 自由

2. 哪一种情况更可怕？

A. 不知道明天怎么样　　B. 每天都一样

3. 人生更重要的是？

A. 挫折少　　B. 经历多

4. 哪一种情况更有安全感？

A. 有人可依赖　　B. 独立

5. 面对未知的难题，你会：

A. 看别人怎么做　　B. 我试试

6. 哪种情况更容易？

A. 遵守别人的规则　　B. 自己制定规则

7. 遇到问题更倾向于说：

A. 这不是我的责任　　B. 我承担全部责任

8. 更愿意思考什么问题？

A. 有标准答案的　　B. 没有标准答案的

9. 哪一种情况更有优越感？

A. 做得比别人好　　B. 做别人没做过的事

10. 更喜欢哪个头衔？

A. 大公司高管　　B. 小公司老板

【结论】创业者更倾向于 B 类答案。

课堂活动 6－2

德鲁克经典五问

请同学们静下来思考：

1. 我是谁？什么是我的优势？我的价值观是什么？
2. 我在哪里工作？我属于谁？是决策者、参与者还是执行者？
3. 我应做什么？我如何工作？会有什么贡献？
4. 我在人际关系上承担什么责任？
5. 我的后半生目标和计划是什么？

第二节　创业意识

案例学习 6－2

党的二十大报告指出：“统筹城乡就业政策体系，破除妨碍劳动力、人才流动的体制和政策弊端，消除影响平等就业的不合理限制和就业歧视，使人人都有通过勤奋劳动实现自身发展的机会。”张继强，河南财经政法大学2016届毕业生，河南省第三届大学生创新创业标兵，河南正云农业发展有限公司董事长。2013年张继强返乡创建河南正云农业发展有限公司、武陟县依依家庭农场等新型农业生产主体。2017年12月，创建依依甜蜜小镇，先后累计接待市民和游客2万多人，实现农场每年产值增收400多万元，2019年6月，举办中原地区首次以哈密瓜为主题的文化旅游活动，直接带动当地就业300多人，实现综合收益1500多万元，先后获“全国农村青年致富带头人”“河南省劳动模范”等称号。

目前市场创业前景广阔，投身创业者需要具备创业素质。《2020年大学生就业报告》显示，2019届本科毕业生自主创业比例为1.6%，随着毕业时间的延长，毕业生自主创业比例持续上升，毕业三年内上升至8.1%。在大众创业、万众创新时代，越来越多的大学生投身农业类创业项目，作为农村青年致富带头人，张继强总结自己的创业经验，主要有以下三点：

一、理性定位，认清自我，明确自身是否具备创业素质

创业素质是创业者具备的精神特质，个人能力和创业意愿，这是创业者必备的基础条件。成功的创业者，应当具有敬业精神、诚信精神、抗挫精神、冒险精神、坚持精神等企业家精神；成功的创业者，他们在创业中的每一步过程中，都有着明确的预期和规划，能够提出独特的想法解决经营过程中遇到的问题，敢于涉足新的经营领域开拓新的市场，面对挫折失败，能够吸取经验，勇于重新开始，具有坚强的意志和执着的精神。创业者需要在日常工作中通过学习不断提升自我，在经营过程中善于接受他人提出的意见和建议，具有较强的团队精神和合作意识等。创业不是一天两天的事情，要持之以恒的坚持，同时要不断的学习，把准方向，做到有的放矢，才能最大限度避免失败。

二、扬长避短，学以致用，充分展现现代农业优势

充分利用自身高等教育经历的优势，合理选择涉农创业项目，农业经营突破传统束缚，走向创新，这是国家鼓励大学生返乡创业的初衷之一。返乡创业项目的选择要能融合现代农业科技，发挥互联网商务的优势，迎合城市消费群体日益增长的高品质产品、休闲旅游、文化教育、养生养老等诉求，努力向现代新型农业与二三产业融合发展模式发展。实践证明，单一的、独立的、以产品求生存的农业项目往往难以存活。

三、关注时政，充分了解国家相关农业政策，熟知当地助农惠农政策

涉农产业普遍为重资产投入，需要大量的资金支持，缺少有效的融资途径是返乡创业过程中面临的主要问题之一，而银行借贷是大学生返乡创业过程中普遍采取的融资方式。但是大笔的借贷则为创业者背负了沉重的负担，制约着创业者的创业热情和拓展业务的积极性。孰不知，人社部等部门早在2018年的《关于进一步推进支持农民工等人员返乡下乡创业的意见》中，针对返乡下乡创业融资、用地、服务、人才、风险等方面存在的困难和难题，提出了有针对性的举措，如要求落实税费减免、场地安排政策；给予一次性创业补贴和社会保险补贴；对返乡入乡创业失败的劳动者，按规定提供就业服务、就业援助和社会救助等。各地在落实国家政策的同时，结合地方特色创新创业措施，加大支持力度。以河南省为例，河南省成立了总规模100亿元的“农民工返乡创业投资资金”，对符合条件的返乡下乡大学生自主创业可给予5000元的一次性创业补贴和2万至20万元的资金扶持政策。所以创业莫要一头“扎”进去，“一心抓生产，不闻窗外事”，要时不时抬头看看，国家和地方政府一直在伸手“扶上马”并“送一程”的。

（资料来源：李培俊著：《创吧！青春》，河南大学出版社2021年版。）

在大众创业，万众创新的时代背景下，青年学子在社会的实践中，有效地运用自己的专业技能，发挥商业运作才智，以创业带动就业，实现了自己的人生价值，也为社会做出了贡献。志当高远，切合时代需求。创业的过程，即是创业者不断自我提升的过程，也是通过商业手段解决市场与社会需求的过程。做什么，是创业者首先要考虑的问题。发现市场和社会的需求，选取自己擅长或者感兴趣的行业。跟着行业的风口前行，往往可以乘风破浪。在众创的选择中，紧跟国家发展趋势，响应国家号召，投身到乡村振兴与农村建设中去，这便是顺应潮流，满足时代需求。

一、创业意识的内涵

创业意识是指人们基于对社会现有形势的判断，或个体未来发展的需要产生的从事创业实践活动的动机，也是创业者对已有的信息、资源资料进行整合、推理判断而成的创业设想，是实现创业活动的重要组成部分。创业意识是经过长期、渐进的过程而形成的，它能够将人们内心懵懂状态的创业想法逐渐壮大成为一种创业兴趣、创业激情，最后成为一种精神动力驱动的创业实践行为。

创业意识的内容主要包括以下几个方面：

1. 商机意识

商机意识是指创业者在感知到变化了的信息后，结合自身经验与知识基础对信息分析评估，挖掘信息背后隐含的商业价值，并最终形成一个商业化创意及商业机会的过程。

真正的创业者，会在他/她创业前、创业中和创业后始终面临着识别商机、发现市场的考验。他必须有足够的市场敏锐度，可以宏观地审视经济环境，洞察未来市场形势的走向，以便做出正确的决策来保证企业的持续发展。

2. 战略意识

战略思维决定企业高度，创业者应从战略的高度思考企业的发展，要懂得主动运用经营战略、竞争战略、发展战略的思想发现和解决问题。

创业初期给自己制订一个合理的创业计划，解决如何进入市场，如何卖出产品等基本问题；创业中期需要制定整合市场、产品、人力方面的创业策略，转换创业初期战略。需要指出的是，创业战略不只有一种，也没有绝对的好坏之分，关键要选择适合自己的创业之路，在这条路上应时刻保持战略的高度，“不以朝夕得失论成败。”

3. 转化意识

创业者仅有商机意识是不够的，还要在机会来临时抓住它，也就是把握机会，把商机转化成实实在在的收入和公司的持续运作，最终实现自己的创业梦想。转化意识就是把商机转化为生产力，把你的才能、你在学校学到的知识转化为智力资本、人际关系资本和营销资本。

4. 风险意识

风险和机遇是一对孪生兄弟，如果只选那些别人尝试过的、四平八稳而又无风险的事去做，那必将与很多机会擦肩而过。都说机会只光顾那些有准备的头脑，事实上，机遇在很多时候都给了那些敢于承担风险的人。

创业者要认真分析自己在创业过程中可能会遇到哪些风险，一旦这些风险出现，要懂得应该如何应对和化解，大学生是否具备风险意识和规避风险的能力，将直接影响到创业的成败。

5. 敬业意识

敬业意识本质上就是奉献意识，创业者必须具有强烈的事业心，勤勉的工作态度和旺盛进取意识，必须具有牢固的专业思想，热爱本职工作、忠于职守、持之以恒。大学生创业，一定要务实、要勤奋，不能光停留在理论研究上。可以从小投资开始，逐步积累经验，不能只想着“一口吃成个胖子”。没有资金、没有人脉都不要紧，关键你要有好的思路和想法，有勇气去迈出第一步，才会成功。

二、创业意识的要素

1. 创业需要

创业需要是指创业者对现有条件的不满足，并由此产生的最新的要求、愿望和意识，是创业实践活动赖以展开的最初诱因和最初动力。但仅有创业需要，不一定有创业行为，想入非非者大有人在，只有创业需要上升为创业动机时，创业行为才有可能发生。

2. 创业动机

创业动机是指推动创业者从事创业实践活动的内部动因。创业动机是一种成就动机，是竭力追求获得最佳效果和优异成绩的动因。有了创业动机，才会有创业行为。

3. 创业兴趣

创业兴趣是指创业者对从事创业实践活动的情绪和态度认识的指向性。它能激活创业者的深厚情感和坚强意志，使创业意识得到进一步升华。

4. 创业理想

创业理想是指创业者对从事创业实践活动的未来奋斗目标较为稳定、持续的向往和追求的心理品质。创业理想属于人生理想的一部分，主要是一种职业理想和事业理想，而非政治理想和道德理想。创业理想是创业意识的核心。

三、培养创业意识的方法

（1）认识自己。认清自己的需要、动机、兴趣、理想、信念和世界观等心理特征。

（2）分析自己做事的动机，养成知行统一的习惯。

（3）勇于实践，善于观察市场，分析市场经济环境，研判市场趋势。

（4）养成举一反三的思维习惯，将所学知识转化为创业需要的各种资本。

（5）预测风险，做好应对之策。

（6）积累经验，养成务实勤劳的习惯。

课堂活动 6－3

活动内容：创业动机分析。

活动目的：认识到创业动机与意识对创业成功的重要作用，增强创业意识与能力。

活动形式：请同学们学习马斯洛人类需求层次理论，并作阐释，同时班级成员分成小组，利用这一理论分析创业者的创业动机，并派小组代表发言（3 分钟），最后教师点评。

第三节 创业者的素质

创业者应具备的素质

案例学习 6－3

打造世界一流超硬刀具

李健博士是郑州大学 2018 届的毕业生，他带领“万创智造”项目团队在 2019 年代表郑州大学参加了第五届中国“互联网＋”大学生创新创业大赛，获得了国赛金奖，成功入围全国 30 强，现场获得了 5500 万的投资意向，得到了行业内众多一线投资人的青睐。

李健自 2001 年起就率团队从事超硬材料与互联网协同创新相关工作，2014 年在郑州大学攻读博士期间创立了郑州万创信息技术有限公司及郑州万创智造科技有限公司。在团队的共同努力下，短短几年时间，郑州万创智造科技有限公司已进入了日本丰田、广西玉柴、厦门金鹭等国内外知名企业采购商名录。这些成绩的取得，就其个人而言，主要有以下四个方面的原因。

一是基础扎实的技术创新。李健曾先后在国内外专业杂志上发表十多篇论文，并获得发明专利授权 8 项，实用新型授权 50 余项，2014 年还参加起草了聚晶立方氮化硼刀具材料国家标准。党的二十大报告中强调指出要“强营造有利于科技型中小微企业成长的良好环境”，在这一大环境下，创新发展是科技型企业发展的重要途径。

二是全面过硬的综合素质。为做好创业技能储备，2008 年李健报名参加了北京大学经济学院现代经理人研究生班为期一年的学习。结合工作需要，自学了《公司法》《会计学》等多项专业知识，他本人还兼任全国磨料磨具标准化技术委员会委员、中国机械工程学会高级会员、河南省机械工程学会秘书长、河南省超硬材料及制品区域特色高新技术产业链专家咨询委员会委员等多项社会职务。

三是追求卓越的工匠精神。为提升产品质量和精度，满足客户与市场的需求，李健经常带领团队技术人员长时间泡在合成车间里现场生产、实验跟踪，不断完善升级已有的材料牌号，敢于和国际知名超硬刀具制造巨头同台竞技，最终靠实力赢得了市场的认可。

四是为国争光的使命担当。从读博士之初，李健就瞄准“打破垄断，填补空白”这一目标，下定决心要为“材料人”争口气。他说他最快乐的时刻就是在加工现场用自己的刀具战胜国外产品，是“中国制造”的扬眉吐气。

（资料来源：李培俊著：《创吧！青春》，河南大学出版社 2021 年版。）

创业者要想取得成功，其自身必须具备基本的创业素质，创业基本素质包括创业意识、创业心理品质、创业能力和创业知识结构等要素。创业者必须具有强烈的创业意识，对市场进行长期的观察和思考。创业心理品质反映一个人的心理素质，在一定程度上影响着创业的成功。创业能力是创业者能否获得成功的保证。

成功需要胆识和魄力。所有成功的企业家，并不是因为具有天生的才能而成功，而是因为具有过人的勇气、坚定的信念、执着的精神、不屈不挠的意志，才会在历经风雨之后，取得创业的成功。一个创业者想要成功，应该具备胆识和魄力。

一、创业者的心理素质

创业心理素质是指在创业实践活动过程中对个体起动力作用的个性心理特征，包括自我意识、性格、气质、情感等心理构成要素，是个体创业素质的基础，是创业教育的核心内容。大学生具备良好的创业心理品质对创业实践起着非常重要的调节作用，是创业实践活动成功开展的重要保证。

1. 强烈的创业意识

创业想要成功，大学生创业者必须具备自我实现、追求成功的强烈创业意识。强烈的创业意识，可帮助大学生创业者克服创业道路上的各种艰难险阻，将创业目标作为自己的人生奋斗目标。创业的成功是思想上长期准备的结果，事业的成功是属于有准备的人，也属于有强烈创业意识的人。

2. 良好的创业心理品质

创业之始，是充满艰险与曲折的。面对变化莫测的激烈竞争以及随时出现的需要迅速正确解决的问题和矛盾，都需要大学生拥有良好的创业心理品质，能够持续保持一种积极沉稳的心理素质。这些品质是对创业者创业实践过程中的心理和行为起调节作用的个性心理特征，它与人固有的气质、性格有密切的关系，主要体现在人的独立性、敢为性、坚忍性、适应性、合作性等方面，反映了创业者的意志和情感。

3. 自信、自强、自主、自立的创业精神

自信就是对自己充满信心。自信心能赋予人主动积极的人生态度和进取精神。要成为一名成功的创业者，必须坚持信仰如一，拥有使命感和责任感，信念坚定、顽强拼搏、直到成功。信念是生命的力量，是创立事业之本，信念是创业的原动力。立志并勇于创业的大学生，要相信自己有能力、有条件去开创未来的事业，相信自己能够主宰自己的命运，成为创业的成功者。

自强就是在自信的基础上，不贪图眼前的利益，不依恋平淡的生活，敢于实践，不断增长自己各方面的能力与才干，勇于使自己成为生活与事业的强者。

自主就是具有独立的人格，具有独立性思维能力，不受传统和世俗偏见的束缚，不受舆论和环境的影响，能自己选择自己的道路，善于设计和规划自己的未来，并采取相应的行动；自主还要有远见，有敢为人先的胆略和实事求是的科学态度，能把握住自己的航向，直至达到成功的彼岸。

自立就是凭自己的头脑和双手、凭借自己的智慧和才能、凭借自己的努力和勤奋，建立起自己生活和事业的基础。独立和自主的能力是人生最重要的能力之一，也是创业的基石。

4. 竞争意识

竞争是市场经济最重要的特征之一，是企业赖以生存和发展的基础，也是大学生立足社会不可缺乏的一种精神。人生即竞争，竞争本身就是提高，竞争的目的只有一个——取胜。随着经济社会的不断发展，竞争愈来愈激烈，从小规模的分散竞争发展到大集团集中竞争；从国内竞争发展到国际竞争；从单纯产品竞争发展到综合实力的竞争。因此，大学生创业者如果缺乏竞争意识，实际上就等于放弃了自己的生存权利。大学生只有敢于竞争、善于竞争，才能取得成功。大学生创业者在创业之初，一定会面临一个充满压力的外部环境，如果其缺乏竞争的心理准备，甚至害怕竞争，就只能是一事无成。

5. 良好的创业道德品质

诚信，体现在创新创业项目上对自我、对团队的诚信；体现在产品质量上对市场、对用户的诚信；体现在市场关系上对合作者、竞争者的诚信等等。这是一个项目能够长久生存的基础。

创新，不仅是创业者的意识和行为，也是一个创业者主观的动机。把创新当作动机的创业者，时时刻刻都会体现出创业的意识和行为；而把创新当作投机、口号甚至欺骗手法的“创业者”，则会有剽窃、侵犯知识产权、忽悠客户等种种恶劣行为。

担当，一个人和一个企业，都是要有担当的。创业者在市场的担当，是对创业团队的负责，对用户、合作者的负责，乃至对社会的负责；创业者在团队内部的担当，则是团结、激励创业团队的关键。它对外表现为一个企业的声誉、社会责任感，对内表现为一个团队领袖的人格和胸襟。

道德品质有很多，诚信、创新、担当，对于创业者而言是最为关键的三个创业道德品质。诚信决定了创业项目能走多远；创新决定了创业项目能走多高；担当决定了创业项目的健康度，它们共同决定了创业项目的成败。

案例学习 6 -4

3721 的败落

3721 是提供“网络实名”（实际上是网址中文化）服务的网络公司，利用 3721，用户无须记忆复杂的域名，在浏览器地址栏直接输入中文名，就能直达网站。应该说，这在互联网兴起初期、网络使用习惯尚未成熟的时期，是一个极大的创新。它本来可以拥有良好的市场前景，并以此为基础走得更远。然而，它采用的推广方式——反复提示、捆绑安装、偷植模块、卸载保护等，遭到了市场和用户的唾弃。3721 以“我国第一个并且是最大的流氓软件之一”的恶名，最终可耻地结束了它的运营。

不能不说，3721 的败落与创业者自身的道德品质败落是分不开的。这也告诉我们：一个志存高远的创业者，必须锻造精金美玉般的品质。

（资料来源：黄远征，陈劲，张有明著：《创新与创业基础教程》，清华大学出版社 2017 年版。）

二、创业者的能力素质

1. 组建和管理团队的能力

组建团队与管理团队是创业者的一项重要能力。一个组织就是一个“小社会”，汇集了各类人才。创业者的一个重要职能就是将各类人才合理组建成一个团队，并在合理分工的基础上保持合作。从创业者到员工，都有一种合作精神，在这样的一种环境中，人人都会感觉到心情舒畅。

合作精神是面向未来的创业者精神。要有善于团结合作的处事能力和共享成功的宽阔胸怀，要敢于合作、善于合作，要敢于共享成功之乐，要多研究双赢战略、多赢战略，这在变革时代是非常重要的。要充分发挥每个成员的能力，做到知人善任；要重视人才的发现、培养、提拔和使用，知其所长，委以适当工作；要重视教育、提高部属的业务能力，大胆提拔，勇于起用新人。

2. 感染力

任何创业者都有自己的理想，但如何让员工充满激情、自发地跟组织一起为理想而奋斗呢？只有感召力和影响力才能激励团队和创业者一起前行。没有这样能力的创业者成功的机会是不大的。创业者必须具有激励他人的能力，一个可以调动团队潜能的创业者才可以激发团队每个人的激情，才可以振奋人心，才可以使每个人为参与到伟大的事业中而感到自豪，只有这样的团队才有生命力和活力。

3. 学习能力和决策能力

（1）创业者的学习能力，是指学习态度、学习能力和终身学习之和，是动态衡量人才质量高低的真正尺度。作为一个创业者，要带头不断学习新知识，掌握新信息，使自己充满活力。唯有如此，方能不断地调整自己，以适应千变万化的世界。

（2）决策能力是多种能力的综合表现。创业者的行动中很重要的内容就是运筹，即我们平时常说的规划、战略等。一个组织面对的决策环境和影响因素变化很大，决策的关键是创业者的魄力、胆识和判断能力。

4. 整合资源的能力

未来组织的资源除了人、财、物以外，还包括知识、时间、关系网络、智慧组合、公共关系等无形要素。创业者如果没有把资源整合在一起的能力，就会失去竞争的优势和先机。当前经济全球的一体化，市场竞争激烈，大学生创业者在市场竞争中如何调动和整合资源，是考验创业者整体素质的关键所在。

5. 预测能力和应变能力

（1）预测能力也叫前瞻力。摒弃心中的杂念和一些不健康的世界观，保留一个正确的价值观，做到高瞻远瞩，心中有大境界，不为眼前蝇头小利迷失方向。

（2）应变能力是指创业者面对挑战和外界或内部环境的改变，快速制定战略和战术，使整个团队在变化的情况下平稳过渡。创业者要善于“以变制变”，始终保持积极进取的精神状态，不断增强应变能力。

6. 沟通能力与公关能力

（1）沟通包括了同公众、政府、媒体、客户、经销商、代理商、合作伙伴和员工等的全面沟通。沟通使创业者能够更加准确地了解信息，预防盲目；沟通还使创业行为具有良好的合作氛围和渠道，促进创业决策的实施。二者在增加创业有效性的同时，也提升了创业者的影响力。

（2）公关能力是指创业者利用自己独特的沟通能力和公关意识，利用科学的公关手段提升组织形象，塑造组织的无形资产，得到目标受众的支持并同他们建立密切关系。

7. 开拓创新能力

创业者要不断尝试冒险、树立创新观念。目前，企业间竞争的时空，已从信息时代走向创意时代。世界上优秀的企业家都有一个重要的特征：敢于冒险、能抓住机遇，依靠创意而成功。21 世纪的优秀创业者的特征之一就是在危机来临之前，能预见危机，预见变化，在这个充满变化的世界里，努力地去尝试、追踪变化、探索变化、改变变化，并随时随地做好适应迅速变化的准备。能做到这一点，就是未来经济市场上的大赢家。

课堂活动 6－4

创业者素质评估

评估内容	自我评估			他人评估		
	优势	劣势	不确定	优势	劣势	不确定
事业心：具备敬业精神，有强烈的工作抱负						
守信誉：诚信，说到做到						
创新能力；创造性地解决问题						
人力管理能力：善于发现、使用、培养人员						
战略管理能力：眼光长远，能从总体上把握形势						
组织管理能力：高效地、科学地组织人员						
信息管理能力：善于搜集、整理与分析信息						
文化管理能力：善于塑造积极向上的组织氛围						

续表

评估内容	自我评估			他人评估		
	优势	劣势	不确定	优势	劣势	不确定
营销能力：具备良好的市场营销技能						
决策能力：果断地做出决策						
交际能力：善于沟通，妥善处理内外部关系						
专业技术知识：生产产品、提供服务的实践知识						
经营管理知识：有效经营企业所需的知识						
行业相关知识：较为丰富的知识面						
身体素质：具有健康的体魄和充沛的精力						
自信心：充满自信，坚持信仰如一						
独立性：善于独立思考，独立工作						
坚韧性：百折不挠，坚持不懈的毅力和意志						
敢为性：敢于实践，敢冒风险						
克制性：善于克制，防止冲动						
适应性：灵活地适应各种变化						

通过上面表格首先评估你在每一方面处于优势、劣势还是不确定，在对应的空白处打“√”，再让另外一位家庭成员或者与你关系比较密切的朋友对你进行评估，最后计算出优势、劣势以及不确定的“√”数量。

通过测评，得出长处和弱点的具体分数，然后进行比较，如果长处多，说明你具备大学生创业者素质；如果弱点多，说明你目前还没有具备大学生创业者素质。分数不代表绝对，并且会随着时间的变化而有所变化。

三、成功创业者的心理与行为特征

从失败中吸取经验和教训，从成功中总结宝贵经验，这是人们学习进步的有效途径。通过对大量成功创业者进行多方面的持续研究，人们发现成功的创业者在心理与行为上具有许多共同的特征，可归纳为：

（1）强烈的欲望，积极的心态。强烈的成功欲望是创业的最大推动力；心态，尤其是关键时刻的心态，可导致人生道路巨大的差异。

（2）充分的自信，敢于冒险。始终保持对自己和前途充满乐观和自信。自信带来冒险的胆量，自信是每一位创业成功者共有的特质。

（3）坚韧的毅力，足够的耐心。在创业的道路上，需要忍受种种磨难甚至是失败，坚强的毅力和足够的耐心，加之创业者锲而不舍的精神，才可能最终取得创业的成功。

（4）开阔的眼界，敏锐的反应。广博的见识，开阔的眼界，可以使创业活动少走弯路。在创业的过程中，创业者应能凭借自己敏锐的感官，迅速捕捉到外界环境的变化，从而对商业机会做出快速反应。

（5）把握趋势，明确方向。顺势而为会使创业事半功倍。成功的创业者都很注意研究政策，这是为了明确大势；市场的潮流脉动是中势，它直接决定了创业成败；个人的能力、性格、特长是小势，也直接影响创业方向的选择。

（6）善借资源，懂得分享。创业者的素质与能力外在的表现，主要体现在其整合和拓展资源的能力方面，其中最重要的一点是构建人际网络或社会网络的能力。创业成功者都懂得与他人分享的道理，即：算大账的人做大生意，干大事业；算小账的人则永远只能做小生意，干小事情。

（7）坚持学习，经常反省。反省是一种学习能力，反省的过程就是学习的过程。大部分创业成功者在智力上并没有什么出类拔萃之处，但他们有一个共通之处，那就是都非常善于学习，非常勇于进行自我反省。

（8）勇于创新，出奇制胜。创业者的智慧可归结为不拘一格，出奇制胜。创业成功者永远不满足现状，总是追求更好的产品和服务，更低的成本，总是能够采取一些出乎常人意料的行动来战胜竞争对手。

（9）健康的体魄，健全的心理。面对从肉体到精神上的全面损耗，创业者不仅要修身，而且要修心，训练出一种宠辱不惊的“定力”与“精神力”，健全的心理和健康的体魄是成功企业家每天超负荷工作的基本保障。

案例学习 6 –5

一支画笔一个公司　一个“80 后”女性的创业故事

武汉良辰动画传媒有限公司成立于 2013 年，是高端婚礼动画订制第一家。主营婚礼动画制作、企业宣传片制作、漫画卡通、自有动漫衍生产品经营等业务。“良辰动画”品牌一经推出，立刻受到适婚男女的青睐，屡次创造行业神话。制作了近千部婚礼动画，入驻淘宝后，在该类目排名第一。成为了婚礼动画行业的领导品牌。

公司创始人石秀，一个“80 后”的小姑娘，在介绍自己的创业项目时显得落落大方，当面对别人的称赞时却又羞涩内敛。毕竟，26 岁的年纪对于很多同龄人来说或许刚走出校园，而石秀已经创办了自己的公司，带领一支 10 人规模的团队在创造财富。创业并没有多么高大上，只要有梦想，敢于接受新鲜事物，就能在市场上拥有一席之地。

一、创业的萌芽

2009 年，考上湖北大学的石秀只身来到武汉就读，专业是动漫设计与制作。受爱画画的父亲影响，石秀从小就喜欢看动画片也喜欢画画，始终梦想着自己有朝一日也能够制作一部属于自己的动画片。

大三的时候，石秀无意间在网上看到了一个很有意思的帖子，是关于一对即将步入婚姻殿堂的恋人的故事，在这个帖子的最后，这对新人表示说希望有网友能结合这些故事为他们量身设计两个卡通动漫形象，并制作成 3 分钟的在婚礼现场播放的动画短片，可以支付酬劳。

石秀有感于这对恋人的感人故事，也希望能检验下自己的动画制作水平，她决定为这对新人制作一个动画片。很快，石秀设计出了一男一女两个卡通形象，幽默又不失温情的风格一下子就打动了这对新人，他们决定把订单交付给这位还在校读书的女生。

石秀没有辜负这对恋人的期待，花了一整个月的业余时间，她精心制作了一段3分钟的动画短片，并且一手设计了故事情节还配上了音乐。这一段视频受到了那对恋人的肯定，石秀也因此获得了500元的酬劳。

二、为梦创业

大三时，因为自己还是学生，没有市场、客户、业务之类的概念，所以石秀并没有创业的想法。两年后的2013年，石秀大学毕业，进入了当地一家动漫制作公司实习。结果因为实习收入太低导致入不敷出，加上妹妹也大专毕业，两人决定自己创业开公司，做婚礼动漫。姐妹两人将公司名称取作“良辰动画”，寓意专为婚礼吉时制作动画片。

为了节省开支，公司成立之初，姐妹两人只在合租房里开淘宝店接单，写剧本、画草图和做后期全在这一个小小的房间中完成。为了留下客户的好评，姐妹俩在服务上下足了工夫：和客户沟通，时间再长、次数再多也不会厌烦；只要是客户提出要求修改的地方，无论多少次都不打折扣，最终修改到位。良辰动画从无到有，最高峰时月订单数突破40笔。公司成立不到半年时间，石秀就还完了4万多元的助学贷款。

三、产业延伸

如今，只要在淘宝上输入“婚礼动画产品”，石秀姐妹的“良辰动画”网站绝对名列前茅，在买家的评论中，说得最多的就是服务好。

为了继续扩大生意，石秀还尝试了为新人提供更多的量身订制服务，制作手绘风格动画片，把动漫元素融入婚礼纪念品、礼品中等。

石秀姐妹的“良辰动画”还入驻了武昌区“5.5创意产业园”，成为园区重点支持与孵化的大学生创业项目。未来，石秀希望将良辰动漫打造成知名的婚礼视觉设计品牌，以此向婚礼产业上下游延伸，形成动漫形象设计加婚礼礼品订制全方位的服务链条。

（资料来源：80后女性毕业后开婚礼动画，精益求精年赚百万，创业家，2018年07月17日。）

案例学习6－6

一个园林绿化工程公司老板的创业成功规划

现实基础：徐良是一名职业院校毕业的学生，在校学习了两年，具有与园林绿化相关知识的基础。

第一阶段目标：通过拜师学艺的方法，在实践中边干边学积累实践操作经验。

第二阶段目标：在了解掌握园林栽培技术后，调查了解到花木市场前景较好，他就建立了一个花木场。

第三阶段目标：花木场运营后，又组建了园林绿化工程队，加长了产业链。

远期目标：完全掌握园林绿化的全套技术，具备独立开办园林工程公司的经验和能力。

四、培养和提高创业素质与能力

培养和提高创业素质和能力

创业者需要的是综合素质，每一项素质都很重要，不可偏废。有些素质是天生的，但大多数可以通过后天的努力而获得。创业者要从现在做起，提升自己的综合素质。学习和实践是提升创业者素质和能力的核心。

（一）学习

任何素质和能力的形成与提高都是在掌握和运用知识的过程中完成的。书本中的先进理论和科学管理经验，能使创业者在学习知识过程中认真思考，吸取前人经验，同时也锻炼了创业者综合分析问题的能力。对于一个有心的创业者来说，其他行业从业人员的做法、竞争对手的经验、业内专家的指导等都可以成为学习的内容。

（二）实践

创业实践是大学生学习创业知识的最好途径。实践出真知，创业者除了要学习理论知识和他人经验之外，更为重要的是要将理论和经验运用到创业实践活动中，在实践中拓宽视野、增长才干、磨炼意志，从而提升个体的创业素质和能力。

既然有些大学生适合创业，也有创业的激情和梦想，就不能盲目创业，要进行充分准备，才能提高创业的成功率。对于打算创业的大学生来说，学习相关的创业知识是非常必要的。可以通过以下几种途径学习获得创业知识，提升创业素质和能力。

1. 大学课堂与大学社团

大学时代是人生的一个黄金时代，是实现自我蜕变、明确人生定位的关键时期。一般来说，大学生的自我意识在大学期间基本觉醒，能找到自己的兴趣和价值所在，从而为以后的成功打下初步的基础。

对于有创业意向的大学生来说，大学期间就应为以后的创业做一些初步的准备，积累一些必要的经验。大学一年级，主动接受职业价值观方面的教育，开始了解自己的兴趣、特长和专业背景，为今后选择创业、确定职业目标奠定基础；大二、大三通过参加社会实践和实习活动，对专业的社会需求和发展前景深入了解，根据实践中自我适应程度的反馈信息，反思和调整自己的职业取向，初步确定与自己能力相吻合的职业选择。大学社团活动能锻炼各种综合能力，是创业者积累经验必不可少的实践过程。

2. 媒体资讯

通过纸质媒体，网络媒体，管理类、人才类、专业创业类网站以及各地创业中心、创新服务中心、大学生科技园、科技信息中心、先导民营企业的网站等都可以学到创业知识。

3. 与商界人士广泛交流

找有创业经验的朋友、同学、网友、老师交流，获取最直接的创业技巧与经验；或通过 E－mail 和电话拜访你崇拜的商界人士；或向与你的创业项目有密切联系的商业团体咨询，争取得到他们的支持。

4. 先就业再创业

先就业再创业的学生的创业项目通常与过去的工作密切相关。到实体单位磨炼几年，积累一定的知识和经验后再创业。在准备创业的过程中，可以利用与老板交流的机会获得更多的来自市场的创业知识。

5. 创业实践

培养创业者的最佳途径是让他去切实参与一个企业的创建过程。通过直接经验和间接经验双重渠道的传授来培养未来的创业者。间接经验来自已成功企业家的经验传递，直接经验来自创业教育中设置的实践课程。

间接的创业实践学习主要可借助于学校举办的某些角色性、情景性的课程模拟来完成。例如，积极参加校内外举办的各类大学生创业大赛、创业计划书大赛、发明专利展等，对先导企业家成长经历、对先导企业经营案例开展系统研究等也属于直接学习范畴。

直接的创业实践学习主要可通过课余、假期在外的兼职打工、求职体验、参与策划、参与市场调查、试办公司、试申请专利（知识产权局）、试办著作权登记（版权局）、试办商标申请（工商局），业余参加某些职业知识与证书班培训等事项来完成；也可通过举办创意项目活动，参加或参观国际高新技术成果交易会、创建电子商务网站、谋划书刊出版事宜、尝试做自由撰稿人等多种方式来完成。

课堂活动 6－5

创业活动培养路径

【主题】寻找创业能力培养的路径。

【目标】找到适合自己的创业能力培养的路径。

【建议时间】10 分钟。

【活动步骤】

步骤一：请同学们根据第三节的课堂活动中自身创业素质评价结果，选择最低的某一项或某几项，写出计划改善的具体行动方案。

步骤二：请同学们填写要提升的素质和能力。

步骤三：请同学们填写要采取的具体而实际的改善行动。

步骤四：老师进行点评总结。

第四节　创业精神

案例学习 6－7

上大学期间就开始“折腾”的潜在创业者

范志平是上海海洋大学计算机技术专业硕士毕业生。在读大学期间，他就是一个不愿意“循规蹈矩”的人。他在课余时间卖过电话卡，在新生入学时卖过日用品，还开过餐馆……虽然每次的业务坚持的时间都不长，但是不仅让他赚了钱，还让他对创业上了“瘾”。他一直有一个强烈的愿望，就是自己开公司，自己当老板。

在他眼里，创业就是最神圣的就业，除了可以养活自己以外，还能以提供工作岗位的方式为社会做贡献。这让他感觉更能体现自身的价值。

读研期间，范志平一边学习，一边四处寻觅合适的创业方向。2007 年的一天，他在图书馆的报刊阅览室偶然翻到一张报纸，上边写着：农业部正在全国范围内，推选实施“无公害食品行动计划”。他顿时眼前一亮，农业在上海的比重不大，相对来说，竞争不会很激烈；而服务业又是上海重点发展的领域。多年磨炼出来的“商业直觉”告诉他，如果走“农业服务”路线，很可能有戏。

通过沟通，导师和校方领导都很支持他的想法：成立一个帮助农民实现无公害生产的农业技术服务公司，帮农民增收，又确保消费者吃着放心。接下来的一年，他走访了 50 家无公害农业生产企业，参加了 3 次农业展览会、4 次食品安全学术会议，发放了 2000 份市场调研表，结果证明计划可行。

在上海市大学生科技创业基金会的基金扶持下，他的公司——上海齐民信息科技有限公司在 2008 年初正式注册成立。公司主要从事农产品品牌策划和推广、食品安全追溯、农业区域性电子商务等服务。

（资料来源：李肖鸣，孙逸，宋柏红 主编：《大学生创业基础》，清华大学出版社 2017 年版。）

一、创业精神的本质与特征

（一）创业精神的概念

创业精神是指在创业者的主观世界中，那些具有开创性的思想、观念、个性、意志、作风和品质等。从理论上说，创业精神有三个层面的内涵：一是哲学层次的创业思想和创业观念，是人们对于创业的理性认识；二是心理学层次的创业个性和创业意识，是人们创业的心理基础；三是行为学层次的创业作风和创业品质，是人们创业的行为模式。

创业精神是在创业过程中激发出来的一种潜能。创业的动机来自于要达到某个目标的愿望。这种强烈的愿望是所有成就的起点。在每个人身上都具备一种成功的潜在品质，只是有些人没有发现和激发这种潜能，因此只能把人生停留在平庸和失败之中。但凡创业成功的人，都是先有创业的动机，而后才慢慢具备了创业的技能。

创业精神是创业者在创业过程中的重要行为特征的高度提炼，主要表现为勇于创新、敢冒风险、团结合作、坚持不懈等。

（二）创业精神的特征

创业精神具有以下几个方面的特征：

1. 综合性

创业精神是由多种精神特质综合作用而成的。诸如创新精神、拼搏精神、进取精神、合作精神、冒险精神等，都是形成创业精神的精神特质。

2. 整体性

无论是创业精神的产生、形成和内化，还是创业精神的外显、展现和外化，都是由哲学层次的创业思想和创业观念、心理学层次的创业个性和创业意志、行为学层次的创业作风和创业品质三个层面所构成的整体，缺少其中任何一个层面，都无法构成创业精神。

3. 前瞻性

大学生创业者是新时代最具开拓性和进取性的个体，在具备创新精神的同时，也要拥有能想出新方法、创建新理论、创出新成绩和造出新事物的创造性转化的能力。青年大学生创业者在当今社会应该勇于打破常规，在自己创新的基础上创造出新事物，只有这样才能在创业的大潮中占领先机。

4. 时代性

不同时代的人们面对着不同的物质生活和精神生活条件，创业精神的物质基础和精神营养也各不相同，创业精神的具体内涵也就不同。创业精神对创业实践有重要意义，它是创业理想产生的原动力，是创业成功的重要保证，具有鲜明的时代特征。

二、大学生创业精神的培育

通过正确的途径，创建良好的培养环境氛围，才能促进大学生创业精神的培养。

（一）加强大学生自身素质的培养和提高，使创业精神内化于心、外化于行

创业精神的培育，家庭、学校、社会等客观因素的辅助是必需的，同时，更依赖于学生的主观努力。创业精神的培养是个人成长不可或缺的一部分，对于个人能力的提升和发展影响巨大。创新意识是创业精神的核心元素，培养当代大学生的创新意识，才能让他们创造性地开展活动并发现新的机遇。

（二）开展创业思想教育课程

将大学生创业教育融入思政教育全过程。以落实党中央政策部署和服务创新驱动发展的战略为基本出发点，以学校教师事业发展和学生职业能力培养为关键突破点，通过创业思想教育帮助大学生端正创业态度，树立正确的创业观、良好的创业操守及纯正的创业动机，引导青年学生树立远大的职业理想，最大限度激发每个学生的潜能潜质，进一步将思想政治教育核心内容的理念信念教育由抽象变得更具体，提升思想政治教育的亲和力和针对性。使创新创业教育与思政教育深度融合。通过创业理论教育使学生明确创业的目的和意义，从而将创业理想化为自觉行动，积极主动投身于创业实践。

（三）树立创业榜样进行引导

借鉴历史上的创业榜样，学习创业成功者的共同精神品质，自信、热情、专注、积极、坚韧、独立、创新，竞争等，激发创业热情，树立创业志向。

（四）提供创业实践锻炼机会

良好的创业精神品质的形成重在实践训练，积极的实践能带来及时的反馈和成就感，也能带来成功的喜悦，切实投入到创业实践中去，打磨坚强的创业心理品质。

学校应该构建创业实践基地为学生提供创业实践的便利，如众创空间、创业园等实现产、学、研一体化的实训基地。在创业培训实践中证明，真正去创建一个公司毫无疑问是学习创业、培养学生创业精神无可替代的、最好的学习方法。另外，还可以把创业者身上最重要的创业精神、创新意识等品质提炼出来，用案例教学法、模拟情境教学法、项目教学法去给学生创造学习的环境，同时还要创造机会让他们去实践。在实践中激发自己的潜能，创业实践就是创业精神的来源。

思考与练习

1. 思考自己知道的创业者具有哪些优秀的创业意识。

2. 分析自身性格、资金、人脉等条件，找相关创业测评表进行测量，分析自己是否适合创业，需要从哪些方面去提高创业能力。

3. 分析以下案例并回答问题。

创业精神

史玉柱的创业精神

创业精神之一：判断敏锐，精细过人

创业家的成功，很大程度上取决于他们对机会具备天生的敏锐感和判断力，正如经济学家柯兹纳所言："机会源于信息不对称"。正是这种精细和敏锐，使创业家能够抓住眼前稍纵即逝的机会，并且先于常人看到这些机会的苗头，从而为采取行动赢得先机。

在史玉柱身上，我们看到了很多这样的"敏锐"：20 世纪 80 年代末创业初期看准汉字桌面系统软件开发；20 世纪 90 年代初期开发保健品市场；2003 年将售出公司拳头保健品的知识产权及其营销网络 15% 的股权转而投资投票市场；2004 年进军网络游戏……尽管在这个过程中，史玉柱也有过失误和沉痛的教训，但是，在每一个经济发展时期，他似乎都抓住了熊彼特所说的"具有吸引力"的产业，而且，善于将这些机会与企业资源有效地匹配起来，从而，为他未来的财富帝国找到立足的根基。

创新精神之二：首创精神和冒险精神

创业家怀揣着一种梦想和意志，企图建立起一个属于自己的"王国"，他们不甘人后，思想和行动常常先于天下，这为创业家们创造财富提供了"先动"优势。冒险精神是创业家身上表现出的突出特质之一，创业家的血液中流淌着对"生意"的激情，他们具有创造的激情、追求成功的激情、施展个人能力和智谋的激情。他们喜欢挑战、迎接变革、敢于冒险去追求成功。在史玉柱的传奇经历中，我们从他创业之初，倾其所有为自己的产品做广告，后来在其产品营销中惯用的"高强度"广告攻势，以及不断探索新的业务领域和经营模式，都充分地体现了这种冒险精神。企业家的冒险是在精心"计算"基础之上的理性决策，他们胆大心细又才智过人，对于这一点，我们在经历了从成功到失败，再从失败到成功的史玉柱身上看到了明显的变化。

创新精神之三：不断创新，不断变革

经济学家威廉·鲍莫尔认为，创新是发现一种有利可图的机会，并且不断地寻找这种机会直到使他们在实践中得到运用。创新就是实现资源的"新组合"，这是创业精神最重要的特征，即以新的形式和方法，把资本、技术等要素有效地组合起来，创造性地应用到企业生产和管理过程中去。史玉柱的创业成功历程就是一个个不断创新行动的联结，也是他传奇式成功最重要的原因。例如，"脑黄金""脑白金""黄金搭档"准确的产品市场定位；极富创意和人气响应的广告设计；网络游戏产品设计和销售模式中的诸多创新点等。此外，企业不断根据外部环境变化调整开辟新业务领域，从最早的软件行业到保健品行业、再到资本市场投资及网络游戏行业，都体现出一种极强的应变能力、学习能力和遗忘能力。一个企业如果具备核心能力，但缺乏应变和遗忘能力，则可能陷入核心能力僵化陷阱而丧失竞争优势，这正是时下许多大型公司面临的创业难题。

创业精神之四：渴望成功，百折不屈

熊彼特认为，只有不甘平庸，而且具有强烈“成功欲”的人，才有成为企业家的资格。创业家具有征服的意志，战斗的冲动，证明自己比别人优越的冲动，他求得成功不是为了成功的结果，而是为了取得成功的过程。企业家具有坚韧不拔的毅力，战胜困难和失败的勇气和能力。从史玉柱的创业经历中我们看到，正是在成功和理想驱动下的百折不回的创业精神和永无止境的探索与奋斗，使他从平庸中崛起，从失利与逆境中重新奋起。

（资料来源：陈承欢，杨利军，高峰主编：《创新创业指导与训练》，电子工业出版社 2017 年版。）

思考：

（1）史玉柱的创业故事，带给我们哪些启发？你认为史玉柱的哪些创业精神值得大学生学习与借鉴？

（2）你认为大学生在校期间应重点加强哪些精神的培养？

（3）结合本节内容，以小组为单位，班内组织一次有关“创业精神”的演讲比赛，通过竞赛活动培养创业精神，激发创业热情。

第七章
创业团队

学习目标

- □ 了解创业者的内涵、创业者的必备素质，认识创业团队的重要性、组建原则，掌握创业团队的组建方法
- □ 了解团队文化的内涵和作用、团队精神的作用，掌握如何建设优秀的团队文化
- □ 掌握创业团队的管理方式和技巧
- □ 了解创业团队的类型

【案例导入】

雁行千里排成行，团结协作齐飞翔

大雁是人们熟知的鸟类类群之一，在迁徙时总是几十只、数百只，甚至上千只汇集在一起，互相紧接着列队而飞。在旅途中雁群的行动是很有规律的，队形多半由有经验的老雁做领头，在前面带队，一会儿呈“一”字型，一会儿呈“人”字型。它们边飞边叫，常常不停地发出“伊呵，伊呵”的叫声。大雁为什么要编队飞行呢?

原来，大雁编队飞行能产生一种空气动力学的作用，一群编成“人”字队形飞行的大雁，要比具有同样能量而单独飞行的大雁多飞 70% 的路程，也就是说，编队飞行的大雁能够借助团队的力量飞得更远。

大雁的叫声热情十足，能给同伴鼓舞，大雁用叫声鼓励飞在前面的同伴，使团队保持前进的信心。

当一只大雁脱队时，会立刻感到独自飞行的艰难迟缓，所以会很快回到队伍中，继续利用前一只大雁造成的浮力飞行。

一个队伍中最辛苦的是领头雁。当领头的大雁累了，会退到队伍的侧翼，另一只大雁会取代它的位置，继续领飞。

当有的大雁生病或受伤时，就会有两只大雁来协助和照料它飞行，日夜不分地伴随它的左右，直到它康复或死亡，然后它们再继续去追赶前面的队伍。

大雁结伴飞行给我们的启示是深刻的：一盘散沙难成大业，握紧拳头出击才有力量。任何一支团队，成员之间必须团结一致，大家心往一处想，劲往一处使，才能无往而不胜。团队行动的速度有多快，并不是取决于团队中走得最快的那个人，而是取决于走得最慢的那个人。正如我们所熟知的“短板原理”一样，一个木桶容量的多少是由木桶中最短的那块木板的长度决定的。

（资料来源：雁行千里排成行，团结协作齐飞翔，丁香通，2017年06月15日。）

第一节　团队组建

创业的行为是在市场经济条件下应运而生的。创建者可以是个人，也可以是团队。通常是一些有着共同愿景和价值观的人，怀着对梦想的渴望而走到一起，形成了最初的创业团队。他们通过对资源和生产要素的重新组合，来开发自己的产品或服务，满足市场上人们的某种需求，这时，企业就诞生了。创业者通常具备一些核心素质（见表7－1）。

我也能创一番事业吗？

表7－1　　成功创业者所具备的素质和能力

素质或能力	主要释义
强烈的欲望，积极的心态	强烈的成功欲望是创业的最大推动力。心态，尤其是关键时刻的心态，可以使人生道路发生巨大的变化
充分的自信，敢于冒险的精神	古往今来，凡是智能上有所发展、事业上有所成就的人，都具备一样成功的秘诀，即始终对自己和对自己的前途充满信心。自信带来冒险的勇气，自信是每位成功的创业者共有的特质
坚韧的毅力，足够的耐心	创业的路途中充满着风风雨雨，在创业的路上需要忍受种种磨难甚至是失败。坚忍的毅力和足够的耐心，加之创业者锲而不舍的精神，才可能最终取得创业的成功。认真分析每个成功的企业，都是在创业者的率领下，经历了一次又一次的失败后成就不朽的传奇
准确把握趋势，明确前进方向	顺势而为会使创业事半功倍。成功的创业者都很注意研究政策，这是为了明大势；市场的潮流脉动是中势，它直接决定了创业的成败；个人的能力、性格、特长是小势，也直接影响创业方向的选择
坚持学习，经常反省	反省其实是一种学习能力，反省的过程就是学习的过程。大部分创业成功者在智力上并非出类拔萃，但他们都非常善于学习，非常勇于进行自我反省
开阔的眼界，敏锐的反应	广博的见识、开阔的眼界，可以使创业活动少走弯路。在创业的过程中，创业者应能凭借自己敏锐的感官，迅速捕捉到外界环境的变化，从而快速应对眼前的商机
勇于创新，出奇制胜	创业者的智慧可归结为不拘一格，出奇制胜。创业成功者永远不满足现状，总是追求更好的产品和服务、更低的成本，总是能够采取出人意料的行动来战胜竞争对手

续表

素质或能力	主要释义
善于利用资源，懂得分享	创业者的素质与能力外在的表现，主要体现在其整合和拓展资源的能力方面，其中最重要的一点是构建人际网络或社会网络的能力。创业成功者都懂得与他人分享的道理，即：算大账的人做大生意，干大事业；算小账的人则永远只能做小生意，干小事情
健康的体魄，健全的心理	面对从肉体到精神上的全面损耗，创业者不仅要修身，而且要修心，磨炼出一种宠辱不惊的“定力”与“精神力”。健全的心理和健康的体魄是成功企业家每天超负荷工作的基本保障

中国人民是具有伟大团结精神的人民。习近平总书记在发表的重要讲话中强调：“团结是中国人民和中华民族战胜前进道路上一切风险挑战、不断从胜利走向新的胜利的重要保证。”新中国成立 70 多年来，从抵御地震、洪水、泥石流、雨雪冰冻等重大自然灾害，到抗击天花、血吸虫病、疟疾、非典等重大疫情，我们之所以能够不断在磨难中成长、从磨难中奋起，就在于有党和人民的坚强团结，有同舟共济、万众一心的民族文化基因。伟大实践深刻印证：“团结是铁，团结是钢，团结就是力量。团结是中国人民和中华民族战胜前进道路上一切风险挑战、不断从胜利走向新的胜利的重要保证。”习近平总书记在党的二十大报告中也提出：团结就是力量，团结才能胜利。全面建设社会主义现代化国家，必须充分发挥亿万人民的创造伟力。对于企业来说也是一样，只有团结起来，才能打造优秀的创业团队。

俗话说：一个好汉三个帮，红花也需绿叶扶。不管创业者在某个行业多么优秀，都不可能具备所有的经营管理经验，创业者想要达到成功，除了要有坚持的毅力和信念之外，越来越多的创业者开始意识到组建成功的创业团队的重要性，因为想要取得创业成功就必须和创业团队抱成一团，用共同的智慧去创造新的财富。凭借一个人的力量是无法建立大公司的，所有的大企业都是从组建成功的创业团队开始第一步。选择了正确的团队，就是完成了 80% 的工作。

一、创业团队的内涵

（一）创业团队的含义

团队的力量——创业团队

团队是由员工和管理层组成的一个共同体，有共同的理想目标，愿意共同承担责任，共享荣辱，在团队发展过程中，经过长期的学习、磨合、调整和创新，形成主动、高效、合作且有创意的团体，解决问题，达到共同的目标。

大学生创业团队不仅只是建立一个有一定人数的团体那么简单。真正的团队不是从数量上来定义而是从质量上定义的。什么才是真正的团队呢？首先，这个团队应该彼此优势互补。在建立团队的过程中，团队成员的性格因素、学历技能、角色分工都应该认真考虑。最好的不一定就是最合适的，团队在招募成员时第一考虑的应该是当前最需要的是什么类型的人才。其次，团队成员彼此间的关系也应该协调好，成员间融洽的关系有利于公司的发展。当然，这些也取决于管理者对团队的管理。如果管理者对团队中的成员管理得当会产生一股巨大的合力，发挥出无限的力量；如果管理不当，团队成员间的意见不一致反而会成为成功的阻力。

大学生创业需要的条件有许多，但首先在开始时就应该选择团队创业。这不能保证创业的成功，但可以在最大限度里给创业带来优势，提高创业的成功率。

创业团队具有如下特点：

- 团队以目标为导向；
- 团队以协作为基础；
- 团队需要共同的规范和方法；
- 团队成员在技术或技能上形成互补。

（二）创业团队的构成要素

团队有几个重要的构成要素，总结为5P。

1. 目标（Purpose）

团队应该有一个既定的目标，为团队成员导航，知道要向何处去。没有目标这个团队就没有存在的价值。

自然界中有一种昆虫白粉蝶很喜欢吃三叶草（也叫鸡公叶），它们在吃食物的时候都是成群结队的，第一个趴在第二个的身上，第二个趴在第三个的身上，由一只白粉蝶带队去寻找食物，它们连接起来就像一节一节的火车车厢。管理学家做了一个实验，把这些像火车车厢一样的昆虫连在一起，组成一个圆圈，然后在圆圈中放了它们喜欢吃的三叶草。结果它们爬得精疲力竭也吃不到这些草。

这个例子说明在团队中失去目标后，团队成员就不知道该往何处去，最后的结果可能是饿死，这个团队存在的价值就要打折扣。

团队的目标必须跟组织的目标一致，此外还可以把大目标分成小目标甚至可以具体分到各个团队成员身上，大家合力实现这个共同的目标。

2. 人（People）

二十大报告中提出：人才是第一资源，创新是第一动力”人是构成团队最核心的力量，2个以上（包含2个）的人就可以构成团队。目标是通过人员具体实现的，所以人员的选择是团队中非常重要的一个部分。在一个团队中可能需要有人出主意，有人订计划，有人实施，有人协调不同的人一起去工作，还有人去监督团队工作的进展，评价团队最终的贡献。不同的人通过分工来共同完成团队的目标，在人员选择方面要考虑人员的能力如何、经验如何，技能是否互补。

3. 定位（Place）

团队的定位包含两层意思：①团队的定位：团队在企业中处于什么位置，由谁选择和决定团队的成员，团队最终应对谁负责，团队采取什么方式激励下属？②个体的定位：作为成员在团队中扮演什么角色？是订计划还是具体实施或评估？

4. 权限（Power）

团队当中领导人的权力大小跟团队的发展阶段相关，一般来说，团队越成熟，领导者所拥有的权力相应越小，在团队发展的初期阶段领导权是相对比较集中。团队权限关系包括两个方面：

第一，整个团队在组织中拥有什么样的决定权（财务决定权、人事决定权、信息决定权）。

第二，组织的基本特征（组织的规模多大，团队的人员数量是否足够多，组织对于团队的授权有多大，它的业务是什么类型）。

5. 计划（Plan）

计划有两层面含义：一方面，目标最终的实现，需要一系列具体的行动方案，可以把计划理解成目标的具体工作的程序。另一方面，提前按计划进行可以保证团队的工作进度。只有在计划的控制下团队才会一步一步地贴近目标，从而最终实现目标。

（三）创业团队的重要作用

团队的力量远大于个人的力量。个人的力量是渺小的，团队不仅强调个人的工作成果，更强调团队的整体业绩。大学生创业者会逐渐发现团队力量的重要性。

团队是由员工和管理层组成的一个共同体，它合理利用每一个成员的知识和技能，协同工作，解决问题，达到共同的目标。

如果没有个体就没有团队的存在，没有团队个体也谈不上成长和发展。

团队建立一般在2—25人之间，理想上少于10人较佳。而团队建立适当与否，直接影响团队管理成效。

团队成员可以共享团队中其他人具有的智慧，能够共享团队的各种资源。

案例学习7－1

马化腾和他的5人创业团队合伙创业的故事

16年前的那个秋天，马化腾与他的同学张志东“合资”注册了深圳腾讯计算机系统有限公司。之后又吸纳了三位股东：曾李青、许晨晔、陈一丹。这5个创始人的QQ号，据说是从10001到10005。为避免彼此争夺权力，马化腾在创立腾讯之初就和四个伙伴约定清楚：各展所长、各管一摊。马化腾是CEO（首席执行官），张志东是CTO（首席技术官），曾李青是COO（首席运营官），许晨晔是CIO（首席信息官），陈一丹是CAO（首席行政官）。

之所以将腾讯的创业5兄弟称之为“难得”，是因为直到2005年的时候，这5人的创始团队还基本是保持这样的合作阵形，不离不弃。直到腾讯做到如今的帝国局面，其中4个还在公司一线，只有COO曾李青挂着终身顾问的虚职退休。在企业迅速壮大的过程中，要保持创始人团队的稳定合作尤其不容易。在这个背后，工程师出身的马化腾从一开始对于合作框架的理性设计功不可没。

马化腾出资23.75万元，自愿把所占的股份降到一半以下，47.5%。“要他们的总和比我多一点点，不要形成一种垄断、独裁的局面。”而同时，他自己又一定要出主要的资金，占大股。“如果没有一个主心骨，股份大家平分，到时候也肯定会出问题，同样完蛋”。

保持稳定的另一个关键因素，就在于搭档之间的“合理组合”。

许晨晔和马化腾、张志东同为深圳大学计算机系的同学，是一个非常随和而有自己的观点，但不轻易表达的人，是有名的“好好先生”。而陈一丹是马化腾在深圳中学时的同学，后来也就读深圳大学，他十分严谨，同时又是一个非常张扬的人，他能在不同的状态下激起大家的激情。

马化腾在接受多家媒体的联合采访时承认，他最开始也考虑过和张志东、曾李青三个人均分股份的方法，但最后还是采取了5人创业团队，根据分工占据不同的股份结构的策略。即便是后来有人想加钱、占更大的股份，马化腾说不行，“根据我对你能力的判断，你不适合拿更多的股份”。因为在马化腾看来，未来的潜力要和应有的股份匹配，不匹配就要出问题。如果拿大股的不干事，干事的股份又少，矛盾就会发生。

当然，经过几次稀释，最后他们上市所持有的股份比例只有当初的1/3，但即便是这样，他们每个人的身价都还是达到了数十亿元人民币，是一个皆大欢喜的结局。

在中国的民营企业中，能够像马化腾这样，既包容又拉拢，选择性格不同、各有特长的人组成一个创业团队，并在成功开拓局面后还能依旧保持着长期默契合作，是很少见的。而马化腾成功之处，就在于其从一开始就很好地设计了创业团队的责、权、利。能力越大，责任越大，权力越大，收益也就越大。

创业团队是一种特殊的群体，这个群体的成员具有共同的创业理念、价值观和创业愿景，相互信任，为了共同的创业目标，团结合作，共同承担创建新企业责任而组建的工作团队。事实证明：选择合理的创业模式，组建卓有成效的创业团队是创业成功的重要基础。创业团队工作绩效大于所有成员独立工作绩效之和。没有团队的创业也许并不一定会失败，但要创建一个没有团队而具有高成长性的企业却极其困难。

（资料来源：马化腾：腾讯五兄弟的创业故事，大学生创业网，2012 年 06 月 25 日。）

二、创业团队的组建原则

创业团队是由一群才能互补、责任共担、愿为共同的创业目标而奋斗的人所组成的特殊群体。大学生创业者在组建团队的时候，需要遵循以下四个原则：

1. 目标明确合理原则

创业目标必须明确，这样才能使团队成员清楚地认识到共同的奋斗方向是什么。与此同时，目标也必须是合理的、切实可行的，这样才能真正达到激励的目的。

2. 优势互补原则

大学生创业者之所以寻求团队合作，其目的就在于弥补创业目标与自身能力间的差距。只有当团队成员在知识、技能、经验等方面实现互补时，才有可能通过相互协作发挥出“1 +1 >2”的协同效应。

3. 精简高效原则

为了减少创业期的运作成本、最大比例地分享成果，创业团队人员构成应在保证企业能高效运作的前提下尽量精简。

4. 动态开放原则

创业过程是一个充满了不确定性的过程，团队中可能因为能力、观念等多种原因不断有人在离开，同时也有人要求加入。因此，在组建创业团队时，应注意保持团队的动态性和开放性，使真正完美匹配的人员能被吸纳到创业团队中来。

三、打造优秀的创业团队

在当今的大环境下，我们一个人努力是加法，而一个团队努力绝对是乘法，但是需要我们每个人都各司其职。那么作为大学生创业者如何打造一个高质量的团队呢？

1. 共同的目标

团队，顾名思义，不可能是由一个人组成，在组成团队过程中，大学生创业者要奔着同一个目标来成立这个团队，共同的目标是前提，有明确的目标了，大家才能共同朝着这个方向前进。

图7-1 共同团队目标

2. 合适的人员

在组成团队时候，人员选择非常重要。态度决定一个人的高度，我们要找的是那种脚踏实地、实事求是的人，而不是好高骛远、虚伪狡诈的、充满负能量的人。

3. 分工要明确

在一个团队，每个人的作用是不同的，做的工作也不会完全相同，这就是需要我们每个人都明确自己的责任。分工明确，会让团队效率提高，不至于出现了问题都找不到问题所在。责任不明确在任何企业和团队都是危害巨大的，团队里面必须有一个领导核心的存在。

图7-2 团队分工协作

4. 奖励大于惩罚

每个人对团队做出的贡献是不同的，对于成绩突出的一定要大力奖励，这种奖励在某种意义上具有促进效果，可以让队员之间互相竞争，当然一定要是良性竞争，杜绝恶性竞争。对于成绩平平或者有一些过失的队员，要以引导为主，而不是惩罚。

5. 严格的制度

每个优秀团队都会有一套严格完整的制度，并需要每个队员遵守。每个队员都没有特权，都不能逾越这个制度，无规矩则不成方圆。

6. 团队文化

每个成功的企业都有自己的企业文化，那么每个优秀的团队也应该有自己的团队文化，它会是整个团队的灵魂，使团队更具有生命力和活力，是每个队员的精神支柱。精神力量是巨大的，它能使每个队员一往无前。

课堂活动7－1

运用团队组建构成要素创建自己的创业团队

【主题】组建创业团队的构成要素。

【活动目标】掌握打造优秀创业团队的构成要素。

【活动时间】10—15分钟。

【活动步骤】

步骤一：将班级同学分成若干小组。

步骤二：通过小组讨论，根据成员选择创业项目和团队成员情况，填写下表。

团队构成情况

团队构成要素	具体内容
目标	
人	
定位	
权限	
计划	

步骤三：各小组展示并汇报团队组建情况。

步骤四：老师进行总结点评。

第二节　团队文化

团队的思想灵魂
——团队文化

文化是民族的血脉，文化的力量深深地熔铸在民族的生命力、创造力和凝聚力之中，因而能够凝聚国家的共同利益和人民的理想追求，能够形成强烈的感召力和向心力，从而使整个社会凝聚起来。作为观念形态，文化以其对全部社会生活的渗透力、凝聚力、引导力，在经济生活、政治过程、社会活动中内在地发挥着其独特的作用。

2014年，习近平总书记在文艺工作座谈会上的讲话中提出：“求木之长者，必固其根本；欲流之远者，必浚其泉源。”中华优秀传统文化是中华民族的精神命脉，是涵养社会主义核心价值观的重要源泉，也是我们在世界文化激荡中站稳脚跟的坚实根基。增强文化自觉和文化自信，是坚定道路自信、理论自信、制度自信的题中应有之义。2020年，习近平总书记在全国抗击新冠疫情表彰大会上提出：“文化自信是一个国家、一个民族发展中最基本、最深沉、最持久的力量。向上向善的文化是一个国家、一个民族休戚与共、血脉相连的重要纽带。”在党二十大报告中，习近平总书记指出：“推进文化自信自强，铸就社会主义文化新辉煌，激发全民族文化创新创造活力，才能增强实现中华民族伟大复兴的精神力量。”在文化这种精神力量的推动下，我们才能不断提升国家文化软实力和中华文化影响力。才能铸就国家的辉煌与繁荣。文化对于一个国家、一个民族、一个企业以及一个团队都是至关重要的精神力量。

众所周知，“孤军奋战，其力有限，众志成城，坚不可摧”。在工作中，只有团队充分合作才能发挥出潜力，为创业企业用最低的成本取得最好收益。因此，我们需要积极向上的团队文化。

一、团队文化的内涵和建设意义

（一）团队文化的内涵

团队文化是指团队成员在合作过程中，为实现各自的人生价值，并为完成团队共同目标而形成的一种潜意识文化。团队文化是社会文化与团队长期形成的文化观念共融的产物，包含价值观、最高目标、行为准则、管理制度、道德风尚等内容。它以全体员工为工作对象，通过宣传、教育、培训和文化娱乐、交心联谊等方式，最大限度地统一员工意志，规范员工行为，凝聚员工力量，为团队总目标服务。

在文化的塑造过程中，经常被忽略的一个情形是，我们经常关注到文化的内容本身，但对于文化形成的过程或者形式缺乏考虑。正如前面的定义所说，文化是一个团队、一个群体共同的认知和行为规范，所以在文化的塑造过程中，不能搞“一言堂”，不能简单地由公司的负责人单向地制定公司的文化，然后把这个文化强行灌输下去。

虽然“一言堂”操作起来简便，它也一定程度上反映了创始人的想法，但会导致团队成员在执行过程中，对于文化的理解出现偏差。而且，团队成员对于这种文化的执行通常会产生抵触。

所以文化作为一个大家后期必须共享的思维和行为方式，在塑造的过程当中，一定要考虑全员的感受。这就要求创业企业在文化的确定过程中，既要考虑团队负责人和团队的创始人的主要认知和态度，同时也要让所有员工或者核心成员能够参与到这个过程当中，让大家觉得这个文化是共同缔造的，这对于后期文化的执行是非常有帮助的。

（二）团队文化的建设意义

团队已经成为众多企业实践企业文化管理过程中强有力的核心价值观。团队建设也已经成为企业文化深植过程中一个至关重要的课题。加强团队文化的建设具有一定的重要性和必要性。

1. 团队文化具有导向作用

团队文化集中反映创业团队以及全体员工共同的价值观念、理想信念和共同利益，对企业中的每个成员都具有一种无形的感召力和约束力。团队文化决定了企业的行动方向，规定着企业的行动目标，引导着企业员工朝着既定的发展目标前进。

2. 团队文化具有凝聚作用

在创业起步阶段，通过共享价值观、信念及利益追求，团队文化将创业团队以及全体员工凝聚在一起，增强了企业的内聚力。对一个企业而言，拥有共同目标并为此努力奋斗是企业发展的动力源泉。因为存在共同目标，企业才会产生极强的向心力；因为存在共同的价值追求，员工才会具有坚强的精神支柱。团队文化能使企业员工凝聚成一个强有力的团队，迸发出巨大的能量。

3. 团队文化具有规范作用

相对而言，创业初期的企业存在着机构不健全、制度不完善等问题，此时的团队文化体现着一种“软”约束。通过团队文化，员工知道什么可以做、什么不可以做，哪些活动将受到瞩目和奖励，哪种类型的人才将得到重用。团队文化使员工产生心理认同并逐步内化为自觉行动和自我约束，从而真正达到规范约束的目的。

案例学习 7－2

海尔企业文化

海尔创立于1984年，是全球领先的美好生活和数字化转型解决方案服务商。在持续创业创新过程中，海尔集团始终坚持“人的价值最大化”为发展主线。

1. 海尔核心价值体系

是非观：永远以用户为是，以自己为非——海尔创造用户的动力

海尔人永远以用户为是，不但要满足用户需求，还要创造用户需求；海尔人永远自以为非，只有自以为非才能不断否定自我、挑战自我、重塑自我——实现以变制变、变中求胜。这两者形成海尔可持续发展的内在基因特征：不因世界改变而改变，顺应时代发展而发展。

这一基因加上海尔人的“两创”（创业和创新）精神，形成海尔在永远变化的市场上保持竞争优势的核心能力特征：世界变化愈烈，用户变化愈快，传承愈久。

发展观：人人创客，链群自驱

这是如何看待可持续发展的问题。人单合一文化下，海尔生态的发展观是“人人创客，链群自驱”。海尔生态的基本创新单元是拥有“三权”的小微，每一个小微可自主抢入“链群”，“链群”是没有层级、没有中心的自适应非线性网络，如同水母一样，所有神经元是自组织的网络。

利益观：人单合一双赢——海尔永续经营的保障

海尔是所有利益相关方的海尔，主要包括创客、用户、股东以及其他利益攸关方。网络化时代，海尔与全球创客、利益攸关方等共同组成生生不息的生态圈，共赢共享共创价值。只有海尔这个开放的平台生态圈中所有利益相关方持续共赢，海尔才有可能实现永续经营。为实现这一目标，海尔不断进行商业模式创新，逐渐形成和完善具有海尔特色的人单合一双赢模式，“人”即具有两创精神的员工；“单”即用户价值。每个员工为用户创造价值，从而实现自身价值，企业价值和股东价值自然得到体现，整个创业创新平台才能不断自演进、自优化。

人单合一双赢模式为员工提供机会公平、结果公平的机制平台，为每个员工发挥两创精神提供资源和机制的保障，使每个员工都能以自组织的形式主动创新，以变制变，变中求胜。

2. 海尔企业精神

诚信生态、共赢进化

3. 海尔企业作风

人人都是自己的CEO——海尔的人才观

康德说过：“人不是工具，而是目的。”贯穿海尔的发展历程，管理创新的重点始终关注“人”的价值实现，让员工在为用户创造价值的同时实现自身价值，每个人都成为自己的CEO。在海尔平台创业的小微真正握有“三权”，企业把“决策权、用人权和分配权”完全让渡给小微，使小微可以灵活根据市场变化迅速做出决策，更好地满足用户个性化需求。小微的自演进过程也是自创业、自组织、自驱动，并且按单聚散。

人人能在海尔平台创业

海尔已从传统制造家电产品的企业转型为面向全社会孵化创客的平台，所有创业者都可以成为海尔生态圈的一员，从而形成一个共同创造、共同增值、共同盈利的共创共赢生态圈。海尔员工和小微的驱动力来自用户付薪，也就是能为用户创造多大的价值，就能收获多大的增值分享，不再是传统企业的岗位薪酬。另外，小微也受来自社会化资本的驱动，通过资本社会化不断倒逼小微完善商业模式，全流程驱动小微升级。相应地，海尔文化也从“执行力文化”转型为“创业文化”。

员工从雇佣者、执行者变成创业者、动态合伙人

海尔把传统的“选育用留”式人力资源管理颠覆为“动态合伙人”制度，给员工提供的不再是一个工作岗位，而是一个创业机会，员工从被动的执行者，变为主动的创业者，甚至是企业的合伙人，通过互联互通全球资源为用户共创价值，实现用户、企业和利益攸关各方的共赢增值。

世界就是我的人力资源部

“世界就是我的研发部”“世界就是我的人力资源部”，互联网为企业利用全球分布式的人才资源创造了条件。海尔从自成体系的封闭系统变为互联网的一个节点，不仅仅是企业，每个组织和个人都成为互联网的一个节点，无障碍链接全球一流资源。

4. 海尔创新文化

海尔文化的核心是创新。它是在海尔20年发展历程中产生和逐渐形成的特色文化体系。海尔文化以观念创新为先导、以战略创新为方向、以组织创新为保障、以技术创新为手段、以市场创新为目标，伴随着海尔从无到有、从小到大、从大到强、从中国走向世界，海尔文化本身也在不断创新、发展。员工普遍认同：主动参与是海尔文化的最大特色。当前，海尔的目标是创中国的世界名牌，为民族争光。这个目标把海尔的发展与海尔员工个人的价值追求完美地结合在一起，每一位海尔员工将在实现海尔世界名牌大目标的过程中，充分实现个人的价值与追求。

张瑞敏是走上哈佛讲坛的第一位中国企业家，以海尔的卓著业绩和精辟经营理念让世界认识了中国企业与成功的海尔文化。这一事件在中国企业管理史上具有重要历史意义，它说明，中国企业只要创新，同样也可以在企业管理方面为世界做出贡献。

（资料来源：海尔的企业文化理念，个人图书馆网，2022年09月21日。）

二、团队精神

团队精神是团队文化中的重要组成部分。团队精神就是团队成员共同认可的一种集体意识，是显现的团队成员的工作心理状态和士气，是团队成员共同价值观和理想信念的体现，是凝聚团队、推动团队发展的精神力量。这种力量是通过共同的信仰、一致的行动、相识的工作作风、共有的价值观念、标准的行为规范而凝聚起来的一种合力、众力（见图7－3）。

图7－3　团队精神体现合力

团队精神日益成为一个重要的团队文化因素，它要求团队分工合理，将每个成员放在合适位置，使其能够最大限度地发挥自己的才能，并通过完善的制度、配套的措施，使所有成员形成一个有机的整体，为实现团队的目标而奋斗。团队精神的养成需要从以下几个方面入手：

1. 明确提出团队目标

目标是把人们凝聚在一起的力量，是鼓舞人们团结奋斗的动力，也是督促团队成员的标尺。要注意用切合实际的目标凝聚人、团结人，调动人的积极性。

2. 健全团队管理制度

管理工作使人们的行为制度化、规范化。好的团队都应该有健全完善的制度规范，如果缺乏有效的制度，就无法形成纪律严明、作风过硬的团队。

3. 创造良好的沟通环境

有效的沟通能及时消除和化解领导与成员之间、各部门之间、成员之间的分歧与矛盾。因此，必须建立良好的沟通环境，以增强团队凝聚力，减少“内耗”。

4. 尊重每一个人

尊重人是调动人的积极性的重要前提。尊重团队中的每一个人，人人都感受到团队的温馨。关心成员的工作与生活，将会极大地激发成员献身事业的决心。

5. 引导成员参与管理

每个成员都有参与管理的欲望和要求。正确引导和鼓励这种愿望，就会使团队成员积极为团队发展出谋划策，贡献自己的力量与智慧。

6. 增强成员全局观念

团结出战斗力。团队成员不能计较个人利益和局部利益，要将个人、部门的追求融入团队的总体目标中去，就能达到团队的最佳整体效益。团队中成员之间的关系，一定要做到风雨同行、同舟共济。没有团队合作的精神，仅凭一个人的力量无论如何也达不到理想的工作效果，只有通过集体的力量，充分发挥团队精神才能使工作做得更出色。

日本企业的高效率是国际公认的。他们推崇团队效能而不鼓励单独表演。日本企业具有一种特殊的精神，这就是被日本人通常称为“和”的团队精神。这种特殊的团队精神一直被认为是日本经济发展的中坚力量，其主要内容是和谐、团结与奋斗。在企业实践中，实行“和”的结果首先是保持了高度和谐的人际关系、密切合作的工作环境。其次，在经营决策过程中表现为集体的一致通过。再次，“和”的原理的贯彻和运用，使所有员工都明确自己的奋斗目标，将自己的奋斗目标指向团体的奋斗目标，把个人的方向转化为团体的方向。“和”的结果加强了组织内部的凝聚力，带来了高质量和高效率，为树立强势品牌提供了不竭的力量源泉。

三、打造优秀团队文化

团队文化的重要性对于任何组织来说都是无与伦比的。如何打造优秀的团队文化呢?

1. 对于员工的工作，应该尽可能用数据说话

一个人在工作中取得的结果和成绩是最重要的，但你要有标准去衡量，每个人都应该建立工作中的数据库。这样，作为管理者去衡量一个员工成绩的时候，就能做到有理可依，公平公正。

图 7－4　打造优秀团队

2. 团队需要正能量，一味抱怨只能降低团队的合作效率

对于管理者而言，如摊大饼似地告诫员工要认真工作、吃苦耐劳，甚至制定一些规则，是大错特错的。团队文化不是靠说教出来的，而是靠团队中这些积极向上的人慢慢地影响出来的，这是一个很好的策略。好的团队文化就需要管理者慢慢地去塑造。

3. 作为管理者，不要张嘴闭嘴谈绩效

我们可以采用人性化的方式，比如多组织活动等，慢慢去了解员工的生活，而不是一种高姿态。管理者需要真诚，真正地从生活中拉近团队的距离，达到团队应有的默契。

4. 团队需要批评与褒扬，管理者需要建立良好的奖惩模式

在和团队沟通的时候，可以适当地表扬优秀员工，先给团队树立一个优秀的正面模范，接着重点批评有问题的员工，使用一语双关的褒贬谈话艺术，达到意想不到的效果。

5. 用心交流，人都是有感情的

在这个团队里，交流沟通需要走心，团队合作需要用心，心是人们心灵沟通的窗户。走心，这样形成团队的凝聚力，才不会是一盘散沙。

图 7－5　团队沟通交流

课堂活动 7－2

打造优秀团队文化

【主题】打造属于自己的团队文化

【活动目标】掌握团队文化的组成内涵及建设意义

【活动时间】20—25 分钟

【活动步骤】

步骤一：根据小组成立若干公司

步骤二：通过小组讨论结果填写团队文化要素构成表

团队文化要素构成表

团队文化构成要素	具体内容
公司名称	
公司目标	
公司价值观	
团队精神	
公司文化宣传口号	
公司人事管理制度（简短描述）	
公司人员职位分配及职责	
公司奖惩措施	

步骤三：各小组派代表展示团队文化打造具体实施方案。

步骤四：小组成员简述组建团队文化对自己的影响。

步骤五：小组互评：平键自己最感兴趣的团队的文化。

步骤六：老师总结点评。

第三节 团队管理

创业能否成功，取决于创业者能否做出比竞争对手更高明的决策，而做出正确决策要求大学生创业者拥有一支有竞争优势的团队。团队成员为了团队的利益与目标相互协作，对企业具有尽心尽力的强烈意愿与作风，它是精神文化、组织文化、制度文化在团队中创新性应用，也是塑造企业团队员工形象的一种科学而有效的手段。团队具有巨大的潜力，能促使企业尽快地步入正轨，能帮助创业者实现企业的既定目标。那么，创业团队组建后，如何有效地管理好团队是企业顺利发展的关键环节。

一、有效解决团队管理中存在的矛盾

团队工作不同于一般的工作，在于它是一个管理矛盾的过程。管理者必须理解、接受并尽可能地平衡这些矛盾。

（一）容纳个人的不同和集体的一致及目标

这种矛盾是需要包容个体的不同和达到集体的一致和目标。团队的有效性常常需要混合不同的个体。团队为了从多样性中获益，它必须具有允许不同声音——观点、风格、优先权——表达的过程。这些不同的声音实际上带来了开放，这就不可避免地造成冲突，甚至带来团队成员之间的竞争。过多的冲突和竞争会导致一个“胜负”的问题，而不是合作解决问题的方法。这样做的目的是集合个体的不同，从而激励他们追求团队的共同目标。有效的团队允许个体的自由和不同，所有团队成员必须遵守适当的下级目标或团队日程安排。

（二）鼓励团队成员之间的支持和对抗

如果团队成员的多样性得到承认，不同的观点被鼓励，团队需要发展一种成员之间互相激励和支持的文化。在这种文化环境下，团队成员之间有一种内聚性。他们对其他人的想法真正感兴趣，他们想听到并且区分谈论的内容。他们愿意接受其他具有专长、信息或经验和当前的任务或决策相关人员的领导和影响。但是，如果团队成员太过于互相支持，他们会停止互相对抗。在内聚力非常强的团队中，当有反对意见时，保护和谐友好关系的规范会发展成为“整体思想”。成员将会抑制他们个人的想法和感受，不会再互相批评对方的决策和行动，这时需要付出相当大的个人成本。团队决策时将不会出现不同意见，因为没有一个人想制造冲突。如果持续出现这种情况，团队成员很可能产生压抑的挫折感，他们将只是想“走自己的路”，而不是真正解决问题。有效的团队要想办法允许冲突，而又不至于因此而受损。

（三）注意业绩、学习和发展

管理者需要同时兼顾当前的业绩和学习。管理者不得不在“正确的决策”和未来的经验积累的支出之间选择。犯错误应该认为是学习付出的成本，而不是作为惩罚的原因，这将鼓励发展和革新。

（四）在管理者权威与团队成员的判断力和自治之间取得平衡

要在管理者权威与团队成员的判断力以及团队自治之间取得微妙的平衡。管理者不能推卸团队业绩最终的责任，授权并不意味着放弃控制。给团队成员越多的自治，他们遵守共同的日程就显得越重要。有效的团队是灵活的，他们可以在管理者权威和最适合的团队解决方案之间取得平衡。实际上，在功能完善的团队，成员之间高度的互相信任，管理者在做出某些决定时不必讨论、也不必解释。相反，无效的团队中缺乏信任感，即使管理者做最明白的事情或无关紧要的建议，团队成员都要提出疑问。

（五）维护关系三角

对于管理者来说，由于他们最终具有正式的权威，而不是团队成员，所以他们理解这一点非常重要。团队管理者的作用是管理关系三角：管理者、个体、团队，三者处于等边三角形的三个顶点。管理者必须关心三方面的关系：他们和每一个团队成员个体的关系，他们和作为整体的团队的关系，每一个团队成员个体和团队整体的关系。任何一条关系受其他两条关系影响。当管理者不能很好地管理这个关系三角求得平衡时，团队成员之间的不信任和不良影响将呈螺旋式向下蔓延。

（六）团队管理的挑战

由于团队的复杂性，很多团队常常不能充分发挥他们的潜能。有效的团队不是自然形成的，管理者必须提前把团队成员团结在一起。很多管理者逐渐明白如果他们在管理团队过程中和团队成员分担责任和权威——从管理团队边界到管理团队本身，团队会更有效。如果所有团队成员齐心协力，将取得有效的团队业绩。授权是管理者面对竞争现实可以依赖的工具。一位优秀的团队管理者发现：“我最终认识到我的责任包括把优秀的人员集合起来，创造良好的环境，然后制订出解决问题的方案。”当然，在事情进展过程中，这个责任说起来容易，做起来难。

二、团队管理的有效方法

一个团队的创造力、活力、凝聚力，决定了整个组织的战斗力。一个团队管理好了，才有一股凝聚力，才能为企业团队创造更多价值。

世界上最好的团队是唐僧团队

（一）明确成员认同的目标

目标是方向，是团队存在的理由，是高绩效的基础。有了目标，就让所有成员明白了他们为什么会聚在一起，他们到底要做什么。

这个目标有两个层次，一是公司层面的长远目标，就是所谓的使命和远景；其次是短期目标，就是一年、一个月要干什么。有了目标，团队工作也就可以有的放矢。

（二）明确成员都认同的行为方式

行为方式其实是大家说的“价值观”，就是告诉团队成员在追逐目标过程中什么是对、什么是错、什么是好、什么是坏，是成员必须遵守的“道德规则”。道理很简单，虽然一个团队有了共同的目标，但如果没有高度一致的价值观，那么在实现目标中所采取的行动纲领就不一样。

比如为了赚钱，有的认为可以不劳而获，有的认为需要用汗水换取，于是不同价值取向就导致了不同的行为——有抢、有偷、有贪、有劳作。不同价值观的人很难能够真正在一起共事。所以价值观不一致，高绩效也就无从谈起。

（三）明确各成员的“游戏规则”

所谓游戏规则就是明确各成员的“位、责、权、利”。让每个成员都明白自己的岗位是什么，他应该承担的责任又是什么，同时也让他知道自己的权利有多大，以及如何获取自己应该得的利益。

明确游戏规则，其实是科学管理的开始，这样可以避免人浮于事，做事推诿，让每个人都清楚知道自己在团队中的位置，自己应该为团队做什么。就好比中国象棋中的“车、马、炮、兵、将、士、象”，每人都知道自己该做什么，能做什么。

（四）管理者要以身作则，修缮其身

当一个有共同价值观又有明确分工的团队明确了方向后，接下来就是如何开展具体工作。因此，作为团队的领头人就至关重要，因为“火车跑得快，全靠车头带”，因为“兵熊熊一个，将熊熊一窝”。所以，领导人必须以身作则，带头遵守游戏规则，成为团队的榜样。

（五）各成员要坚决服从和执行

当领导都以身作则后，各成员就必须坚决服从直接上级的指挥和命令，明白要执行，不明白也要执行！只有这样，才能贯彻团队的意图，形成战斗力。这也就是管理上为什么新兵到岗第一天就强调绝对的服从。

其实，在团队管理上，不同层次有不同的职责，也要求有不同的素质，所以一旦领导做出决策后，下级就必须全力以赴！因为领导是负责决策，而下属是负责执行和操作。如果下属都从自己角度出发，很容易形成个人本位主义，让整个队伍一团散沙。

（六）用100%的激情做1%的事

任何一项工作都由许多小事组成，因此只有把每件事都做好了，整个项目才有可能获得成功。然而，同一件事，不同人去执行，或者同一个人用不同的心态去执行，其效果都相差甚远！所以，同样是执行，如要想有好绩效，各成员就必须用100%的激情去工作。也只有这样才能让整个队伍充满活力、充满生机、充满自信，才能克服前进路上的重重困难，才能获得高绩效。

（七）说出心里话，沟通再沟通

是人，就有差异，也就少不了摩擦。虽然大家的价值观一致，虽然大家都充满激情，但总有误解和矛盾的时候。所以在这种情况下就必须及时地沟通，心平气和地沟通，理性地沟通。在沟通中消除隔阂、消除猜疑。如果有意见一直憋着不说，很容易发酵成为大冲突，影响团结，最后自然会影响绩效。所以，能不能沟通、会不会沟通、敢不敢沟通，是一个团队有没有凝聚力的重要指标。

（八）永远的赞美与感恩

有了沟通，只是消除了误解，增进了了解，若要让团队更有凝聚力，让自己更能得到伙伴的帮助，就必须学会赞美和感恩。赞美是肯定，是给伙伴的鼓励和支持，感恩也是肯定，是从心底深处对他人的感谢。

其实我们每个人从一生下来就不断获取别人的鼓励与关怀，认识的、不认识的，每一天都有人在给我们奉献着爱。据资料显示，一个人在没有激励的情况下只能发挥30%的潜能，而一旦得到鼓励，会发挥80%—90%的潜能。所以，真诚地感恩和赞美是一种润滑剂，是一种财富，是一种获取高绩效的促进剂。

（九）好好学习，天天向上

古人说要活到老学到老！环境在变，世界在变，一个高绩效的团队也只有不断学习，不断提高自己，才能不断创造高绩效。

（十）永远手拉手

手拉手就是合作，就是团结。越来越专业化的社会分工，越来越需要大家合作才能成就事业。当所有成员都为了一个梦而奋斗的时候，每个人都应该给你的同伴多一分支持，用手拉着手、让心连着心，用协作的力量去战胜风雨。当然要做到团结协作，成员还需要有多赢意识、服务意识、糊涂意识。

案例学习 7－3

华为团队管理的四大智慧

华为是中国最早将人才作为战略性资源的企业，其团队管理体系更是华为 30 年来持续发展的动力和关键。华为总裁任正非用“狼狈组织”“少将连长”等词汇诠释华为在员工激励、组织建设、干部管理等方面的管理智慧，道出了华为团队管理的核心。

第一大智慧：赛马

赛马是一种比赛骑马速度的竞速运动项目，在对抗中分出孰优孰劣，是历史最悠久的运动之一。整个企业由无数个大大小小的团体所组成，互相竞争，彼此博弈。高层所要做的就是维持好规则和环境的公平公正，保证给所有人发挥的机会。大家各凭本事，出尽奇招，争当先进，谁能够最先冲出终点线，那么谁就能拿到胜利的成果。

华为的企业文化就是赛马文化。在华为，团队和项目之间的比拼，也被形象地比喻成赛马。以团队和项目组为单位赛马，争当先进。任正非曾强调，在地区部专业业务骨干、代表处的维护专家队伍的选拔上，可以通过赛马来产生。

正是因为有了这样的良性竞争，团队才能在你追我赶的过程中不断成长，企业也会像滚雪球一般越滚越大。

第二大智慧：狼狈组织

任正非在华为市场部的一次讲话中提到：“我们提出‘狼狈组织计划’，是针对办事处的组织建设的，是从狼与狈的生理行为归纳出来的。狼有敏锐的嗅觉，团队合作的精神，以及不屈不挠的坚持。而狈非常聪明，因为个子小、前腿短，在进攻时不能独立作战，因而它跳跃时是抱紧狼的后部，一起跳跃。就像舵一样的操控狼的进攻方向。狈很聪明，很有策划能力，以及很细心，它就是市场的后方平台，帮助做标书、网规、行政服务……”

“狼与狈是对立统一的案例，单提‘狼文化’，也许会曲解了狼狈的合作精神。而且不要一提这种合作精神，就理解为加班加点，拼大力，出苦命。那样太笨，不聪明，怎么可以与狼狈相比。”

第三大智慧：少将连长

在任正非近年的不少讲话中，多次提到“少将连长”这个词，他说：“少将有两种，一是少将同志当了连长，二是连长配了个少将衔。”

根据《华为人报》作者工乙的分析，华为出现“少将连长”可能至少有两个途径：

第一，是高级干部下到基层一线，当基层主管，带小团队冲锋陷阵，充当尖兵；或者如同重装旅，作为资源池，到一线协调指挥重大项目、建立高层客户关系、建设商业生态环境，充分发挥老干部的优势。

第二，“连长配了个少将衔”，就是提高一线人员的级别，一线基层主管、骨干因为优秀而被破格提拔，职级、待遇等等达到了很高的水准，这样，就会引导优秀人才到一线、长期奋斗在一线，逐渐筛选出优质资源直接服务客户，从而创造更大的价值。

第四大智慧：板凳要坐十年冷

这句话出自南京大学一位教授的对联：“板凳要坐十年冷；文章不写半句空。”“板凳要坐十年冷”的意思是要专心致志做学问，不慕荣誉，不去追求名利，甘于寂寞，只要坚持自己的学术方向，不怕别人不重视。

任正非说：“在冷板凳上坐的都是一代英豪。科学是老老实实的学问，要有思想上艰苦奋斗的工作作风，要有坚定不移的精益工作目标，要有跟随社会进步与市场需求的灵活机动的战略战术。做实不是没有目标、没有跟踪、没有创新，但没有做实就什么也没有。点滴奋斗与持之以恒的努力，踏踏实实地在本职岗位上不断地进取，太阳已经在地平线下升起。当然，也希望公司能尽早识别出那些在板凳上坐了多年，有奋斗精神、有贡献、有热情的默默无闻的优秀员工，不要让雷锋们等得太久。”

（资料来源：华为团队管理的15条大智慧，搜狐新闻网，2022年07月07日。）

拓展延伸7－1

人力资源管理师证书

人力资源管理，是在经济学与人本思想指导下，通过招聘、甄选、培训、报酬等管理形式对组织内外相关人力资源进行有效运用，满足组织当前及未来发展的需要，保证组织目标实现与成员发展的最大化。就是预测组织人力资源需求并作出人力需求计划、招聘选择人员并进行有效组织、考核绩效支付报酬并进行有效激励、结合组织与个人需要进行有效开发，以便实现最优组织绩效的全过程。

人力资源管理师证书是由国家人力资源和社会保障部颁发，照国家职业标准分为人力资源管理员、助理人力资源管理师、中级人力资源管理师、高级人力资源管理师。人力资源管理师等级职业资格证书是一种职业技能鉴定证明、劳动工种（岗位）操作技能证明、职业准入证明。凡考核合格者，由国家人力资源社会保障部颁发相应等级的职业资格证书，实行统一编号登记管理和国家劳动部官方网站网上查询，是相关人员求职、任职、晋升、包括出国等的法律上的有效证件，可记入档案、全国通用。

职业定义：从事人力资源规划、招聘与配置、培训和开发、绩效管理、薪酬福利管理、员工关系/劳动关系管理等工作的专业管理人员。

职业能力特征：具有一定的学习能力、沟通能力、协调与合作能力、解决问题能力及计算能力、信息处理能力。

鉴定方式：人力资源管理师考试采用机考。各科试卷均为客观题。满分140分，成绩皆达 84 分以上者为合格。

考试内容：《经济基础知识》和《专业知识与实务》，涉及人力资源规划、招聘与配置、培训和开发、绩效管理、薪酬福利管理、员工关系、劳动关系管理等相关内容。

第四节 团队类型

一般说来，创业团队大体上可以分为三种：星状创业团队（Star Team）、网状创业团队（Nesh Team）和网状创业团队中演化来的虚拟星状创业团队（Virtual Star Team）。这和网络拓扑结构极其相似。

一、星状创业团队（Star Team）

星状创业团队一般在团队中有一个核心人物（Core Leader），充当了领队的角色。这种团队在形成之前，一般是核心人物有了创业的想法，然后根据自己的设想进行创业团队的组织。因此，在团队形成之前，核心人物已经就团队组成进行过仔细思考，根据自己的想法选择相应人员加入团队，这些加入创业团队的成员也许是核心人物以前熟悉的人，也有可能是不熟悉的人，但这些团队成员在企业中更多时候是支持者角色（Supporter）。

这种创业团队有几个明显的特点：

（1）组织结构紧密、向心力强，主导人物在组织中的行为对其他个体影响巨大。

（2）决策程序相对简单，组织效率较高。

（3）容易形成权力过分集中的局面，从而使决策失误的风险加大。

（4）当其他团队成员和主导人物发生冲突时，因为核心主导人物的特殊权威，使其他团队成员在冲突发生时往往处于被动地位；在冲突较严重时，一般都会选择离开团队，因而对组织的影响较大。

这种组织的典型例子，如太阳微系统公司当初就是由维诺德·科尔斯勒确立了多用途开放工作站的概念，接着他找了乔和贝托斯海姆两位分别在软件和硬件方面的专家，和一位具有实际制造经验和人际交往技巧的麦克尼里，于是，组成了 SUN 的创业团队。

二、网状创业团队（Nesh Team）

这种创业团队的成员一般在创业之前都有密切的关系，如同学、亲友、同事、朋友等。一般都是在交往过程中，共同认可某一创业想法，并就创业达成了共识以后，开始共同进行创业。在创业团队组成时，没有明确的核心人物，大家根据各自的特点进行自发的组织角色定位。因此，在企业初创时期，各位成员基本上扮演的是协作者或者伙伴角色（Partner）。

这种创业团队的特点：

（1）团队没有明显的核心，整体结构较为松散。

（2）组织决策时，一般采取集体决策的方式，通过大量的沟通和讨论达成一致意见，因此组织的决策效率相对较低。

（3）由于团队成员在团队中的地位相似，因此容易在组织中形成多头领导的局面。

（4）当团队成员之间发生冲突时，一般都采取平等协商、积极解决的态度消除冲突，团队成员不会轻易离开。但是一旦团队成员间的冲突升级，使某些团队成员撤出团队，就容易导致整个团队的涣散。

这种创业团队的典型是微软的比尔·盖茨和童年玩伴保罗·艾伦，惠普的戴维·帕卡德和他在斯坦福大学的同学比尔·休利特等。多家知名企业的创建多是先由于关系和结识，基于一些互动激发出创业点子，然后合伙创业，此类例子比比皆是。

三、虚拟星状创业团队（Virtual Star Team）

这种创业团队是由网状创业团队演化而来，基本上是前两种的中间形态。在团队中，有一个核心成员，但是该核心成员地位的确立是团队成员协商的结果，因此核心人物从某种意义上说是整个团队的代言人，而不是主导型人物，其在团队中的行为必须充分考虑其他团队成员的意见，不如星状创业团队中的核心主导人物那样有权威。

案例学习 7－4

中国国际“互联网＋”大学生创新创业大赛

中国国际“互联网＋”大学生创新创业大赛是由教育部主办的创新创业比赛，为全面落实习近平总书记支持“互联网＋”大学生创新创业重要精神，深入推进大众创业万众创新，推动高等教育高质量发展，加快培养创新创业人才而举办。

大赛主要采用校级初赛、省级复赛、总决赛三级赛制，包含主体赛事、主题活动和同期活动等内容。参赛项目能够将移动互联网、云计算、大数据、人工智能、区块链等新一代信息技术与经济社会各领域紧密结合，服务新型基础设施建设，培育新产品、新服务、新业态、新模式；发挥互联网在促进产业升级以及信息化和工业化深度融合中的作用，促进制造业、农业、能源、环保等产业转型升级；发挥互联网在社会服务中的作用，创新网络化服务模式，促进互联网与教育、医疗、交通、金融、消费生活等深度融合。参赛团队通过登录“全国大学生创业服务网”或“中国互联网十大学生创新创业大赛”进行报名。

中国国际“互联网＋”大学生创新创业大赛是我国深化创新创业教育改革的重要载体和关键平台，已成长为覆盖全国所有高校、面向全体大学生、影响最大的高校双创盛会。

思考与练习

组建你的最佳创业团队

1. 制作广告

假设你想寻找合伙人共同创业，创办一家企业，请拟一份征集合伙人的广告。注意以下几个方面：

（1）你是召集人，不一定是领导者；

（2）创业的初始目标、计划；

（3）你掌握的资源及你需要的资源；

（4）所需伙伴的数量和特点；

（5）你对股权分配、团队管理的设想；

（6）有吸引力的回报及可能的风险；

（7）其他你认为需要说明的问题。

2. 3 分钟演讲

（1）张贴你的广告，并用 3 分钟演讲宣传你的优势，吸引同学加入你的团队。

（2）同学共同评估，选出几位同学作团队创建者，并自愿加入一个团队。

3. 评估团队结构

从以下四个方面，分析哪个团队组成更好（每项 25 分）。落后的队谈谈将如何赶超对方。

（1）团队成员加入的目的。

（2）团队成员的知识结构。

（3）团队成员的性格、个性、兴趣。

（4）团队成员的价值观念。

4. 确定团队成员

团队创建者可以根据同学对下面 5 个问题的解答情况，决定其去留。

（1）团队中唯一权威主管问题。

（2）团队成员间的相互信任问题。

（3）妥善处理不同意见和矛盾。

（4）合理分配股权问题。

（5）妥善处理团队成员间利益。

然后请团队中的一个成员对本团队做出最后调整（增人或减人）。

5. 团队展示

各团队经过讨论，完成下表，并进行集体展示。

团队名称	
设计 LOGO	
团队口号	
团队愿景	
创业项目	
团队领导者	
团队成员及分工	
团队管理制度	

第八章
创业资源

学习目标

☐ 了解创业支持政策
☐ 掌握创业空间的选择
☐ 掌握创业资金的筹措

【案例导入】

大学生创客　实现“种田CEO”

毕业于浙江工业大学工商管理专业的大学生陈林嶓，在杭州工作了三年后辞去了工作，回到家乡帮助父亲经营家庭农场。同样是大学毕业的妻子姜雅萍表示了赞同，与他一同辞去了杭州的工作。两位80后年轻人告别都市回到农村，这让许多同龄人不解。陈林嶓说：“现代农业发展前景很好，水稻田里也能成就一番事业。”既然选择远离都市的喧嚣，那就安心在农村好好经营自己的事业。“用机械代替人工是农业发展的大趋势。”陈林嶓边组装农机边和村民们聊上了，他父亲刚开始创办家庭农场的时候，每到农忙季节，雇工难不说，用工成本也不低。为了提高农场机械化、自动化程度，陈林嶓不断引进犁田机、插秧机、收割机、烘干机等农用机械，效益大大提高。去年农场90公顷田共收获稻谷50多万公斤，销售额达到280多万元。尝到机械化的甜头后，今年4月，他又采购了价值20多万元的农用植保飞行器。遥控飞行器治虫不仅效率高，还能避免人工治虫对水稻根系的伤害，更重要的是拉开了农药与人的距离，从而保护了人身安全。夫妻俩一同跟着父亲和农场的农民下地，熟悉机械操作和农事管理；用以前逛街、上网的时间去听农业局的农技课；书架上各种农技、农机的书籍逐渐多了起来……如今小两口已经成了当地小有名气的大学生农民。经过一年的发展，农场的土地从原来的90公顷扩增到140多公顷。

（资料来源：大学生创客，回乡当上“种田CEO”，浙江新闻网，2015年05月30日。）

启示：

1. 掌握国家政策，准确定位创业方向

“三农”是我国的一个重要的问题。2000年，当“三农”首次被提出后，就得到了政府的重视，随后国家出台了一系列有关“三农”问题的政策，大力扶持农业发展。“现代农业发展前景好”、去农业局听有关农技知识，这些都反映出陈林嶓对国家政策的深入了解。所以，做出了将自己的创业方向定位在农业的决定。

2. 打造创业空间，将创新创业付诸于现实

作为一名农民的儿子，陈林嶓提到的“每到农忙季节，人难雇不说，用工成本也不低”，反映出一名农民儿子对落后的农业种植方式的深刻体会。作为一名创客，陈林嶓看到了“用机械代替人工是农业发展的大趋势”。将机械代替人工的想法付诸于实践，得到了巨大收益，也成就了这位年轻的农业CEO。

当前，十四五规划聚焦“三农”工作，围绕“优先发展农业农村，全面推进乡村振兴”提出系列要求，在未来的五年，我国不仅会在农村地区大力兴建设施，发展乡村经济，同时还会推进人才振兴、生态振兴、产业振兴等一系列和乡村振兴战略有关的工作，以此来推动农业农村逐步走向现代化。

因此，现在的农村已经进入了转型发展阶段，“十四五”期间，可以说是农村进入高质量发展转型最关键的阶段，为了巩固“十三五”所取得的各项成果，对于乡村的建设和产业农业发展问题，国家将会采取更多措施，相信在未来的五年，针对三农的创业优惠措施会越来越多，创业者们可以拭目以待。

第一节　大学生创业政策

为支持大学生创业，国家和各级政府出台了许多优惠政策，涉及融资、开业、税收、创业培训、创业指导等诸多方面，在2017年首届中国“互联网＋”大学生创新创业大赛总决赛举行时，李克强总理曾批示：“大学生是实施创新驱动发展战略和推进大众创业、万众创新的生力军”。同时，《教育部关于做好2022届全国普通高校毕业生就业创业工作的通知》中也明确指出，2022节普通高校毕业生规模、增量创历史新高，就业形势复杂研究。教育部决定实施“2022届全国普通高校毕业生就业创业促进行动”，健全就业创业促进机制，推动就业创业工作提质增效，促进高校毕业生更加充分更高质量就业。

课堂活动8－1

提问：同学们知道哪些创新创业政策，我们身边的哪些活动正在体现着创新创业政策？

一、创新创业教育政策

创新创业教育政策是政府为鼓励和支持高校对在校学生进行创新创业意识、创新创业精

神和创新创业能力的培育，增强学生创业意愿、提高学生创业技能而制定的规范和措施。创业教育政策主要内容包括设置创新创业课程、举办创新创业大赛、建设大学生创新创业实践基地、加强创新创业师资队伍建设等内容。

“十四五”规划和2035年远景目标纲要提出“激发人才创新活力”，要弘扬科学精神和工匠精神，广泛开展科学普及活动，加强青少年科学兴趣引导和培养，形成热爱科学、崇尚创新的社会氛围，提高全民科学素质。加之高校大学生创新比赛愈发火热，并激发出多种科技创新，对于大学生而言，在校创业，将理论学习和实践锻炼相结合，由专业老师指导，通过创新大赛进行验证，吸引投资目光，将成为大学生创新创业的一条重要“捷径”。

案例学习 8-1

95后大学生的“种草大计”净利润达到450万元

华中农业大学张振华同学来自内蒙古自治区呼和浩特市赛罕区一个小乡村。高三那年，张振华在从事畜牧养殖的叔叔那里得知，我国牲畜食用的牧草基本都是从国外进口，每年内蒙古牧场从美国进口的有“牧草之王”称号的紫花苜蓿数量就达上百万吨，而1吨的价格就要3300元。为什么我们不自己种呢？为了学习前沿的农业知识，张振华以超重点线50余分的成绩填报了华中农业大学，进入植物科学与技术学院的“张之洞班”。在校期间，张振华频繁出没辅导员办公室，希望学校能对他的“种草大计”给予一定支持。最终，经过不懈努力，张振华获得了前往参加央视“创业英雄会”的机会。学院特邀豆科作物专家、博士生导师赵剑作为张振华的技术顾问和指导老师，并派辅导员陈志强和他一同踏上了北京的寻梦之旅。19岁的张振华最终登上了“创业英雄汇”舞台，“紫花苜蓿的根特别长，有很好的防风固沙和固氮作用，如果大面积推广对生态改良很有利”。

节目现场，投资人对苜蓿项目既能带来很高的经济价值，又能实现防风固沙的环保功能产生了很大兴趣。最终，张振华在现场与投资方签订了100万元融资的意向性合同。

（资料来源：他成立公司后，一边读书一边种草，立志要改变家乡面貌，网易新闻，2022年07月22日。）

启示：

大学生创业应当抓住在校期间的学习机会，通过参加各类创业活动，征求创业导师建议，把创业的梦想转变为现实，即使失败也是未来创业路程上的一笔宝贵财富。要明确大学不仅学习的是专业知识，更要学习解决问题的思路和方式。

二、普通高校学生自主创业政策

2022年4月，教育部发布《普通高校学生自主创业政策公告》，以帮助高校毕业生在创业过程中能够熟知更多的优惠政策。

（一）税收优惠政策

1. 持人社部门核发《就业创业证》的高校毕业生在毕业年度内创办个体工商户的，可按规定在3年内以每户每年12000元为限额（最高可上浮20%，具体由各省、自治区、直辖市人民政府根据本地区实际情况确定）依次扣减其当年实际应缴纳的增值税、城市维护建设税、教育费附加、地方教育附加和个人所得税。

2. 对高校毕业生创办小微企业的，可按规定享受小微企业普惠性税费政策；创办个体工商户的，对其年应纳税所得额不超过 100 万元的部分，在现行优惠政策基础上减半征收个人所得税。

（二）担保贷款和贴息政策

3. 创业担保贷款和贴息支持：可在创业地申请创业担保贷款，最高贷款额度为 20 万，对符合条件的个人合伙创业的，可根据合伙创业人数适当提高贷款额度，最高不超过总额的 10%。对 10 万元及以下贷款、获得设区的市级以上荣誉的高校毕业生创业者免除反担保要求；对高校毕业生设立的符合条件的小微企业，最高贷款额度提高至 300 万元，财政按规定给予贴息。

4. 创业担保贷款申请程序：申请创业担保贷款贴息支持的个人和小微企业应向当地人力资源社会保障部门申请资格审核，通过资格审核的个人和小微企业，向当地创业担保贷款担保基金运营管理机构和经办银行提交担保和贷款申请，符合相关担保和贷款条件的，与经办银行签订创业担保贷款合同。

（三）资金扶持政策

5. 免收有关行政事业性收费：毕业 2 年以内的普通高校毕业生从事个体经营的，3 年内，免收管理类、登记类和证照类等有关行政事业性收费。

6. 求职创业补贴：对在毕业学年有就业创业意愿并积极求职创业的低保家庭、贫困残疾人家庭、原建档立卡贫困家庭和特困人员中的高校毕业生，残疾及获得国家助学贷款的高校毕业生，给予一次性求职创业补贴。

7. 一次性创业补贴：对首次创办小微企业或从事个体经营，且所创办企业或个体工商户自工商登记注册之日起正常运营 1 年以上的离校 2 年内高校毕业生，试点给予一次性创业补贴。

8. 享受培训补贴：对大学生在毕业年度内参加创业培训的，按规定给予培训补贴。

（四）工商登记政策

9. 简化注册登记手续：创办企业，只需填写“一张表格”，向“一个窗口”提交“一套材料”，登记部门直接核发加载统一社会信用代码的营业执照，“多证合一”。

（五）户籍政策

10. 取消落户限制：高校毕业生可在创业地办理落户手续（直辖市有关规定执行）。

（六）创业服务政策

11. 免费创业服务：可免费获得公共就业和人才服务机构提供的创业指导服务。

12. 技术创新服务：各地区、各高校和科研院所的实验室以及科研仪器、设施等科技创新资源可以面向大学生开放共享，提供低价、优质的专业服务。

13. 创业场地服务：鼓励各类孵化器面向大学生创新创业团队开放一定比例的免费孵化空间。政府投资开发的孵化器等创业载体应安排 30% 左右的场地，免费提供给高校毕业生。有条件的地方可对高校毕业生到孵化器创业给予租金补贴。

14. 创业保障政策：加大对创业失败大学生的扶持力度，按规定提供就业服务、就业援助和社会救助。毕业后创业的大学生可按规定缴纳“五险一金”。

（七）学籍管理政策

15. 折算学分：各高校要设置合理的创新创业学分，建立创新创业学分积累与转换制度，探索将学生开展自主创业等情况折算成学分。

16. 弹性学制：学校可以根据情况建立并实行灵活的学习制度，可放宽学生修业年限，保留学籍休学创新创业。

案例学习 8-2

创业为情怀——一个西北少年的光荣与梦想

马维祥，东乡族人，黄河科技大学2014级商贸学院会计专业本科生。2015年注册成立河南百草坊商贸有限公司，入驻黄河众创空间。创业项目曾获2016“创青春”河南大学生创业大赛三等奖，河南省大学生创业补贴等，他本人获得黄河科技学院“创业之星”称号。

马维祥来自甘肃酒泉市玉门市独山子东乡族乡。考入黄科院后，一次偶然的机会，他从网上看到有人卖黑枸杞，科技的发达使得花青素之王——黑枸杞的药用价值得以发现。

他马上想到了要把家乡的农产品带到郑州来，一方面可以赚生活费学费减轻家庭负担，另一方面也可以为家乡的农产品打开销路。

在将创业想法和创业导师张红玉交流后，张老师建议马维祥先做好扎实的市场调研。于是，这个执着的小伙儿用一个月的时间跑遍了郑州的茶城。调研的结果令他很兴奋。

随着生活水平的提高，人们对养生产品的需求逐渐增加，但市面上许多商家对黑枸杞的认知度并不高，黑枸杞产品很少，而且鱼龙混杂、品质不一。看到巨大商机的马维祥开始一点点推广自己家乡的黑枸杞。

在学院和老师的帮助下，他注册成立了河南百草坊商贸有限公司，正式入驻黄河众创空间。解决了场地的难题，他得以安心开展业务，从一开始的一天只能卖出1—2斤，到后来的一天最多可卖出200多斤，回头客越来越多。现在他已经帮助16家农户解决了3000多亩黑枸杞的销路问题，每月的营业额可达十多万元。

此后，马维祥也参与了一些创业活动、创业大赛等，最重要的是在参加活动的过程中，他认识了很多志同道合的创客和优秀的校友企业家。优秀校友企业家、创业导师的指导下，他组建团队线上线下结合，注册商标“东乡人家”，马维祥也敢于把梦做大，去探索如何做出品牌了。

2016年11月，马维祥回到家乡着手建立黑枸杞加工厂，把黑枸杞做成胶囊、口服液、含片，以满足不同客户的需求。将来他希望通过互联网建立中国枸杞馆，“我想把自己成长土地上的那些珍贵宝藏带给更多需要它的人，希望通过自己的努力给贫瘠山村里的家乡人找出一条新出路。”

（资料来源：第十三届中国大学生年度人物候选人马维祥事迹，搜狐网，2018年04月20日。）

启示：

大学生创业优惠政策带来了哪些便利？

1. 创业意识。来到黄科院，马维祥从网上看到有人卖黑枸杞，科技的发达使得花青素之王——黑枸杞的药用价值得以发现。

2. 创业精神和技能。在将创业想法和创业导师张红玉交流后，张老师建议马维祥先做好扎实的市场调研。创业导师的指导让主人公拥有了创业精神和创业技能。

3. 创业的便利渠道。在学院和老师的帮助下，主人公注册成立了河南百草坊商贸有限公司，正式入驻黄河众创空间。创业商务政策为主人公成立公司带去了便利通道。创业融资政策为主人公成立公司提供了便利的资金来源，通过学校的帮助，贷款力度、手续办理、利率优惠都得到了很大支持。最后，入驻学院的众创空间，还解决了场地问题。

总结：

1. 凡事预则立，不预则废。无论张振华还是马伟祥，他们的创业故事无一不是在直面家乡发展的困境中得到了启发，根据家乡发展长期面临的困难，不断地思考如何改变困境，成为了创业的出发点，当机会出现才不会失之交臂。而这种“预”更多的体现了热爱家乡、热爱祖国的一种爱国情怀，时刻胸怀家乡建设，发现的创业机会才是对家乡建设确有其用、解决问题、带去价值的机会。

2. 业精于勤荒于嬉，行成于思毁于随。创业难免遭遇阻挠和困境，学业要想成功，在于奋发努力，勤勉进取；创业要想成功，需要反复思考、深思熟虑，随便行事，必然招致失败。

情怀是创业的灵感，学业是创业的基础，大学生创业除了要胸怀天下，更要刻苦钻研专业知识，尤其高职大学生，更应该深刻理解“职教 20 条”精神，借助在校期间“1 + X”证书制度，多学专业知识，扩展专业领域，为就业创业早做准备。

第二节　创业空间

当前，国家进一步放开创业创新的准入门槛，创业更容易，但创业挑战也更大。转变观念，把握机遇，拓宽空间，才能推动创业者们一步步走向成功。那么，创业者需要拓展的创业空间存在于哪些领域，这些创业空间到底有多大呢？

一、创业空间在哪里、有多大

就业创业先找风口，通过对“十四五”的解读，本书归纳总结规划中提出的一系列创新性、战略性举措，为就业创业的年轻人梳理解读未来 5 到 15 年，前景发展较好的就业创业方向。

1. 新兴产业将打开高速发展局面

创新有大科学家和国家队的创新，同时也有就业创业者都可以参加的创新，如新一代的信息技术、生物技术、新材料、新能源汽车等领域。“十四五”时期是我国由全面建成小康社会向基本实现社会主义现代化迈进的关键时期，产业升级势在必行。建议中指出，下一步国家将加快壮大新一代信息技术、新能源汽车、绿色环保等产业，构建一批各具特色、优势互补、结构合理的战略性新兴产业增长引擎，培育新技术、新产品、新业态、新模式，大力推动数字经济和实体经济深度融合，打造具有国际竞争力的数字产业集群，形成实体经济与互联网经济并驾齐驱，相互融合、相互带动的新局面。未来，诸如4s店一类的传统产业，不仅要有维护保养的技师，更需要懂得电子设备、软件技术的职业技术人才，以便将传统创业市场与互联网、大数据、人工智能进行深度融合。因此，新兴产业领域必将带来一轮新的提速发展机遇（见图8－1）。

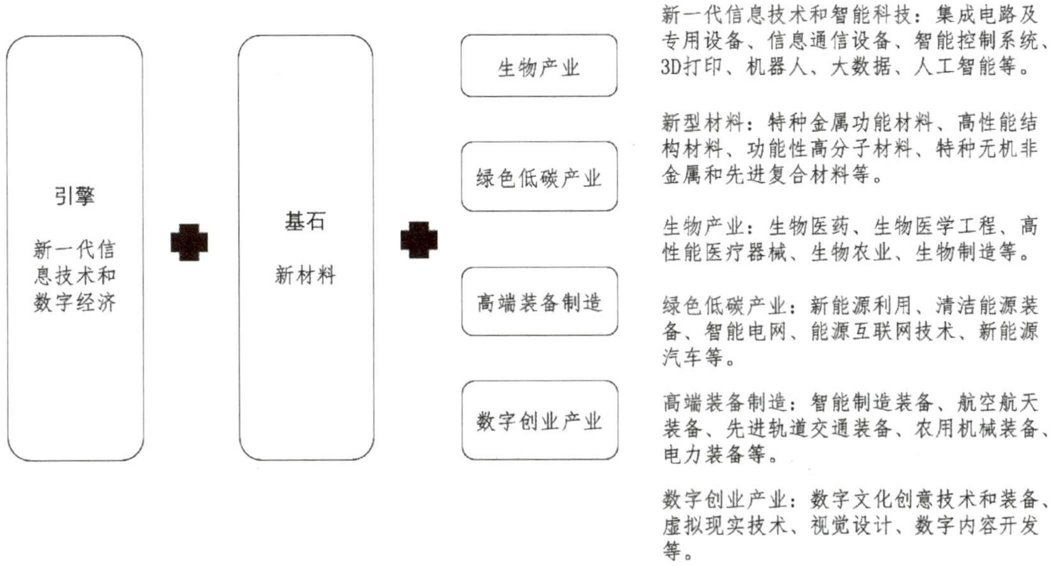

图8－1　新兴产业带来的发展机遇

2. 实体经济发展依旧是重头戏

风口不一定都在高科技里，如实体经济中的现代服务业。自“十三五”规划提出，国家就在大力扶持实体经济的发展，“十四五”规划更是提出了实体经济与数字经济深度融合的理念。同时提出要推动生活性服务业向高品质和多样化升级，加快发展健康、养老、育幼、文化、家政、物业等服务业，加快发展新型文化企业、文化业态、文化消费模式。比如金牌全能型保姆、整理收纳师都已月入上万，所以现代服务业孕育着大量的就业创业契机。

另一方面，未来5年，国家对于大力发展实体经济，提到了关键性的一点——“实体经济与数字经济”深度融合。因此，国家对实体经济与大数据深度融合方面的规划，意味着此后实体经济发展将建立在数字化基础上，且发展动力将更加强劲！

3. 两大空间

（1）居民收入增长将有更多机会。“十四五”期间，国家要继续调整和优化企业、政府和居民三个部门的分配关系，继续加大对中小微企业的支持，稳定居民收入增长的基础。为此，未来五年，居民的生活品质将会得到进一步提升，市场将面临诸多新产业、新服务业的需求，创业就业将迎来巨大发展空间。

（2）迎来更好、更轻松的营商环境。对创业者来说，“十四五”期间，最欢喜的创业利好政策当属“优化民营经济发展环境，依法平等保护民营企业产权和企业家权益”。

为民营企业营造一个更好、更轻松的营商环境，不仅能扩大内需，加速经济发展，还能扩充就业岗位，稳定民生。简单地说，发展环境的改革代表着创业者将有更多机会发展，不论是开店亦或是成立企业，都将比以往更简单，拥有更多可能。

二、众创

创业者白手起家，创业过程需要面临工作空间、网络空间、社交空间、信息空间等现实问题，而众创空间则为创业者们解决以上问题提供了便利。

众创空间的概念

知识窗

众创背景

2015 年 1 月 28 日，国务院总理李克强主持召开了国务院常务会议，指出要顺应网络时代推动大众创业、万众创新的形势，构建面向人人的“众创空间”等创业服务平台，对于激发亿万群众创造活力，培育包括大学生在内的各类青年创新人才和创新团队，带动扩大就业，打造经济发展新的“发动机”，具有重要意义。

《中国创业孵化发展报告 2020》显示，截至 2019 年年底，全国有孵化器 13206 家、众创空间 8000 家及孵化器 5206 家，带动创业就业人数超过 300 万人。

创业孵化机构 2019 年总运营收入为 653.6 亿元，其中，孵化器总收入为 449.9 亿元，众创空间总收入为 203.7 亿元；创业孵化机构总运营成本为 586.1 亿元，同比增长 13.7%，其中，孵化器运营成本为 370.8 亿元，众创空间运营成本为 215.3 亿元。

创业孵化事业带动就业效果明显。2019 年，全国创业孵化机构从业人员达到 16.8 万人，包括孵化器从业人员 7.3 万人，众创空间从业人员 9.5 万人；在孵企业和创业团队共吸纳就业 450.3 万人，同比增长 22.8%，其中，孵化器在孵企业吸纳就业 294.9 万人，包括应届毕业大学生 26.5 万人；众创空间在孵企业和团队吸纳就业 155.0 万人，包括应届毕业大学生 19.9 万人。

大众创业火热的背后，很多人把联合办公空间、创客空间和创业孵化器等多种表现形式都称为“众创空间”其实是错误的。众创空间主要是在资源共享的基础上，根据自身不同的行业背景提供产业资源对接、投融资对接、项目路演和媒体推广等活动。

（一）创客、企业孵化器、众创空间

1. 创客

创客是指出于兴趣与爱好，努力把各种创意转变为现实的人，由于最初目的是新奇好玩，所以在创作时并没考虑该作品的商业价值，更没考虑将来是否会以此去创业赢利。而创客空间则是在社区化运营的工作空间里，为创客们提供（通常是对电脑、机械、技术、科学、数字艺术或电子技术）聚会、社交并展开合作，所以创客空间里的创作目的性并不强。

2. 企业孵化器

企业孵化器是指在一个集中的空间里，能够在企业创办初期举步维艰时，提供资金、管理等多种便利，旨在对高新技术成果、科技型企业和创业企业进行孵化，以推动合作和交流，使企业“做大”。孵化器设置门槛高于创客空间，想进入需要经过多层筛选，比如发申请—提交商业计划书—考察团队背景、经验—面试。

3. 众创空间

众创空间是在科技创业孵化器发展基础上，通过新模式、新机制、新服务、新文化融合发展，为小微创新企业成长和个人创新创业提供低成本、便利化、全要素的开放式综合服务平台。进入门槛较低，通常以创客形式进入后经过发展组成团队再进入孵化器。众创空间集聚各种创新创业要素，为大众创新创业者提供良好的工作、网络、社交和资源共享等物理空间和虚拟空间。

4. 三者的区别

众创空间是包含了孵化器、创客、苗圃、创业园等物理空间的“楼”和虚拟空间的“楼”的新型组织，只要是为创业者提供服务都属于大范畴的“众创空间”。

同样服务于大众创新，创客与孵化器有着内涵的不同，作为众创空间的一只生力军，创客重点关注想法，处于创新的最前端，激发创新的种子。孵化器更加注重创业，也就是创新的中端和后端，着重建立“创业苗圃—孵化器”创新服务体系，为创业者提供零成本的创业空间。

注：创业苗圃是创业孵化链条的重要组成部分，是传统孵化器向前端延伸的产物，创业苗圃一般只吸纳不需注册的创业者、创业团队。众创空间既吸纳不需注册的创业者、创业团队，又吸纳直接注册的创业企业。

案例学习 8－3

众创空间与孵化器的联系

众创空间3W咖啡是于2011年通过众筹模式由一群热爱互联网、致力于行业交流、酷爱咖啡和红酒的互联网资深人士投资创立的互联网主题馆，并以咖啡厅为载体，瞄准互联网公司和人群不断扩大社交圈，形成涵盖咖啡、传媒、孵化器、猎头和在线招聘于一体的创新服务平台，是一家公司化运营的组织。

首先，3W咖啡馆为客户提供基础的咖啡饮品及简餐服务，创业者只需每人每天点一杯咖啡就可以在这里共享一天的物理上的公共空间和设施，如WiFi、会议室、咖啡休息室、打印机、传真机等；不仅使得进入的创业者可以享受优质的开放式办公区，还包括打印、水、电、网络、收发快递、空调暖气、联合秘书等一站式的行政服务，以及公司地址注册、人才招聘、媒体合作的企业级标配套餐。这样可以最大化地解决创业者的后顾之忧，让他们把更多精力放在钻研项目上。

其次，3W咖啡馆将创客空间与孵化器分离。1楼和2楼是以咖啡厅为主题的创客空间，门店设有智能产品体验区、会议室和活动发布场地，为创业团队和小微企业提供产品展示、交流、办公和资源对接空间，承接行业会议、沙龙和活动组织，为创客们提供了将想法转变为实物的便利条件。

最后，“藏”在3W咖啡馆3层的创业孵化器Next Big隶属于3W集团，3W集团是由徐小平、曾李青等180位互联网行业顶级企业家、投资人共同发起成立的组织，专注于互联网领域的知识交流和创业服务。基于“互联网圈子”的资源，Next Big为创业者提供全程指导，创建了逐鹿开发者俱乐部、投融资平台，并免提供费储存空间和服务器，联合腾讯、微软、阿里巴巴、华为、三星、中国电信等巨头企业为创业者提供资源、创业资讯等全程创业服务。除了网络、主机，创业者对于相关的软性资源也有需求。Next Big 与美国高锐律师事务所达成合作，定期为创业团队进行融资、法律等相关课程培训，针对大家都关注的初期架构、股权分配等问题进行详细解读。另外，每周 1 期一对一或一对多的培训及内部研讨会，内容覆盖了市场推广、SEO、App 渠道推广，活动策划、财务政策等多个方面，以便让创业者头脑中的思路变得丰富起来。

（资料来源：王丹丹：国内外众创空间比较，中科评信，2018 年 07 月 03 日。）

启示：

1. 创客就是将与众不同的想法变成实物的人（不以营利为目的）。
2. 创客空间 = 车间 + 艺术工作坊 + 实验室 + 创客交流中心。
3. 孵化器 ⊆ 众创空间。
4. 众创空间 = 创客空间 + 创业孵化器 + 其他延伸。

总结：众创空间是为了帮助有好项目的创客走向创业的综合服务空间，比创客空间和孵化器更专业、更先进，更具备政策上、成本管控上等多个方面的优势。

（二）众创空间可以为创业者带来的便利

创业者想要白手起家，门路十分狭窄，如果能够找到一个规模大又专业的靠山，要比一个人摸爬滚打便利很多，也就是我们通常说的“抱大腿”。创业者只需要提供想法和才能就行了，剩下的统统交给众创空间来搞定！众创空间具体的便利体现在以下几点：

（1）开放与低成本：面向所有公众群体开放，采取部分服务免费、部分收费，或者会员服务的制度，为创业者提供相对较低成本的成长环境。

（2）协同与互助：通过沙龙、训练营、培训、大赛等活动促进创业者之间的交流和圈子建立，共同的办公环境能够促进创业者之间的互帮互助、相互启发、资源共享，达到协同进步的目的，通过聚合产生“聚变的效应”。

（3）结合：团队与人才结合，创新与创业结合，线上与线下结合，孵化与投资结合。

（4）便利化：通过提供场地、举办活动，能够方便创业者进行产品展示、观点分享和项目路演等。此外，还能向初创企业提供其在萌芽期和成长期的便利，比如金融服务、工商注册法律法务、补贴政策申请等，帮助其健康而快速地成长。

（5）全要素：提供创业创新活动所必需的材料、设备和设施。

案例学习 8-4

揭秘 WeWork 的联合办公租赁模式

成立于 2010 年的联合办公租金企业 WeWork，截至 2017 年 1 月，在全球 32 个城市拥有 98 个共享办公场所。2016 年，联想控股、弘毅资本、锦江酒店争先向其注资，使 WeWork 的累计融资额达到 17 亿美元，市场估值提升到 169 亿美元，被视为与 Uber、Aribnb 并称的共享经济三大巨头。为什么 WeWork 如此受到创业者们的青睐呢？

在 WeWork，创业者可以选择只租赁一个工位并可以按日计费，会议室等也都可以在需要时再租用。每个共享工位（即在公共空间的指定工作区域与其他 WeWork 会员肩并肩的工作空间，该空间保证你能放置一个笔记本电脑，并提供电源接口和 WiFi），每日的租金为 50 美元，使用会议室的话，在中国 160 元/时；而如果是在共享空间内的专用办公桌（包含一套专属的办公桌椅和一个可上锁的文件柜），在 WeWork 上海每月的最低租金为 2783 元人民币，附赠 5 个小时的会议室使用时间或 2.5 日的流动办公桌；而一间一个人的私人办公室（一个 5—6 平方米大的私人空间，一套办公桌椅、台灯、垃圾桶和文件柜），在 WeWork 上海每月的最低租金为 3113 元人民币，附赠 12 个小时的会议室使用时间或 6 天的流动办公桌。此外，黑白打印每页 8 美分、彩色打印每页 0.4 美元，而饮料、网络、打印机等则是免费使用的。

会员可以享受 WeWork 提供的一些福利，从 TriNet 处享受较低价格的医疗保险和人力资源解决方案，从大通银行处获得支付过程中的手续费减免，从 UPS 处获得运费折扣。

与硬件相比，WeWork 的成功更应归功于它的“共享文化”。WeWork 会定期或不定期地举行一些社区活动，如每周的“欢聚时光”，以及与投资者和业界领袖进行对话的“办公时间”等，WeWork 还设立了专门的社群经理（自愿担任），并根据他们本月、本年度内帮助多少会员建立了联系而给予一定的奖励，以便鼓励第三方的组织活动次数。

WeWork 的联合办公空间不仅是指实体的联合办公空间，更包括虚拟的联合办公空间，即，WeWork 的会员平台。WeWork 平台为会员提供了各类商业服务，包括财务、广告、品牌策略、商务运营、管理咨询、设计、保险、投资、法律服务、室内设计、市场营销、移动开发、编程、拍照和摄像、公共关系、房地产、招聘、社会化营销、写作等各类与创业相关的服务。目前 WeWork 的线上平台共有 7.2 万名创业型用户，其中约 70% 是活跃用户，这无疑为创业者提供了全球化的行业资源和市场资源，而 WeWork 中每个成员也都将受惠于其他成员的成功，因为每个成功企业都增加了其他企业的潜在价值。

（资料来源：揭秘：WeWork 的联合办公租赁模式，马上办公网，2017 年 09 月 26 日。）

启示：

1. 优质的设施及保证办公的各类材料和设备：高速网络、独特办公空间，各类办公室用品、社区经历、职业社交活动及平台、前台服务，果汁、咖啡。

2. 对于初创企业来说，按工位计费和按小时租赁会议室，可以降低单个企业的租赁成本。

3. 会员优惠制度。由于看中会员的潜在价值，第三方赞助商会给会员提供一些案例所述的折扣。

4. 协同与互助。开放的办公环境，欢聚时光、办公时间等培训及大赛活动，庞大的平台，方便创业者进行观点分享、交流和迅速找到目标客户或上下游合作伙伴，促进创业者之间的互相帮助、资源共享。

5. 虚拟资源便利化。WeWork 平台为会员提供了保险、投资、融资、法律、市场营销、公共关系等便捷式服务。

（三）如何选择创业空间

众创空间以创业服务深受创业者的喜爱，初创团队能同时获得财务、法务、金融、人力资源、投融资对接等增值服务。以更低的成本提供更好的选择，更适合创业公司业态。由于创业服务的高度同质化，除了标准创业服务以外，我们还需要寻找到每个园区的特点。

如何选择众创空间

1. 众创空间属性

（1）专业服务型。专业服务型众创空间是指基于企业现有先进技术资源，通过技术扶持，衬以企业庞大的产业资源为创业者提供高效便捷的创新创业服务。该模式众创空间的主导者通常为大型科技企业，拥有雄厚的资金实力，前期不追求初创企业带来盈利，而着眼于鼓励创业在其现有先进技术平台上实现突破，实现创新。

优势：可以提供技术、流量分发、培训咨询、媒体传播的支持。

知识窗

人民日报：科技创新助力共同富裕

2021 年 6 月，为鼓励大学生创新创业，浙江省长兴县着力做优做强公众创新平台。该县打破部门间壁垒，以科技服务为主线，汇聚金融、生产、市场等创新要素，为众创空间提供技术、资金、品牌等一揽子服务。该县的省级众创空间星创客入驻大学生创业团队 33 个，在“移动互联网 +”、文化创意、电子商务和节能环保等领域做得风生水起。南太湖青年科技创业园的众创空间，主打新能源新材料、高端装备制造业，完备的孵化服务链已吸引 80 个大学生创业团队入驻。目前，长兴县形成了以国家大学科技园、泗安西湖产业园、煤山青创园、和平科创园等为支撑的科创平台体系，入驻大学生创业团队 245 个，孵化各类小微科技项目 500 多个。

在“科技富农”行动中，长兴县以技术需求为导向，遴选出 20 个科技特派员团队入乡驻镇，并通过“揭榜挂帅”机制、创业导师帮带制等，让“科技店小二”各显神通。

（2）投资驱动型。投资驱动型的众创空间是效仿美国等发达国家孵化器的成功模式，针对初创企业最急需解决的资金问题，以资本为核心和纽带，聚集天使投资人、投资机构，依托其平台吸引汇集优质的创业项目，主要为创业企业提供融资服务，并帮助企业对接配套资源，从而提升创业成功率。这类新型孵化器的典型代表有创新工场、车库咖啡和天使汇等。

知识窗

人民日报关注陕西众创空间：支持创新的“金种子”长成“参天大树”

“进入众创空间，一切都顺了！”西安叩持信息技术有限公司总经理阎如斌欣喜不已。他口中的陕西半导体产业众创空间是一家专注于半导体集成电路领域的双创服务机构，目前已吸纳集成电路领域初创企业 30 多家，总产值突破 2 亿元。“这里工位免费、租金减免，还能对接行业资源。一年多时间，公司收入就突破了 1000 万元，今年预计能翻一倍。”阎如斌说。

> 众创空间由陕西半导体先导技术中心有限公司建设运营。“今年中心获得科技部和财政部300万元资金支持，我们把这笔资金传递到各个项目上，进一步为大家减负。”中心总经理何晓宁说，陕西科教资源雄厚，但转化能力相对较弱，众创空间解决了科技成果转化“最后一公里”的难题。
>
> 何晓宁告诉记者，不久前公司获批建设陕西省半导体与集成电路共性技术研发平台，1000万元财政资金即将到位，“政策支持力度大，我们有信心把更多创新‘金种子’培植好，长成引领半导体行业产业升级的‘参天大树’!”

（3）媒体驱动型。媒体驱动类型的众创空间是指依托自身庞大的媒介平台，为创业者提供多维度宣传为亮点，同时凭借对创业环境以及科技型企业的长期跟踪报道而积累的经验对创业者提供扶持帮助。他们通过成熟的媒体平台为创业项目在极短的时间内造势，吸引眼球扩大用户群。同时对接各路投资人，通过将线上和线下相结合的方式，促进投资的模式。

（4）活动聚合型。该模式的众创空间为创业者提供基础的办公空间，并以工位计算收取低廉的租金，同时提供共享办公设备及空间。同时，会定期邀请创业导师或者大咖来举办沙龙、讲座或项目发布、展示、路演等创业活动聚合，为创业者分享经验，答疑解惑。涵盖了开放空间型、创客孵化型、地产型。开放空间代表：3W、车库、SOHO3Q；创客孵化型代表：创客空间、柴火空间；地产型代表：WeWork、优客。

> **知识窗**
>
> **深圳柴火创客空间**
>
> 柴火创客空间寓意“众人拾柴火焰高”，为创新制作者（Maker）提供自由开放的协作环境，鼓励跨界的交流，促进创意的实现以至产品化。空间提供基本的原型开发设备、电子开发设备、机械加工设备等，并组织创客聚会和各种级别的工作坊。

（5）培训辅导型。侧重对创业者的创业教育和培训辅导，以提升创业者的综合能力为目标，充分利用丰富的人脉资源，邀请知名企业家、创投专家、行业专家等作为创业导师，为企业开展创业辅导。

> **知识窗**
>
> **联想之星**
>
> “联想之星”由中国科学院和联想控股有限公司于2008年共同发起，通过免费创业培训、天使投资、开放平台等扶持手段，致力于发现并培养优秀的科技创业领军人才、为早期科技创业企业提供天使资金、树立并传播科技成果产业化、科技创业的观念、探索适合高科技成果产业化的“三位一体”科技创业孵化模式。
>
> 为了帮助更多的创业者，2010年联想之星启动了“区域短训班”和“创业大讲堂”。目前已经在无锡、武汉、成都、北京、天津举办五场，参与人员超过7000人，并

通过网络进行直播，覆盖数万人。2011 年，为了给科技创业者提供持续服务，整合更多有利于创业的政府和社会资源，联想之星创业联盟成立。创业联盟以联想之星特训班各期学员为主体，与政府相关机构（北京、上海、苏州、武汉、无锡、天津、成都、广州等地）、知名投资机构（红杉、KPCB、经纬中国、创新工场、中新创投、金沙江、北极光等）以及社会专业服务机构（上海大学生科技创业基金会、汉口银行、硅谷华源科技协会等）建立战略合作关系，共同为创业企业提供全方位的持续服务。

2. 其他选择因素

（1）价格。价格是选择办公空间的第一要素，即使我们的目标是改变世界也不能忘记这一点。租金价格应当在企业预算范围之内，性价比越高越好，前期投入越少越好，租约周期越灵活越好。前期节省的每一分钱，投入到市场推广中，都有可能新增更多客户和订单。当然我们要考虑的是综合成本而非表面成本。

（2）区域。选择一个适合创业公司所属行业的区域，有助于企业在同行业中相互学习与发展，有助于招聘与挖掘行业中的人才。交通便利一直都是年轻人选择就业单位的重要因素，靠近地铁口，商圈配套能使得创业公司以更低的薪酬招募更好的人才。

（3）空间氛围。不同的众创空间由不同的公司运营，因此装修风格、空间氛围差异非常大。因此在实际考察中，选择适合创业者团队的氛围尤为重要。

众创空间是为创业者提供创业的空间，体现了创新、协调、开放、共享、绿色五大发展理念，为创新驱动、可持续发展、人才强国等国家战略的实现提供力量。因此，本书希望创业或就业者不可拘泥于众创空间的形式，还应真正领悟众创空间的真实含义。建议大学生，借助在校期间的人力、物力等资源，刻苦学习，苦练“1 + X”技能，把知识与实践相结合，通过创业大赛，彰显自身价值。

第三节　创业启动资金

一、创业所需资金测算

创业者在创业阶段肯定需要资金做准备。面对创业所需的资金，创业者需要估算企业的筹备到底需要多少资金，这就要求创业者有一个精确的资金预估，也就是说，只有明确缺多少钱，才知道借多少钱。

创业资金预测

那么，是不是借的越多越好呢？并非如此，借的钱越多，梦就可以做得越大，但风险也会同时变大。在你规划的资金使用周期内达到自己设定的目标和里程碑，商业模式得到进一步验证，产品或服务获得市场认可，市场估值就会有更好的预期，下次筹款就会更方便。但如果筹款太多，团队的自律性稍差些，对危机的忧患意识会减弱，战斗力和效率会降低，奋斗的积极性将随之慢慢消失，“死于安乐”的危机不知不觉就会降临到企业。

所以，预测创业资金的目的就在于使创业企业有充足合理的资金来源，保证生产经营的正常进行。

1. 创业资金的构成

创业资金主要由企业开办资金和企业运营资金两部分构成，即：

创业资金总计 = 企业开办资金 + 企业运营资金

2. 资金需求量预估

（1）企业开办资金预估。这部分资金由形成企业生产经营能力的大规模资本性支出资金和企业开办的一次性消费用构成。资本性支出资金主要包括土地购置费、生产设备购置费、办公设备购置费、建设厂房费等。开办费用主要包括登记注册费用、公证费用、开业宣传费用等。

（2）企业运营资金预估。企业运营资金也称“运用资金”。国外称为“营运资本”。是企业流动资产总额减流动负债总额后的净额，即企业在经营中可供运用、周转的流动资金净额。

为此，创业企业需要编制一套完整的财务报表，包括资产负债表、利润表、所有者权益变动表、现金流量表及附注。其中：资产负债表测算出企业每年年末占用的运营资金的数量，利润表反映企业在一定期间经营的成果，所有者权益变动表反映构成所有者权益的各组成部分当期的增减变动情况，现金流量表则反映了企业在一定期间内现金及现金等价物流入和流出情况（现金流量情况），可以让企业在财务出现问题之前就发现危机，以便企业采取措施来减少不良影响。

提前知道将会遇到现金流问题，将为企业争取到时间去思考解决方案，比如通过向银行做短期贷款来缓解现金流压力。如果企业在预期的财务缺口之前一直做得很好，那么企业在谈判贷款条款的时候就更有优势，并更有可能获得企业所需要的资金。

二、创业企业融资

创业企业融资分析

当科学合理地预测出创办企业所需要的资金后，创业者怎样能够快速、高效地筹集到这笔资金，是创业成功至关重要的因素。那么，如何从其他渠道获得创业的第一笔启动资金呢？

融资是指企业通过科学预测和决策，判断自身经营的状况，采用一定的方式和渠道，从企业外部向投资者或者债权人筹集资金的行为，以保证企业的运营。包括直接融资和间接融资。其中：直接融资主要是指直接向资金持有人，如股东、投资人等筹集资金的方式，比如在股票市场发行股票，以获取资金用于企业的发展、经营等。间接融资主要是指通过金融机构，如银行、财务公司、信托公司等，以借入长短期借款、发行债券等方式获得资金的方式。

从广义上讲，融资也叫金融，就是货币资金的融通，指当事人通过各种方式到金融市场上筹措或贷放资金的行为。

创业企业融资是指创业者为获得合理的创业启动资金，通过多种融资方式和融资渠道，到金融市场上筹措资金的行为。

案例学习 8－5

株洲市某机械有限公司是由几位下岗职工组建的一个小型加工厂，经过几人 5 年的艰苦创，工厂现在拥有厂房1200 平方米。专业技术人员 20 人，从业职工 60 人，企业采用数控车床、铣床、磨床等先进设备，专业生产高压泵、水泵配件、排气管配件以及机械铸造等系列产品，发展前景非常好。

2012 年 12 月该企业因发展需要，扩大生产规模，向远大小额贷款有限公司贷款 300 万元，贷款期限 3 个月。贷款发放后，为企业解燃眉之急，生产日渐红火。该公司曾多次向银行申请贷款，因不完全具备银行贷款条件，未能成功获得银行贷款。“远大”经过详细了解该企业的生产经营情况，得知其发展前景较好，于是采用股权质押的方式予以贷款 300 万元，帮助该小型企业成功走出困境。

总结：案例中，该小型企业通过股权质押方式向“远大”贷款 300 万的资金筹集行为和过程就是融资。

创业者可能有好的技术或者创意，并且愿意承担创业风险，同时，创业者常常缺少资本，希望获得外部融资，但是他们在融资过程中会面临很多挑战。虽然我国各级政府出台了许多针对中小企业发展的优惠政策，但“融资难”仍然是制约广大中小企业生存和发展的瓶颈问题。

1. 经营规模小，抗风险能力低

创业企业由于资产和生产经营规模都比较小，盈利能力也比较差，从而抗风险能力差，偿还贷款的能力容易受到削弱，而资金提供者需要控制风险，所以资金提供者不喜欢高风险的创业企业。

2. 担保责任难以落实

创业企业组织关系简单，缺乏可以提供担保的上级主管部门和行业组织。同时，自身资产规模不大，导致申请贷款时抵押物严重不足，担保责任难以落实，资金提供者难以给创业企业提供融资。

3. 融资成本高

融资成本是指企业为筹集和使用资金而付出的代价。如委托金融机构代理发行股票、债券而支付的注册费和代理费，向银行借款支付的手续费等等。融资成本由两部分组成，一部分是融资过程中发生的费用，可以称之为融资费，如律师费、资信评估费、证券印刷费等；另一部分是使用资金给予投资方的报酬费用，称为资金使用费，如股票融资向股东支付股息、红利，借款支付的利息，借用资产支付的租金等。

与大型企业相比，中小企业单笔贷款申请规模小，资金提供者难以发挥规模效应。试想，银行向 100 位客户分别发放 100 万元的贷款获得的收入与向一位客户发放 1 亿元的贷款获得的收入差别不大，但是前者付出的交易费用却是后者的 100 倍。

为了降低经营费用，提高利润率，价值创业企业没有足够的抵押物或是担保，大型商业银行要么不愿意向创业企业提供贷款服务，要么提高创业企业贷款利率。这些因素全部导致了创业企业的融资成本居高不下。

知识窗

2018 年 2 月，中国社会融资成本指数在北京公布，会议同时发布了《中国社会融资环境报告》，报告中指出企业融资难与越来越高的融资成本有很大关系。当前中国社会融资（企业）平均融资成本为 7.16%。其中银行贷款平均融资成本即贷款利率为 6.6%，承兑汇票平均融资成本为 5.19%，企业发债平均融资成本为 6.68%，融资性信托平均融资成本为 9.25%，保理平均融资成本为 12.1%，小贷公司平均融资成本为 21.9%，互联网金融（网贷）融资成本为 21.00%，上市公司股权质押的融资成本为 7.24%。

7.16%仅是利率成本，如果加上各种手续费、评估费、招待费等，社会平均融资成本将超过 8%，这对企业来说是很重的负担。而这只是平均融资成本，平均融资成本更多的是被较低的银行融资成本所拉低。中小企业融资成本大部分高于 10%。而在这些融资方式中，我们可以看到银行贷款是成本最低的，当然也是占比权重最大的；另外，最高成本则来自小贷公司和网贷公司，两者的成本都高达 20%以上。对一家企业来说，选择这类方式进行融资，风险是非常大的。

4. 其他因素

（1）财务会计制度不完善，信息不透明。财务机构不健全、财务管理不完善、随意制定财务报表、透明度低、真实性较差，这些均是创业企业内部存在的一系列问题。由于财产管理意识不足，会计制度不健全，投资人对中小企业的尽职调查难度便会加大。

（2）管理制度落后，信用环境不断恶化。创业企业经营场所和人员具有较强流动性，法人代表变动频繁，导致创业企业不重视信用制度建设，缺乏完整的信用跟踪，使得企业逃债、废债现象非常普遍，造成信贷资产流失，进而导致创业企业所处的信用环境也在不断恶化。

三、融资原则

与普通企业相比，创业企业融资难度更大，通常处于严重的融资困境之中。创业企业要克服融资困难，摆脱融资困境，降低融资风险，就需要在融资时遵循必要的原则。

1. 建立资金储备，准确把握机会

一方面，初创企业为扩大规模，在经营初期会对技术、市场、经营模式等方面进行探索，因此会得到较多的发展机会。但是，机会的来临与消失通常非常短暂，如果初创企业不能准确把握机会，迅速筹集资金，开展研发，抢占市场，则机会往往会被竞争对手所把握，进而被对手超越。

另一方面，足够的资金是保证抓住机会的前提。再好的发展机会，少了充足资金的支持，创业企业也只能“心有余而力不足”。为避免这种不利境遇，创业企业在平时不仅要关注机会，还要有一定数量的资金储备，以保证随时可以利用机会。当然，建立资金储备不仅可以提高企业对机会的利用能力，而且可以降低企业风险。

2. 宏观考虑风险，提升抗险能力

（1）注重积累负债。初创企业的经营风险一般大于大型企业，要想保持旺盛的发展力和强大的市场竞争力，不能靠高负债筑起自己的金字塔，要靠不断的自我积累使企业由小变大，由弱变强。

（2）合理贷款。把贷款时间适当拉开，分成短、中、长几个不同的时间段，把存款压缩在基本保证生产经营资金的额度内，有钱及时归还银行贷款，就可以减少成本。如果企业生产经营波动性大，可以通过临时调整贷款增减额的方式满足企业的资金需求。

3. 科学选择方式，降低融资成本

融资时选择经验丰富以及与企业有良好关系的券商或者银行能够有效地降低时间成本，同时也有可能减少融资费用。企业融资的方式有债券、向银行借贷等多种形式，每种融资形式有着不同的特点，企业可以根据不同需求选择不同的融资方式。不同的融资形式有着不同的融资成本，这种成本有的表现在利率上，有的表现在费用支出上，企业可以量体裁衣，在满足融资的同时，尽量选择合适自己的方式，进行低成本融资。

融资渠道

四、融资的渠道和方式

（一）融资渠道

融资渠道指协助企业筹措资金的来源和通道，解决的是“钱从哪来”的问题。创业者在科学预估所需资金后，选择合适的融资渠道去筹措资金。目前来看，我国企业的资金来源主要可以分为内部融资和外部融资两类。

1. 内部融资

融资渠道的首选是内部资金来源，主要指企业留存的税后利润，优势在于融资成本低、风险小，可有效控制财务风险，保持稳健的财务状况。主要来源包括：留存收益和私人借贷。

（1）留存收益。留存收益是企业从历年实现的利润中提取或留存于企业的内部积累，它来源于企业的生产经营活动所实现的净利润。留存收益在会计报表上包括企业的盈余公积和未分配利润两个部分。其中盈余公积是有特定用途的累积盈余，未分配利润是没有指定用途的累积盈余。如图 8－1 所示。

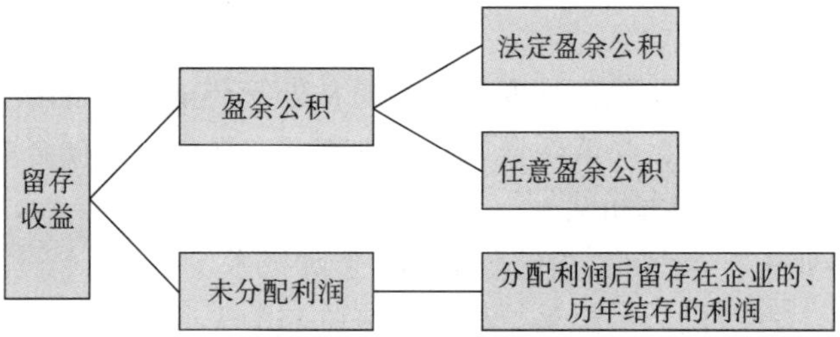

图 8－2　留存收益构成

案例学习 8－6

留存收益的构成

2017 年年底，甲企业缴完所得税后还有 100 万元的利润，这个利润叫净利润也叫税后利润。100 万元的利润不能全部分给投资人，为了弥补企业亏损、扩大企业生产经营、转增公司资本，按公司法的要求：按税后利润的 10% 提取法定盈余公积用于补亏。$100 \times 10\% = 10$（万元），则盈余公积中的法定盈余公积为 10 万元。然后按税后利润的一定比例提取任意盈余公积，任意盈余公积是为了以后亏损的时候有钱给投资人分红，提取比例由股东大会决定，假定按税后利润的20%提取，任意盈余公积用于分红100×20%＝20（万元），则盈余公积中的任意盈余公积为20万元，余下的还有70万元可以用于向投资人分红。但企业一般不会全分，要留下来一部分用于企业发展，假定企业拿出30万元向投资者分红，最后余下的40万元是没有分配出去的利润也叫未分配利润。

总结：

2017年，企业甲的留存收益为70万元：

留存收益＝10万元（法定盈余公积）＋20万元（任意盈余公积）＋40万元（未分配利润）

启示：

留存收益渠道进行融资的优点：

1. 以留存收益的渠道进行融资时，无须实际支付任何融资成本，也不用与投资者签订某种协议，又不会受到证券市场的影响和其他限制。

2. 因为小规模创业企业从外部融资的机会很少，而企业又处于快速成长期急需大量资金，这时创业者只能优先将盈利留存创业企业，用于支持企业成长，减少创业企业向外部融资的压力。

3. 创业者将盈利留在企业还可以显示出对企业未来的发展信心，使创业企业能够更方便地通过其他融资渠道与方式筹集到资金。

鉴于以上三点，留存收益受到了创业企业特别的偏爱。

（2）私人借贷。私人借贷是指从亲朋好友或内部员工集资借来的资金。对于刚毕业的大学生，尤其是规模不大、处于创业初期的项目而言，这部分资金是比较可靠的资金来源，很多创业成功者都曾借用过此类资金作为启动资本。目前，国内风险投资机构出于风险控制和投资回报率的考虑，更愿意投资可以预见的高速成长的行业或项目，企业设立初期即获得风险投资的可能性相对较小。需要注意的是，无论私人关系如何，债权债务关系必须明确，如果是投资入股，则更要事前明确企业经营管理权的归属。对于借款，应该按照双方的协商支付合理的利息，因为利息是借款的孳息，孳息归贷款人所有，况且贷款人还承担了通货膨胀、货币贬值的风险。

2. 外部融资

创业企业想要做大做强，光靠内部融资是远远不够的。外部融资渠道具有速度快、弹性大、资金量大的优点，缺点是企业需要负担高额成本，因此会承担较高的风险。外部融资的主要来源包括：政策基金、高校创业基金、银行贷款、风投和天使投资。

（1）创业政策基金。近年来，中央和地方各级政府为了鼓励创业，纷纷推出了各种支持创业的政府无偿资助资金，用于资助高校毕业生以其科研成果或专利发明创办科技企业，鼓励大学生依托科技自主创新创业，推动科技成果产业化。

例如，河南省对大学生创业给予资金扶持。综合考评大学生自主创业项目吸纳就业能力、科技含量、潜在经济社会效益、市场前景等因素，无偿提供2万—15万元的资金扶持。扶持标准分为4个档次：2万元、5万元、10万元、15万元。对拥有独立自主知识产权和发明专利、节能降耗、劳动密集型的创业项目给予优先扶持；对从事个体经营的创业实体项目扶持金额不超过5万元。

浙江省宁波市为鼓励高校毕业生自主创业，创新资助金额每项最高可达60万元，个别重大项目可达100万元，创业扶持金额每项一般为20万—40万元。

（2）高校创业基金。现在各个高校也在鼓励大学生创业，除了场地费减免、一系列孵化园以外，每个学校或多或少都有一些创业基金。相对政府的融资来说，这个创业融资基金更容易拿到，但相对来说各高校给每个项目的融资金额不会太高。

（3）金融机构贷款。创业贷款是指具有一定生产经营能力或已经从事生产经营活动的个人，因创业或再创业提出资金需求申请，经银行认可有效担保后而发放的一种专项贷款。符合条件的借款人，根据个人的资源状况和偿还能力，最高可获得单笔50万元的贷款支持；对创业达一定规模或成为再就业明星的人员，还可提出更高额度的贷款申请。创业贷款的期限一般为1年，最长不超过3年。

（4）风险投资，指由专业的投资机构把资本投向不确定性而导致蕴藏着失败风险的高新技术及其产品的研究开发领域，旨在促使高新技术成果尽快商品化、产业化，以取得高资本收益的一种投资过程。通常在项目到达一定的阶段，创业者自然会接触到一些风投。他们需要你的项目来获得回报，你需要他们来开拓市场。

知识窗

美图，中国的照片编辑应用程序，在2016年IPO，是十多年来香港最大规模的IPO。公司估值49亿美元，并募集6.3亿美元资金。这标志着中国科技市场的一个里程碑——对于早期投资者创新工场来说，它的投资回报高达40倍。

2013年，创新工场领投了美图的A轮融资。2014年，启明创投参与到了美图1000万美元B轮融资中。

美图之所以成为一个强大的投资标的，不仅仅是因为它是一个“模仿者”。还在于投资者担心错过机会，往往会导致其它市场对“我也是”的想法过度投资。在错过了美国Groupon等成功案例后，投资者会前往海外寻找完美的复制品。这些海外投资者往往忽略了一个产品想要获得粘性和成功，所需本地化的细微差别。

美图不只是一个照片编辑或“脸部优化”应用程序。

美图还处于中国独一无二的两股巨大力量的滑流中。

首先，移动设备的爆发。在美图移动应用程序推出后，中国的智能手机使用量开始呈指数增长。这给了应用程序一个有机的增长引擎。

其次，人们对美的渴望越来越强烈。在美图推出的时候，与其邻国相比，中国的整形手术的人均手术率非常低。到2014年，有700万中国人到国外去整容。

投资者的资金，帮助美图在照片编辑应用程序背后拓展业务。它现在有23种产品。

美图的六大旗舰应用程序是美图、BeautyCam、美拍、Beauty Plus、SelfieCity和MakeupPlus。这些应用程序经常出现在中国的应用商店的排行榜前列。

China Tech Insights报告显示，截至2016年10月，美图公司的应用程序的用户量达到了4.56亿。用户群体覆盖在亚洲的几个国家，包括中国、印度、印度尼西亚、日本、马来西亚和泰国等。

为此，创业者在考察当地市场时，要了解什么会使某个产品具有用户黏性。美图看到了特定环境，在中国宏观经济变化较大的情况下快速发展。无论是开放外国投资还是智能手机的发展，都给这些公司带来了巨大的成功机会。

（资料来源：UC、阿里和美国，三大案例分析风投的回报原理，百度百家号，2018 年 09 月 08 日。）

（5）天使投资。天使投资是自由投资者或非正式风险投资机构对原创项目构思或小型初创企业进行的一次性的前期投资。天使投资是风险投资的一种，是一种非组织化的创业投资形式。天使投资一词起源于纽约百老汇的演出捐助。“天使”这个词是由百老汇的内部人员创造出来的，被用来形容百老汇演出的富有资助者，他们为了创作演出进行了高风险的投资。

知识窗

天使投资的风险

天使投资也叫风险投资，投资人为了确保自己不陷入困境，通常会加注一些条款为自己的企业进行保驾护航，而这些条款对于创业者而言是颇具风险的。

1. 股权回购条款。该条款对天使投资人拥有无限潜在收益的同时将风险全部转嫁给企业创始人。

例如，投资人与创始人签订协议时，投资人注资 1000 万元，获得公司 30% 的股份，五年后投资人有权要求公司以 1200 万元回购股份，创始人承担连带责任。

对天使投资人来说，如果五年后公司发展得很好甚至完成了上市，那么放弃行使回购权，30% 的股份市值可能翻了 5 倍、10 倍之多。

如果公司发展得不怎么样，行使回购权，也就是把股份退掉拿回 1200 万元，五年获得了 200 万元收益，年化收益率为 4%，

对于创始人来说结果完全不一样，企业做得好问题不大；经营不佳时将面临 1200 万元的现金流危机。

2. 对赌条款。对赌并不是真的让天使投资人和创始人去赌博，其本质是业绩补偿，只是用“对赌”来形容比较形象罢了。

例如，天使投资人和创始人签订的股权协议中规定三年后公司每一年至少要获得 500 万元的净利润，不足部分由创始人补足。

投资人在卖掉持有的公司股份前是靠分红获得收益的，分红多少由每年的净利润决定，因此投资人最希望看到的是公司每年都能收获高额利润。

为了确保分红收益，天使投资人为公司设定了保底利润，三年后每年赚不到 500 万元的部分需要由创始人拿钱补足。

3. 领售权条款。领售权条款签订后天使投资人有权在自己卖出公司股份的同时要求创始人一起卖出，最典型的是遭到并购。

例如，天使投资人出资 1000 万元获得公司 40% 的股份，剩余股份均是创始人的，投资协议中写着如果投资人向第三方出售股份时可以要求创始人以同样的价格一起卖给第三方。

（二）融资方式

融资方式指企业在筹集资金时所使用的具体形式。当企业通过融资渠道找到资金来源时，就需要通过具体的融资方式进而使用资金。

融资方式

创业企业的融资方式主要有：权益融资、负债融资两种模式。

1. 权益融资

权益性融资是指向其他投资者出售公司的所有权，即用所有者的权益来交换资金。这将涉及公司的合伙人、所有者和投资者间分派公司的经营和管理责任。权益融资可以让企业创办人不必用现金回报其他投资者，而是与它们分享企业利润并承担管理责任，投资者以红利形式分得企业利润。

权益融资还可以分为实收资本融资和股权融资。

（1）实收资本融资。一般指非股份制企业以协议、合约等形式，按照“共同投资、共担风险、共享收益”的原则，吸收其他单位和个人的投入资本，并且形成企业实收资本的一种筹资方式。实收资本筹资不以股票为媒介，适应于非股份制企业。由于一般创业企业的资本规模都较小，达不到成立股份公司的要求，因此实收资本融资就成为创业企业最常见同时也是最主要的筹资方式。实收资本融资按出资形式不同，可能吸收到不同形式的资金。实收资本融资常见的出资形式有：

①现金投资。现金出资是创业企业筹集资金最方便采用的形式。创业企业有了现金可以方便灵活地购置所需资产，支付各种费用。

②实物投资。指出资者以房屋、建筑物、设备、材料等实物资产进行出资。

③无形资产出资。指出资者以专利权、商标权、非专利技术以及土地使用权等无形资产进行出资。

（2）股权融资。一般指以发行股票的方式进行筹资。由于创业企业初期规模小、资金少，通常不会上市。因此，这种方式并不适用初创企业。

2. 负债融资

负债融资是指通过负债方式筹集各种债务资金的融资形式。筹集的资金在使用上具有时间限制，必须按期偿还；无论项目法人今后经营效果好坏，均需要固定支付债务利息，从而形成项目法人今后固定的财务负担。具体形式有：

（1）发行公司债券。企业债券是企业依照法定程序发行允许他人出资购买，约定在一定期限内连本带息归还他人的债券。公司债券的发行主体是股份公司，但也可以是非股份公司的企业发行债券，所以，公司债券和企业发行的债券合在一起，可直接成为公司（企业）债券。

需要注意的是，股票和债券虽然都是有价证券，但两者却有明显的区别。

首先，支付稳定性不同。从支出方面看，债券在购买之前，利率已定，到期就只需支付固定利息，而不管发行债券的公司经营获利与否。股票一般在购买之前不定股息率，股息支付随股份公司的盈利情况变动而变动：盈利多就多付，盈利少就少付，无盈利不付。

其次，经济利益关系不同。债券和股票实质上是两种性质不同的有价证券。二者反映着不同的经济利益关系。债券所表示的只是对公司的一种债权，而股票所表示的则是对公司的所有权。权属关系不同，就决定了债券持有者无权过问公司的经营管理，而股票持有者，则有权直接或间接地参与公司的经营管理。

案例学习 8-7

华为2021年年报显示，华为账面资金充裕，资产负债率下降，整体经营效率提升。2021年，华为实现销售收入6368亿元，利润1137亿元，同比增长75.9%，利润率达17.9%，运营商业务表现稳定，企业业务稳健增长，终端业务快速发展新产业；经营现金流增长69.4%，现金存量充足，资产负债率从62.3%下降到57.8%，资本结构进一步改善。“公司整体经营情况符合预期，财务稳健。”.

另一方面，2022年8月1日，华为投资控股有限公司公告称，公司拟发行2022年度第三期超短期融资券，发行总金额为30亿元，期限120天。时代周报记者注意到，这是华为今年以来的第7次发债，也是华为成立以来的第16次境内发债融资。那么，华为明明资金充足，为什么还要发行债券呢？

1. 评级高

华为境内的16次发债融资，其中，4只为超短融，其余12只为一般中期票据。目前可查的所有债券评级均为AAA级，主体评级也始终保持AAA级，信用良好，无违约记录。信用增长意味着风险降低，更意味融资成本的降低。

2. 成本低

发行债券并不意味着缺钱，但用企业现金的方式并不是最低成本。正如任正非所说：“我们必须在最好的情况下发债，增强这个社会的了解和信任，不能到困难再发债。”任正非表示，从资金成本角度考虑，发债成本比较低，如果增加员工对企业的投资，成本太高，分红太高，发债融资成本才4%左右。”

用低成本融资，不管是对未来的抗风险，还是用于企业发展，都是划算的。

（资料来源：华为发布2021年年度报告，净利润同比增长75.9%，人民资讯，2022年03月28日。）

总结：

1. 凭借企业的影响力和信用评级来收取债券低利率的红利。

2. 增加资本市场以及相应的投资主体的信心，为企业的长期发展提供核心保障。

（2）信贷。信贷融资是指企业为满足自身经营需求向金融机构借入资金并在约定期限内还本付息。

主要方式有以下三种：

①银行抵押贷款，直接贷给企业；

②对个人的抵押贷款和消费信用贷款，贷款给企业股东个人；

③有担保的信用贷款，主要贷款给附属于大企业，为大企业提供服务和配套产品的中小企业。

（3）商业信用。指企业利用其商业信誉，在销售商品、提供劳务等生产经营活动中与其客户之间发生的、以商品形式提供的借贷。包括预收客户购货款、收取的押金或订金、采取分期付款方式采购物资或接受劳务、利用商业汇票结算等等。

主要方式有以下三种：

①应付账款融资，对于融资企业而言，意味着放弃现金交易的折扣，同时还需要负担一定的成本，因为往往付款越早，折扣越多。

②商业票据融资，企业在延期付款交易时开具的债权债务票据。对于一些财力和声誉良好的企业，其发行的商业票据可以直接从货币市场上筹集到短期货币资金。

③预收货款融资，是买方向卖方提供的商业信用，是卖方的一种短期资金来源，信用形式应用非常有限，仅限于市场紧缺商品、买方急需或必需商品、生产周期较长且投入较大的建筑业、重型制造等产品。

在市场经济发达的商业社会，利用商业信用融资已逐渐成为小企业筹集短期资金的重要方式。商业信用融资是一种短期筹资行为，超出信用期而不支付前款要影响企业信用，所以不能滥用以免影响创业企业的声誉和成长。

案例学习 8 -8

2002 年底，中国移动通信公司广州分公司实行了一项话费优惠活动，实际是一种商业信用融资形式，具体是：若该公司的手机用户在 2002 年 12 月底前向公司预存 2003 年全年话费 4800 元，可以获赠价值 2000 元的缴费卡；若预存 3600 元，可以获赠 1200 元缴费卡；若预存 1200 元，可以获赠 600 元的缴费卡。

该公司通过这种诱人的话费优惠活动，令该公司的手机用户得到实实在在的利益，当然最重要的是，还可以为该公司筹集到巨额的资金。据保守估计，假设有 1 万个客户参与这项优惠活动，该公司至少可以筹资 2000 万元：假设有 10 万个客户参与，则可以筹资 2 亿元。公司可以利用这笔资金去拓展新的业务，扩大经营规模。另外，该通信公司通过话费让利，吸引了一批新的手机用户，稳定了老客户，在与经营对手的竞争中赢得了先机。

总结：企业在日常经营中，筹集资金不应只看到银行贷款，还可以灵活运用企业的商业信用，来成就自己的事业。除了通信行业外，汽车清洗店、洗衣店、健身房等服务行业，都可以通过办理月票、年卡等方式，去巧妙运用商业信用融资方式，这不仅可以吸引一批长期稳定的客户，更重要的是，可以筹集到一笔可观的无息资金。企业可以通过这笔无息资金去扩大经营规模，另选场所发展连锁，再开拓另一批融资方式，再获得无息资金，继续去发展新的连锁店。

（资料来源：搜狐网，2017 年 11 月 30 日。）

启示：

1. 要想借鸡生蛋，企业要有一定的商业信用基础，企业提供的服务在市场上和人们心中有较高的价值，别人信得过以及迫切需要的。

2. 融资的最终结果必须是双赢，企业通过商业信用获得别人的资金，除了要让自己获利，更要让利给别人，要达到“双赢”，才能让企业的商业信用水平提高。

（4）融资租赁。又称设备租赁或现代租赁，是指实质上转移与资产所有权有关的全部或绝大部分风险和报酬的租赁。资产的所有权最终可以转移，也可以不转移。它的具体内容是指出租人根据承租人对租赁物件的特定要求和对供货人的选择，出资向供货人购买租赁物件，并租给承租人使用，承租人则分期向出租人支付租金，在租赁期内租赁物件的所有权属于出租人所有，承租人拥有租赁物件的使用权。租期届满，租金支付完毕并且承租人根据融资租赁合同的规定履行完全部义务后，租赁物件所有权即转归承租人所有。

融资租赁和传统租赁一个本质的区别就是：传统租赁以承租人租赁使用物件的时间计算租金，而融资租赁以承租人占用融资成本的时间计算租金。是市场经济发展到一定阶段而产生的一种适应性较强的融资方式，是20世纪50年代产生于美国的一种新型融资方式，由于它适应了现代经济发展的要求，所以迅速在全世界发展起来，当今已成为企业更新设备的主要融资手段之一。我国在20世纪80年代初引进这种业务方式后，也得到迅速发展，但比起发达国家来，租赁的优势还远未发挥出来，市场潜力很大。

案例学习 8-9

2014年3月，华夏幸福子公司大厂回族自治县鼎鸿投资开发有限公司以其所拥有的大厂潮白河工业园区地下管网，以售后回租方式向中国外贸金融租赁有限公司融资3亿元，年租息率7.0725%，为期2年，支付方式：按季付息，按半年不等额还款。第一个半年偿还租赁本金的10%，第二个半年偿还租赁本金的10%，第三个半年偿还租赁本金的30%，第四个半年偿还租赁本金的50%。

也就是说，华夏幸福把工业园区的地下管线卖给融资租赁公司，该公司再把管线回租给华夏幸福，华夏幸福每年付给该公司租金2121.75万元，并在每隔半年不等额地偿还本金，直到2年后等于实际上以3亿元的总价格回购这些管线。

2014年5月，吃到甜头的华夏幸福又跟中国外贸金融租赁有限公司做了一笔几乎一模一样的买卖，以2.86亿元再次把一部分园区地下管线卖给中国外贸金融租赁有限公司，年租息率则便宜了一些，6.15%，依然是2年后回购完毕。

显然，华夏幸福以远远低于其他融资形式的成本，用没有任何现金流价值的地下管线，获得了近6亿元的真金白银，以华夏幸福项目的收益率，在覆盖这些成本的基础上还能有相当不错的收成，应该说是一笔十分划算的融资交易。

（资料来源：华夏幸福擅长融资租赁模式融资，中国融资租赁资源网，2017年12月05日。）

启示：

1. 拓宽融资渠道。通过“融物”方式实现“融资”目的。对企业而言则提供了一条新的融资途径，扩宽融资渠道。

2. 资金使用灵活。较之其他融资方式，采用租赁融资对提供给企业的资金监管较为宽松，有利于企业进行灵活的资金安排。

思考与练习

1. 同学们身边有创客吗，怎样可以成为一名创客呢？
2. 融资的基本方式、渠道有哪些？
3. 分析企业融资流程。

第九章
创业机会

学习目标

□ 了解创业机会的内涵和特征
□ 懂得如何识别创业机会
□ 懂得如何选择和评价创业机会

【案例导入】

陈熠舟，浙江诸暨人，从小生活在舟山海岛之上，岛上教育条件落后，师资严重匮乏，于是，她立志成为一名教师，帮助渴望接受教育却无助的孩子。多年后，她以优异的成绩如愿考入浙江师范大学小学教育专业。从大一开始，陈熠舟便参与到关爱留守儿童的志愿服务工作中，针对教育公益活动路途远、陪伴时间有限的问题，她常常思考：如果能在线开展志愿服务，那么既可以节省时间又可以给孩子更多陪伴。于是，一个在线教育创业的想法在她脑海中应运而生。梦想在一点点花开，大二时期，陈熠舟决心组建创业团队，而创业的初衷则是研发智慧教育平台，让更多的孩子享受到优质教育资源，这一想法也得到了学校老师的认可。2016 年 2 月，在学校的支持下，她注册成立了学校首个教育创业公司，注册资金 100 万元，凭借自主研发的智慧教育双师技术 3 项国家专利，开始了教育创业之路。在开展创业的同时，她还在校内建立在线勤工助学基地，带动更多师大学子加入教育创业的同时，也为师大的贫困学子提供了在校勤工助学岗位。

通过努力，在校期间，她已拥有两家教育创业公司，任浙江爱学云教育科技有限公司和金华优易教育咨询有限公司法人代表，平台已拥有 5000 多个学生用户。

在原先专利平台基础上，她又主持研发了“智慧云”公益平台，搭建了包括广西首个“在线希望小学”在内的 4 个实践基地，真正实现了相隔几千公里的在线支教。

如今陈熠舟加入中国青少年儿童发展基金会的专项行动，和社会公益团队合作搭建“中国乡村儿童联合公益平台”。致力于解决偏远山区孩子上学问题，通过在线授课形式，为路途遥远的中小学生提供可移动、智能化的模块式教室。截至 2017 年 10 月，项目工作已在广西、贵州、新疆、湖北、海南、青海、云南等共 9 个地区实施，每个教室可容纳 80—100 人，为中西部的 30000 多名孩子在线上课。

“学习 + 创业 + 公益”，让她的教育公益创业梦想一步步走向现实。伴随着她的不懈努力，她的“创业 + 公益”团队已带动千名师生参与其中。团队正在探索和实践中不断前进，她也一路跌跌撞撞地成长。用执著的信念践行着一个教育人的担当，努力汇集每一股微小力量，并期待以海纳百川浩浩然的教育情怀助力中西部乡村教育，让更多孩子享受到优质教育！

（资料来源：《中国青年报》，2018 年 05 月 08 日。）

启示：创业者把爱好作为自己的事业，能够全身心地投入进去，比较容易成功。陈熠舟的成功可以归于以下几点：

第一，她对教育事业的热爱激发了她创业的激情；第二，致力于解决偏远山区教育落后现状的信念；第三，善于把握时代造就的机遇，当机会来临时她能以最快、最佳的反应，获取资源、掌握机会；第四，努力学习、吃苦耐劳，通过对专业的刻苦学习以及各类大赛的实践，掌握了远程教育的特点和管理方式，并将知识运用于创业实践。

第一节　创业机会的内涵

创业机会的内涵

一、创业机会的概念

创业机会是外部环境所提供的独特的创新和创造价值的可能性。它是一种具有潜在增长性、一定模糊性、较高回报性、适度风险性并与创业者的资源相适应的未被别人发现或未被满足的市场需求。

创业机会属于广义的商业机会范畴，但并不是一般意义上的商业机会，二者的根本区别在于利润或价值创造潜力的差异。创业机会具有创造超额经济利润的潜力，而商业机会只可能改善现行的利润水平，因为前者需要技术或组织结构的创新，但后者只是在现有的组织框架中进行调整。

创业机会是一种可能性，“可能性”意味着创业者不能执着于等待机会的出现，而应该真抓实干，挖掘这种“可能性”。陈熠舟的案例已经告诉创业者，机会是存在的，但挖掘机会的过程则是艰难的，除了刻苦学习、积极参与社会实践，更需要坚定的信念，要知道：没有等出的精彩，只有干出的辉煌。

二、创业机会的来源

创业机会从何而来？学界存在很多观点，从宏观角度分析，基本有两大类：

（一）问题、改变、创造发明、竞争、新知识新技术。

（二）技术变革、政治和制度变革、产业结构变革、社会人口结构变革。

但是，本书主要从微观角度进行分析，创业机会的来源主要有以下几个方面（见表9－1）。

表9－1　　创业机会的来源

来　源	说　明
从身边人而来（具有普遍性）	每一个人都是有需求的，饿了想吃饭、困了想睡觉、渴了想喝水，我们身边的人、事、物会有各类需求，如果大家留意这些需求，就会成为创业的机会。例如开篇的引例“陈熠舟”，就是看到了身边的人和事，从而得到的启发。
从服务对象而来（具有针对性）	工作和生活中，不可避免的有很多需要我们为之提供服务的对象，这些被服务者反映出的很多问题具有针对性，对于他们的问题加以研究，就可以得到创业机会。例如疫情期间，核算检测、线上教学等都解决了特殊事件、特殊群体的问题。
从思想而来（创新创业的根本来源）	从思想而来指的是“有心人”，每一个人都会遇到问题，但解决问题的方式大不相同，有些人以解决问题为目的，而另一些人则将问题看成提升自我的机会，通过分析、总结、研判等形式，将问题升华，达到举一反三，随着日积月累，逐渐发现创业商机。因此，思想是创新和创业的根本。

无论宏观还是微观，都有一个共同的特征：变化。有一句至理名言“这个世界唯一不变的就是变”，变化一定会孕育机会，这就要求我们要时刻做一个“有心人”，从思想上重视它，在细节中把握时机，搜寻有效信息，提前发现变化发展的趋势，抓住创业的机会。

案例学习9－1

90后的创业达人

付文杰，毕业于武汉科技大学。18岁上大学的时候，付文杰独自一人扛着行李踏进大学校门。靠减免学费才完成中学学业的他，格外能吃苦。离家求学的那一刻，他在父母面前立下豪言：“自己养活自己，不向家里要一分钱。”

自食其力，说着容易，做起来难。大一时期，付文杰偶遇一位卖盆景的阿姨，付文杰主动上前帮阿姨搬盆栽、招揽生意。时间长了，阿姨把自己多年卖盆景积累的小窍门教给了他，付文杰便开始了自己的第一次创业。起初并不好做，最少的时候每天只卖出3盆。为此，付文杰溜到其他摊贩门前，偷学别人做生意的技巧，发现做生意首先要靠人气。于是，他邀请几位同学前来捧场做“托儿”。果然，调整营销策略后，就卖了400多元，随后，他乘势而上，赶紧用这笔钱补了100盆盆栽，半个月净赚了1000元，这便是付文杰的“第一桶金”。

2009年5月，团队成立，付文杰给起了个响亮大气的名字：俊杰创业者联盟。一个月后，火炉武汉开始发威，热浪滚滚，学校的跳蚤市场如期开放，黄家湖大学城近10万的大学生消费群体吸引了付文杰的目光。经商议，他们决定抓住机会售卖大学生日常用品。电风扇、凉席、蚊帐等夏日用品很快摆上摊位，薄利多销，几番买卖下来，盈利超过万元。

创业之初，付文杰通过各种渠道拓展事业。9月，新生入校，他再次抓住商机，销售新生生活用品。钱生钱，利滚利，通过低风险的“再造血”，团队资产很快达到5万元。

2009年11月，付文杰大胆决策、多方筹借6万元在校外绿化地上建了40多间活动板房，租给附近村民经营。三个月过去，就在成本刚刚收回即将盈利的时候，板房却被政府强令拆除。因为那里是湿地公园的一部分，需要进行还绿规划，结果可想而知，赔付商户违约使他的创业团队第一次栽了大跟头。

面对“破产”，付文杰一边再次创业，一边刻苦学习。汉正街担“扁担”，100斤的包裹，扛100米，5块钱。肩膀磨破，鲜血染衣，脚底起泡，早上伴着初冬的晨雾，走街串户地送报纸了；中午顶着风雪奔波在送外卖；晚上，就着宿舍走廊里昏黄的路灯，温习功课……就这样，付文杰在脚踏实地的苦干中不断反思教训，汲取经验，蓄力前行。

为了增强管理能力。读工科的付文杰，对经管知识的贫乏促使其自我充电、泡图书馆。经过一段时间的积累，付文杰相继开办了超超文印店、情雨茶餐厅和贴身衣橱内衣店等。良好的服务态度、过硬的产品质量为他们打开了市场，赢得了口碑，也在学校周边有了名气，很多老师也成了他们的固定客源。

毕业之季，一次，经营内衣店认识的朋友无意中给他透露了一条信息：江西某个制衣厂有一批货款抵押的品牌羽绒服卖不出去。正好付文杰知道此时广州一家经销商急需补货，有供有求，打个时间差自己应该可以赚钱。付文杰随即赶往江西与卖家谈判，小心翼翼几番周旋，把这批货的价格从100万元压到了40万元。后来，通过这笔交易，付文杰6天时间净赚16万元，谈起这次买卖，付文杰颇有些得意。

付文杰始终坚信，先做人后做事，任何时候做人的姿态都决定着成就的高低。良好的社会人际关系、诚信经营的品德让他在商业运作中收益颇丰。

（资料来源：苏震：青春就要奋斗，搜狐网，2018年11月12日。）

启示：

1. “火炉季”和开学季，是成功者对市场、气候等因素变化的敏锐捕捉。
2. 同学作“托”是策略，让机会“开花结果”。
3. 拆迁导致“破产”，缘起创业者对政策的不明确及未知风险。
4. 老师是固定客源，学校周边稍有名气是创业者的自身资源。
5. 刻苦学习，明理做事是创业者品性和道德的修养。

所以，一名成功的创业者，成功的基础必须建立在创新的思维、扎实的专业基础和良好的思想品德之上，再追寻潜伏于生活之中的“变”。

三、创业机会的特征与类型

（一）创业机会的特征

通过本节已学案例，总结陈熠舟和付文杰创业的共同之处，无论是开学季的跳蚤市场、还是拆迁后的破产，抑或是“在线教育”平台都具备着以下四个特点：

1. 时效性

时效性体现在短期和长期两个方面的影响。机会存在于生活中的多个角落，但机会的存在受时空的范围影响，短期内，在接受外部因素相等的前提下，机会可能来自于“第一个敢于吃螃蟹的人”对于创业者的影响，这需要创业者有良好的应对策略，一旦错失良机，就会与幸运失之交臂；长期来看，随着时代的变迁，任何事物都将经历从“诞生”到“衰亡”的客观事实，经济发展、政策变革都要求创业者要在短时间内对客观世界带来的变化中寻找机遇，所谓“机不可失时不再来”。

2. 可预见性

生活不缺机会，但机会往往被隐藏在细枝末节之中，彼得·德鲁克曾经说道，组织是看不到机会的，只有个人才能看到它。既然创业机会就在我们身边，我们了解了它的来源，就有可能预见机会的出现。成功创业者利用机会创业绝对不是一时冲动顺便拿来的结果，他们的精明之处在于能够预见，走在别人前列，抢先占据市场。谁先拥有市场谁就会事半功倍。这些往往需要一个人的预见能力。

3. 通过解决问题带来价值

未来的发展一定要为需求者提供问题解决的方式，进而为生活带来价值，符合这个趋势才能适应市场的需求，才能促使创业者提供的产品、服务等物质具备市场空间。

4. 风险性

机会都是有风险的。面对某个创业机会，创业者将面对相应的技术风险、财务风险、市场风险、宏观环境风险、团队风险等。如何规避风险，涉及创业机会评价。

（二）创业机会的类型

通常来说，创业机会可归纳为技术机会、市场机会、政策机会与社会和人口机会四种类型。

1. 技术机会

技术机会即技术变革带来的创业机会。主要源自新的科技突破和社会的科技进步。通常，技术上的任何变化，或多种技术的组合，都可能给创业者带来某种商业机会，具体表现在三方面：

（1）新技术替代旧技术。当在某一领域出现了新的科技突破和技术，并且它们足以替代某些旧技术时，通常随着旧技术的淘汰和新技术的不完全占领市场而暂时出现一点市场空白。

（2）实现新功能。创造新产品的新技术的出现无疑会给创业者带来新的商机，如互联网的发明伴随着一系列与网络相关的创业机会的出现。

（3）新技术带来的新问题。多数技术的出现对人类都会呈现有利亦有弊的两面性，即在给人类带来新的利益的同时，也会给人类带来某些新的问题。这就会迫使人们为了消除新技术的某些弊端，再去开发新的技术并使其商业化，如汽车的消声器和楼房的避雷针。

2. 市场机会

市场机会即市场变化产生的创业机会。一般来看，主要有以下四类：

（1）市场上出现了与经济发展阶段有关的新需求。相应地，就需要有企业去满足这些新的需求。

（2）由市场供给缺陷产生的新的商业机会。非均衡经济学认为，市场是不可能真正完全供求平衡的，总有一些供给不能实现其价值，因此，创业者如果能发现这些供给结构性缺陷，同样可以找到可以利用的商业机会。

（3）先进国家（或地区）产业转移带来的市场机会。从历史上看，世界各国各地的发展进程是有快有慢的，即便在同一国家，不同区域的发展进程也不尽相同。这样，在先进国家或地区与落后国家或地区之间，就有一个发展的级差，当这个级差大到一定程度，由于国家或地区之间存在成本差异，所以，先进国家或地区就会将某些产业向外转移，这就可能为落后国家或地区的创业者提供创业的商业机会。

（4）从中外比较中寻找差距，差距中往往隐含着某种商机。通过与先进国家或地区比较，看看别人已有的哪些东西我们还没有，借鉴西方国家成熟企业的发展经验，也可能发现某种商业机会。

3. 政策机会

政策机会即政府政策变化所赐予创业者的商业机会。随着经济发展、科技变革等，政府必然也要不断调整自己的政策，而政府政策的某些变化，就可能给创业者带来新的商业机会。政策的变化能够产生创业机会，是因为它使创业者能够提出更多不同的想法。政策的变革使得创业者的创业成本大大降低，原来无利可图的创业项目变得有利可图；政策的变化也可能通过强制增加需求的入口创造出新的商机，如汽车安全带。

4. 社会和人口机会

社会和人口机会即随着社会和人口的变革所新产生出的创业机会。人的需求是变化着的，不同时期的社会和人口的变革会产生不同的需求，随着现代社会发展的加快，这种变化性的需求更加明显。大量女性人口加入就业，创造了家政服务业和快餐食品的市场机会；人口寿命延长导致的老龄化问题，创造了老年用品市场；计划生育政策使得教育市场高速发展；“二次元”的兴起，促进了动漫等文化产业的发展。社会和人口从紧密联系在一起的，有时候社会文化的变革也是创业机会产生的引擎，如随着中国国家实力的增强，中国文化产业的相关市场也得到了蓬勃发展，越来越多的外国人学习中医、太极拳等中国传统文化，中餐、中国结和唐装等中国文化产品在国外的世场也越来越大。

案例学习 9 – 2

青春的时光，美丽的选择

2021 年 12 月，第十六届年度大学生风云人物共遴选出 20 名，其中潘远志、郭亭亭、张升校分别把握住了技术、市场、政策的机会，通过参加创新大赛，分别得到了市场的关注，为今后的创新、创业埋下了坚实基础。

潘远志，西安交通大学 2018 级本科生。他以磁控溅射方法为核心，针对高功率芯片封装陶瓷基体进行金属化表面改性，以达到高功率半导体器件对高导热导电性热膨胀系数要求，大大提高芯片的寿命及可靠性，已申请多项发明专利对研究成果进行保护，获得“挑战杯大学生课外科技竞赛作品大赛”国家级金奖。

郭亭亭，中国海洋大学 2018 级博士研究生。他心怀科研报国之志，坚持通过自主创新为构筑科技强国梦贡献青春力量，发表 SCI 等高水平研究论文 6 篇，授权发明专利 22 项，获“山东省青春贡献奖”“山东向上向善好青年”等省市级以上奖励和称号 10 余项。新冠肺炎疫情防控期间，他带领团队研发出消杀防疫机器人并捐赠给武汉战区医院。

张升校，山西医科大学 2019 级博士研究生。作为山西省“三晋英才”之青年优秀人才，他提出了风湿病的“免疫调节”治疗理念，成功地将患者的平均住院费用从 1.65

万元下降到 1.23 万元，下降 25.6%，平均住院时间从 14 天减少到 13 天，死亡率从 2.5% 下降到 0.3%。他先后主持国家级科研项目 3 项，发表 SCI 论文 19 篇，申报国家专利共计 200 余项，并组建了自己的专利申报团队、创业团队。

（资料来源：中国大学生网，2021 年 12 月 16 日。）

启示：作为一名初创者，最大的资源在于自身的技术和内心的思想，思想可以为初创者提供机会，但机会出现后的具体实施，则需要我们具备牢固的知识理论和技术能力。

第二节　创业机会的识别

创业最重要的就是选对方向，俗话说正确的方向是成功的前提。一个优秀的创业者，能够在繁杂多变的市场环境中发现具有潜在价值的机会，进而进行开发并最终创建新企业。正是这种识别能力决定了创业的成败。识别创业机会是一个渐进的过程，发现创业机会是基础，识别创业机会是关键。

创业机会的来源

一、创业机会的发现

机会往往存在于各行各业中，包括产业结构、科技进步、人口结构等变化。因此，发现机会的关键在于“变”。透过现象看本质，总结规律、耐心实践，就会发现“变”的商机，在“变”中取胜。下面是对于创业过程中的一些常见机会的总结：

（一）利用时效，借助转移，复刻机会

无论是国家还是地区，总会存在经济发展不均衡的现象，经济发展的不均必然促使劳动力的转移，产业结构的转移，对于创业者而言，这就相当于坐上了时间机器，把经济发达地区、产业结构先进地区的行业模式，引入到不发达地区，在这种转移过程中，利用时间差，发现机会，并投资创业。

类似于这一类型的企业，滴滴打车就是一个典型。实际上，全球最早的网约车公司诞生于美国的 uber。随后，程维看准时机，在国内投资网约车，同时不断完善人工智能，完善网约车机制。不仅缓解了出行不便，同时也增强了出行人的时间管控。

利用这种时间差的形式搜寻机会，离不开创业者平时的观察、研究，总结起来就是要做一个“有心人”。

（二）直面问题，不断实践，创造机会

直面问题，就是着眼于生活中“苦恼的事”和“困扰的事”。因为是苦恼、是困扰，人们总是迫切希望解决，如果能提供解决的办法，实际上就是找到了机会。

但是，这需要创业者时刻警醒自身情绪，不能让负面情绪“占领上风”，转而思考的是问题背后的原因，并试着寻找解决方案，进而应用到市场上，得到一个创业机会。

案例学习 9－3

以农历心的“泥坑博士”

出生于农村的吕伟增，从小立志成为“第二个袁隆平”。2008 年，吕伟增不顾家人反对，在所有志愿中全部填报了农业大学农学专业。最终，在他的一再坚持下，说服并得到了家人的理解与支持，如愿被河南农业大学农学院种子与工程专业录取。

大学期间，吕伟增首先苦练本领，扎实学习钻研作物育种、作物栽培、植物生理学、昆虫学、病理学等专业知识，同时积极参加实践锻炼，利用暑假兼职农资销售工作，直接下田识虫草，深入大棚辨病害，向农户学习交流农业生产一线技术，并积极参与各类比赛，为今后的科学创业奠定了坚实的基础。

吕伟增的家乡泥河洼地区“十年九年涝，庄稼收成差”，为了改变当地的农业现状，他和团队不断努力多次研究，最后敲定了在泥河洼上种莲藕的方案。经过找教授专家学习，多地参观，面对乡亲的流言蜚语，历时大半年，他自己家 3 亩试验田的收入达到三万元，结合多年的生产经验，形成了一套莲藕高产栽培技术体系，并印刷成技术手册免费分享给种植户，从此走上了带动乡亲脱贫致富的莲藕之路。三年时间带动当地莲藕种植面积上万亩，为了解决销售问题，通过网络宣传拓展销售渠道，建立固定合作客户，帮助农户把莲藕的产量提上来，把产品销出去。他响应学校号召，参与学校对口扶贫村的扶贫；参与兰考县莲藕扶贫项目，提供技术支持；参与省科协科技扶贫等等。在给农民做培训时，他经常挽起裤腿跳入泥水中，边讲边操作，农户都亲切地称他是“泥坑里的大博士”。

摸打滚爬 5 年后，2017 年他创办了公司，先后为多家大型农业企业和规模种植户提供种植技术服务，累计服务面积数万亩。在解决了莲藕的种植与销售问题后，为了让莲藕产业能创造更大的价值，2019 年，他依托食品名城漯河市，与食品加工企业合作进行莲藕深加工，将莲藕衍生出更多的产品，为莲藕产业再添上一对翅膀，让农民富起来，让农业强起来。2020 年新冠疫情期间，他积极联系客商，拓宽销售渠道，帮助种植户解决销售问题；慰问莲藕基地附近四个行政村执勤干部，送去了水果莲藕及手工藕粉，让他们在辛苦的执勤过程中也能够吃上一口热乎乎的饭。作为一名农科博士，他带领团队扎根中国大地，用信念、用专业、用汗水贡献青春力量，锤炼意志品质，并通过参加创新创业大赛，让更多的人了解农业，支持农业，投身于农业。

（资料来源：中国大学生网，2020 年 08 月 13 日。）

启示：“学而不思则罔，思而不学则殆。”问题给出了方向，选择解决还是逃避反映的则是态度，一个成功的创业者，应该敢于直面问题，并不断实践，在解决问题的同时去创造属于自己的机会。

（三）围绕兴趣，坚定信念，构建机会

兴趣很重要，它是促使创业者行动的原始动力。当兴趣和事业相结合后，伴随时间的推移，兴趣的动能必将消耗殆尽，其后支持创业者的能量来源则是坚定不移的信念。上海朝中信息科技有限公司负责人王若静从小喜欢时尚，所以进入大学后，王若静凭

借兴趣组织街拍，逐渐发展成为覆盖全国百所高校的街拍联盟——“膨胀青年”。

（四）敏感把握，市场需求，抓住机会

市场需求不是意味着创业者要从全部消费者身上去探寻，而是要对消费者进行人群细分，从某一个群体中搜寻该群体的共同需求，这要求创业者能够敏感把握被同一个群体所认知的共同需求，进而抓住机会。

案例学习 9－4

保安的逆袭

1995 年，20 岁的郑耀南，从福建古田老家带了 500 块钱，跑到深圳。只有中专毕业的他，能找到的第一份工作，就是在沃尔玛中国总部做保安。

即使看门，他也要做看门人里面最优秀的。他会留心记住每一个进出的人的名字，见面时能直接叫出来。由于他的聪明，几个月后，他从总部大门的保安调到卖场做保安。对别人来说，这不过是换个地方看门。对郑耀南来说，却是他人生一个很大的转变。

在卖场做保安的时候，他用心观察学习，研究消费者买东西的心理，研究销售员是怎样把东西推销出去的，研究超市是怎么管理商品的。当他发现女性消费群体甘愿为一瓶小小的化妆品支付 300 元的时候，郑耀南得到了启发，有了下海经商的心思，很快开了一家小化妆品店，并以妻子吴小丽的名字取名为都市丽人，就这样夫妻两人通过努力 2 年就开了 8 家店赚到了 100 万。

后来在郑耀南经历人生低谷时，在夜市买东西看到有人在女士内衣摊位上排起了队，就好奇问了下摊主，摊主说一件内衣 20 元，一个多小时可以卖 100 多件，郑耀南突然感觉卖内衣可行，就回家和妻子商量改行，郑耀南给自己的产品定位亲民，所有的内衣进货都是物美价廉，并首创了一站式购物，因为很多顾客为了买内衣、袜子、梳子等等要跑好几家门店，郑耀南就集中在店里销售，方便了顾客也提升了自己的销售额。

2003 年，受非典影响，店面租金成本低，郑耀南借机从十几家门店扩张到 50 家。2009 年金融危机期间，郑耀南发现国内市场并没有真的受到很大影响，但是收购成本却低了很多。那一年，他只用原来一半的价钱就买了厂房，还收购了几家企业。

2014 年 6 月 26 日，总部扎根东莞凤岗的、经销网络遍布国内的广东都市丽人实业有限公司，在港交所敲响了上市的锣声，成为香港市场“内地内衣第一股”。

（资料来源：从保安到董事长的逆袭，中国财经，2016 年 05 月 12 日。）

启示： 市场需求的把握不能仅凭创业者的主观判断，创业者需要与相关从业人员、专家等人进行交流，展开细致市场调研，然后精准“出击”。

二、创业的机会的识别

（一）创业机会识别的意义

在现实生活中，看到机会并不难，但要识别有价值的机会并不容易。创业者启动创业活动并创造价值的前提就是要识别机会，创业机会识别是创业领域的关键问题之一。从创业过程角度来说，它是创业的起点。创业过程就是围绕着机会进行识别、开发、利用的过程。识别正确的创业机会是创业者应当具备的重要技能，创业机会以不同形式出现。虽然以前的研究中，焦点多集中在产品的市场机会上，但是在生产要素市场上也存在机会，如新的原材料的发现等。许多好的商业机会并不是突然出现的，而是对于“一个有准备的头脑”的一种“回报”。在机会识别阶段，创业者需要弄清楚机会在哪里和怎样去寻找。

创业者不仅要善于发现机会，更需要掌握正确的方法去分析机会，才能将机会变成现实的结果。

（二）创业机会分析方法

创业机会识别没有明确而统一的分类方法。大部分机会有迹可循，有些完全是在不经意间被开发出来的。所谓一不小心成了老板，一念之差身价千万。但讲求创业机会识别方法，对于创业机会识别的整个过程大有裨益。以下几种较为常见：

1. 定性分析法

雷家骕等认为[①]，可以从下面五个方面来识别创业机会：

（1）机会的原始市场规模。市场越大越好，但大市场可能会吸引强大有力的竞争对手，因此小市场可能会更友善。

（2）机会存在的时间跨度。一切机会都只存在于一段有限的时间之内，这段时间的长短差别很大，由商业性质决定。

（3）预期待定机会的市场规模将随时间增长。一个机会可能带来的市场规模将随时间变化，一个机会可能带来的风险和利润也会随时间变化，机会存在的某些时期可能比其他时期更有商业潜力。

（4）好机会一般具有的五个特点：前景市场可明确界定；前景市场中前5—7年中销售额稳步且快速增长；创业者能够获得利用机会所需的关键资源；创业者不被锁定在刚性的技术路线上；创业者可以用不同的方式创造额外的机会和利润。

（5）机会对创业者自身的现实性：创业者是否拥有利用这一创业机会所需的资源，是否能“架桥”跨越“资源缺口”；对于可能遇到的竞争力量，至少要可以与之抗衡；存在可以占有的前景市场份额，甚至自己可以创造市场。

2. 新眼光、新思维调查法

新眼光建立在不断获取信息、反复揣摩信息并最终产生直觉的基础之上。古希腊哲学家苏格拉底曾断言：最有希望的成功者，并不是才华最出众的人，而是那些最善于利用每一个时机发掘开拓的人。有人自怨自艾，说机会偏爱他人，孰不知，自己疏于观察少于搜集，所以错过好多时机；要想成功，必须能够推陈出新，在沙砾中找出金子来。

3. 通过问题分析发现机会

问题有外露和隐藏之别。创业者如果眼光独到、有洞察力，对事物敏感，并善于分析，就能发现更多的问题，从而发现较多的机会。

创业的根本目的是满足顾客需求，顾客需求在没有满足前就是问题，发现创业机会的一个重要途径是善于去发现和体会自己和他人在需求方面的问题或生活中的难处。比如，上海

① 雷家骕、冯婉玲：《高新技术创业管理》，机械工业出版社2001年版。

有一位大学毕业生发现远在郊区分部的本校师生往返市区交通十分不便，于是创办了一家客运公司，就是把问题转化为创业机会的成功案例。

4. 通过市场缝隙发现机会

市场缝隙即现有市场存在的盲点或盲区。如今，市场竞争越来越激烈，“缝隙”其实无处不在。只要善于发现缝隙市场，就能开拓新的商机。怎么发现缝隙市场？有个简单的办法：就是在生活中，去发现现有产品或者服务的缺陷。提供能改进缺陷的产品或者服务，就是一个缝隙市场。接下来，就要去调查这个缝隙市场的市场容量有多大，有哪些目标客户，有没有市场前景和发展潜力，等等。如天津大麻花，传统的大麻花个大，大到几斤重，一次吃不完，保存成麻烦，扔掉又可惜，下顿接着吃怕有问题。于是，小包装应运而生。

总之，只要用心，发现市场缝隙，创新无处不在；只要用心，对市场始终保持着高度的敏感度，当消费者需求发生变化时，企业产品结构、包装、设计随之而变，快速对接新需求，也是创新。

5. 通过系统分析发现机会

绝大多数的创业机会都可以通过系统分析法获得。通过分析环境、政策、市场，可以识别出各种各样的机会。1960 年前后，塑胶花生产的鼎盛期刚过，李嘉诚觉得生产塑胶花绝非长久之计。因为他从香港人口的激增、生存空间的限制、经济发展的神速和土地使用的迫切，预见到地价来日必然暴涨，香港地产业极具发展前景。由此，李嘉诚毅然决定进军地产业，结果众所周知，他大获成功。

6. 通过创造获得机会

这种方法适合新技术领域。难点在于新技术需要高、精、尖的人才，也需要开拓新的市场，人力资源不到位，市场定位不准确，面临的风险就大一些。当然，如果能够成功，获得的利润和回报也会很大。

7. 通过他人获取创业机会

常言道，说者无心，听者有意。这话用到创业机会识别方法这一环节，“说者”可能是消费者对现有产品或服务的不满而随便出口的抱怨或建议，而“听者”则是创业的人，这个人或者已经是老板或者是有创业的意愿。

以上只是提供几种识别创业机会的思路。其实，发现创业机会不是一件容易的事情，但也不是高不可攀的。创业者可以试着从以下几个途径来提高自己发现机会的能力：①良好的市场调研习惯。发现创业机会的最根本一点是深入市场进行调研。通过调研，了解市场供求状况、变化的趋势，了解顾客需求、抱怨与不满，了解竞争对手的长处与不足。②多看、多听、多想。每个人的知识、经验、思维以及对市场的了解不可能做到面面俱到。多看、多听、多想能使我们广泛获取信息，及时从别人的知识、经验、想法中汲取有益的东西，从而增强发现机会的可能性和几率。③有独特的思维。成功的路上需要特立独行，也需要特立独行的勇气。顾虑太多，创业过程中的羁绊也多。机会往往是被少数人抓住的。我们要克服从众心理和传统习惯思维的束缚，做到自信，有独立见解，不为他人左右，才能发现和抓住被别人忽视或遗忘的机会。

第三节　创业机会的评价

创业机会的评价（上）

【案例导入】

共享单车之倒下的町町单车、小鸣单车、酷骑单车

2017 年初，共享单车以迅猛之势崛起，随后开始野蛮生长。然而一年之后，风口上的共享单车开始出现倒闭潮，先后有多家共享单车企业被曝押金无法退还。这期间经历了什么？一切要从两年前说起。

2015 年 6 月，戴威的 ofo 收到了第一辆学生共享出来的单车，这标志着共享经济正式到来。随后，伴随摩拜的入场，共享单车作为新的商业物种引得无数媒体轮番报道，共享单车持续深温。

资本追捧也刺激着其他创业企业跃跃欲试，一时间，大街上出现了赤橙黄绿青蓝紫等各色共享单车，竞争激烈，ofo、摩拜的口水仗也使行业话题性十足。

2017 年下半年，腾讯及阿里的加入使整个行业梯队分得更加明显，摩拜全面接入美团、ofo 入驻支付宝，共享单车已不再单纯是“彩虹车”之间的较量，摩拜、ofo 双寡头之下，留给其他平台的机会越来越少。

于是，倒闭潮开始来袭。2017 年 6 月 21 日，3Vbike 发布公告称，由于大量单车被盗，即日起停运，这距离其上线运营不过 4 个月。

2017 年 8 月 2 日，町町单车因非法集资、资金链断裂，被栖霞区工商局纳入异常企业经营名录。从“富二代”到“负二代”，前后不过 8 个月。

2017 年 9 月底，酷骑单车曝出资金链断裂、押金难退，多地运营单位与工商局失去联系，部分地区开始对酷骑单车进行清理。

2017 年 11 月，供应商和用户围堵了小蓝单车北京办公点要账、要押金，其中还有公司的调度维修员等员工讨工资，这种现象距离其上线运营不足一年。

（资料来源：6 家共享单车倒闭，用户押金损失超 10 亿，百度百家号，2022 年 03 月 02 日。）

启示：创业不能跟风，共享单车并没有那么简单。共享单车的价值不仅仅是盈利租金，还涉及大数据、线下交易入口、出行服务等领域。基于以上特征，共享单车市场不会出现小而精的企业，要求共享单车企业必须用户规模大，扩张速度快，必须是赛道前几名，行业本身就只允许有少数几家能存活，投资人也只看赛道前几名，导致很多跟风小企业融资困难，不得不倒闭且身背负债。

这样的例子为数不少。创业现实的残酷还告诉我们，创业远不是想象中的那样简单，激情和梦想只能是催化剂。面对创业机会，一定要三思而后行。创业成功者都会有如此的体会，将创业机会转化为创业行为，需要进行系统而严谨的评价。

创业本身是一种高风险行为，失败也可能是奠定下一次创业成功的基础。但经调查发现，有近一成的创业者开办创业组织不到一年时间即告结束，不仅损失了金钱，而且对自身信心也有一定的影响，同时也可能放弃创业的梦想。如创业者能先以比较客观的方式进行评估，那么不至于失败一再发生，创业成功的几率也可以因此而大幅提升。

一、创业机会评估的原则

（1）测试了吗？就像所开发的软件都要经过测试一样，你最好首先把你的想法与潜在的使用者分享并得到反馈。

（2）目标聚焦吗？太多的创业失败是因为他们想把产品卖给所有的人，应该从最有可能购买你产品的人出发。

（3）能够保护你的机会吗？要采取措施保护你的好主意，比如排他性合同、专利、授权许可等。

（4）了解你的客户吗？你的产品或服务是否真正满足了用户的需要。

（5）符合你的能力吗？是否是好机会也要评估其伴随而来的风险，只有符合你能力的才是好机会。

（6）能发挥你的能力吗？只有将你的能力发挥出来才有可能把握住机会，因此如果这个机会需要你走出你的舒适地带，那么你可能需要重新考虑。

（7）趋势如何？未来几年，新技术、政府的政策变化或者环境变化是否会对你的业务产生重大影响？也许做一个 SWOT 分析是必要的。

（8）有足够而且合适的人吗？机会的实现需要有能力和热情的人来完成。你有足够而且合适的人吗？

二、创业机会评估的方法

（一）市场评估方法

1. 市场定位

创业机会的评价（下）

一个好的创业机会，必然具有特定市场定位，专注于满足顾客需求，同时能为顾客带来增值的效果。因此评估创业机会的时候，可由市场定位是否明确、顾客需求分析是否清晰、顾客接触通道是否流畅、产品是否持续衍生等，来判断创业机会可能创造的市场价值。创业带给顾客的价值越高，创业成功的机会也会越大。

2. 市场结构

针对创业机会的市场结构可进行以下几个方面的分析，包括进入障碍、供货商、顾客、经销商的谈判力量、替代性竞争产品的威胁，以及市场内部竞争的激烈程度。由市场结构分析可以得知新企业未来在市场中的地位，以及可能遭遇竞争对手反击的程度。

3. 市场规模

市场规模大小与成长速度，也是影响新企业成败的重要因素。一般而言，市场规模大者，进入障碍相对较低，市场竞争激烈程度也会略为下降。如果要进入的是一个十分成熟的市场，那么纵然市场规模很大，由于已经不再成长，利润空间必然很小，因此这个新企业恐怕就不值得再投入。反之，一个正在成长中的市场，通常也会是一个充满商机的市场。所谓水涨船高，只要进入时机正确，必然会有获利的空间。

4. 市场渗透力

对于一个具有市场潜力的创业机会，市场渗透力评估将会是一项非常重要的因素。聪明的创业者知道选择在最佳时机进入市场，也就是市场需求正要大幅成长之际，你已经做好准备，等着接单。正确的判断力是对成功创业者的要求之一，发现并抓住创业机会又是成功创业者的胆识。

5. 市场占有率

一般而言，要成为某一市场的领导者，则必须占有较高的市场份额。但如果占有率太低，则市场竞争力显然不高。小型创业组织，往往就是5%甚至5%都不到，而市场占有率就是生存率。同大型创业组织竞争，提高生存率的方式，只有以不同于大型创业组织的经营方式，从强者手中抢食，但这是很不容易的。

类似于共享单车，能够长期存活的只有哈喽单车、摩拜、青桔，而哈喽依托的是支付宝、摩拜已经归为美团、青桔则由滴滴联合微信进行盈利，以至于其他共享单车几乎没有任何市场占有率，因为所有消费者仅仅在支付环节就已经淘汰了多数创业者。

6. 产品的成本结构

从财务角度讲，产品的成本结构可以反映创业的前景是否光明。小型生产型创业组织，往往产品单一、顾客群单一，一旦产品链断裂、顾客群流失，难于规避财务负债的陷阱，很难有咸鱼翻身的机会。小型销售型创业组织，则产品多样化缺乏特色，顾客群难以稳定，消费心理难以把握，一旦出现变数，存货控制不当，容易造成资金呆滞。如何尽量避免，需人人参与财务管理，成本控制有张有弛，重视存贷管理。

案例学习 9－5

逆势倒下的完美幻境

2013 年，完美幻境在北京成立。2014 年，完美幻境将重点放在 VR 头显的研发上，并在圈子里有了一定的名声。但是他们认为，VR 需要硬件和内容两者兼备。经过 5 代产品的迭代，2015 年 11 月份，完美幻境获得了英特尔百万美元的天使投资。

与此同时，在美国圣地亚哥举行的英特尔投资全球峰会上，完美幻境发布了 Eyesir 4K VR 全景相机，该产品能实时拼接，支持 360×360 记录拍摄，并支持 VR 头显观看。发布之后，订单量达到一千台。一切堪称完美。

2016 年 CES 上，完美幻境借助英特尔的展台向大众展示了 Eyesir。订单量进一步增加。2016 年 2 月，为了尽可能创造天时地利人和，完美幻境南迁深圳。与此同时，完成千万元 A 轮融资。2016 年 12 月，完美幻境与新华网在第四届中国网络视听大会上达成战略合作，推进“VR＋新闻”的行业应用。

然而，由于供应链问题，完美幻境有了订单却不能按时完成生产，最终，资金链断裂，公司于 2017 年 2 月 27 日宣布倒闭。

（资料来源：全景相机公司完美幻境被查封，为何突然暴毙是必然，搜狐网，2017 年 03 月 15 日。）

启示：硬件企业的供应链管理可以致命。2016 年初，完美幻境宣布订单额已超过一个亿。但是，完美幻境的供应链管理却始终跟不上，这让产品的交付一拖再拖，再多的订单也只能是昙花一现。半年内都无法向对方供货，最终合作伙伴都放弃了完美幻境。

（二）效益评估方法

1. 合理的税后净利

一般而言，具有吸引力的创业机会，至少需要能够创造 15% 以上的税后净利。如果创业预期的税后净利是在 5% 以下，那么这就不是一个好的投资机会。

2. 达到损益平衡所需的时间

合理的损益平衡时间应该能在 2 年以内达到，但如果 3 年还达不到，恐怕就不是一个值得投入的创业机会。不过有的创业机会确实需要经过比较长的耕耘时间，通过这些前期投入，保证后期的持续获利。在这种情况下，可以将前期投入视为一种投资，才能容忍较长的损益平衡时间。

3. 投资回报率

投资回报率是指生产期正常年度利润或年均利润占投资总额的百分比。投资回报率（ROI）＝年利润或年均利润/投资总额 ×100%。考虑到创业可能面临的各项风险，合理的投资回报率应该在 25% 以上。一般而言，15% 以下的投资回报率是不值得考虑的创业机会。

"小超之家"是由 5 名大学生创办的水果购物网站，从创办到倒闭仅仅用了 9 个月的时间。起初，小超之家在北大南门经营，主要针对北大在校生和周边人群，通过批发水果，按照网上的订单进行配送。后来订单增多，每天的营业额达到两千多元，几个人忙不过来，就雇佣了 4 名员工，结果，刨去员工工资、房租费用，每个月居然是亏损的。

小超之家的失败体现在税后净利以及投资回报率的计算失误上，在营业额持续增高时，盲目的追加成本，导致企业最终入不敷出。

4. 资本需求

资金需求量较低的创业机会，投资者一般会比较欢迎。事实上，许多个案显示，资本额过高其实并不利于创业成功，甚至还会带来稀释投资回报率的负面效果。通常，知识越密集的创业机会，对资金的需求量越低，投资回报反而会越高。

因此在创业开始的时候，不要募集太多资金，最好通过盈余积累的方式来创造资金，而比较低的资本额，将有利于提高每股盈余，并且还可以进一步提高未来上市的价格。

5. 毛利率

毛利率＝毛利/营业收入 ×100% ＝（营业收入－营业成本）/营业收入 ×100%。毛利率高的创业机会，相对风险较低，也比较容易取得损益平衡。反之，毛利率低的创业机会，风险则较高，遇到决策失误或市场产生较大变化的时候，企业很容易就遭受损失。一般而言，理想的毛利率是 40%。当毛利率低于 20% 的时候，这个创业机会就不值得再予以考虑。

6. 策略性价值

能否创造新企业在市场上的策略性价值，也是一项重要的评价指标。一般而言，策略性价值与产业网络规模、利益机制、竞争程度密切相关，而创业机会对于产业价值链所能创造的加值效果，也与它所采取的经营策略与经营模式密切相关。

7. 资本市场活力

当新企业处于一个具有高度活力的资本市场时，它的获利回收机会相对也比较高。不过资本市场的变化幅度极大，在市场高点时投入，资金成本较低，筹资相对容易。但在资本市场低点时，投资新企业开发的诱因则较低，好的创业机会也相对较少。不过，对投资者而言，市场低点的成本较低，有的时候反而投资回报会更高。一般而言，新创企业活跃的资本市场比较容易创造增值效果，因此资本市场活力也是一项可以被用来评价创业机会的外部环境指标。

8. 退出机制与策略

所有投资的目的都在于回收，因此退出机制与策略就成为一项评估创业机会的重要指标。企业的价值一般也要由具有客观鉴价能力的交易市场来决定，而这种交易机制的完善程度也会影响新企业退出机制的弹性。由于退出的难度普遍要高于进入，所以一个具有吸引力的创业机会，应该要为所有投资者考虑退出机制，以及退出的策略规划。

（三）产品评估方法

产品是企业和消费者之间的纽带。新创企业的立足点是创造优质的产品或提供优质的服务以尽可能满足消费者的需求，最终创建起企业自身的知名度。因此，创业者有必要对即将推出或设想推出的产品或服务进行评估。

1. 产品吸引力评估

布鲁斯·巴林格认为，消费者应该思考这样的问题①：产品、服务有价值吗？合乎情理吗？它是否令消费者激动不已？产品、服务是利用环境趋势解决问题，还是填补了市场空隙？当前是将产品或服务引入市场的良好时机吗？在产品、服务的基本设计或概念中，存在重大缺陷吗？

对此，创业者不妨走出构思或设计的房间，暂时走出创业成员之间相互探讨的狭小天地。事实也已经证明，消费者满意的产品永远产生在消费者调查基础上。这时，问卷调查、与消费者聊天等方式显得尤为重要。

案例学习 9－6

以赤子之心遨游科技创新的深蓝海洋

王凯甬是郑州大学2016级本科生，在校期间刻苦学习科学文化知识，积极参加各类科研竞赛，为学校在国家级高水平竞赛和国际舞台上多次争得荣誉。王凯甬同学一直怀着“科技强国，书写报国之志”的决心，2018年7月，王凯甬同学带队获得第20届中国机器人大赛全国冠军（水下机器人项目）。2018年8月，王凯甬同学带领郑州大学机器人队参加在青岛举办的2018 INTERNATIONAL COMPETITION OF ROBOT（世界机器人大赛），最终在水中机器人巡游项目中获得国际亚军。

2018年初，同样有创业梦想，本科毕业于郑州大学、现就读于西安交通大学的宋纪元与王凯甬“一拍即合”，做出一个大胆的决定：成立公司，将无桨技术搬出实验室，实现产业化。于是，西安水泽动力科技有限公司应运而生，王凯甬、宋纪元、李昊轩等大学生以合伙人身份共同创立这家公司。

走出舒适圈，王凯甬和团队伙伴们面临着重重困难。初创时期，复杂的注册程序、一系列手续就让这些年轻的大学生手忙脚乱。在郑州大学就业指导中心和郑州大学科技园的帮扶下，公司终于顺利成立。经过努力，无桨叶推进器一经亮相就吸引了众多的目

① 布鲁斯·巴林格、杜安·爱尔兰著，李俊、薛红志等译：《创业管理：成功创建新企业》，机械工业出版社2010年版。

光，多位投资人显示出投资意向。

随后，无桨推进技术被投向产业化，王凯甬和团队联合西安交通大学、中国科学院大学等高校的博士、硕士和本科生，以合伙人身份创立了西安水泽动力科技有限公司，主要市场为海洋牧场建设，该公司现为中国休闲垂钓协会海钓分会的副会长单位，并获得A轮融资，在香港发布了公司的第一个产品。后来，王凯甬又和团队以法人身份创立了郑州智海智能科技有限公司，该公司现入驻郑州大学大学科技园，并获得河南省教育厅的创业帮扶。

（资料来源：第十四届中国大学生年度人物，2019年05月07日。）

启示：无桨推进技术很明显填补了市场的空隙，尤其是填补了民用市场的空隙，这对消费者的吸引力是巨大的，不仅如此，对于国家海洋建设也具备建设作用，故而一经问世便引来了多家投资。

2. 产品需求度、满意度评估

这里往往会涉及一种调查工具，叫作“购买意愿调查”，借此能够初步了解消费者对产品的需求程度和满意程度。调查表应当包括下述内容：你有涉及该产品消费领域的消费需求吗？你愿意购买这一款产品吗？若想购买，你能接受的价格是多少？你希望通过何种途径购买到该产品？购买后，你希望提供什么样的售后服务？

先将这些内容在调查表里分列开来，并给出可供选择的答案或让被调查者自行回答、补充，字斟句酌确定无异议或漏洞后正式成文打印，分发给20—30人。最后，根据问卷答案做综合分析，以确定未来的产品或服务有无值得实践的可行性。通过消费者的反馈，如果能够得出如下结论：与同类产品相比，该产品具有竞争优势，无论是服务周到、物美价廉，还是购买便利，那么，这就是有价值的创业机会。

（四）资源评估法

评价创业机会的可行性，归根结底是分析创业者是否具备抓住创业机会的资源，特别是核心资源也即核心竞争力。不同的创业机会核心资源不同，它所产生的核心竞争力就会有不同的表现。发现创业机会所需的核心资源，关键要认识到该创业机会的本质，也就是需要发现决定创业成败的关键在哪里。我们从以下几个层面分析：

（1）该机会能否带来长期性的利益？

（2）该机会能否在同行业中保持领先地位？

（3）该机会是否具有很大的延展空间？

（4）通过该机会所提供的产品或服务是否难以复制或具备独一无二性？

（5）通过该机会所提供的产品或服务是否能经过不断研发，保持其相当长的寿命周期？

在实践中，大多数创业者及其团队的自有资源是十分有限的，这就需要多方整合，以保障创业能够成功。评估资源整合能力，有助于创业计划的选择。如果资源整合能力强，有助于创业实践活动的开展，则有必要及时抓住机会并将其转化为具体的创业行动。总之，即使创业机会具有很高的价值，也并不意味着它一定具有可行性。可行性是针对创业者个人而言的。在一个具有价值的创业机会面前，往往只有少数人能抓住它，这取决于创业者个人对创业机会的敏感度。

案例学习 9－7

他被迫辍学，白手起家，凭一只鸭子打天下！如今身价高达百亿

曾经的菜市场小作坊，19 年后成长为了一个估值百亿的上市公司，“丑小鸭变身白天鹅”的造富神话是如何实现的？2016 年 11 月 11 日，电商企业都在忙着“双 11”活动时，有一家企业悄悄在香港挂牌上市，它叫周黑鸭。

“周黑鸭”品牌创始人、“周黑鸭”商标唯一合法持有者名叫周富裕。1994 年，年仅 19 岁出身重庆贫困山区的周富裕。跟着哥哥姐姐来到武汉一家私人卤菜作坊打工。艰辛的打工生涯和困难的生活现状使周富裕明白要想生活有所改变，必须依靠自己的努力。

1995 年，20 岁的周富裕选择了自主创业，在武汉市一家集贸市场拥有了自己第一家卤菜店。凭借着天生对饮食的热爱，在食品口味的调理上，周富裕有着超过常人的领悟力，经过上百次不断的实验，终于研究出来一种口味奇特的卤鸭产品，他将其命名为“怪味鸭”。

1998 年，“怪味鸭”凭借着独特的口味风靡一时。产品的成功，市场上开始出现了很多的假冒店仿冒他，可以说泛滥成灾，生意也慢慢惨淡了。为了改变这一现状，周富裕意识到必须要有自己的品牌，于是他正式把“怪味鸭”更名为“周记黑鸭”。

2003 年，经过几年的辛苦打拼，周富裕创造的“周记黑鸭”在熟食行业里终于有了一定的名气，“周记黑鸭”重新恢复了当年“怪味鸭”的风采。在这一年，“周记黑鸭”迈出了从集贸市场走向人流更大的购物商圈的第一步。

2008 年初，“周黑鸭”成功实现了连锁转型，通过重新设立“周黑鸭”的专属销售公司湖北世纪愿景商贸有限公司，进一步规范了公司的经营，确定了“周黑鸭”发展的目标。

风雨创业路，周富裕自始至终坚持了自己的梦想。回味自己的创业之路，周富裕想给创业的人强调两点：一是对梦想的坚持；二是对诱惑的抵制。做一个有梦想的人，勇敢向前，实践自己的能力，直到成功！

（资料来源：周黑鸭：不仅仅要做一个造富神话，搜狐网，2017 年 04 月 20 日。）

案例学习 9－8

百果园的成功之道

蜀道之难难于上青天，比蜀道更难的是生鲜电商。4000 多家入局者中，88% 亏损，7% 巨额亏损，仅有不到 1% 盈利。而这盈利的 1% 大多数是以海鲜水产品类为主，水果生蔬只是鸡肋。这是因为水果生蔬的保鲜比海鲜水产更难，折损率极高，卖的还没坏的多。从阿里到腾讯再到京东，都不敢轻易试水。但也并不代表水果生蔬电商就不能做，有一家仅有 20 平方米的水果店就非常成功，它就是百果园。

百果园成立于 1997 年，经过 21 年的发展，已经开店 3300 多家，今年计划还要再开

1200 家加盟店。众所周知，加盟模式对供应链和标准化的要求非常高，而百果园却敢在一个非标准的水果领域一年开放 1200 家加盟店，足可见其积累。“水果零售之王”名不虚传！这也就是为什么京东、阿里都做不成的电商生意，却让百果园做成了的根本原因。

那么，百果园是怎么啃下供应链和标准化这两块硬骨头的呢？

第一，基地直采，产地直供。这样可以省去中间的供应商环节，不仅省钱还能减少损耗。百果园不仅有自己的水果种植基地，还雇佣了一大批农业科学家，不仅研究种子培育、还研究怎么科学种植。目前，全果园布局了 230 多个水果种植基地，80% 的水果都来自基地直采。

第二，领先国际的供应链。采购到好水果并不算完，怎样把水果新鲜地送到顾客手中才是关键。很多人以为，水果的冷链只是简单地加冰处理，但事实上，每种水果的特性不同，保鲜的方法也不一样。比如同样是冷藏，梨比苹果更容易流失水分，但也需要呼吸，所以在多做一层防护的同时，还要保证透气，不能闷坏；草莓、樱桃等水果就需要出动保鲜盒了，这样可以避免碰撞，但同时又不能装太多以免挤压……百果园针对每一个品类都建立了完善的供应链。在中国，水果损耗率仅在运输过程中通常就高达 30%，而百果园水果的损耗率仅为 6%。

第三，把非标品做成标准品。连锁就是要打造一套快速可复制的体系，其中，品控标准是核心。百果园用“四度（糖酸度、新鲜度、爽脆度、细嫩度）一味（香味）一安全”作为好吃的评估标准。这不仅需要业务员有丰富的经验，同时还需要出动测糖仪、硬度计、量尺、称和温度计等工具。

有这三大秘籍的保驾护航，百果园才敢提出“不好吃三天退货”的行业标准，这在一向“商品出门，概不负责”的水果行业里，一下子就拉高了格调，也把竞争的门槛提高到了一个新的高度。

反映在价格上，就算百果园的价格比其他水果店的要高出不少，品质和服务摆在那里，还是有人愿意买。也就是说，百果园通过 21 年的经营，愣是把一个低门槛、低毛利、高损耗的非标品，做成了高门槛、高毛利、高单价、低损耗的标准品。

2018 年，百果园计划新开门店 1200 家，这既是开店，也是在布仓。在线上，百果园不仅入驻了第三方外卖平台，也有自己的 App，同时在小程序、微信公众号等都有布局，形成线上矩阵。与此同时，百果园还通过大数据将线上线下打通，通过算法预测门店订购和价格指导，最终影响上游种植。

在刚过去的 618 购物狂欢节，百果园在线上的销售成绩亮眼，三天销售额超 4500 万元，同比增长 328%，线上订单总量达 72 万单，稳居第三方外卖平台全平台水果类目销售第一的位置。

（资料来源：网易新闻，2018 年 08 月 02 日。）

思考与练习

娃哈哈的细分市场

作为目前国内销量最好的饮料品牌，“娃哈哈”这一伴随80后、90后整个童年的品牌，不论外界对于其产品是何评价，都保持着始终如一的态度。截至2021年，娃哈哈瓶装饮料累计售出500多亿瓶，平均我国每人至少喝35瓶。

娃哈哈销量如此巨大，是因为娃哈哈把饮料分类（目标市场）进行的非常细腻，碳酸饮料系列、乳酸饮料系列、茶饮料系列、奶茶饮料系列、瓶装水系列、罐头食品系列、休闲食品系列，根据不同品味、不同年龄、不同性别进行不同细分，根据不同喜好生产不同产品，然后在分别满足每个细分市场的需求。

问题：现在你要创办一家企业，请认真调研，然后填写表9－1，最终形成一篇市场分析报告。

表9－1　　企业目标客户调查表

注：标有★的行目是重要的区分标准，标有▲的行目需要特殊的市场分析，可忽略	
顾客类型：……	★
行业：……	
规模（销售额）：……	
人数：……	★
驻地：……	
服务范围：……	★
消费该产品的目的：……	★
购买标准：……	
现有供应商：……	▲
企业文化特色：……	
购买类型：……	★
月均订货量：……	
信誉：……	▲

第十章
创业模式

学习目标

□ 了解创业模式基本概念
□ 了解创业方式基本类型
□ 了解影响创业模式选择的因素

【案例导入】

聚美优品的CEO陈欧也是一名大学生创业者，他的大学生创业阅历要追溯到他的上一个参与的创业项目——在线游戏平台GG游戏渠道。陈欧16岁考上新加坡南洋理工大学，作为一个资深游戏爱好者，在大四的时候，他决定在游戏范畴创业，凭着有限的资本做出了影响力无穷的GG游戏渠道。

后来，陈欧出售GG渠道，取得了千万等级的收益，积攒了更多的创业资本，也才有了日后的聚美优品。而他参与创业的GG游戏渠道，如今仍然是东亚区域最受期待的游戏渠道之一，在全球具有超过2400万用户。

（资料来源：陈欧创业故事，搜狐网，2022年08月11日。）

现阶段，尚未有权威机构或学者对创业模式的定义及分类作出界定。国内一些研究人员认为所谓的创业模式主要指的是创业者为实现创业目标，对各资源要素通过不同搭配方式完成。国外一些文献中对创业模式也有Entrepreneurial Mode，Venturing Mode等多种表述方式。所以，创业模式和常见的商业模式之间并不存在鲜明的界限，它是对创业的行业选择、创业的方式确定、创业的组织形式等要素的统一整合。是一种独特的商业模式，既可以复制也可以创新。传统持久的商业模式，也只是当时创业者们有意或无意在经营中“摸爬滚打”出来的创业模式。针对不同的创业项目，有着不同的创业模式，可以选择一种也可以选择多种。在选择了创业模式并持续经营的情况下，你可能发现新的商业模式，并使之系统化理论化，而变为新的创业模式。因此，我们无须刻意区分创业模式和商业模式，也并非必须采用了哪种模式才能创业，如果有能力和运气把握好“机遇”，给国家和社会创造财富，那么这种“机遇”就将形成一种创新创业模式。

第一节　创业模式的类型

总有一种创业方式让你触摸成功。

从不同的角度划分，创业项目有多种分类方式，且其本身也包含着创业初期、中期及创业方向、风险、机遇等内容。在经过充分的市场分析、调查之后，创业者往往就确定了创业项目等，这时候就要选择合适的创业模式。

在这里，我们将创业模式分为六种：依附式创业模式、专业化创业模式、孵化器创业模式、概念创新创业模式、移动互联网创业模式、“小而美”创业模式。

一、依附式创业模式

（一）什么是依附式创业

总有一种创业方式让你触摸成功（上）

依附式创业是指大学生以代理、加盟、特许经营等方式来销售某种商品或服务的创业活动。依附式创业作为一种创业形态，能够为大学生创业者提供已有的品牌、健全的市场机制、规范的运营模式等一系列成熟的经营模式。这种模式可以使创业者得到成功企业的支持，分享品牌影响力、分享经营诀窍、分享各种资源等，为大学生创业者省去了诸多的创业不确定性，并大大提高了创业的成功几率，因此被称为——站在巨人肩膀上的创业。

（二）依附式创业特点

1. 增加成功几率，降低创业风险

在日趋激烈的竞争环境里，市场机会对于创业者来说越来越少，每年都有数以万计的创业者因为各种问题不得不退出市场。对于那些资金有限、缺乏经验的创业者来说，希望在高度饱和的市场环境中独立开创一份自己的事业，是困难重重的。而创业者如果选择依附那些业绩良好、实力雄厚、信誉度高的厂家或企业，成功的机会将大大提高。创业者通过加盟、特许等经营方式，获得专业技术等方面的援助，这对于缺乏经验的创业者来说，无疑是一条通往成功的捷径。

2. 统一管理，降低成本

依附式创业模式的优点在于经营管理上有章可循。由于所依附企业大部分实行标准化管理，提供的也是方便快捷的产品配送服务，因此可以获得统一的价格成本，从而降低成本风险，取得价格竞争优势，使创业者可以卸下采买重担，将大部分精力放在自身组织经营上，加速商品流转率，提高利润水平。

3. 参加系统培训，获得成功经验

创业时要独自摸索出一套可行的经营管理办法，往往需要很长时间，对于经验不丰富的创业者而言，在摸索的道路上很可能就因为多走了弯路而无法维持下去。因此，如果创业者加入企业连锁，即便没有专业知识和管理经验，也可以得到企业的业务技能、管理技巧和经营诀窍等方面的系统培训。由于这些经验是企业经过实践经营已成熟运营的规范管理系统，因此创业者照搬这些标准化的经营管理方式极易获得成功。

4. 规范经营形象，提供统一服务

现代消费者的关注点不仅仅是商品的价格，良好的形象与高质量的服务也已成为消费者关注的首选。对于一个初入商海的创业者来说，面临的最大问题是不知如何提高自己的声誉，获得消费者的关注。因此，选择已经建立了良好公众形象和拥有高品质服务的企业，可以分享到企业的无形资产，提高知名度，利用依附优势迅速稳固市场地位。

（三）依附式创业的风险

1. 依附企业发展不稳定

创业者所选依附企业的抗风险能力差，企业发展不稳定，这些因素将导致创业者无法得到持续性回报。即使所选企业能够长久经营，但是“上游”的不稳定，比如行业变更、政策变化等，将直接导致依附型创业者的失败。因此依附式创业在选择依附企业时，应着重考虑该企业的抗风险能力及长远发展情况。

2. 依附企业自身安全性差

这里的安全性是指创业机会要对创业者的信誉、资金等提供有效保障。依附式创业者往往舍弃话语权，换取依附式企业应给的回报。在实际中，一些直销、传销也会称自己是依附式创业，然而对创业者而言，这种方式不具备合法性，甚者具有诈骗性质。因此，这类方式不具有安全性，不能称为依附式创业。

3. 成本积累过多，利润无法保证

通常情况下，依附式创业者往往要对依附企业支付一定费用，比如押金、加盟费、管理费等。一般这些费用属于固定费用，不会轻易减少，那么在经济形势不利或所依附企业经营不善的情况下，即便经营持续发展，创业者也往往面临将经营利润支付所依附企业费用之后所剩无几，极大地增加创业风险。

（四）三种成熟的依附式创业模式

加盟、代理、特许经营是目前我国较为成熟的三种依附式创业模式。

1. 加盟

加盟是指某企业或厂家通过将自身自有品牌、形象、管理经验等有形或无形资产、组织管理资产等以合同的形式，先将本身的经验教授给加盟者，并协助加盟者在规定区域内，按照统一的业务模式从事经营活动，加盟者在该过程中需向授权者支付加盟金、保证金以及权利金等的一种营销方式。这种类型通常也被大家称之为连锁店或者加盟店。即通过增加店面的形式，将地区资源进行有效整合，增加现有品牌的市场影响力和辐射力，形成连锁加盟，进一步拓宽销售渠道，比如各地的餐饮连锁店、体育用品店等。

案例学习 10－1

CoCo 奶茶的快速发展

如今各类奶茶店增长速度飞快，竞争激烈，各个品牌乃至于同一个品牌的不同加盟店都存在着竞争关系，选择能够稳定持续盈利的奶茶店确实不易。在加盟企业中，CoCo

奶茶是其中较为突出的加盟项目，人气普遍更高一些，一直被人们所认同。

第一，所有加盟商必须具备一定的起步资金。由于CoCo奶茶店加盟所需加盟费用较一般的奶茶品牌高出不少，因此，适合资金较为充足的投资者。

第二，所有加盟商必须认同都可茶饮的文化。都可奶茶起源于中国台湾，由于地域文化的差异，尽管CoCo不断研发新品调和所有消费者的口味，但众口难调，并不是所有消费者认同CoCo奶茶的文化和理念，因此，加盟商需认可都可茶饮管理公司的文化经营发展。

第三，所有加盟商必须拥有一定的经营场所。所有店面和经营场所必须由加盟商自主寻找，公司可以协助参考并安排一定的装修设计，装修的每个细节都是用总部派人统一审查。

CoCo奶茶采用的加盟模式，也代表着加盟店的整体形象，因此总部有一套完整的审核标准，并且一经通过CoCo奶茶的审核条件，CoCo奶茶将会派相关人员辅助选址，绝不让自己店面的开店成功率下降。

（资料来源：搜狐网，2023年06月21日。）

加盟企业一般是由拥有较高品牌知名度或者相关行业产品知识专利的厂家或公司发起，在保证自身正常运作下吸引投资者在全国各地开设门店，并且提供从产品研发到销售指导等一系列的支持。而加盟者通过主导企业的授权和帮助，降低经营风险，借主导企业之力，实现自身的成功。相比于其他创业类型，这种方式显然更容易得到较为全面的支持，发展起来相对顺利。

随着加盟所涉及行业的不断拓宽，加盟连锁覆盖面越来越广，其中以服务业领域，尤其是零售、批发业最为成熟活跃。目前我国加盟连锁已经覆盖了近百个细分行业和业态，主要涉及餐饮业、休闲旅游、酒店、超市便利店、日用品零售批发及其他新型行业，比如家庭服务、商业服务、汽车服务、教育文化等。

好的加盟项目是成功的开端。在选择品牌或行业时，应注意以下三点：

第一，进行市场研判。对要加盟的行业项目经营状况进行预测分析，评估出政策导向、地域、经营策略等因素对该项目的影响，以期达到事半功倍的效果。

第二，进行自我评估。将自己所掌握的相关知识进行系统整理，罗列出熟悉的行业及项目作为投资目标，选择自己熟悉或掌握相关知识的行业和项目，充分发挥自身之所长。

第三，进行品牌分析。在选择不熟悉行业的项目时，品牌的优劣就成为是否能够成功的关键因素。选择那些本身口碑好、影响力大的品牌，在自己创业时得到的强有力支持就越多，创业优势也就越发凸显。

2. 代理

代理是指代理人通过获取某企业或品牌的代理权，以委托人的名义开展经营活动，并获得代理佣金或报酬的一种商业模式。即成为某个品牌在某个区域的掌权人，打理这个区域的所有业务，代理具有排他性。

案例学习 10－2

重庆江小白酒业有限公司是一家集高粱酒研发、酿造、分装与销售于一体的酒业公司。公司产品面向新青年群体，主张简单、纯粹的生活态度，坚持小众而独特的企业经营价值，做有长期价值的事业。独特的地理环境与气候特征，滋养了重庆悠久的酿酒文化。传承重庆巴渝传统精酿高粱酒工艺，长江江边酿好酒，“江边酿造，小曲白酒”，江小白以此得名。公司拥有强大的资源后盾，迅速成长为中国酒业的领军企业。备受消费者的喜爱，江小白也因此成了众多投资者争相代理的白酒品牌。

代理要求：

1. 江小白加盟企业负责人及管理人员经常使用微博、微信等社交工具，对新媒体营销有一定了解，对青春、时尚、简单有自己的感悟和见解，喜欢接触新观念、新概念、新事物。

2. 餐饮渠道运作能力较强，直辖市、省会城市、较大规模的地级城市有能力在到货两个月内覆盖80%以上餐饮终端，一般地级城市和县级城市有能力在到货一个月内覆盖80%以上餐饮终端的人，可以优先加盟江小白。

3. 有办公场所及仓库、车辆、销售及配送团队、财务后勤团队。

4. 有充足的资金储备，可以接受江小白公司要求的资金投入总额、首单进货货款、履约保证金等资金条件。

江小白采用单一高粱小曲酒酿造工艺，工艺标准化，品质稳定。强化单纯、纯净、柔和、甜润的国际化口感特征，突出单一高粱酿造的独特口感特征。江小白团队并不是传统意义上的酒企，而更像是一家文化创意公司。“江小白”卖的也不是酒，而是一种有表达的青春态度。颠覆传统，创造符合当代消费者喜爱的品牌和品质精良的产品，带动和实现中国酒业的年轻化、时尚化、国际化是江小白团队的奋斗愿景。

（资料来源：百度百科。）

代理与加盟类似，但权限更大起点更高。代理需要是法人，有自己的公司，有符合公司要求的财力和经营能力。厂家或企业授权给代理商在某一区域代理经营本公司的品牌。在提前报备总公司并征得许可的情况下，代理商可以发展自己的加盟商。一般来说，中小企业倾向发展加盟连锁方式，而比较大的厂家和企业则多选择代理方式合作经营。

代理可以分为：总代理、独家代理、一般代理、特约代理。

（1）总代理是指委托厂商在指定地区的全权代表。在各种代理业务中，总代理的权限最大，其代理行为直接影响着委托人的经济利益。因此，作为总代理商，必须具有雄厚的资金实力，高水平的员工素质，有效的销售渠道和丰富的经营经验等。总代理权具有排他性，被代理人不得在规定区域内再指定其他代理商。总代理商作为委托人，是在规定地区的全权代表。

总代理的代理经营业务主要包括：代表委托人签订买卖合同、销售商品；处理销售过程中的有关事务；代表委托方进行经营的公关活动、广告宣传活动；代表委托方参加一些非经营性的活动。

（2）独家代理是指代理商在规定的区域或一定的时期内，具有代理委托厂商指定商品的专营权。委托厂商只能通过独家代理商销售自己的产品，而不能与同一销售区域内其他客户发生代销关系。独家代理的权限和活动范围都要小于总代理。

享有独家代理权的企业不得再经营其他同类商品或者有竞争性、替代性的商品。这种方式可以避免过度竞争，适于畅销的名牌产品或有发展前景的产品。

（3）一般代理是指委托厂商可在同一销售区域、同一时期指定若干个代理商同时代理销售同一产品的销售形式。这种方式代理商不享有专营权，委托方可在同一市场委托多家代理商，代理商也可自己购进代理商品，委托方也可以保留直接销售的权利。委托方要推出新产品或开拓新市场时，这种方式的作用比较明显。

（4）特约代理是由指定的特约代理商推销高技术产品或为委托方销售的产品提供特定的配套服务的代理形式。企业可根据需要选择合适的代理方式，并在代理协议中明确规定双方的权利义务关系。

3. 特许经营

中国《商业特许经营管理条例》第一章第三条对特许经营作出如下界定：商业特许经营，是指拥有注册商标、企业标志、专利、专有技术等经营资源的企业（特许人），以合同形式将其拥有的经营资源许可其他经营者（被特许人）使用，被特许人按照合同约定内容在统一的经营模式下开展经营，并向特许人支付特许经营费用的经营活动。

案例学习 10－3

良品铺子特许经营

良品铺子是良品铺子股份有限公司旗下的品牌，成立于2006年，是一个集休闲食品研发、加工分装、零售服务的专业品牌。良品铺子市值近300亿，子产品达1400余种，全渠道会员超8000万，线下拥有2700多家门店，甚至在线上开拓了微信小程序、自营App等大约100个渠道。

而从它诞生、发展到取得这些骄人成绩，仅仅走过了15个年头。

参与良品铺子特许经营的组织可以获得：

1. 品牌形象支持。总部将品牌形象和品牌logo全部授权给加盟店，以品牌知名度引起消费者的关注。

2. 整店输出支持。为加盟商提供整店输出支持，从开店到运营的一站式服务，协助加盟商选址、设计装修图纸以及施工，直至店铺开张运营的每个环节。

3. 系统培训支持。根据具体情况不定期应投资者、店长及店员的要求为其提供专业化、系统化的培训，不断提高门店的经营水平和管理能力，专业的营运指导，使门店管理轻松简单。

4. 物流配送支持。专有配方材料统一生产配送，完善的物流配送体系快速便捷，让各店的货品安全到达。

5. 市场运营支持。公司可派遣专人协助加盟商管理店面的日常经营活动，直到加盟商能独立经营为止。

6. 跟踪服务支持。自开店之日起，总部会不间断的进行电话咨询，包括派专业人士去店面考察，调查具体的运营状况，提供后期的服务。

7. 选址装修支持。总部对加盟商提供的店铺进行评估，筛选最合适的店铺，并请专业设计团队为加盟店面进行统一的终端设计。

8. 区域保护支持。良品铺子总部有区域保护政策，保障每个加盟合作者的利益。

（资料来源：良品铺子官网。）

特许经营通常具备如下特点：

（1）从内容上看，特许经营包括权力的授予和经营上的支持。特许经营中特许人所经营的不仅仅是产品或服务，还包括经营模式等经营资源。其中产品或服务的特许是商业特许经营存在的基础，经营模式等经营资源的特许是特许经营的本质。最常见的经营资源包括：商标、企业标志、专利、专有技术等。

（2）特许人与被特许人之间不是企业与分支机构、母公司与子公司或者雇佣的关系，而是相互独立的商业主体，两者各自独立经营、自负盈亏。

（3）特许人与被特许人之间是一种长期持续性合作关系。特许经营的期限少则几年，长则十几年，甚至更长的时间。

（4）特许人与被特许人之间具有共同的外部经营特征。特许人与被特许人在品牌、商标、质量以及经营理念上高度统一，并使用相同的经营模式。

特许经营分为直接特许和区域特许。

- 直接特许。特许人将经营权直接授予特许经营申请者，获得特许经营权的被特许人按照特许经营合同设立特许点，开展经营活动，不得转让特许权。
- 区域特许。特许人将在指定区域内的独家特许经营权授予被特许人，被特许人可将特许经营权再次授予其他申请者，也可自主在规定区域开设特许点，从事经营活动。

表 10－1　特许经营利弊

优　点	缺　点
风险较低	决策力受限
成本透明	特许费用减少利润
产品或服务有较好的市场	不能销售其他产品
经过实践证明了的营销方案	对特许人的依赖性较强
特许人的培训保证	特许人失败，自身也失去市场

二、专业化创业模式

（一）什么是专业化创业

总有一种创业方式让你触摸成功（中）

所谓专业化创业，是由一些有创业意向的企业员工发起，在企业的支持下承担企业内部某些业务内容或工作项目进行创业，并与企业分享成果的创业模式，也称内部创业。这种方式不仅可以满足员工的创业欲望，同时也能激发企业内部活力，改善内部分配机制，是一种员工和企业双赢的创业模式。

案例学习 10 -4

2000 年，深圳华为集团为解决机构庞大和老员工问题鼓励内部创业，将华为非核心业务与服务业务如生产、公交、餐饮等，外包给企业员工作为创业机会，帮助集团打通在全国的分销网络。作为支持，华为为创业的员工免费提供价值相当于员工所持华为内部股一定比例的公司产品。其先后成立了广州市鼎兴通讯技术有限公司、深圳市华创通公司等。比如，现在一些地方为华为做工程安装调试工作的公司就是华为当初的员工创立的。这些公司依托华为强大的经济实力与市场占有率为其产品提供相关技术服务，同时也成就了企业优秀员工的创业梦。

（资料来源：陈新达、桂舟：《大学生创新创业》，清华大学出版社 2018 年版。）

专业化创业多集中在商品流通、高科技等朝阳行业。很多大学生就业是为了积累经验，方便以后自主创业，这就需要在择业时做好正确的选择。充分利用公司或企业的平台优势，积累人脉资源和其他资源，打好自己的事业基础，充实自己的专业技能，在各方面条件充分成熟以后，开创自己的事业。

专业化创业模式要求创业者具备以下条件：

（1）有自己独特的专业优势或技术优势；

（2）进入发展中的朝阳行业或企业并努力成为骨干员工；

（3）不脱离原公司创建新的法人企业；

（4）在工作基础上不断自我改进。

这种创业模式可以继承原公司的优质资源和人脉基础，创业风险较小，成功率较高。

专业化创业模式的优点是创业者在创业初期就可以有足够的资金和专业技术，有广泛的人力资源和人脉关系，可以凭借公司原有的关系网来拓展自身业务经营，在创业风险见效的同时成功的几率也在不断增大。但这种创业方式的缺点是容易与原企业在业务等竞争上发生矛盾，产生纠纷，进而受到打击制压。

专业化创业态度和行为的五个维度包括：革新、风险投资、创新、前瞻性和冒险性。革新强调战略的创造、组织再造和组织变革；风险投资指的是进入和公司现有产品和服务相关度较高的新业务；创新反映原公司对员工新创意、实验和创造性过程的支持；前瞻性指对于外部环境中未来的需求、愿望和期望所做的预期和行动；冒险性指为结果未知并且失败代价高昂的项目提供支持的意愿。这种创业是与组织产出和管理确定性相关的偏好、使命、目标、信念和行为的战略构思。

案例学习 10 -5

2010 年 10 月，腾讯张小龙带领团队筹划启动微信项目，一年后，2011 年 1 月 21 日微信正式推出。

2011 年至 2014 年，微信在互联网市场大放光彩，用户剧增，成为影响力最大的社交工具，也替腾讯打响了移动互联网的第一炮，让腾讯真正融入了中国主流消费群的生活与工作。微信的公众号属于真正意义上的中国式创新，它以去平台化的方式，让媒体人和商家获得了在社交环境下的垂直深入。2017年11月8日，微信入选中国商业案例TOP30榜单。在智能手机广泛应用之初，腾讯深刻洞察市场，对市场信息进行分析实现快速响应，获得竞争优势，抢占了市场份额，成为市场领先者。

至今，微信的用户已超过12亿，该项目也是企业通过内部创业成功的经典案例之一。

（资料来源：万朵朵：《互联网产业的内部创业分析》《现代营销》，2022年5月下第15期。）

（二）专业化创业模式的特点

市场越大，商品专业性越高；市场越小，商品专业性越低。因此，当整个世界朝着经济全球化方向推进的时候，企业就必须变得更专业化。

案例学习10－6

京东团队专业化创业

在这个“不颠覆，莫创业”的时代，对于大公司而言，抱着“与其被别人颠覆，不如自我颠覆”的想法，京东不断思考、尝试新方向，战略布局各个产业链条。

2016年3月，京东“拍到家”App上线；4月，“拍到家”更名为“京东到家”，主打2小时快速配送，对社区提供O2O服务。目前京东到家包括了“超市到家”“鲜花到家”“外卖到家”，涉及生鲜、超市商品、外卖等品牌。这种被称为“具有战略属性的京东O2O产品”的服务App，就是京东公司内部一个团队的创业项目。

（资料来源：许勋恩：《创业基础》，厦门大学出版社2017年版。）

1. 创业原则

专业化创业因其新奇的创业理念及优势，越来越受到创业者和企业的青睐。但这种创业方式的受众人群有限，往往只限于那些大型企业的优秀员工，又使其显得不那么尽人意。而且，创业行为也同时受创业者和企业的牵制，要想创业成功，需要两方面共同努力。

（1）资源支持，平台支撑。对于有意尝试专业化创业模式的企业来说，要有强大的资源支持。公司内部建立专门的一套资金支持系统，鼓励并资助那些具有可行性创业方案的企业员工。除了资金支持外，企业在资源、机制上也要给予百分百的支持。企业的支持是员工内部创业成功的最关键因素。

搭建一个宽松的创业平台，为有潜质的优秀员工尽可能多地提供发展机会，采取放管结合的方式，鼓励其独立开拓，并不一味地进行干预，只在必要时进行关心与指导。如创业项目需与企业保持直接业务关系，企业要占有创业企业的一部分股份等，从而建立起企业与员工创业之间的紧密关系。

（2）合理选择，周密部署。创业员工应在前期进行精密的调查研究、制订方案。一切围绕着企业的发展为前提、高瞻远瞩，做到对企业知己知彼。一方面，要摸清企业的“底细”，了解公司是否具有一套完善的创业机制、能否给予创业员工各种支持、企业对创业失败的态度等问题；另一方面，要对自身做出正确的评估，看是否具备创业实力、创业计划是否具有可操作性、创业项目的市场前景是否乐观等。

任何一种创业方式都存在风险，专业化创业在很大程度上省去了自筹资金的烦恼，但在项目的选择、制度的建立、心态的调整等方面，都是需要面临的难题。特别是创业项目的选择，更是决定创业成功的关键因素。一般来说，创业公司的业务与母公司业务的关联性越大，就越容易成功。

（3）要组建优秀的创业团队。在提倡合作的时代背景下，创业者除了具有创意以外，还必须是一名优秀的引导人，能在企业内部吸引所需专业人才，共同组成创业团队，并同心协力，使创业团队能够安然度过最艰辛的创业初期。

2. 创业优势

相对于其他创业方式，专业化创业在资金、设备、人才等各方面资源利用的优势显而易见。由于创业者对于企业环境非常熟悉，在创业时一般不存在资金、管理和营销网络等方面的困扰，可以集中精力于新市场领域的开发与拓展。比如著名的 Google 的创意“20% 在 Google”。Google 员工有 20% 的自由工作时间可参与 Top100 中的任何项目，Top100 是个随时变动的项目列表，列表来自该公司“想法邮递列表”，它像是一个面向所有员工的留言板，员工有了一个创意，可以写在上面，其他的员工则可以对该项目发表自己的建议并投票，很多好的项目会因为高的投票率而自然地凸显出来。当然，Google 公司会通过技术的手段对员工的创业进行支持，如千万美元级别的“创始人奖”。Google 公司这种鼓励创新的自由生态，把整个公司变成了一个小型的硅谷。

由于企业内部所提供的创业环境较为宽松，即使是创业失败，专业化创业的创业者所需承担的责任也小得多，从而大大减轻了他们的心理负担，相对成功的几率大了许多。从另一方面来说，建立企业的内部创业机制，不仅可以满足精英员工在更高层次上的“成就感”，留住优秀人才，同时也有利于企业采取多种经营方式，扩大市场领域，节约成本，延续企业的发展周期。充满活力与创新思维的内部企业往往可以对组织结构臃肿、拘泥于传统工作方式的大企业带来强烈的观念冲击，从而彻底转变企业的经营理念，保持不断创新与持续发展。

因此，专业化创业可创造员工和企业“双赢”的局面：一方面，可满足企业优秀员工的创业欲望，最大限度地帮助其开拓自己的事业；另一方面，也使企业留住了优秀人才，充分激发内部活力，进一步扩大战略规模，从而创造更多的利润。

3. 创业风险

在创业过程中，创业者需要投入大量人力、物力、财力等资源，来应对创业环境的不确定性及创业主体的复杂性。这时企业的放手管理与政策支持，是对创业者创业给予的充分认可。对于创业者所面临的突发状况，企业高层可通过调配内部资源，帮助其排除创业过程中的阻力。

对于企业员工来说，实施创业计划的最主要顾虑就是创业风险，在风险较大的情况下，如果企业对于创业者给予的薪酬太低，而一旦创业失败又将面临过重的惩罚，那么他们宁愿选择保守消沉，所以企业管理层在制定内部创业政策时要能够容忍创业者犯错。在制定创业员工的奖励制度时要注重红利分配与股份持有相结合，使员工真正有一种做“主人”的感觉，坚定其创业信心和决心。对于内部员工创建的企业，出资比例等可以协商，在以后的时间里如果公司发展顺利，给予员工回购资本的机会和途径。

三、孵化器创业模式

（一）什么是孵化器

科技部在《关于加快高新技术企业创业服务中心建设与发展》文件中指出，科技企业孵化器是以促进科技成果转化，培育高新技术企业及企业家为宗旨的社会公益性科技服务机构，是高新技术产业开发区的技术创新基础，是高新技术创业服务体系的核心部分，是技术创新体系的重要内容，是培育高新技术企业和企业家的学校，是解决科技与经济结合，培育新的经济增长点的有效手段。科技企业孵化器旨在为中小型企业提供包括物理空间、基础设施等有形服务与包括技术、财务、市场、人力资源等无形服务，以帮助创业者降低创业风险，实现快速成长。

2015 年 1 月 28 日，国务院总理李克强主持召开了国务院常务会议，指出要顺应网络时代推动大众创业、万众创新的形势，构建面向人人的“众创空间”等创业服务平台，对于激发亿万群众创造活力，培育包括大学生在内的各类青年创新人才和创新团队，带动扩大就业，打造经济发展新的“发动机”，具有重要意义。这里面提到的“众创空间”就是一种新型的孵化器创业模式。

孵化器是一种新型的社会经济组织。其英文名为 incubator，本义指人工孵化禽蛋的专门设备，后来引入经济领域，指一个集中的空间，能够在创业初期，提供咨询、场地、资金等多种便利，旨在对高新技术成果、科技型企业和创业企业进行孵化，以推动合作和交流，增加创业成功几率。

案例学习 10 – 7

孵化器起源

孵化器发源于美国，是伴随着新技术产业革命的兴起而发展起来的。1959 年，美国乔曼库首次提出了“孵化器”的概念，并在纽约成立了第一家孵化器。80 年代中后期，美国孵化器快速发展，涌现出大量的孵化项目，欧洲委员会也为各成员国创立孵化器提供支持。与此同时，孵化器概念也推广到了我国、巴西和尼日利亚等发展中国家，这些国家也开始建立孵化器，为在孵企业提供创业培训、种子资金和启动资金。进入 90 年代以后，企业孵化器进一步推广到波兰、以色列、韩国等国家。2000 年至今，企业孵化器高速发展，并进一步推广。

1987 年，我国第一个孵化器——武汉东湖新技术创业服务中心诞生；次年上海也诞生了首个孵化器；1988 年 8 月，我国为发展高新技术产业而设立的火炬计划把建立孵化器列为重要内容；1989 年，江苏成立首家科技企业孵化器——南京科技创业服务中心；1991 年，广东首家孵化器广州市高新技术创业服务中心正式成立；1999 年中国诞生了第一家民营孵化器——南京民营创业中心。科技企业孵化器在我国从无到有，获得了快速发展，以北京、上海、江苏等地为代表的高新园区、孵化器培育了大量企业，从最初的提供物理空间、房租优惠、物业服务、政策咨询到不断完善技术服务，增加管理服务、资金投入等，孵化器功能不断升级。孵化器模式已从职能型向服务型转变，从综合型向专业化发展。

（资料来源：陈泽芳：2023 科技孵化器行业发展现状分析与投资前景预测，中研网，2023 年 01 月 29 日。）

（二）孵化器特点

孵化器虽然规模不同，类型多样，模式不一，但其宗旨是一致的，即尽力创造与优化有利于创业成长发育的环境与条件，努力提供创业时所需的办公场地、设备、咨询、培训及融资渠道、获得政府帮助等相关的硬、软优质服务，扶植科技型创业迅速成长，增加良好的经济效益和社会效益。

1. 政府支持

目前国际上孵化器的主流是非营利性的机构，能够获得政府的大力支持，主要表现为孵化器建设投资、税收优惠、政府项目补贴、对孵化器协会的支持等。例如美国马里兰技术开发中心由州政府提供400万美元（50%）的投资、县政府提供土地；日本相模原孵化中心96%的投资来源于政府；加拿大魁北克生物技术创业中心、美国硅谷国际企业孵化器等孵化器可以享受当地政府的优惠政策等。

2. 软件服务

有些孵化器规模较小，经营场地有限，在孵企业也不多，但更注重对创业者提供全过程、跟踪式的服务。尤其是与高校的合作，在培训、咨询、市场和专业化服务方面，能够为创业者提供增值服务。如硅谷软件开发论坛组织不同规模的企业做专题研讨，充分整合利用各自优势；日本早稻田企业加速器组织主动邀请MBA实习生为企业做可行性调研；卡尔加利技术公司孵化器提供包括组织发展与战略计划制定、法律、税务、种子投资、技术实施过程咨询、管理团队建设、技术转移、知识产权与专利等。这些软件服务突出了孵化器的增值优点，对创业初期的成长起到了关键性辅助作用。

3. 服务平台网络化

孵化器管理平台逐渐网络化，以网络的形式，吸引社会各界资源（包括政府投资、中介服务等）的参与，各取所需。例如硅谷的软件开发论坛，凭借硅谷软件企业集中的优势已成为全球最大的地区性软件企业网络组织，无论是大企业还是小企业都能从中获益。

4. 创新创业环境

对于初创企业的成长，创新创业环境尤为重要。美国，特别是硅谷地区，由于传统的创新文化和创新精神，加之区域优势（高校聚集、科技聚集等），构成独特的创新环境，从而造就出英特尔、惠普这样的跨国科技企业。

（三）孵化器模式分类

目前，国际上将孵化器模式分为五类：企业主导型、天使孵化型、开放空间型、媒体依托型、垂直产业型。

1. 企业主导型

企业主导型孵化器是指基于企业现有先进技术资源，通过技术扶持，以产业资源为创业者提供高效便捷的创新创业服务。

该模式孵化器的主导者通常为大型科技企业，拥有雄厚的资金实力，着眼于鼓励创业者在其现有先进技术平台上实现突破，实现创新。现阶段例如中国移动、电信、联通、百度、腾讯等科技型企业已着手建立旗下孵化器，吸引大批的创业者加入。在未来，各类巨头企业将会进一步成立创新创业基地，同时伴随着优质项目的出现，各创业者之间也会因为各自平台而形成交叉型关联，甚至出现彼此并购等情况。

2. 天使孵化型

天使孵化型孵化器主要是借鉴美欧等发达国家孵化器的成功经验，通常由民营资本或教育类机构主导（创业投资机构、高校等），为创业者引进成功创业者、大型企业高管或创业投资人等具有丰富行业或创业经验的人士作指导，传授创业者运营管理、产品设计、发展策略等经验，预估创业障碍，降低创业风险，提升投资成功率，为创业者和投资人实现双赢。

这类孵化器对项目的筛选多倾向于具有创新服务模式或创新科技的企业，并在创业成功后的后续融资中退出实现股权溢价，即所谓“天使投资”。该模式下较典型的孵化器包括创新工场、启迪之星孵化器、洪泰创新空间、联想之星等。

3. 开放空间型

开放空间型孵化器是在早期孵化器的基础上进行了全面的完善和包装，注重品牌效应和服务质量，致力于打造创业生态圈的一种模式。该模式的孵化器可以为创业者提供租金低廉的办公空间，共享办公设备。在资金支持方面，该类孵化器虽然不能直接提供投资，但因其与各创业投资机构关系密切，有的甚至邀请创业投资机构长期驻扎，为创业者提供了一个积极交流的氛围。因此为创业者拓宽了融资途径、提高了融资效率。如车库咖啡、3W 咖啡、科技寺、SOHO3Q 等都已成功孵化了大批的创业项目。

4. 媒体依托型

媒体依托型孵化器是指依托资源庞大的传媒平台，凭借具有针对性的有效宣传，利用对创业环境和科技型企业长期关注积累的经验，对创业者提供扶持帮助的孵化器。现阶段较成功的媒体依托型孵化器包括创业邦旗下孵化器 BangCamp 和 36 氪旗下孵化器氪空间等。它们通过成熟的媒体平台，为创业项目在极短的时间内扩大宣传，吸引目标客户，形成线上至现下的一种约谈投资模式。

5. 垂直产业型

垂直产业型孵化器指针对某一行业进行定向孵化，提供现有先进产业技术和孵化基金，扶持特定领域创业者将专业技术应用于产业化发展。这类孵化器大多是由政府或行业协会主导，招募特定行业创业者，依托政府标准化人脉和行业资源提供除资金和技术以外的增值服务。

由于有政府或行业协会的支持，这类孵化器能够发展具有地方性特色或带有政府倾向性的产业，更有机会实现政府的战略引导、专业的公司运营、公共平台的支撑和产业链聚集等各个环节的整合。现阶段我国大力发展的垂直产业型孵化器，主要有位于北京中关村和亦庄、重庆市江津双福新区、上海市北高新技术服务业园区等多个云计算产业孵化器和专注网页游戏的石谷轻文化产业孵育基地等。

四、概念创新创业模式

（一）什么是概念创新创业

创业，从一个简单的创意开始。

总有一种创业方式让你触摸成功（下）

概念创新创业，是指基于自己的理念创新、技术创新、服务创新等优势而开展的一项创业活动。这类活动在进入市场时，突出强调一个“新”字，且具有独特的艺术魅力、足够吸引消费者的眼球，并在实践中具有可操作性，以期达到抢占市场先机的目的。

概念创新创业领域主要集中在网络、艺术、装饰、教育培训、家政服务等新型行业。概念创新创业模式要求创业者具备旺盛的创业欲望、独特的商业眼光、对市场敏感并具有前瞻性。

（二）概念创新创业类型

概念创新创业往往具有“点石成金”的神奇作用，特别是本身各种资源匮乏的创业者，通过独特的创意来获得各种资源，是开创新事业的一种重要途径。它的优点是创业成本低，创新性较强，一旦成功往往就能够创造出不可思议的市场价值，获得巨大成就。缺点是面对有待开发的市场，创业者必须具备极强的创新思维和独到的商业洞察力，难度极大，创业风险不可预估。

总体来说，概念创新创业分为四种类型：异想天开型、问题解决型、异业复制型、国外移植型。

1. 异想天开型。很多过去认为不可能的事情，现在都成为现实。天马行空的创意中蕴藏着诸多的成功机会，比如飞机的发明源于莱特兄弟“人类也能像鸟一样飞翔”的想法；大卫·H. 克罗克的离奇想法造就了“会飞的邮件”——电子邮件。创业也是如此，奇特的创意有时就能成为一种创业资本，而且往往是独有的。与众不同的创意，在创业初始可能会受到各种怀疑甚至被遗弃，禁不起考验的就会如昙花一现，而那些坚持下来并积极实践者，往往抢占了无可比拟的先机优势。

案例学习 10－8

摩拜单车，英文名 mobike。胡玮炜 2015 年 1 月在上海成立了摩拜科技公司，次年共享单车在上海上线，是一款互联网短途出行解决方案，是无桩借还车模式的智能硬件，在 App 上实名注册，缴纳保障金后即可租用。人们通过智能手机就能快速租用和归还一辆摩拜单车，用较低的价格来完成一次几公里的市内骑行。仅仅只有两年的时间，一个 85 后初次创业的女子，完成了将一个企业从起步做到估值 100 亿人民币的逆袭。而为实现这一目标，滴滴用了三年（2010—2013 年），阿里巴巴用了六年（1998—2004 年）。尽管在 2018 年 4 月 3 日胡玮炜决定将摩拜出售给美团，现在摩拜单车也更名为美团单车，但可见概念创新创业一旦成功，受益巨大。

2. 问题解决型

在我们的日常生活中，每个人都会面临或大或小的各种问题，对于国家和社会来说也是一样。有人选择忽略，有人选择充当看客，而有人则能从自身或他人的经历和困境中萌发创意，发现商机。这一类型的创业者往往能够一针见血地抓住问题关键，想出解决问题的办法。

案例学习 10－9

54 岁开始二次创业的李建全十年磨一剑，用品质和口碑解决了一个又一个“死局”，将“一朵棉花”盘活成一门年营收达 30 亿，全国拥有 230 家门店的大生意。

李建全将自己第一次创业的原因归结为“养家糊口”，而第二次创业他则希望打造一个“让中国人为之骄傲的民族品牌”。全棉时代的故事要从其棉柔巾的核心技术——全棉水刺无纺布的研发开始讲起。

当年的李建全，是中国第一批外贸出口人，于1991年创办稳健医疗，凭借医用敷料用品的OEM生产起家，出口至欧美日，成为中国最大的医用敷料出口企业。

但一个世界级的难题是，医用手术纱布会带纱头或绒毛，很容易遗留在体内，导致后遗症，李建全自己就曾是受害者。

能不能做出不带绒毛的无纺纱布呢？

1096天，2156次实验，消耗537吨棉花之后，2005年，李建全带领团队终于成功研发了全棉水刺无纺布技术，并获得专利。起初，国内的卫生间厂家对这种产品很感兴趣。而且，过去棉花大多数被用在做衣服、被子上，在日用品上用得比较少，但其实棉花在舒适性上非常有价值。也就是说，日用消费棉制品蕴含着巨大的商机。

2009年，李建全正式入局民用市场，全棉时代由此诞生。目前，全棉时代SKU达2万个，年盈利近30亿，已经形成“全棉全品类”业态，其消费群体年龄集中在25—35岁，其中女性用户占到85%。

（资料来源：大学生创业成功案例精选，百度文库，2020年09月18日。）

3. 异业复制型

很多创业者都会尝试把一个行业的原创概念复制到另一个行业，这也是一种创新。创业成功者未必都是新领域中第一个“吃螃蟹”的人，有时他们的创业想法来自成熟领域，只是在某些方面进行了创新。异业复制型的好处是有章可循，不用摸索独创，但不同行业的经营模式能否成功嫁接转化，则是对创业者智慧的考验。

4. 国外移植型

如果你经常出国旅游或浏览国外资讯，见多识广，洞察力强，那么不妨借鉴国外的新鲜点子和独特创意，哪怕是全盘模仿也可以。这是最便捷的创业方式，当然也需要注意文化差异和知识产权保护，还要对国外的创意概念进行本土化改造，以免好点子“水土不服”。

案例学习 10－10

1996年，三个以色列人维斯格、瓦迪和高德芬格聚在一起，决定开发一种使人与人在互联网上能够快速直接交流的软件。1996年7月成立的Mirabilis公司于同年11月推出了全世界第一款即时通讯软件ICQ。ICQ一经上市，迅速取得了广阔的市场，由于前景一片光明，所以同类软件迅速跟进。

以国内的腾讯QQ软件为例：腾讯QQ脱胎于腾讯OICQ，而OICQ就是国内最早出现的即时通信软件之一，软件最初的设计模仿ICQ。2000年4月，oicq. com改名为tencent. com。此时腾讯公司的用户市场已经打开，市场开始稳定成熟。为避免与ICQ间的纠纷，腾讯公司决定全面更换OICQ的名称，改称“腾讯QQ”。如今，腾讯是中国最大的互联网综合服务提供商之一，也是中国服务用户最多的互联网企业之一。

（资料来源：世界上最早的网络聊天工具，百度百家号，2018年08月08日。）

一个点子就能造就一个企业，这本身就是一个创意。生活中成百上千的想法、难以计数的灵感，就像沙子一样繁多。创业者面对创业点子能否进行冷静而细致的分析，了解清楚自己的创意是否独具匠心，有没有强大的市场需求，是否具有可操作性，需要经过严谨的分析和多方的咨询。创业者如何分辨创业设想，能否持之以恒的实践下去，除了自身素质以外，也需要依靠许多外部条件。因此，概念创新创业者行动前最好能够听取各方面的意见和建议而不断优化。

五、移动互联网创业模式

互联网经济以互联网技术为平台，以网络为媒介。随着我国改革开放的深入和发展步伐的加快，特别是目前全球新冠疫情之下，全球订单萎缩、产业链断裂，传统产业一片萧条，只有互联网及移动互联网产业受疫情的影响较小。互联网及移动互联网经济将向所有领域扩展，成为全球经济复苏的重要抓手。

（一）什么是移动互联网创业

移动互联网是移动通信网络与互联网的融合。传统的互联网要通过电脑才能使用，移动互联网的硬件门槛相对较低。目前，通过互联网获取信息内容已经为越来越多的用户所接受。移动通信网络使移动的用户随时接入互联网成为现实，移动网络连接了互联网与移动用户之间的最后一段距离。

从手机的多用化方面来看，手机的搜索引擎、支付软件、定位服务等业务都在不断发展。移动通信与互联网的融合已经成为一种大趋势：第一是终端趋向于融合，特别是具有操作系统的智能手机问世以后，手机跟互联网越来越趋向于融合的趋势；第二是网络融合，由于整个移动通信网络逐步向着互联网方向在不断地前进发展，与互联网结构也越来越呈现出融合的趋势；第三是内容和应用进一步趋向一致，如今互联网的应用在手机上基本都可以实现，而同时手机又进一步地促进了互联网新业务的诞生。

案例学习 10－11

“香港购物指南”——小红书

小红书是跨境电商领域里杀出的一匹黑马，一年内就成功找到社区电商模式，以社区购物模式切入，升级为社区型电商，并迎来销售额的大爆发。

小红书创立于2013年，最初叫“香港购物指南”，用户可以在上面分享自己的海外购物笔记。当时刚好赶上85后至90后用户高端消费力的崛起，加之淘宝、天猫、京东等多年培育起来的用户良好网购习惯，创始人毛文超很快发现了其中的商机，在社区中卖产品，并试水成功。同年12月，小红书又搭起了自己的供应链系统，转型为社区型电商平台，以信息驱动，用户生产内容，通过真正的社交信息流方式，将线下逛商场时的冲动消费场景搬到了线上，以至于在跨境电商的风口上，小红书快速成为当时的创业风向标。

（资料来源：跨境电商的典型案例，百度百家号，2022年04月15日。）

相对于移动互联网市场较为成熟的美国、日本、韩国，我国拥有全球最大的用户规模，拥有全球最高的终端产能，我们还有全球覆盖面积最广的手机移动网络。这一切都决定着我国现在的移动互联网产业将会是一个无可限量的巨大朝阳产业，对移动互联网创业者而言，这是一次革命，也是一个新的征程（见图 10－1）。

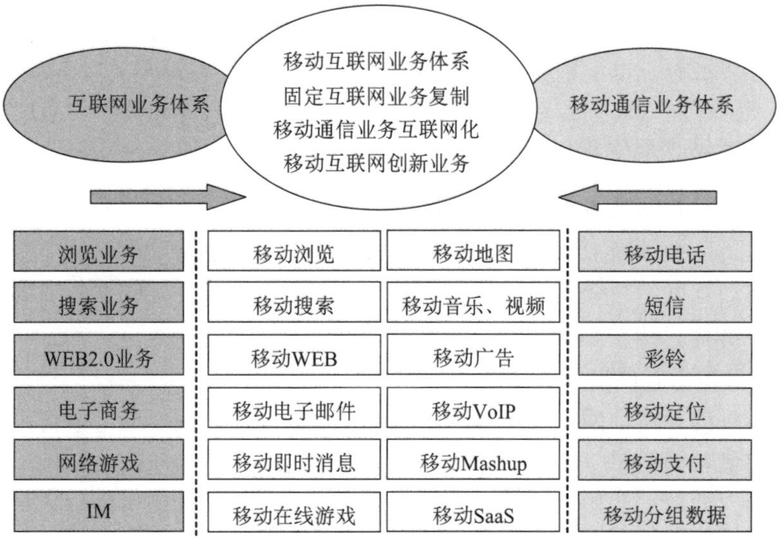

图 10－1　移动互联网业务体系

（二）移动互联网创业优势及发展前景

传统企业必须生产一个产品，而产品很多时候不能直接送到消费者手上，这就需要所谓渠道，无论是百货渠道、门店渠道，还是批发代理渠道，都要通过类似一级、二级分销商那样，分散到每个网点再到消费者手上。而移动互联网实现了让所有人、商品和服务的直接连接，越过了传统的各个渠道障碍。

根据工信部发布的最新数据显示，截至 2018 年 4 月末，我国移动电话用户达 14. 8 亿户，其中 3G 用户总数超过 1. 3 亿户，4G 用户总数达 10. 8 亿户。互联网宽带接入用户达 3. 6 亿户。移动互联网用户总数达到 13. 2 亿户。IPTV（交互式网络电视、机顶盒）用户达 1. 3 亿户。

根据日本韩国等行业领先国家的经验，10% 是一个市场拐点，在用户渗透率达到 10% 以后，移动互联网产业将会迎来井喷式增长。而我国 4G 用户的数量已经突破 10 亿，基本接近总人口数量的 79%，2009 年全球经济复苏之后，移动互联网业务收入一直保持着良好的增长状态，在移动互联网业务子领域中，表现最突出的是移动电子商务、移动社交、手机游戏等。在此基础上，移动互联网创业必将迎来蓬勃发展的大好机会。

（三）移动互联网创业的商机

1. 移动互联网的发展阶段

移动互联网的发展经历了三个时代：

（1）过去的传统商业时代。即把生产的产品拿去做广告，发展经销商和产品销售渠道，然后一个省份、一个城市逐渐去发展用户，建立逐级分销制度。

（2）传统电商时代。比如在淘宝、天猫上开网店，压缩层层经销商，或者交钱给淘宝等电商做广告，可以在一个点上或者一个店里覆盖全国，逐渐提高线上购物体验。

（3）移动互联网电商时代。将线下的店通过数字化的手段形成线上线下统一的整体，可以将过去那些分散且毫无关联性的单个店连接成为整体，甚至可以先没有产品，比如成为网红，在获取了足够粉丝及流量后，倒过来去做一个产品，给产品带来附加值，让消费者通过内容了解品牌背后的故事，加固商家与消费者的紧密联系。

2. 移动互联网的业务体系

根据工信部相关信息，移动互联网的业务体系主要包括三大类：

（1）固定互联网的业务向移动终端的复制，从而实现移动互联网与固定互联网相似的业务体验，这也是移动互联网业务的基础。

（2）移动通信业务的互联网化，如微软旗下 Skype 推出的移动网络电话业务、中国移动的飞信业务等。

（3）结合移动通信与互联网功能而进行的有别于固定互联网的业务创新，这是移动互联网业务的发展方向。对创业者而言，移动互联网的业务创新关键是如何将移动通信的网络能力与互联网的网络与应用能力进行聚合，从而发展出适合移动终端的互联网业务，如移动 Web2.0、微博等互联网业务。

3. 移动互联网带来的机遇

世界互联的趋势创造了许多新形式的交流方式和购买潜力，进一步开拓了移动互联网巨大机遇，使大众能够从在线活动中获益，因此也需要随着消费群体的变化而不断更新。

（1）移动社交方面。图片分享、视频分享依旧是当下热点之一，传统互联网社交网站已经面临着移动社交平台的挑战，基于移动互联网的社交平台相对于传统的互联网社交方式有着无可比拟的优势。在移动互联网社交模式下，社交无处不在，比如腾讯旗下的微信业务。基于移动互联网的各种分享模式将会不断改进，并且会以新的姿态出现。

（2）移动支付方面。随着央行发放第三批第三方支付牌照，国内三大运营商终于获得了期待已久的手机支付牌照，顺利“持证上岗”，和其他获牌机构不同的是，国内基础电信运营商将涉足并主导移动支付。在支付方式上，移动互联网有近场支付（如 Apple Pay）和远程支付（如支付宝）两种方式，但就目前形势来看，我国移动支付的发展仍将延续远程支付占主导地位的局面。随着银联无卡支付的加速推广，第三方支付企业、电商企业客户端的陆续面世，以及老牌支付企业在应用内支付领域的推陈出新，该领域的竞争将更趋激烈。与此同时，随着支付标准的清晰化与统一化，以及行业各方在近场支付领域的探索不断深化，该领域的发展也同样令人期待。而无论是哪一种标准，其产业链和生态环境都还有提升空间，对创业者而言，是可以关注的对象。

（3）离线商务方面。离线商务是移动互联网和电子商务相结合的一个产物，随着互联网本地化电子商务的发展，信息和实物之间、线上和线下之间的联系变得愈加紧密。离线商务模式可以吸引大量高粘性消费者，使消费者获取更丰富、全面的商家及服务信息等内容。而对服务提供商来说，能够获得更多的宣传和展示机会，掌握用户数据，提升对老客户的维护与营销效果。比如从 2015 年开始，百度加大将核心流量资源导向离线商务力度，用 200 亿元支持旗下百度糯米的发展。因此，离线商务为创业者提供了巨大的商业机会，也必将引领新一轮电子商务的快速发展。

（4）手机阅读方面。手机阅读眼下几乎无处不在，在公交车上、地铁里，都可以看到盯着手机屏幕利用间隙时间阅读的“碎片式阅读”现象。从《国家“十二五”时期文化改革发展规划纲要》等一系列扶持文化产业的政策来看，政府鼓励发展移动阅读等业务，目前手机阅读业务所面临的最大问题是内容，因此，能在内容提供方面有所补充，将为创业迎来较好的机会。

（5）手机游戏方面。手机游戏市场继续保持增长势头，对创业者而言，依托手机的社交游戏将会是一个较新的市场，问题在于这种手机游戏需要随时提供给用户新的内容，否则会造成用户流失。2018 年上半年，中国游戏市场中，移动游戏市场销售收入为 634.1 亿元，占比逾 60%；客户端游戏市场销售收入 315.5 亿元，占比 30%。用户的需求同之前比也在发生变化，比如对品质的要求、技术和服务的稳定性越来越高，对画面、玩法、后续开发和新功能的需求越来越大，这些都是新兴的市场需求和创业机遇。

六、“小而美”创业模式

（一）什么是“小而美”创业

如果拿不准创业方向，可以小范围试错。

并不是所有的创业者都能够沉下心来去做市场调查、撰写分析报告、研究各种对策。那么，想要创造一个产品或服务时，不妨就从自身的实际感受中去寻找“痛点”，并研究行之有效的解决办法。

案例学习 10－12

2007 年，周昆在《中国花卉报》入职，成为了一名报刊记者。这一段职业生涯让周昆对花卉产业有了整体的了解，2016 年，周昆辞去了《中国花卉报》记者的工作，决定在短视频迅速发展的这一年成为一名自媒体创作者。

他在抖音平台上注册了“坤哥玩花卉”账号，凭借视频的优质内容和抖音电商平台的巨大流量，周昆的月营业额很快就达到了 10 万元。

如今，周昆创作了 2000 多条短视频，这个数字庞大到让他自己也感到惊讶。他通过短视频或直播，分享专业知识，帮助消费者挑选好物，充分发挥兴趣电商优势，自己创业成功的同时，也为像他这样的知识创作者找到了更大的市场。

（资料来源：一个“沾花惹草”的中年男人，凭什么吸引 600 多万粉丝关注，搜狐网，2021 年 04 月 30 日。）

“小而美”的中心概念，主要是针对大多数电商的标准化、同质化商品而言，是为了避开和其他电商商品的正面竞争，而探索的一条商品功能差异化、可以不通过价格竞争而吸引消费者购买的生意之道。

小不是市场小，是细分市场；美是细节之处让用户感动，经营方式的创新、有新意、追求极致。“小而美”的本质就是在更完善的细分市场里，针对有特殊需求的消费者，提供包括客户体验、仓储物流、产品结构和产品模式等多方面的精确营销和服务。创业者在提供服务或开发产品时，不用像其他创业模式那样了解消费者需求，只从解决自身问题的角度出发，即自动寻找与自我个体相似的消费群体。但在这个过程中，创业者必须要清楚地了解自己的需求是什么，自己的实际体验如何，把自身的需求和感受模拟为目标客户。而正是由于这种模式下的消费者需求特殊化、具体化，因此客户体验的优劣决定了“小而美”创业的未来发展。

（二）“小而美”创业特点

案例学习 10 –13

2013 年，远在莫斯科担任旅游贸易公司市场经理的饶胜男，因年迈的父母无力经营家庭农场，回乡帮助父母打理田地。

“现代农业和传统农业差别巨大，新品种、新技术不断出现，需要与时俱进才能办好农场，但父母在体力和脑力上，很难规范经营农场。”回国后的饶胜男主管农场经营，父母负责种养。他通过积累客户，规划农田，改善设施，优化环境等一系列举措后，饶胜男将农场改名为“淘果园”家庭农场，并以水果种植和畜禽养殖为主线，走出“互联网 + 农场 + 旅游”的休闲观光农业之路。

经过六年的努力，占地 300 多亩的淘果园产值从 30 万增长到了 300 多万。随着淘果园的名气越来越响，饶胜男在 2017 年也成立了浙江厚朴农业科技有限公司，以农业社会化服务为主，建立农技知识分享平台，为农产品提供商品化、网货化和品牌化服务。

（资料来源：80 后女海归变身农场主，搜狐新闻，2015 年 05 月 26 日。）

这些真实案例都是在解决了自己的燃眉之急的同时，也发现了隐藏在后面的巨大市场。“小而美”创业模式把大规模、标准化创业方式引导为聚焦消费者个性化、人性化的焦点上来，借由独具个性的商品和服务，将买卖双方的交流和感情捆绑起来。“小而美”创业在时间上、空间上相对自由，满足个人成就感，付出多少拿多少，看得见摸得着，不限制任何行业和领域，小到街头摆地摊，大到自己开公司。因此，相比大卖家和品牌商而言，“小而美”创业方式更容易创造一种较为轻松互动的氛围。

“小而美”创业模式的要求在于：

（1）自产自销，自己就是产品的超级用户，可以迅速了解自身痛点，帮助自己解决问题，产出高质量的产品。

（2）不需要去完全了解别人的反馈意见，不用去做既费钱又费时间的市场调研和分析。

（3）在产品的使用过程中，自己完全可以及时发现产品的后续问题和不足，使自己的产品能够及时更新和完善，效率更高。

（4）互联网时代，信息传播的速度以及范围远远超出了以往任何时候，只要能够得到消费者的兴趣，宣传就会从主动转变为被动，进而引起经济共鸣。

“小而美”创业模式的特点：

1. 资金有限，爆发力强

创业最易缺乏的就是资金，要么是借朋友的钱投资的小公司，要么就是自己父母准备的投资试错金。小而美创业完全可以做到不融资，产品打造出来就可以销售，从而产生正现金流，以维持企业的生存和发展。资金不多，这一点也是“小而美”创业的主要特点之一，但也正因为资金有限，创业者们才能更居安思危，才会更有爆发力。

2. 人员少，效率高

比如一般的小型亚马逊经营团队都会有三个人：一个客服，一个采购，一个运营。虽然只有三个人，但营业数量和利润都有保障，相比一般的大公司经营效率高。

3. 细分市场更有竞争力

一般看来，新品开发是一场持久的研发活动，其结果也往往有很大的不确定性。“小而美”创业完全可以在这些新品投入市场时使用和研究，在实际过程中发现问题和不足，首先从改善自己使用体验的角度出发，对产品或服务等进行改进和优化。在长期坚持运行的前提下，“小而美”的创业者就会逐渐地了解市场现状，培养对市场的分析预测能力。一个产品可以养活一个小团队是“小而美”模式最明显的特点，他们可以在一年只开发1—3个产品，自建自营。因为只有这样，才能够以较少的精力实现精品化管理，专注“小而美”经营。

4. 服务主动性差异

服务好一个已经满意的客户不难，难的是如何让一个不满意的客户变得满意，这里面既包含和客户沟通时的态度，也包含处理过程中的技巧。所以在实际运营中，“小而美”模式的创业者往往更加积极主动，沟通更加及时便捷。

“小而美”的创业模式能发展起来，决定性因素是这种模式所提供的产品或服务都相对更接地气，可以解决人们生活和工作中的实际问题，是真正有价值有生长力的一种生态模式。尤其在如今创业与创新结合发展迅猛的时代，能洞察消费心理模式，精准把握消费心理而创造消费需求，给很多“小而美”创业者提供了肥沃土壤。将产品或服务精准对接消费者需求，结合这些需求调整产品和营销策略，最大程度满足消费者不断变化的需求。从自身角度，“小而美”企业提供合理的产品和服务，发现问题解决问题，持续改进，最大化获得消费者首次和重复购买的机会。

《国务院关于加快发展现代职业教育的决定》指出“要深化产教融合、校企合作，培养数以亿计的高素质劳动者和技术技能人才”。作为服务区域产业发展的高校教育，其功能定位是为区域产业培养高素质技术技能人才。高校依托专业优势，按照专业带产业、产业促专业的原则，建设校外实训基地和校内“产教一体”生产性实训基地，实训基地集实践教学、培训、生产、科研、鉴定、技术服务等多种功能为一体，极大提升高校专业的社会服务能力，在专业建设中起到良好的示范和辐射作用。

从成本角度来说，无论从人力成本、推广成本、业务成本、贷后管理成本等方面，“小而美”都普遍低于其他创业模式，而同时业务利润也相对较高。相对于传统平台的明星代言、天价广告费用等而言，“小而美”创业运营费用可以忽略不计。

“小而美”这种创业模式的最终走向有两个：一是根据自身发展不断壮大，逐渐从“小而美”成长为优秀的中大企业，在市场经济中立足脚跟；二是被巨头企业收购或并购，作为一家以“小而美”起家的企业，瞄准的精准需求往往也是市场容量有限的需求，被巨头收购也是这类企业的最好选择之一。

“小而美”的创业公司讲究小、讲究特色、讲究附加值、讲究极致。“小而美”企业的发展，离不开周边产业的支持，需要借助企业与电子商务核心圈、电商学术界、文化创业产业界、文化媒体界、投资界等平台沟通与交流，为“小而美”企业打造自己的人脉与信息圈。

第二节 影响创业模式选择的因素

影响创业模式
选择的因素

在经济全球化背景下，知识经济高速发展，科技是第一生产力，科技的本质就是创新，创新已经成为国家间经济、科技竞争胜负的决定因素。创业是创新的实践过程，伴随着经济形势的跌宕起伏，大众化教育背景下，大学毕业生数量不断增加，造成大学生就业压力不断增大，创业成为许多大学生就业的一种途径。

对具体的创业而言，因所处行业、产品、经济、政治和社会文化等因素，如何选择较为合适的创业类型，成为大学生创业道路上最困难、最重要的一个环节。

通常情况下，影响创业模式选择的因素包括政策的解读、创业动机的分析、资金的需求、行业的性质、高校创业的环境等。

一、《“十四五”就业促进规划》

近年来，为了缓解高校毕业生就业压力，国家各级政府、部门纷纷出台了一系列大学生创业优惠政策，鼓励我国大学生自主创业。虽然各省市自治区出台的创业政策有差异，但主体部分相差不大。

2021 年 8 月 23 日，国务院印发《“十四五”就业促进规划》，《规划》指出，“十四五”时期要以习近平新时代中国特色社会主义思想为指导，深入贯彻党的十九大和十九届二中、三中、四中、五中全会精神，统筹推进“五位一体”总体布局，协调推进“四个全面”战略布局，坚持稳中求进工作总基调，立足新发展阶段，完整、准确、全面贯彻新发展理念，构建新发展格局，统筹发展和安全，以实现更加充分更高质量就业为主要目标，深入实施就业优先战略，健全有利于更加充分更高质量就业的促进机制，完善政策体系、强化培训服务、注重权益保障，千方百计扩大就业容量，努力提升就业质量，着力缓解结构性就业矛盾，切实防范和有效化解规模性失业风险，不断增进民生福祉，推动全体人民共同富裕迈出坚实步伐。

《规划》明确了“十四五”时期促进就业的基本原则，即坚持就业导向、政策协同，坚持扩容提质、优化结构，坚持市场主导、政府调控，坚持聚焦重点、守住底线。《规划》提出，到 2025 年，实现就业形势总体平稳、就业质量稳步提升、结构性就业矛盾有效缓解、创业带动就业动能持续释放、风险应对能力显著增强等目标。

《规划》提出七项重点任务。一是坚持经济发展就业导向，不断扩大就业容量；二是强化创业带动作用，放大就业倍增效应；三是完善重点群体就业支持体系，增强就业保障能力；四是提升劳动者技能素质，缓解结构性就业矛盾；五是推进人力资源市场体系建设，健全公共就业服务体系；六是优化劳动者就业环境，提升劳动者收入和权益保障水平；七是妥善应对潜在影响，防范化解规模性失业风险。

《规划》从五方面完善支持保障措施，包括加强党的领导、强化资金保障、提升政策效果、鼓励探索创新、认真组织实施。《规划》要求，把党的领导贯彻到促进就业工作的各领域、各方面、各环节，按规定统筹各类就业资金，提高使用效率，加强对就业政策实施效果的跟踪调查评估，积极探索多种务实有效的实施方式和有用、管用的落实措施，强化监督检查，层层压实责任，抓好任务落实。

《规划》提出要深入实施创新驱动发展战略，营造有利于创新创业创造的良好发展环境，持续推进双创，更大激发市场活力和社会创造力，促进创业带动就业。

对此，规划一方面提出要不断优化创业环境，升级创业服务，另一方面鼓励各类群体投身创业。

其中，在优化创业环境方面，《规划》指示深化创业领域“放管服”改革，全面实行《优化营商环境条例》和政府权责清单制度，分类推进行政审批制度改革，打造市场化法治化国际化营商环境。实施全国统一的市场准入负面清单制度，健全清单动态调整机制，定期评估、排查、清理各类显性和隐性壁垒，最大限度解除对创业的束缚。

加强创业政策支持。加大对初创实体的支持力度，进一步降低创业成本，提升初创企业持续发展能力。落实创业担保贷款及贴息政策，提高贷款便利度和政策获得感。拓展创业企业直接融资渠道，健全投资生态链，更好发挥创业投资引导基金和私募股权基金作用，加大初创期、种子期投入。提升创业板服务成长型创业企业功能，支持符合条件的企业发行企业债券。

实现创业资源开放共享。强化大企业在市场拓展、产业链协调、带动中小企业创业方面的作用，实施大中小企业融通创新专项行动，鼓励大企业向中小企业开放资源、场景、应用、需求，打造基于产业链供应链的创新创业生态。推动国家科研平台、科技报告、科研数据、科研仪器设施、高校实验室进一步向企业、社会组织和个人开放，创造更多创业机会。促进国家级新区、国家自主创新示范区开放企业（项目）资源，建立项目对接机制，吸纳人才创业。

在升级创业服务方面，《规划》提出打造全生态、专业化、多层次的创业服务体系，为创业者提供政策咨询、项目推介、开业指导等服务。推广创业导师制，推行科技特派员制度，支持科技领军企业、高技能人才、专业技术人才等到基层开展创业服务。实施创业带动就业示范行动，组织各类创业大赛和创业推进活动，办好全国双创活动周，开展创业型城市示范创建，营造浓厚的创业氛围。

建设特色化、功能化、高质量的创业平台载体。构建众创空间、孵化器、加速器、产业园相互接续的创业平台支持链条。创新创业孵化载体建设模式，支持大企业与地方政府、高校共建，提高利用率。实施全国创业孵化示范基地改造提升工程，强化服务质量管理，提升孵化服务功能，新认定一批国家级创业孵化示范基地。优化双创示范基地建设布局，充分发挥双创示范基地示范带动作用。鼓励地方开辟退役军人创业专区和退役军人就业创业园地，依托各类产业园区建设一批返乡入乡创业园，加强大学生创业园等孵化载体建设。支持地方进一步加快建设留学人员创业园，持续推动省部共建。

关于如何鼓励引导各类群体投身创业，《规划》明确，首先激发劳动者创业的积极性主动性。实施农村创业创新带头人培育行动，壮大新一代乡村企业家队伍。实施大学生创业支持计划、留学人员回国创业启动支持计划。鼓励引导有创业意愿和创业能力的农民工、大学生、退役军人等人员返乡入乡创业。建立科研人员入乡兼职兼薪和离岗创业制度，完善科研人员职务发明成果权益分享机制。激发和保护企业家精神，倡导敬业、精益、专注、宽容失败的创新创业文化。

其次，全方位培养引进用好创业人才。大力发展高校创新创业教育，培育一批创业拔尖人才。面向有创业意愿和培训需求的城乡各类劳动者开展创业培训。

此外，实施更加积极更加开放更加有效的人才政策，加大创业人才引进力度，为外籍高层次人才来华创业提供便利。健全以创新能力、质量、实效、贡献为导向的创新创业人才评价体系，加强创新创业激励和保障。

二、创业动机

创业动机是指创业者由于创业个体的需要而在创业过程中表现出来的目标或愿景，其在创业过程中驱动创业者的行为并影响创业绩效。创业者通过创业活动来寻求达到的目标，创业者的目标决定了其行为模式，进而决定创业是否成功。

在创业模式选择中，创业动机能够鼓励和引导创业个体为实现创业成功而进一步确定创业方式。这里存在着正反两种因素左右创业者的行为。正面因素是依靠创业实践自身的吸引力激发出创业者的创业愿望；反面因素是阻碍潜在的创业者选择创业的各种因素，如不能获得一定的启动资金、存在创业的商业风险等。两方面因素相互作用，创业者会根据创业环境、自身素质和创业胜任力决定是否进行创业。尽管存在上述各种因素影响创业者的创业过程和创业行为，但是否进行创业活动却是创业者基于满足自身内在需求的基础上做出的决定，这些需求包括经济需求、社会需求和自身的发展需求。

作为创业的一类主体，大学生本身同时也是创业模式的最终决定者，这意味着大学生创业者的个体动机会对其创业模式选择形成较大的影响。具体来说，大学生创业模式选择的核心问题是大学生如何有效地达到自己的创业目的。大学阶段能够使大学生拥有更高层次的文化知识，不断提高自己的实践能力，动态掌握未来参加社会竞争的手段和方法，为社会的发展和进步贡献自己的力量。从这一角度来看，大学生创业者会选择适合恰当的创业模式来最大程度地实现自己的个人价值和社会价值。

根据东南大学周勇、凤启龙以及新乡学院朱光辉的研究来看，创业动机主要分为以下类型：

1. 经济性动机

经济收益是创业的基本目的，大学生对创业模式的选择离不开其经济因素的影响，创业模式都是创业者基于自身条件，为追求经济利润做出的选择。

伴随着经济和社会的发展转型，现代大学生的独立意识、经济意识也变得更强，大学生群体中的少数创业先行者通过示范效应，能够激发更多大学生出于相对更独立地承担自身求学以及生活、交际等方面的开支费用而进行创业的积极性。另一方面，激烈市场竞争下大学生的平均工资待遇趋于下降，自主创业或实习经历越来越成为未来谋取理想工作的重要方面，因此在同时出于获得一份满意工作的目的而去创业，也构成了大学生创业动机的重要方面。

2. 社会性动机

人的发展离不开社会，这也决定了大学生的发展需要更好地融入社会中去，无论是出于自我锻炼的目的还是出于丰富阅历的需要。而且对于大学生而言，通过彼此联系和交流获得成长的需要也是在不断增强的。

3. 成就性动机

作为人生最活跃的一段时期，加上受到的约束和束缚相对较少，大学阶段学生的创造能力开始不断显现，对创新的渴望和憧憬，使得大学生们的思维表现更加活跃，甚至在部分大学生拥有自主知识产权科研成果的情况下，他们相对更有萌发走上自主创业的可能。

心理学研究表明：25—29 岁是创造力最为活跃的时期，这个年龄段的青年正处于创造能力的觉醒时期，对创新充满了渴望和憧憬。由于大学生所处的环境往往更容易接触一些新的发明和学术上的新成果，或者大学生中的一部分人本身拥有具有自主知识产权的科研成果。为了能早日实现自己成功的目标，他们中的一部分人改变了自己的成功观念，也开始了自己的创业生涯。另外，一些自我意识很强的大学生，选择自主创业是为了通过这一途径来证明自己的能力。一些单位由于制度的约束，就业者无法按照自己的想法来做事，创业可以有一个空间来发挥，来实现自我价值，得到社会的认可。

4. 就业性动机

我国经济增长速度下降，大学生就业形势相当严峻，一方面表现为需求不足，另外一方面表现为大学毕业生的工资待遇降低。（1）劳动力市场管制增加了劳动成本，减少劳动力需求；（2）大学毕业生供给超量增长，超出了需求增长；（3）大学毕业生区域选择偏好差异与政府政策激励上的错位，导致实际有效需求不足。大学毕业生的就业能力并不是基于职业路径的需要进行建构与培养的，因而难以满足人力资源市场的需求。种种迹象表明，大学毕业生就业形势的严峻，再加上国家鼓励和激励支持大学生自主创业，所以自主创业不失为很好地解决就业难的途径。在这种情况之下，为了找到一份自己满意的工作，有一部分大学生也开始了创业。

5. 积累性动机

按照奥尔德弗（Alderfer）的 ERG 理论，人的需求分为生存、相互关系和成长。这三种需求并不一定按照严格的由低向高的顺序发展，可以越级。当代大学生随着年龄的增长，对于相互关系和成长的需要会逐渐强烈。一部分大学生为了增加自己的实践经验，丰富自己的社会阅历，或者为了自己以后的发展或实现自己的某个目标做好经济上的准备，在条件成熟的情况下也会利用课余时间走上创业的道路。这个类型的创业者往往以锻炼为目的，承受失败的能力较强。同时由于压力较小，失败和半途而废的比例也比较高。

6. 生存性动机

我国在校大学生人数已经达到 2600 万人，其中贫困生比例占到 20%，特困生占 8%。由于城乡之间的收入差距进一步加大，加之高等教育体制改革，高昂的高校学费和生活费用对于一些较贫困的家庭来说无法承担。即使国家和学校有一些贫困生补助的政策，但对于如此庞大的贫困生群体和巨大的经济缺口，也只不过是杯水车薪。一些贫困生在还没有面对毕业就业问题的时候，就直接面临了如何生存下去、如何吃饱肚子的问题。所以这些贫困生有不少都靠课余时间打工赚取学费和生活费，其中不乏一些比较有胆识和眼光的，能够发现一些创业的商机并且把握这样的机会开始在校创业。

除了贫困生之外，还有一部分家庭条件并不差的大学生，具备比较独立的思想和能力，在大学就尝试用创业的方法来负担自己学习和生活费用，争取经济独立。

7. 家庭性动机

当前我国高校学生中城镇生源的学生 95% 均是独生子女，培养他们的独立性已经成为当务之急。目前已经有一部分学生开始独立承担自己的学习、生活费用，在他们中也产生了一定数量的创业先行者。这部分创业者通常都以学习为主要目的，从事一些需要投入时间、精力较少的行业，对经济回报要求较低，开始走上了创业的道路。

综上所述，对大学生而言，清楚认识自身的创业动机、如何定位，将影响具体创业模式的选择，而创业模式合适与否会最终决定创业成功的概率。

三、行业性质

（一）行业分类

在确定创业方式时必须对拟投资的行业性质有充分的了解。

我国《国民经济行业分类》国家标准对三次产业划分范围如下：第一产业是指农、林、牧、渔业；第二产业是指采矿业，制造业，电力、燃气及水的生产和供应业，建筑业；第三产业是指除第一、二产业以外的其他行业。按照国家统计局“国民经济行业分类与代码（GB/T 4754－2017）”，国民经济行业分类标准有如下 20 类：A 农、林、牧、渔业；B 采矿业；C 制造业；D 电力、热力、燃气及水生产和供应业；E 建筑业；F 批发和零售业；G 交通运输、仓储和邮政业；H 住宿和餐饮业；I 信息传输、软件和信息技术服务业；J 金融业；K 房地产业；L 租赁和商务服务业；M 科学研究和技术服务业；N 水利、环境和公共设施管理业；O 居民服务、修理和其他服务业；P 教育；Q 卫生和社会工作；R 文化、体育和娱乐业；S 公共管理、社会保障和社会组织；T 国际组织。以上行业分类涵盖了我国创业模式中的所有行业和项目选择。

对于一些特殊的行业，法律规定只能采用特殊的形式，近年来非常热门的私募股权基金，法律只允许采用公司制和合伙制；律师事务所只能采用合伙形式而不能采用连锁加盟；对于银行、保险等行业只能采用公司制等。因此，根据拟投资的行业选择创业方式是首要考虑的因素。对于法律强制性规定了的行业，只能按照法律的要求选择。

行业发展、市场需求是创业时必须要调查分析的关键点。选择竞争对手少的行业就意味着成功，选择竞争对手少而市场空间又大的行业就意味着极大的成功。行业的兴衰成败，对创业者的生产经营活动有着直接和重要的影响。调查分析行业的总体情况和行业的发展趋势，从中发现企业生存和发展的机会，洞察行业环境中存在的威胁，把握行业竞争的态势，为选择行业进行创业提供客观依据是十分重要的。行业的发展态势包括：行业寿命周期、行业规模、行业技术水平状况、行业竞争结构等方面。市场需求分析主要是研究分析一定行业中的总体市场和各个细分市场在需求上的特点、发展趋势和影响因素，它使创业企业获得发展的空间和长期的生存机会。现在的市场怎么样？流行什么？人们喜欢、偏爱什么？可能就为你的创业指明了方向。在现在的珠三角地区和长三角地区，许多企业创业者都深知借势的道理，借势表现在成型的产业链、发达的信息、众多的技术人才与方便的融资支持等。

大学毕业生自主创业比较集中的行业总体来看主要是零售业、文体娱乐业、个人服务和销售、建筑业等行业，这些行业普遍门槛较低，对技术和资金要求都比较宽松，易进易出，这些特征也符合大学毕业生刚刚毕业面对就业难的压力，急需实现就业的实际背景。

从学历上看大学生创业者所在行业分布。本科生集中创业的行业创业难度较大，对于技术水平、营销能力、管理能力、融资能力都有较高要求，一个人往往很难同时承担所有的工作，所以需要团队合作创业，各有分工。而高职高专毕业生自主创业多集中在相对独立性的行业，可以不依靠团队而创业。

（二）不同行业特点

根据贺志明教授关于当今创业投资趋势与创业热点的分析研究，按行业性质归纳为 9 类行业经济特征。

1. 生态绿色餐饮经济

由于环境污染和食品安全问题越来越令人困扰，人们对身体健康也越来越重视，对餐饮生活的要求也越来越高，绿色环保健康食品日益成为人们生活消费的主流。人们对低碳生活、绿色消费的追求，蕴含着巨大的商机。具体表现在绿色食品的生产与开发、净菜销售、药膳馆、天然饮食、野菜馆、素菜馆等。

2. 网络信息经济

中国现有手机用户总数已突破 15 亿，每年还在持续增长。从黑白文字的短信，到图文并茂的彩信、彩绘、移动网址等等，网络信息经济创造了一个又一个市场奇迹，年产值超过万亿。如今许多海外公司也纷纷加入我国移动通信进行风险投资，进一步增加了我国网络信息领域的投资空间，市场前景十分广阔。创业者只要发现有适合自己的项目，成功的机会就会很大。比如手机游戏设计、手机音乐制作、网页制作等。

3. 汽车产业服务经济

汽车产业经济涵盖面广，商机无限。从汽车导购、维修、保养、美容、年检、保险、防盗、安全，到个性化装修、二手车交易等多个领域，都存在着创业的机会。随着家电下乡，国家向汽车消费提供政策支持和优惠，我国汽车领域中的经济效能更加巨大，汽车行业带动国民消费和国民经济发展的作用愈加明显，所影响和带动的产业链也越来越大。据业内人士介绍，汽车美容、车内装饰、汽车维修等方面的投资额约为 5 万—25 万元，非常适合创业者项目投资。创业机会有：汽车清洗与净化、汽车维修与保养、汽车防盗与安全、车内装修、汽车节能、二手车交易、停车服务等。

4. 旅游产业链经济

随着我国居民收入的增长和开放程度的加大，旅游已成为现代服务业中蓬勃发展的新兴产业。入境游、国内游、出境游三大市场全面发展，特别是节假日旅游更是发展迅猛，旅游也逐渐成为许多地方的重要产业。旅游业的发展催生了诸多的商机，除了旅游用品销售、特色旅游服务、经营经济型酒店等方面外，也有旅游信息搜索与咨询、自助旅游等新的方式。旅游产业链的创业方向有：旅游用品开发、旅游咨询服务、自助游俱乐部、旅游纪念品销售、旅游网站经营、经济型连锁酒店等。

5. 大学城学子经济

现在大学招生越来越多，在许多城市一些大学聚集在一起产生了“大学城”经济。大学城内的几万或几十万个学生的衣食住行、吃喝玩乐、求职就业等各个方面，都蕴藏着巨大的消费潜力。这也正是许多大学城商业繁荣、人气旺盛的重要原因所在。大学城创业方向有：书吧、茶吧、网吧、鲜花店、快餐店、服装服饰店、文化用品店、动漫娱乐室、风味小吃与旅馆服务、求职简历与毕业论文制作中心、手机与数码产品销售等。

6. 创意经济

创意经济涉及广告、建筑、艺术、工业设计、时装设计、电影、电视、音乐、出版、软件等诸多领域。最近几年来，在发达的北京、上海、广州、深圳等一线城市，创意产业迅速崛起，涌现出了一批各具特色的创意产业基地。对于本身没有太多资源的创业者来说，可通过独特的创意来获得各种资源，包括人才、资金、资讯等。许多在校学生有专业基础，有开放的思维和独立的个性，很适宜这种创业的方式。创意经济的创业方向有：时装设计、广告设计、饰品设计、室内设计、工业设计、多媒体设计、市场策划、营销策划、艺术画廊、博客网站等。

7. 个性化经济

在当今生活多元化的时代，人们特别是青年人喜欢标新立异，突出个性，追求时尚、独特、新颖的商品，满足个性化的心理需求，这就给创业者提供了商机。这类商品其本身价值并不是消费者的主要追求，消费者主要追求的是商品的设计、包装、花色、款式，以及其他能给人心理与精神的愉悦、快乐的方面。因此其卖点不是产品本身，而是其产品的创意制作过程。创业机会表现在：陶吧、银饰吧、十字绣小屋、纸艺店、家装陈列店、手工玩具店、毛绒编织吧、水晶花作坊、娱乐屋等。

8. 城市与社区宠物经济

随着人们生活水平的提高，休息的时间增多，饲养宠物之风日盛。宠物以其对人真实、真诚、可爱和善通人性，已经进入人们的精神领域，成为人们生活中不可缺少的家庭成员。据统计，北京人每年要花 2000 多万元养护宠物，上海人每年用于宠物上的开支更高达 6 亿多元。随着宠物市场的不断扩大，宠物饲养、宠物服务、宠物医疗、宠物交友等正在形成宠物经济庞大的产业链。赚小猫小狗的钱，已成为新的创业亮点，主要表现在：宠物医院、宠物美容、宠物托管、宠物服饰、宠物俱乐部、宠物网站等。

9. 经纪人经济

现代网络通信的高度发达，产生了一些利用新的传媒、新移动通信、网络等方面来行使代理和中介的个人商业行为。这种经纪人职业已经逐渐被人们重视和使用，经纪人经济日益红火起来，商机也日益显露出来。主要表现在：家庭办公经济吧、多方面职业经纪人代理、求职经纪人、创业经纪人、融资经纪人、品牌商标经纪人、认证经纪人、申报国家项目经纪人、猎头公司等。

四、高校创业环境

高校创业环境，是指大学生在学习期间影响其进行创业的、多维的、整体的教育环境，主要体现在高校创业文化教育的培养上。高校创业文化差异对大学生创业模式的选择存在重要影响，只有结合创业文化教育特点来考察并选择具体的创业模式，才具有重要的参考价值。因此，创业环境对创业模式的选择起着决定性的作用。

（一）高校创业文化教育

创业文化是影响创业的精神动力源泉，某个区域的创新文化会对该地区的创业和创新活动的频度和质量产生影响，也会影响该地区创业者的素质和创业方式选择。

创业文化氛围主要是指社会对创业的舆论支持度、创业风气、心理接受度等方面的情况。过去，我国受传统思想影响较重，对“从商”抱有歧视和偏见，随着，我国的改革开放以及社会主义市场经济的发展，人们的思想得到很大的解放，对创业的看法逐渐走向客观和理性。

高校是集我国资源教育为一体的庞大后盾，近年大学生自主创业教育已经引入高校，利用高校这一平台将大学生自主创业的积极性调动起来，同时也可以将资源整合，以创业教育为后盾积极推动大学生自主创业，让高校成为大学生自主创业基地，孵化出更多的大学生自创企业。例如，大学生自主创业指导、培训、实践等高校课程体系，系统化地引导大学生自主创业。大学生在接受了系统化的培训后，才能在众多的创业模式中有的放矢。

目前我国已经做出相应措施，各地政府部门也都推出了针对大学生的创业园区、创业教育培训中心等，以此鼓励大学生自主创业。部分高校也创立了自己的创业园，为学生创业提供支持。

例如：2022 年 3 月，国家人力资源社会保障部发文，强调高校毕业生宝贵人才资源属性，要求各地做好高校毕业生就业创业工作，把促进高校毕业生就业作为重大政治责任，把公共就业服务进校园活动作为重要手段，开展政策宣传进校园、招聘服务进校园、就业指导进校园、创业服务进校园、职业培训进校园、困难帮扶进校园活动。复旦大学组建大学生创业园，为大学生创业企业提供办公场所、日常办公设备等服务，以及创业辅导顾问团、创业辅导课程等特色服务。同时在上海市政府设立大学生科技创业基金基础上，复旦大学配套投入大额资金等。

创业文化教育重视学生在创业学习过程中的主体性作用，是一种“以学生为本”的教育理念，强调学生在做中学，在社会大课堂中学，以培育创业精神为根基，以发展创业能力为重点，以推动创办企业为手段，逐步把学生引入创业之门，并扶助学生走好创业之路。

创业文化教育有别于以往以课堂教育讲授创业学基础知识为主的创业教育方式。其理论来源之一是我国著名教育家陶行知先生提倡的“社会即学校”“教学做合一”等生活教育理论。陶行知先生认为，“教学做是一件事，不是三件事。我们要在做上教，在做上学。”他用种田为例，指出种田这件事，要在田里做，便需在田里学，在田里教。国外情景学习、合作学习和鹰架理论等学习理论，与陶行知先生的教育思想有异曲同工之妙，对我们开展创业文化教育具有借鉴价值。通过创业站、创业苗圃、创业园等形式，把学生创业与社会市场化创业联系起来，为学生创业顺利过渡到社会创业搭建桥梁。

（二）培养大学生实践选择能力

在大学生创业文化教育的培养中，学校起着最为关键的作用，高校开展的对大学生创业的系统化教育，引导大学生树立创业意识、掌握创业技能、提高创业素质，并帮助大学生合理选择创业模式，培养大学生实践选择能力，提高大学生创业的成功几率。

学校创业教育的开展涉及指导创业实践和传授理论知识这两个方面的内容。从创业实践上来说，各个高校主要是通过邀请成功的企业家开班创业讲座、成立专门的大学生创业基地、举办创业规划比赛、教师专门指导等方式来开展。在这方面做得比较好的是美国，它不仅为创业教育设置了许多课程，而且还建立了许多机构对创业课程教育提供了实践辅助，使学生可以亲自进行实践，在实践中巩固教育的成效，在实践中探索创业模式的选择及应用。比如美国创业家学会，它的主要成员都是著名的创业家，学会定期举办讲座增加与大学生的沟通，以自己的创业实践经验和创业模式成效对大学生进行教育引导。

（三）打造“课证融通，精准育人”

《国务院关于加快发展现代职业教育的决定》指出“要深化产教融合、校企合作，培养数以亿计的高素质劳动者和技术技能人才”。作为服务区域产业发展的高校教育，其功能定位是为区域产业培养高素质技术技能人才。高校依托专业优势，按照专业带产业、产业促专业的原则，建设校外实训基地和校内“产教一体”生产性实训基地，实训基地集实践教学、培训、生产、科研、鉴定、技术服务等多种功能为一体，极大提升高校专业的社会服务能力，在专业建设中起到良好的示范和辐射作用。

有些高校的大学生创业中心，每年都举办创业计划大赛，要求学生做出一份切实可行的创业计划，并从这些计划中甄选出一些比较可行且潜力较大的，而在创业计划中，学生首要考虑的就是以什么方式进行创业，并需要经历以下三个过程：

1. 创业文化积淀

从广义上来说是要培养具有开创性的个人，这种人应具有首创冒险精神、创业能力、独立工作能力以及技术、社交和管理技能。创业文化教育创新之处在于用实训的形式开展教育活动。实训的教学以训练、竞赛、模拟、见习、开办企业等为主要形式，侧重创业意识引发、创业意志磨炼，强调创业知识应用，突出创业能力培育。在引发学生创业动机的过程中，采取循序渐进的步骤，逐步加大学生对创业的投入，引导学生成功创业。

2. 创业训练计划

创业训练计划内容包括创新训练项目和创业训练项目。创新训练项目是个人或团队在导师指导下，自主完成创新性研究项目设计、条件准备和项目实施、报告撰写、成果（学术）交流等工作。创新训练项目注重培养学生在创业方面的学术能力，是学校学术教育在创业学上的具体化。创业训练项目是创业团队在导师指导下，团队中每名学生在项目实施过程中扮演一个或多个具体的角色，并完成编制商业计划书、开展可行性研究、撰写创业报告等工作。创业训练项目侧重培训，通过项目化的培训，培育学生的创业精神，提高创业意愿。

3. 创业模拟

大学生在实训室中模拟真实企业的创立过程，完成创业计划书、办理工商税务登记注册、对创立企业进行运营管理等管理决策。按照实际公司的组织结构和商业操作程序运行的模拟公司，从形式到经营都与传统公司一样，只有产品和货币是数字化的。通常每个模拟公司有一个真实的公司作为母版公司，对其给予指导和帮助。学生通过组建公司、确定公司架构、分析经营环境、尝试经营业务和完成各项岗位工作任务等来提高自身的社会能力、办公能力和业务能力，体验真实商业环境和商业行为，从而增强其参与市场竞争和驾驭市场的应变能力，降低创业风险，提高开业成功率和提升经营稳定率。

模拟公司不仅可以给创业者提供一个仿真的创业环境，而且是创业者交流经验的平台。通过创业模拟，创业者能熟练掌握企业管理相关技能，拓展创业人脉，了解不同创业方式所带来的利弊和成功几率。

在经历了创业文化积淀、创业训练、创业模拟之后，一个具有可行性的创业整体过程就被疏导出来，那么创业模式作为创业整体的实践选择也被完美的嵌入。因此，在这样的创业文化教育及实践环境中，大学生自然而然就可以对创业的模式做出较为合适选择。

思考与练习

1. 创业模式分为哪些？
2. 影响创业模式选择的因素有哪些？

3. 特许经营的优点和缺点有哪些?
4. 国际上将孵化器模式分为哪几类?
5. 结合自身情况，你更偏向选择哪种创业模式? 为什么?

第十一章
创业准备

学习目标

□ 了解创业风险的含义及类型
□ 了解大学生创业风险的成因
□ 掌握大学生创业风险的识别、评估和防范
□ 了解创业计划书的含义、作用
□ 了解创业计划书的基本格式、内容
□ 掌握创业计划书的编写步骤，能够编写创业计划书

【案例导入】

张铁的光圈直播为什么倒下

清华大学历史系毕业的张铁2014年创办光圈直播，不过，刚投身创业大潮的张铁，当初选择的创业方向是图片社交，他的目标是做中国的“Instagram”。

2015年9月，张铁发现图片流量的大头还是被微信收割，创业者很难有立足之地。后来看到美国移动端直播App——Periscope、Meerkat相继出现，这引起了张铁的兴趣。于是，2015年10月，光圈转型为视频直播App，致力于打造互动手机全民直播平台，成为直播行业最早的创业者。

2016年年初，直播行业开始高速发展，短短3个月时间里，包括映客、花椒等超过100家直播平台拿到融资，而这一众直播平台背后也不乏腾讯、欢聚时代等上市公司的身影。随后，为了在直播行业脱颖而出，光圈直播与旅游卫视联合举办了“光圈之星校花大赛”，并一举成名。统计数据显示，彼时，光圈直播的用户数超过40万人，日收入突破800万元，俨然直播行业的独角兽。只是，高兴得有点太早。

2016年下半年，伴随着巨头入场，在激烈的烧钱竞争中，尽管光圈直播花光了所有的钱来获取流量，但始终无法获得投资人的投资。2016年7月，光圈直播发放了6月份的薪水，其后员工就再也没拿到过一分钱工资。除了员工，光圈直播还拖欠了平台主播们5000—

90000 元数额不等的薪资。目前，光圈直播的官网已经无法访问，CEO 张轶在微信中坦诚了融资失利。

（资料来源：张晓蕊等：《大学生创业基础》，北京理工大学出版社 2019 年版。）

【思考】

1. 什么因素最终压垮了光圈直播？

2. 面对激烈的市场竞争，张轶采取的措施有哪些问题？

3. 当企业经营困难时，张轶采取止损措施了吗？如果时光可以倒流，你打算怎么帮助他全身而退？

第一节　创业风险的评估与规避

一、创业风险概述

创业风险

创业是一条曲折艰辛的道路，风险是难以避免的，成功的可能性很低，有时带有很大的运气成分。因此，创业者只有具备强烈的风险意识，在经营活动中才可能预防风险、降低风险、规避风险。只有尽量防范和规避风险，才可能提高成功的概率。

（一）创业风险的含义

所谓创业风险，是指在创业过程中存在的风险。具体来说，创业风险是由于创业者对创业过程了解得不充分而产生的创业的不确定性，创业机会与创业企业的复杂性，以及创业者、创业团队与创业投资者的能力与实力的有限性，而导致创业活动偏离预期目标的可能性及后果。

（二）创业风险的特征

虽然不同的创业项目存在的风险不相同，但创业风险有一些共同的特征。了解这些特征有助于创业者更好地预测创业过程中存在的风险。

1. 客观性

创业风险存在于创业活动的整个过程中，不因人的意志而转移，也没有办法完全消除，伴随着创业活动的始终。

2. 损害性

创业风险与创业者的切身利益密切相关，风险一旦发生，必然会给创业者的利益带来一定的损害。

3. 不确定性

创业风险与时间、空间、损失程度密切相关，但是时间、空间、损失程度又是不确定的，它们是不断变化的，这就造成了创业风险的不确定性。

4. 可预测性

对于单个的创业者或者个别的单位来讲，创业风险是随机的。但从风险的总体而言，在一定时期内某种风险发生的概率和损失率，是能够用概率论原理预测出来的。因此，对客观环境的观察能够做到对创业风险进行正确的预测。

5. 可控性

风险是由一定的客观条件造成的，当客观条件发生变化时，风险及其带来的损失也会发生变化。因此，控制引发风险的客观条件，在一定程度上可以控制风险的发生，或将风险带来的损失降到最低。

（三）创业风险的类型

想要了解创业风险的类型，我们先来做个练习。

课堂活动 11－1

金先生某次出差去深圳，看到深圳很多闹市区的路边竖立了一些停车计费咪表，于是他投入资金，研制停车计费咪表。尽管他很快研制出号称当代最先进的车载式咪表，但是公司却因为没有订单而长期亏损，两年后倒闭。

张先生与开发出计算机远程控制全色护栏灯的朋友合作，开了一家公司，拟进行产品的推广。刚刚做出样机，就有客上门来，看到计算机模拟演示效果后，便签订了一个很大的订单。由于工期较紧，公司便直接开始大批量生产并投入安装。由于抗干扰性能不过关，导致客户退货，造成了巨大的经济损失。

陈先生在农产品市场租了一个摊位做菌类生意，开始有稳定低价的货源，市场销路很好。不久，为其供货的菌农自己也在批发市场租了一个摊位，供货渠道中断，陈先生的经营陷入了困境。

要求：小组分别讨论这三个案例中金先生、张先生和陈先生的项目风险。

1. 市场风险

市场风险是指市场主体从事经营活动所面临的亏损的可能性和赢利的不确定性，它是由市场需求量、市场接受时间、市场价格以及市场竞争态势等因素决定的。市场风险是生存型创业的核心风险因素，特别是当更强势的竞争对手出现，会导致竞争加剧、市场形势变化等。

市场需求量决定了创业者推出的产品的市场价值。很多创业者构思创业计划时，常常会根据调查数据进行主观的推断，结果很可能过于乐观地估计了市场需求量。如果一项产品或服务的推出投入较大，而产品或服务的市场需求较小或短期内不能为市场所接受，产品或服务的市场价值即难以实现。对于生存型创业者而言，此时受到的打击是不言而喻的。此外，如果创业者在价格制定、目标客户、产品上市时机等方面没有做好预案，就会给市场开拓造成困难，甚至功亏一篑。

2. 资金风险

资金风险是指因资金不能适时获得而导致新创企业生产经营中断的风险。资金缺乏是新创企业最为普遍的问题，生存型创业尤是如此。如果创业者不能及时解决资金问题，就非常容易导致创业夭折。

在资金风险中，一个不可忽视的因素就是通货膨胀问题。一般情况下，当发生通货膨胀时，银行贷款利率会上升，使得借贷成本随之增加，或企业融资困难，这必会导致新创企业资金紧张甚至资金链中断。同时，通货膨胀出现以后，会拉动原材料、设备等成本上升，使得同样数额的资金在通胀发生前后的购买能力不同，进而使得企业的资金入不敷出。因此，创业者在筹集资金时不仅要想到如何筹钱、如何花钱，更要想到如果钱花没了应该怎样解决资金链断裂的难题。

3. 管理风险

管理风险是指在创业过程中，由于创业者管理能力不足所产生的风险，包括决策风险、组织风险等。著名管理学家西蒙曾说过“管理就是决策”。由于决策失误而导致创业失败的事例不胜枚举。创业者不能根据自己的喜怒哀乐或不切实际的个人偏好来做出决策，也不能不做事前分析而仅凭个人经验或运气来进行决策。创业者在创业初期应尽快培养自己的管理能力，提高自身的管理水平。此外，随着新创企业的发展，无论创业者的能力有多强，都不可能一个人做好所有工作，需要在不同专业范围内雇用有关专才，给予他们发挥的空间，才能使企业得到最大的发展。

另外，新创企业也可能面临人事风险。例如，企业刚培养的业务骨干被竞争对手或客户挖走，或业务骨干另起炉灶自己单干，或一些员工携款出走或拉走客户等。因此，企业的组织结构也要随时做出相应调整，做好招聘、考评、薪酬设计、培训等工作。

二、大学生创业风险管理

创业风险管理

大学生是否具备认清风险和防范风险的能力，将直接影响到大学生创业的成败。大学生创业远非想象中那么顺利，由于缺乏经验、阅历和风险意识，大学生创业的成功率不高。大学生创业是一个机会，创业并非一蹴而就，创业的路上总是伴随着各种风险。大学生创业者只有学会分析自己创业过程中可能遇到的风险，懂得如何预防、应对、转移和化解创业风险，才能确保创业的成功。

（一）大学生创业风险形成的原因

1. 创业准备不足

创办一家企业或者公司，从无到有，从小到大，有许多需要学习和准备的东西。在准备不充分的情况下就盲目创业是大学生创业的通病，纸上谈兵是大学生创业的误区。创业需要理智而不是冲动，需要冷静而不是任性。长期在校园里学习的大学生们，对社会缺乏了解，特别是在市场开拓、企业运营上的经验相当匮乏。不少大学生创业者创业前并没有对其产品或项目做市场调查，而只是进行理想化的推断，对创业所需要的各种条件考虑不周，对创业的前景不甚了解，还没有完全做好创业的心理准备、物质准备、资金准备、技术准备，在这样的情况下若贸然开始创业，马上投入资金和人力物力，成立自己的公司或企业，必将置自己于风险之中。

2. 资金运作不良

对于初创企业来说，资金是创业的拦路虎。企业创办起来后，就必须考虑是否有足够的资金支持企业的日常运作，如果连续几个月入不敷出或者因为其他原因导致企业的现金流中断，都会给企业带来极大的威胁。有的大学生怀着干一番惊天动地的大事业的雄心壮志走上了创业之路，他们不注意资金的有效使用与管理，造成经营成本过高，入不敷出，债台高筑。如果没有更广阔的融资渠道，企业会在创办初期就因为资金运作不良而宣告倒闭。

3. 管理知识不够

大学生由于长期接受应试教育，知识单一，缺乏管理类的知识和经验，往往作出决策不及时、不到位而给企业带来不可逆的损失。虽然一些大学生在技术上出类拔萃，但财务、营销、采购、沟通、管理等方面的能力普遍不足。往往出现内部管理不善，财务上没有遵循审慎原则，决策随意、信息不通、理念不清，对具体的市场开拓缺乏相关的经验与知识等情况。在这种情况下，大学生创业就会遇到各种不可预见的问题，从而会因一些低级错误导致企业举步维艰。

4. 市场应变不灵

市场是生产或生活资料由生产者向消费者转移的一个交易平台。创业要想成功，在很大程度上依赖市场，没有市场就没有创业。对于大学生而言，没有经过市场的历练，不能准确地把握市场需求，对公司的经营方向和市场的未来发展方向把握不准，产品的开发和生产往往带有盲目性，一旦市场变化就可能作出错误的市场决策，致使企业遭受市场风险的侵害。创业初期的市场风险主要表现在：一是不了解市场前景，不能预估市场的实际需求，夸大产品和服务的商业价值；二是创业者对市场认知不清，进入市场的时机不恰当，市场拓展不明显，导致产品卖不出去。

5. 法律意识不强

大学生创业过程中由于法律知识不足，创业和经营方面的法律知识欠缺，对一些企业运作上的相关手续并不清楚，往往以感情代替规则，以主观判断代替理性思考，以投机心理和冒险行为代替理性的法律思维，从而埋下法律隐患。比如在签订合同、洽谈业务中，没有用法律武器保护自己，不仅导致创业失败，甚至要承担法律责任，不仅无法维护合法权益，还得继续履行相关义务，吃“哑巴亏”。法律知识匮乏、法律意识不强，是大学生创业风险形成的又一主要原因。

案例学习 11－1

创业失败又背债

在上海大学读大四时，秦某通过熟人与中国联通上海分公司一级代理商上海某通信工程设备有限公司取得联系。得知该通信公司正准备推广 CDMA 校园卡业务，秦某认为可以发动老师、同学购买，是个可以轻松赚钱的好机会。

由于该通信公司要求必须与以公司为主体的对象来签协议，秦某和几个同学在家长的帮助下，注册了上海某科技咨询有限公司，以该公司的名义与对方签订了《CDMA 校园卡集团用户销售协议书》。

在同学和老师的宣传下，秦某的生意很红火，一共发展了 4196 名用户。秦某和自己的公司可从对方获得 10 余万元的回报。但是该通信公司给秦某支付了 2 万元后，联通公司发现秦某公司递交的客户资料中有几百份是虚假的，有一部分根本不是校园用户，有的是冒用别人的身份证办理的，最终形成了大量欠费。该通信公司为此需赔偿联通 442 户不良用户的欠费 52 万余元，联通还扣减该通信公司 406 位虚假用户和不良用户的手机补贴 36 万余元。

该通信公司将秦某公司及秦某起诉到法院，要求秦某公司及秦某承担上述赔偿款项，另赔偿该通信公司406部虚假、不良用户手机的补贴差价6万余元，未归还的手机价款15万余元和卡款5100元，总计100万元左右。

经过一审和二审，法院认定秦某借用秦某公司名义与该通信公司签订销售协议，协议书上是秦某的签名和秦某公司的公章，并无其他人员参与，故秦某与秦某公司共同承担100万元的赔偿责任。由于秦某公司本来就是为这项业务成立的公司，加上经营亏损，已被吊销营业执照，秦某成了债务承担人。一分钱没挣到的秦某反而背上了100多万元的债务。

（资料来源：薄赋徭：《创新创业基础》，高等教育出版社2018年版。）

（二）大学生创业风险识别

风险识别是指在风险事件发生之前，风险管理人员在搜集资料和调查研究的基础上，用各种方法对尚未发生的潜在风险进行系统归类和全面识别。其任务是查明各种不确定性因素和风险来源，预估各种风险事件的可能后果，确定哪些因素对创业构成威胁，哪些因素可能带来机会，为风险管理做好准备。

风险识别的具体方法主要有以下几种：

1. 业务流程法

以业务流程图的方式，将企业经营的全过程按其内在的逻辑关系制成流程图，针对流程中的关键环节和薄弱环节进行调查分析，找出可能存在的风险，并分析该风险存在的原因和可能造成的损失。

2. 咨询法

委托咨询公司或保险代理人对公司进行风险调查和识别，并提出风险管理方案，供经营决策者参考。

3. 现场观察法

通过直接观察企业的各种生产经营设施和具体业务活动，具体了解和掌握企业面临的各种风险。

4. 财务报表法

通过分析资产负债表、损益表和现金流量表等报表中的每一个会计科目，确定某一特定企业在何种情况下会有什么样的潜在损失及其成因。由于每个企业的经营活动最终都要涉及商品和资金，所以这种方法比较直观、客观和准确。

（三）大学生创业风险评估

风险评估是指在风险识别的基础上，对可能发生的某类风险的预计、度量和后果估计等工作。在这一阶段，可按照相关风险发生的概率进行分类，评估出大概率风险和小概率风险，同时对风险事件带来的损失规模进行分析，从而使风险分析科学化。把风险事件的发生概率、损失程度与其他综合因素结合起来考虑，确定风险发生的可能性及其危害程度，通过比较管理风险所支付的费用，决定是否需要采取风险控制措施以及控制措施采取到什么程度，从而为管理者进行风险决策提供可靠的依据。

案例学习 11-2

大学生养猪创业风险评估——利弊分析

曾被人看不起的“小猪场”，如今却吸引着大学生当“猪倌”。

众多大学生为什么到养猪场当“猪倌”？

不论从事何种职业，都是风险与利益并存。那么大学生养猪创业的风险又来自哪些方面呢？

在大学毕业生的就业路中，自主创业正在悄然兴起，成为一条引人注目的就业之路。大学毕业生自主创业不仅解决了自身的就业问题，而且还能为他人创造更多的就业机会。

养猪，成了这两年大学生自主创业时的自主创业项目。新闻报道中也屡有报道应届大学毕业生甚至研究生都不约而同选择同一份工作——养猪。已有近千名大学生落户养猪业，成为名副其实的“猪倌”。

曾经的“天之骄子”毕业后选择去养猪？一时赞扬者有之，质疑者有之。那么毫无经验的大学生毕业后回家养猪是不是风险很大？他们面临未知的生猪市场又有哪些难题？这一现象，颇值得研究。

大学生纷纷进军养猪业，对养猪业发展当然是一件好事。因为从目前生猪养殖看，中国生猪养殖行业中的主力仍是小散户，他们对于生猪行业现代化水平的认知度还是非常低的，整个行业呈现出一种生产力水平低下的传统养殖的格局。时下，中国农业正经历着转型关键期，生猪养殖也须实现从传统经营向现代化规模经营转变。大学生的参与，有利于加快这一进程，进而促进猪肉价格未来的平稳走势，满足13亿人口对猪肉的消费需求。

大学生涌入生猪养殖业，也存在一定风险和问题。因为，根据市场规律，养猪行情多变，风险与养殖利益并存。猪肉如同其他商品一样，存在运作风险，需要做好风险评估。同时，建立养殖场，需要占用大量土地，还有防止环境污染问题，这些都需要引起重视。

国家将增加生猪生产奖励补助资金，支持生猪产业生产。大学生进军生猪养殖业，总体上是一件好事，但需要防范风险。这里，不妨套用社会上警示股民“股市有风险，投资需谨慎”的流行语：养猪有风险，投资需谨慎。

（资料来源：薄赋徭：《创新创业基础》，高等教育出版社2018年版。）

（四）大学生创业风险防范

大学生在创业过程中要进行创业风险管理。风险管理的目的并不是消灭风险，而是要有准备地、理性地进行创业，减少风险带来的损失。

1. 项目选择要谨慎

目前，大学生创业的项目选择多集中在高科技领域和智力服务领域，如软件开发、网络服务、家教中介、设计工作室等领域。大学生决定创业之前，选择合适的创业项目至关重要。大学生要选择既有市场需求又符合自己条件的创业项目。具体来讲，大学生既要客观分析自身的创业条件，更要冷静地分析创业环境，立足于技术项目，尽量选择技术含量高、自主知识产权明确的项目，并在技术创新的基础上做好产品市场化工作。在选择创业项目过程中切忌盲目跟风，要“做熟不做生”，一定要选择自己最熟悉、最擅长、最有经验、资源最丰富的项目开始创业。

2. 资金管理要科学

创业初期，通常情况下创业者的资金往往都比较缺乏或十分有限，很多大学生创业者没有深厚的金融知识功底和足够多的市场经验，创业企业内部也没有财务方面的专业人员，很难对有限资金进行科学的财务预算和管理。创业者只知道创业初期很多地方都要花钱，但不知道怎么花，该不该花，哪里必须花，哪里可以省，很多创业者都是不顾后果地乱花钱，等发现资金短缺时为时已晚。所以，创业初期对资金的管理要科学，要有可操作性的财务预算编制和预算管理，要规划好每一个需要花钱的地方，使得有限的资金用在刀刃上。

案例学习 11－3

资金扶持政策

免收有关行政事业性收费：毕业 2 年以内的普通高校毕业生从事个体经营的，3 年内，免收管理类、登记类和证照类等有关行政事业性收费。求职创业补贴：对在毕业学年有就业创业意愿并积极求职创业的低保家庭、贫困残疾人家庭、原建档立卡贫困家庭和特困人员中的高校毕业生，残疾及获得国家助学贷款的高校毕业生，给予一次性求职创业补贴。一次性创业补贴：对首次创办小微企业或从事个体经营，且所创办企业或个体工商户自工商登记注册之日起正常运营 1 年以上的离校 2 年内高校毕业生，试点给予一次性创业补贴。享受培训补贴：对大学生在毕业年度内参加创业培训的，按规定给予培训补贴。

（资料来源：教育部网站，“普通高校学生自主创业政策公告”。）

3. 技能准备要充分

创业技能准备不足，缺乏从企业视角整合资源、实施管理的能力，将大大影响大学生创业的成功率。创业者要想成功创业就必须培养自己的企业家精神和团队合作精神，提升创业心理素质，提高解决问题能力、信息搜集能力、环境适应能力以及研究和完成项目的能力，掌握必要的创业知识，敢于创业、勇于创业。最好要先经历实践的磨炼，利用实践创立一些投资少、见效快、风险小的实体，提升创业能力、适应社会的能力，通过实践增加创业体验，熟悉社会环境，学会社会交往，避免准备不足，避免创业的随意性。

4. 企业经营要规范

大学生创业企业规模通常不大。在创业初期，大学生创业者一定要规范经营、诚信经营、守法经营。创办人必须建立完善的制度章程，并严格按制度和章程行事，建立现代企业制度。即使是创业起步阶段，也应从长远考虑制定企业发展的中长期规划。同时，要认真学习与创业相关的法律知识，避免在风险和利益同时存在的情况下，采取赌博心态、投机取巧，用冒险行为代替理性的法律思考，从而造成不可弥补的损失。只有懂法、守法、依法办事，才能确保创业企业从小到大、从弱到强地稳健成长。

5. 规模扩大要稳步

当大学生新创企业顺利度过创业初期阶段并生存下来后，在外部市场竞争的压力和自身成长需要的双重作用下，要通过扩张来增强企业竞争力，提升企业价值，这也是大学生创业企业持续健康成长必然的发展方向。但在大学生创业实践中，企业刚刚有所起色，一些创业者初尝甜头就急于求成，想更快地收回成本创造盈利，急于进行企业规模扩张、经营领域扩张、项目扩张。这种盲目扩张很可能造成企业不能与自身能力、市场需求相协调，使得刚进入成长期的企业在短暂的高速扩张后很快陷入困境，成为“昙花一现”的企业。因此，盲目扩张是极其危险的，稍不注意就可能血本无归，有计划地稳步扩张才是创业企业有序发展之路。

总之，大学生创业需要果断、审慎的决策，科学、规范的运作，准确、及时的风险规避，这样才能在实践中稳步前进，取得创业的成功。

案例学习 11－4

远离虚假宣传

安徽某高校一名销售汽车数码零部件的创业大学生，因在其淘宝店、京东等多个网销平台营销宣传时，使用“史上最低价”等相关字眼，后被工商部门认定构成虚假宣传，罚款 20 余万元并责令停止此类虚假宣传活动。

在淘宝、京东等网销平台的宣传，也属于广告。所以，大学生创业者在宣传过程中，同样要严格遵守相关法律，了解最常见的虚假宣传（广告），避免因小失大。

“唯一”“质量第一”“央视品牌”等词属于高级误导性的夸大宣传描述；“国家级”“最高级”“全网最低”“史上最低”等属于无法考证的用词，这些宣传就属于虚假宣传；法律不承认的承诺，如“假一罚十”“假一罚万”“假一赔命”等词，也属于虚假宣传。以上情形，是所有类目的卖家都有可能碰到的虚假宣传的情形。对于部分类别的商品比如食品、美妆，也有较为明晰的规定。除医疗、药品、医疗器械广告外，禁止其他任何广告涉及疾病治疗功能，并且不得使用医疗用语或者易使推销的商品与药品、医疗器械相混淆的用语。食品、保健食品不得宣传治疗功效，不得夸大或虚假宣称商品功效，普通食品不得宣称保健药品功效，商品中不得使用夸大功效词，如降血压、防治贫血、预防糖尿病、预防肿瘤、预防脂肪肝、排毒、减肥或者其他效果承诺等描述。普通食品宣传或暗示具有保健食品功效也涉嫌虚假宣传，商品描述中不能使用以下减肥相关功效宣传词：减肥、瘦身、瘦肚子、瘦腿等。化妆品广告不得夸大本身的使用效果，不得宣称具有保健食品、药品功效，广告中不得使用“减肥”“燃脂”“溶脂”等不实效果用词。

（资料来源：薄赋徭：《创新创业基础》，高等教育出版社 2018 年版。）

课堂活动 11－2

加盟户外运动品牌的风险探索

活动目的：能进行风险评估，能找到企业可能存在的风险并针对风险找出有效的应对方法。

活动内容：随着户外运动的兴起，新兴户外运动品牌如雨后春笋，许多传统运动服装企业也嗅到机会，纷纷开发出户外系列服装。选择一个你喜欢的户外运动品牌，考虑如果通过加盟该品牌的方式进行创业，需要注意哪些风险？应采取哪些防范措施？（主要对加盟前、加盟过程中和加盟后的风险进行评估。）

活动步骤：

第一步：教师对学生进行分组，3—5 人为一组，选出一个小组负责人。

第二步：小组成员就上述资料中提出的问题进行讨论，写一份约 600 字的分析报告。

第三步：小组负责人上台汇报讨论的结果。

活动检测：活动结束后，教师可根据下述标准进行评分：

1. 能识别出不同阶段的风险。（30 分）
2. 能针对各种风险提出防范及应对措施并且措施合理有效。（30 分）
3. 能积极参与讨论、发表见解。（20 分）
4. 创业访谈约谈 2—3 个创业者，了解他们在创业和企业经营过程中遇到过哪些风险，他们是如何规避和化解这些风险的。（20 分）（在采访前，一定要做好充分的准备，提前了解受访的企业在访问过程中，注意所提的问题一定要有针对性。）

第二节　创业计划书的编写

教你编写创业计划书（上）

一、创业计划书的作用

创业者识别了创业机会，选定了创业项目，组建了创业团队，但不能说创业就万事俱备。创业者还需要思考、检查之前走过的路程，是否有遗漏或考虑不周的地方。为确保创业项目的实施，还需制订出一份切实可行的创业计划并考虑如何筹集创业资金。

（一）创业计划书的含义

创业计划书是创业者在创业初期为企业勾画的蓝图，是产业开发生产、市场营销、财务、人力资源等职能计划的综合。它主要用来描述与拟创办企业相关的内外部环境条件和要素特点，为经营业务的发展提供指示图，是衡量经营业务规划情况的书面报告。一份完整的创业计划书包括投资者所需要了解的所有内容：创立企业的商业目的、企业的发展前景、所需要的资源、风险和预期回报等。

（二）创业计划书的作用

创业计划书的作用非常重要，对创业者个人而言，它有利于将个人的创业思想进行科学合理的组织，让创业者知道自己的设想是否可以实现，能从中获得多少回报，市场需求究竟有多大，未来将有什么损失和风险等。

从国外风险投资发展经验来讲，一份好的创业计划书对成功地吸引风险投资是极其关键的，由于创业企业大多数是新设立不久的企业，缺乏有足够说服力的历史数据，对于迫切需要让人了解自己的创业者而言，更多的是通过创业计划书向风险投资者描绘未来的企业前景。而风险投资者面对大量潜在可行的创意时，也只能通过创业者的创业计划书和创业者的推介来做出自己的决策。因此，创业计划书是风险企业和风险投资者发生利益关系的第一载体，一份优秀的创业计划书往往被称为新企业吸引风险投资的"敲门砖"。

案例学习 11－5

王先生和他的创业计划书

王先生毕业于某著名大学，经过多年研究，在建筑节能材料方面有了重大突破，这项技术如果在实际中得到应用，将显著减少建筑物的能源消耗，应用前景非常广阔。于是，王先生辞去原有工作，准备创业。

由于多年来的资金积蓄都用在了建筑节能材料的研究上，王先生在筹足资金注册了一家公司后，已经无财力去招聘员工、购买实验材料了。无奈之下，他想到了风险投资基金，希望通过引入合作伙伴的方式解决经济困境。为此，他多次与一些风险投资机构或个人投资者洽谈。虽然王先生反复强调他的技术有多么先进，发展前景多么广阔，并拍着胸脯对投资商保证回报绝对可观，但总是难以令对方相信。并且他对投资机构负责人问到的一些数据也无法提供，如：你的产品的市场需求量有多少？一年有多少销售量？投资回报率有多高？就连他想招聘一些技术骨干也比较困难，应聘者总是对公司的前景缺乏信心。

这时，曾在王先生注册公司时帮助过他的一位做管理咨询的朋友提醒他："你的那些技术有几个投资者搞得懂？你连一份像样的创业计划书都没有，怎么让别人相信你？"于是，在向有关专家请教咨询后，王先生又查阅了大量资料，然后静下心来，从公司的经营宗旨、战略目标出发，对公司的技术、产品、市场销售、资金需求、财务指标、投资收益、投资者的退出方式等方面进行了论证和分析。在这个过程中，他做了大量的市场调研。一个月后，他制订了一份创业计划书初稿，经过相关专家的指点，又再次进行了修改和完善。由于这份创业计划书，他得到了风险投资。有了风险投资者的支持，员工招聘、购买材料等问题也迎刃而解了。

现在，王先生公司经营得红红火火，年销售利润达500多万元。回想往事，王先生感慨地说："编制创业计划书的过程就是我不断理清自己思路的过程，只有企业家自己的思路清楚了，才有可能让投资者相信你。"

（资料来源：陈工孟：《创业基础与实务》，经济管理出版社2016年版。）

二、创业计划书的基本内容

创业计划书的基本内容包括创业的动机、创业的种类、资金来源及规划、资金总额的分配比例、阶段目标、财政预测、营销策略、风险评估、股东名册、预定员工人数等。一份标准的创业计划书可以从以下十一个方面着手。

（一）封面

封面是读者对创业计划书的第一印象，因此，封面设计要简明大气，并且与创业计划的内容相呼应。不可哗众取宠，过分追求华丽。

（二）计划执行摘要

计划执行摘要是读者对创业计划书的重点阅读部分。好的摘要浓缩了创业计划的精华、涵盖了创业计划的要点，使读者一目了然，既节约读者的阅读时间又能方便读者在最短的时间内评审计划并作出判断。计划执行摘要一般包括以下要点：公司简介、管理者及其组织机构、主要产品或服务、市场调研、营销策略、销售计划生产管理计划、财务计划、资金需求状况等。

在计划摘要中，企业还必须要呈现以下要点：

第一，企业所属行业、经营性质和范围。

第二，企业主要产品或服务的内容。

第三，企业的市场、客户群体、客户的需求。

第四，企业的合伙人、投资人。

第五，企业的竞争对手，竞争对手对企业发展可能产生的影响。

除此之外，摘要需着重说明自身企业不同于其他企业的优劣势，以及企业获成功的市场因素。

（三）可行性分析

在可行性分析中，应该正确评估所选行业的基本特点、竞争状况以及未来的发展趋势等内容。要分析的典型问题包括：

（1）企业所属行业目前的发展程度以及发展动态。

（2）创新和技术在行业中所起的作用。

（3）行业的发展趋势。

（4）产品价格趋向及回报率。

（5）经济发展对行业的影响，政府导向对行业的影响。

（6）决定行业发展的因素。

（7）行业的竞争本质，本企业采取的战略。

（8）如何克服进入该行业的障碍。

（四）产品和服务介绍

产品介绍应包括以下内容：

第一，产品或服务的概念、性能及特性。

第二，产品或服务的市场竞争力。

第三，产品或服务的研究和开发过程。

第四，发展新产品或服务的计划和成本分析。

第五，产品或服务的市场前景预测。

第六，产品或服务的品牌和专利等。

产品或服务的介绍部分，创业者要对其做出详细的说明，说明要准确，也要通俗易懂，使非专业的投资者也能明白。一般来说，产品介绍都要附上该产品是如何满足客户需求的，这通常是投资人在进行投资项目评估时最关心的问题之一。因此，创业计划书中要说明企业的产品或服务能否帮助客户节省开支、增加收入。

一般来说，产品介绍必须要具备几点：①企业的产品或服务能为客户解决什么问题；②企业与竞争对手的产品或服务相比有哪些优缺点，顾客选择本企业的产品或服务的理由；③企业为自己的产品或服务采取了何种保护措施，是否拥有专利、许可证，或是否与已申请专利的厂家达成协议；④企业的产品或服务是否可以使企业产生足够的利润，客户是否会大批量地购买、使用企业的产品或服务；⑤企业采用哪些新技术、新方法改良产品或服务的质量、性能，对发展新产品新服务的计划。

在撰写产品或服务介绍内容的时候，可以适当地突出优势，但切记过犹不及。

企业家和投资者所建立的是一种长期合作的伙伴关系，一时的空口许诺和盲目夸大能得意一时，最终会使企业的形象受到损害。

案例学习 11－6

编写创业计划书的六个 C（六要素）

1. Concept—概念。指的是：你在计划书里面写的让别人可以很快地知道你卖的是什么。

2. Customers—顾客。有了卖的产品以后，接下来要考虑卖给谁，谁是顾客，要明确顾客的范围。例如，假定女人都是顾客，那 50 岁以上的女人和 5 岁以下的女孩是否都是顾客？这一点需要界定清楚，即要明确适合的年龄层。

3. Competitors—竞争。产品有没有人卖过？如果有人卖过，销量如何？口碑如何？

4. Capabilities—能力。要卖的产品自己会不会，懂不懂？例如开餐馆，如果厨师不做了找不到人，自己会不会炒菜？如果没有这个能力，至少合伙人要会做，再不然也要有鉴赏的能力，不然最好不要做。

5. Capital—资本。资本可以是现金，也可以是资产，是可以换成现金的东西。那么资本在哪里？有多少？自有的部分有多少？可以借贷的有多少？这些都要很清楚。

6. Continuation—持续经营。当事业做得不错时，将来的计划是什么？

（资料来源：万玉青、李运楼，黄凤芝：《大学生创新创业基础训练教程》，上海交通大学出版社 2016 年版。）

（五）人员及组织结构

在企业的生产活动中，存在着人力资源管理、技术管理、财务管理、作业管理、产品管理等环节，而人力资源管理是其中很重要的一个环节。企业管理的好坏，直接决定了企业经营风险的大小。高素质的管理人员和良好的组织结构则是管理好企业的重要保证，因此，风险投资者会特别注重对管理队伍的评估。

在创业计划中，必须要对主要管理人员加以介绍，介绍他们所具有的能力、在本企业中的职务和责任、详细经历和背景等。此外，在这部分创业计划中，还应对公司结构做一些简要介绍，包括：

第一，企业的组织结构图。

第二，各部门的功能与责任。

第三，各部门的负责人及主要成员。

第四，企业的报酬体系。

第五，企业的股东名单，包括股权、比例和特权。

第六，企业的董事会成员。

第七，各位董事的背景资料。

（六）市场预测

当企业要开发一种新产品或向新的市场拓展时，首先要进行市场预测。如果预测的结果并不乐观，或者预测的可信度让人怀疑，投资者就要承担更大的风险，这对多数风险投资者来说都是不能接受的。一份计划书中的市场预测部分至少要包含以下几方面内容：

（1）市场预测综述。新的市场规模有多大？需求发展的未来趋向及其状态如何？

（2）市场需求预测。市场是否存在对这种产品的需求？需求程度是否可以给企业带来所期望的利润？影响需求的因素都有哪些？

（3）竞争者概览。对企业所面对的竞争格局进行分析，市场中主要的竞争者是谁？是否存在本企业产品的市场空当？

（4）目标顾客和目标市场。本企业预计市场占有率是多少？

（5）本企业产品的市场地位。本企业进入市场会引起竞争者怎样的反应？这些反应对企业有什么影响？

创业者应牢记的是，市场预测不是凭空想象出来的，需经过充分的市场调研，对市场错误的认识和预测是企业经营失败的最主要的原因之一。

（七）营销策略

营销过程是循环过程，营销计划总在不断修改之中，直到所有部分均在目的上达到内部连贯、互为补充为止。一份计划只有在其各个部分相互衔接时才有意义。要做好其中的一部分非常容易，但要做出一个内部连贯且互为补充的营销策略却不简单。营销策略应包括以下内容：

（1）市场机构和营销策略的选择。

（2）营销队伍和管理。

（3）促销计划和广告策略。

（4）定价决策。

营销是企业经营中最富有挑战性的环节，影响营销策略的主要因素有消费者的特点、产品的特性、企业自身的状况、市场环境等。

对新创型企业来说，由于产品和企业的知名度不高，因此，企业只能暂时采取传统的高成本低收益的营销战略，如上门推销、做商品广告、向批发商和营销商让利或交给任何愿意经营的企业销售等。除此之外，还有一些新的营销方式，如网络营销、会议营销等。对已经有一定体量企业来说，可以利用原来的销售渠道，也可以开发新的销售渠道以适应企业的发展。

（八）生产计划

生产计划是一个全面的计划和规划系统，它把灵活的预测技术和阶段的供需计划与基于生产人员的执行环境结合起来，帮助企业迅速响应客户需求和经营要求上的变化。

创业计划中的生产计划应包括以下内容：①产品制造和技术设备现状；②新产品投资计划；③技术提升和设备更新的要求；④质量控制和质量改进计划。

为了增加企业在投资前的评估价值，在寻求投资商的过程中，创业者应尽量使生产制造计划更加详细、可靠。

一般而言，一份好的创业计划书在生产制造计划中应回答以下问题：①企业生产制造所需的厂房、设备情况；②怎样保证新产品在进入规模生产时的稳定性和可靠性；③设备的引进和安装情况，谁是供应商；④生产线的设计与产品组装情况；⑤供应商的前置期和资源需求量；⑥生产周期标准的制定以及生产作业计划的编制；⑦物料需求计划及其保证措施；⑧质量控制的方法；⑨相关的其他问题。

（九）财务规划

一份创业计划书概括地提出了在筹资过程中创业者需做的事，而财务规划则是对创业计划书的支持和说明。因此，一份好的财务规划对评估风险企业所需的资金数量，提高风险企业获得资金的可能性是十分关键的。

如果财务规划准备得不好，会给投资者以企业管理人员缺乏经验的印象，会降低风险企业的评估价值。

企业的财务规划应保证和创业计划书的设想一致。要完成财务规划，必须要明确以下问题：①产品在每一个期限的发出量有多少；②什么时候开始扩大产品生产；③每件产品的生产费用是多少；④每件产品的定价；⑤使用什么分销渠道，所预期的成本和利润是多少；⑥需要雇用哪几种类型的人；⑦雇用何时开始，工资预算是多少。

值得一提的是，着眼于一项新技术和创新产品的创业企业不可能全盘参考现有市场的数据、价格和营销方式，因此，它要自己预测所进入市场的成长速度和可能获得的利润，并把创业者的设想、管理队伍和财务规模推销给投资者。

（十）风险与风险管理

创业是一项风险活动，良好的风险管理是创业成功的重要因素。风险管理中包括了对风险的评估和应变策略。理想的风险管理，是一连串排好优先次序的过程，对可能导致最大损失及最可能发生的事情要优先处理，而风险较低的事情则最后处理。风险管理主要包括以下内容：

（1）公司在市场、竞争、技术方面存在的基本风险。

（2）应付风险的方法。

（3）公司有哪些附加机会。

（4）在现有资本基础上如何进行扩展。

（5）在最好和最坏的情形下，五年计划表现如何。

即使估计不那么准确，也应该可以估计出误差范围有多大。如果可能的话，对关键性参数做最好和最坏的设定。

（十一）附录

附录是附在创业计划后面的补充材料，其主要目的是在不影响计划主题部分的情况下，向读者提供一些补充信息。前面提到的市场分析报告的调研资料和分析材料可以作为附录，以示创业者对于创业的重视，同时也是信息是否准确、真实的重要参考。创业者和创业团队的正规履历、创业相关经历及其获得的一些成就的表彰内容，也是附录的重要内容。创业项目如果是科技型项目，应具有相关知识产权和专利，在附录中也应有相应的证书和内容进行表述。

案例学习 11－7

周鸿祎：教你打造十页完美的创业计划书

第一页，用几句话清楚说明你发现目前市场中存在一个什么空白点，或者存在一个什么问题，以及这个问题有多严重，几句话就够了。例如，现在网游市场里盗号严重，你有一个产品能解决这个问题，只需要一句话说清楚就可以。

第二页，你有什么样的解决方案或者什么样的产品，能够解决这个问题。你的方案或者产品是什么，提供了怎样的商业价值功能。

第三页，你的产品将面对的用户群是哪些，一定要有一个用户群的划分。

第四页，说明你的竞争力，为什么这件事情你能做而别人不能做？是你有更多的免费贷款，还是存储可以不要钱？这只是个比方，否则如果这件事谁都能干，为什么要投资给你？你有什么特别的核心竞争力？有什么与众不同的地方？所以，关键不在于所干事情的大小，而在于你能比别人干得好，与别人干得不一样。

第五页，论证一下这个市场有多大，你认为这个市场的未来是什么样。

第六页，说明你将如何挣钱。如果真的不知道怎么挣钱，你可以不说，可以老老实实地说，我不知道这个怎么挣钱，但是中国有一亿用户会用，如果有一亿人用我觉得肯定有它的价值。想不清楚如何挣钱没有关系，投资人比你有经验，告诉他你的产品多有价值就行。

第七页，用简单的几句话告诉投资人，这个市场里有没有其他人在干，具体情况是怎样。不要说“我这个想法前无古人后无来者”这样的话，投资人一听这话就要打个问号，有其他人在做同样的事不可怕，重要的是你能不能对这个产业和行业有一个基本了解和客观认识。要说实话，干实事，可以进行一些简单的优劣分析。

第八页，突出自己的亮点，只要有一点比对方亮就行。刚出来的产品肯定有很多问题，说明你的优点在哪里。

第九页，进行财务分析，可以简单一些，不要预算未来三年挣多少钱，没人会信。只需说明未来一年或者六个月需要多少钱，用这些钱干什么？

第十页，介绍一下自己的团队，团队成员的优秀之处，以及自己做过什么。

一个包含以上内容的计划书，就是一份非常好的创业计划书了。

（资料来源：陈新达、桂舟：《大学生创新创业》，清华大学出版社 2018 年版。）

三、创业计划书的编写步骤

教你编写创业计划书（下）

（一）创业计划书的编写步骤

1. 创业构思

创业者的一些新奇想法，需要经过可行性分析，只有通过市场需求评价以及商机评估等，才能真正成为创业商机。因此，创业者需要对所谓的“金点子”进行甄别，确定创业目标，初步形成创业构思。

（1）环境分析：创业环境包括宏观环境、中观环境和微观环境。宏观环境是指能对企业活动产生强制性、不确定性和不可控制性影响的因素，如自然、政治与法律环境、科技环境以及人文环境。一般来说，企业对宏观环境只能适应，因而企业可以通过关注宏观环境的变化把握社会的大趋势，从中获知商机。中观环境是指企业所属的行业状态，包括行业环境、地域环境、业务环境。大部分创业者是根据中观环境状态的变化获知机遇和挑战，从而对创业进行战略部署。而微观环境，实际上就是直接制约影响企业活动的力量和因素，包括供应商、企业内部门、顾客、竞争者、社会公众等。

创业者必须敏感体会不断变化的环境，把握因变化产生的机遇和挑战，规避风险，充分利用其中蕴含的巨大商机，获得创业先机。

（2）产品/服务定位：好的企业建立在好的创业构思上，而好的创业构思则建立在市场需求和产品（或服务项目）的开发上。创业者需要在开创自己的事业前明确定位产品或服务的目标，清楚分析市场的需求，如需求的类型、客户、行业态势市场特征等，根据实际情况，设计开发出具有价值的新产品（或服务），这样才能牢牢把握住市场的发展趋势。如果一个创业构思能有所创新，那就锦上添花了。创新可以是引入一种新的产品或提供一种产品的新用途，可以是采用一种新的生产方法，可以是开辟一个新的市场，可以是获得一种原料和半成品的新的供给来源，也可以是实施了一种新的企业组织形式等。

2. 市场调研

市场调研是指运用科学的方法，有目的、有计划地搜集、整理和分析创业信息和资料的过程。没有深入细致的市场调查，就不能准确把握市场的脉搏，无法了解适应环境并满足客户需求的商机。市场调研是一项繁杂的工作，需要创业者亲身体验。只有站在消费者角度思考和分析客户需求、偏好，将获得的信息融入未来的产品或服务方案设计，才能满足市场和消费者的需求。创业者可以通过问卷调查、企业网站的在线调查、随访或者团队中一线销售人员直接面对市场和消费者获得市场信息。如果企业的产品或服务能满足社会需求，无疑会为创业者带来利润；如果产品或服务并非市场所需，无法达到预期的销售目标，对刚刚起步的创业者来说，必然是一个巨大的障碍，甚至会导致创业失败。因此，市场调研是创业构思不可或缺的部分。

3. 起草大纲

计划书的大纲相当于建筑物的框架结构，只有坚实牢固的结构才能撑起一份优秀的创业计划书。创业者经过环境分析和市场调研，确定创业目标后就要开始着手起草创业计划书的大纲。大纲框架搭建得越详细，对创业者思考创业的过程越有益，同时，可以让投资者清楚地了解创业者的意图。

在完成大纲的起草后，创业者还必须对大纲进行细化和完善，尤其是进一步获得市场信息时要对大纲做出相应的更改，以适应市场的需要。

一份比较完整的计划大纲应该包括以下九个方面的内容：

（1）企业介绍。

（2）产品或服务介绍。

（3）管理团队介绍。

（4）商业模式。

（5）营销策略。

（6）市场分析及风险管理。

（7）发展规划。

（8）财务规划。

（9）融资需求及资金用途。

4. 起草计划

一份出色的计划书，就像一张藏宝图，指引人们获得宝贵的信息，帮助创业者得到更多的扶持和帮助，在创业的道路上旗开得胜。

计划书要根据计划大纲来撰写，对大纲进行详细的扩充和延伸。它必须让人了解创业者建立的是怎么样的企业，已经获得了什么样的成绩，提供的是何种产品或者服务，为客户带来哪些便利；而创造这个产品或者提供服务的又是什么样的一些人，他们组建了一个什么样的团队，面临着什么样的挑战和竞争，如何进一步发展这个企业；还需要多少资金支持，如果顺利获得融资，他们将如何使用资金促进企业的发展等。

一般来讲，计划书包括：

（1）计划书执行摘要。执行摘要其实是创业计划书的浓缩版，帮助创业者成功地吸引潜在的投资者。一般来说，执行摘要应精简，篇幅不超过 3 页，保证投资者在较短的时间内能有效地获得商业信息。

（2）演示文件。PPT 是创业计划书的另一种形式。它将完整的创业计划浓缩在一定时间内，由创业者通过演讲的方式将创业信息呈现给投资人，激起投资人的兴趣。同时，演讲的过程也是对创业者创新思维、灵活应变能力和表达能力的一种考验，是创业者展示个人魅力的时刻。一个拥有潜力的优秀创业者也是吸引投资者做出决策的重要因素。

（3）完整版的创业计划书。当投资者对创业者的项目感兴趣时，会仔细阅读完整的创业计划书，以获得更多的创业信息，比如产品的特性、消费市场、商场模式、竞争对手、财务预测等。

（4）未来 3—5 年的财务预测。财务预测是根据财务活动的历史资料，考虑现在的要求和条件，对企业未来的财务活动和财务成果做出预计和测算。它是创业者经营决策的重要依据，也是合理安排收支、提高资金使用效益和企业管理水平的重要手段。预测未来 3 年或 5 年的销售收入、利润、资产回报率等，对于提高公司经营管理水平有十分重要的作用。

5. 审核更新计划

完成一份创业计划书并不意味着它就不再发生变化了，在实际操作过程中，由于市场环境的变动，要经常对计划进行检查更新，确保计划的时效性、真实性和完备性，以备不时之需。

（二）编制创业计划书的注意事项

创业计划书的质量往往会决定创业发起人能否找到合作伙伴、获得资金及其他政策的支持。计划书需要给投资者以充分信息，并让投资者预见到成功的可能。为了确保创业计划书能够顺利地被投资者关注，计划书的撰写者应注意以下事项。

1. 换位思考，重点明确

创业者要依照目标站在创业计划书阅读对象的角度进行换位思考，确定计划书的重点。不同的目的、不同的阅读对象，计划书的重点自然也不尽相同。从潜在投资者的角度构思创业计划要突出三个非常重要的问题：一是明确创业行动的方针；二是展示管理团队；三是展现美好的未来。理解创业计划书的内涵可帮助创业者在融资操作方法上适应国际惯例，掌握资本市场的内在规律，合理设计自身的发展战略。事实上，一份重点突出、目标明确的计划书，可以帮助投资者发现具有投资价值和发展潜力的创业项目和创业企业，可以在投资者和创业者之间搭建起沟通的桥梁。这对于创业企业获得风险投资的支持是非常重要的。

2. 执行摘要，突出特色

创业计划书中的计划执行摘要十分重要，它是投资者首先要看的内容，必须浓缩创业计划的要点和核心内容，能让阅读者有兴趣并渴望得到更多的信息，给读者留下深刻的印象。它摘录出了与筹集资金最相关的细节，如公司的基本情况、组织结构、管理队伍、产品服务的竞争优势、竞争对手、营销策略和财务战略等。

执行摘要既要简明生动地勾画出项目的全貌，又要突出项目的重点；既要讲清项目的先进性和可行性，又要讲清项目的商业价值和高回报性；既要有清晰的逻辑思路，又要有切实的证据加以印证；既要能看清项目发展的脉络，又要能让人感受到项目实施团队的能力和作用；既要能看到项目已具备的相关优势，又要能明了需要的帮助和支持的方向和目标。

3. 项目介绍，重中之重

在创业计划书中，应提供所有与企业的产品或服务有关的细节，包括创业者提供的产品或服务所处的发展阶段、是否具有独特性、目标客户群的定位、产品的生产销售、营销手段、新产品的开发计划、风险预测、财务预测等。创业计划书撰写者要把投资者置于企业的产品或服务中来，这样投资者就会和创业者一样对产品有兴趣。在创业计划书中，创业者应尽量用简单的词语来描述每件事物，以免产生歧义和误解。制定创业计划书的目的不仅是要让投资者相信企业的产品或服务会对客户群体产生巨大的影响，同时也要拿出证据，证明项目的独特优势。

4. 分析市场，注重细节

创业计划书要给投资者提供企业对目标市场的深入分析和理解。要细致分析经济、地理、职业以及心理等因素对消费者选择购买本企业产品这一行为的影响，以及各个因素所起的作用。计划书还应特别关注销售中的细节问题，包括主要的营销计划、广告宣传计划、公共关系活动计划、每一项活动的预算和收益、企业的销售战略等。

5. 不避竞争，充满自信

在创业计划书中，创业者应细致分析竞争对手的情况，包括竞争对手是谁、竞争对手的产品或服务与本企业相比有哪些相同点和不同点、竞争对手的营销策略。要明确主要竞争对手的销售额、毛利润、收入以及市场份额，然后再讨论本企业相对于每个竞争者所具有的竞争优势，要向投资者展示顾客偏爱本企业的原因是什么，企业将采取何种方法和战略战胜竞争对手，也要阐明企业在创业孵化器中的特有优势，创业的支持体系；同时在计划书中要自信地展示企业的管理队伍，毕竟把一个创业设想转化为一个成功创业企业最关键的是要有一支充满激情和力量的团队。因此，在创业计划书中应明确指出这支团队的人才结构特点、优势、潜能及实际能力。只有这样，投资者才能从创业计划书中看到计划的可行性和企业的竞争力，才敢于投资。

思考与练习

确定你的创业项目，编写创业计划书。具体实施步骤如下：

1. 将全班学生分成若干小组，每组4—6人，设组长1名。

2. 以小组为单位，寻找与自己所学专业相关的创业项目，或者从自己生活的环境中寻找创业项目。组长负责创业项目的最终确定。

3. 从网上搜索几篇优秀的创业计划书作为参考。

4. 各小组成员讨论创业计划书的基本结构与目录，组长负责最后敲定。

5. 组长对小组成员进行分工，每个成员编写创业计划书的一部分或几部分。

6. 创业计划完成后，可以同学之间交换阅读，指出对方的优点和不足之处，相互促进。

活动结束后，教师可以根据以下评分标准，评选出表现最优秀的一组。

评分标准	满分	得分	备注
所选创业项目具有可行性与典型性	20		
所写的创业计划书具有可参考性	20		
小组成员分工合理、明确	20		
编写过程中能团结协作	20		
计划书终稿结构完整、内容丰富、条理清晰	20		
总分	100		

第十二章 初创企业经营

学习目标

☐ 了解初创企业营销管理的要点
☐ 了解初创企业财务管理的要点
☐ 了解初创企业人力资源管理的要点
☐ 了解初创企业发展战略的要点

【案例导入】

考拉阅读的创业管理之路

考拉阅读成立于2016年10月，主要通过自己研发的一套分级阅读评测系统，结合最新的AI技术，让学生能够根据自己的阅读水平实现个性化阅读，定制个性化图书馆，从根本上解决孩子不知道该看什么书，老师、家长不知道该推荐什么书的难题。2016年11月，考拉阅读获得400万元天使投资。创立一年内，考拉阅读完成了三轮融资的同时也完成了基础产品的搭建，开始进行商业落地。

考拉阅读创始人兼CEO赵梓淳表示，在国外以蓝思分级和GE分级为代表的英文阅读分级标准已经推行了40多年，覆盖美国90%的学校，同时在商业领域也诞生了多家过亿美元的教育公司。

然而，中国之所以一直没有推出类似美国的分级阅读标准，这是因为：第一，中文的基础组成常用汉字比英文的字母更复杂，对中文的文本难度进行评定需要更丰富的语料库；第二，中文的句法结构和断字分词要比英文更难，加大了很大的研究程度。传统的方法没办法突破，赵梓淳在和CTO任易交流时，想出了用深度学习的方法来操作，将机器学习和深度学习相结合。

赵梓淳带领团队花了6个月时间，开发了一个ER评测系统，从字、词、句、段、篇5个维度，基于学校教材的文本建立一个分级标准，并推出“考拉阅读”这一产品。目前，考拉阅读主要针对小学生群体，产品设有学生端、家长端和教师端。教师通过这一系统为学生布置任务，同时老师和家长均可以在 App 上监控和了解学生的阅读情况。学生在系统上完成阅读任务，系统会同时推荐合适的文本给学生。

关于技术壁垒，赵梓淳表示开发这样的系统至少需要 1 年的窗口期，而且在前期阅读测量方面，需要很长的时间跨度。此外，未来随着用户使用时间越长，技术壁垒越高。目前，考拉阅读这套 ER 阅读评级系统已经申请专利。

在市场推广方面，考拉阅读目前主要走的是 B 端路线，目前已经在天津、江西等地方进入公立学校，且直接收费，这也是目前考拉阅读的商业模式。关于未来，赵梓淳表示将把目前用户群体转向 C 端，让每一个人都能有一套适合自己的阅读学习系统。此外，之后也可能尝试类似 kindle 的阅读硬件产品和内容部分。

在核心创始团队方面，创始人兼 CEO 赵梓淳研究生阶段先后就读于美国芝加哥大学和哥伦比亚大学。此外，考拉阅读团队囊括了在深度学习、机器学习方面的大牛/语言学博士/心理学博士以及在教育部语文学科方面的带头人。

（资料来源：独创的中文阅读体系——考拉阅读，创业邦网，2017 年 12 月 05 日。）

第一节　营销管理

初创企业营销管理

市场营销管理是企业经营管理中的重要环节，它是企业把所有的人力、物力、信息、财力等科学地组织起来以满足消费者的需求，并不断调整以适应环境的过程。市场营销工作开展得好坏直接影响着企业的存亡。对于大多数年轻的创业者来说，既缺乏资金和社会关系，又缺乏商业经验，所拥有的只是创业激情和某种新产品的原始构思或某种新技术的初步设想。要获得成功，除了勇气、勤奋和毅力外，还必须依赖于有效的创业营销来获得创业所需的各种资源，实现企业可持续发展。具体而言，市场营销管理过程包括以下五步：

第一步：市场研究。初创企业研发出新产品或提供某种服务后，首先要做的是进行市场研究，即市场分析、市场机会和市场评估。

第二步：选择目标市场，明确市场定位。企业可以根据不同顾客的消费特征将市场细分，然后根据自己的资源优势选择最佳目标市场，进行市场定位。

第三步：规划营销组合策略。

第四步：制定营销计划。针对目标市场，制定营销计划。

第五步：执行营销计划。将营销计划付诸行动，通过时间、资金、人员等资源的合理配置，实现营销目标。

一、市场研究

（一）市场分析

创业者要对进入的市场营销环境进行精细分析，即对市场宏观环境、市场微观环境、市场竞争环境和市场消费环境进行分析。市场营销宏观环境是指那些给企业造成市场营销机会和形成环境威胁的外部因素，主要包括人口环境、经济环境、自然环境、科技环境、法律环境以及社会和文化环境。市场营销微观环境是指对企业服务其顾客的能力构成直接影响的各种力量，包括企业本身、供应商、市场营销中介、市场、竞争者和社会公众。市场竞争环境指企业所在行业及其竞争者的参与竞争程度，代表了企业市场成本及进入壁垒的高低。市场消费环境是指消费者在生存和发展过程中面临的对消费者有一定影响的、外在的、客观的因素。另外，还要分析市场中消费者的购买动机与行为，购买习惯和偏好等。

（二）市场机会

市场营销环境为企业提供了市场营销机会，也可能给营销活动带来威胁。企业对市场营销环境的分析，可以发现新的市场机会，要采取有效的市场营销策略，为企业进入市场做好充分准备。同时，创业者也要注重危机分析，往往机会获得的同时也伴随着危机。

（三）市场评估

在市场机会分析过后，就要对市场机会和市场危机进行综合评估。通过采用科学方法评估才能决定进入的市场、捕捉市场机会和规避市场危机。

案例学习 12－1

元气森林打造全网爆款产品

元气森林茶饮品牌从2016年创立到现在，只用了4年时间便在一片红海的饮料市场硬生生挤出了一条路，晋升为国产饮料界的黑马。其产品元气森林苏打气泡水最近更是霸屏分众传媒，在无糖领域牢牢占据了消费者心智。那么，在这背后，元气森林是如何具体落子布局，实现C位出道的呢？最重要的是要进行市场评估，准确把握消费痛点，渗透年轻消费者心智。

近十年，中国消费结构发生了显著变化。随着80后、90后的人群数量突破4亿大关，年轻一代逐渐把握了消费的话语权。这一群体除了关注产品外观、质量，也从健康方面对产品提出了新要求。基于对年轻消费者健康需求痛点的洞察，元气森林苏打气泡水在品牌名称、产品定位等方面行了深刻考量，锁定住健康饮品细分市场的风向，制造了“唯我市场”的品牌壁垒。

（资料来源：霸屏分众的元气森林是如何打造全网爆款产品的，梅花网，2020年06月03日。）

二、选择目标市场，明确市场定位

对市场机会进行评估后，要进行市场细分，对企业要进入的哪个市场或者某个市场的哪个部分，要研究和选择。目标市场的选择是企业营销战略性的策略，是市场营销研究的重要内容。选定目标市场后，要进行市场定位，树立企业与众不同的个性与鲜明形象。

（一）市场细分

市场细分是指按照消费者的收入水平、职业、年龄、文化、购买习惯、偏好等细节变量，把整个市场划分成若干个需求不同的子市场的过程，其中任意子市场都是一个拥有相似需求的购买者群体。市场细分的好坏将决定着市场营销战略的命运。市场细分既能更充分地发挥企业优势，又能为企业选定目标市场提供条件、奠定基础。

（二）选择目标市场

创业企业在市场细分后，通过营销活动对细分的若干“子市场”进行优选，从而确定相应的目标市场。目标市场的选择模式通常有以下五种：

1. 市场集中化

企业选择一个细分市场，生产单一产品或提供单一服务，供应单一的顾客群。这种集中营销模式使企业能深刻了解该细分市场的需求特点，采用针对的产品、价格、渠道和促销策略，从而获得强有力的市场地位和良好的声誉。但同时隐含较大的经营风险。

2. 产品专业化

企业集中生产一种产品，并向所有顾客销售这种产品。例如足球厂商向所有学生销售某款高端足球，而不生产学生需要的其他款式和档次的足球。这样，企业在高端足球产品市场上树立了很高的声誉，但一旦出现其他品牌的替代品或学生兴趣的偏好转移，企业将面临巨大的威胁。

3. 市场专业化

企业专门服务于某一特定顾客群，尽力满足他们的各种需求。例如，企业专门为花式足球爱好者提供各种型号和款式的足球。企业专门为这个顾客群服务，能建立良好的声誉。但一旦这个顾客群的需求潜力和特点发生突然变化企业要承担较大风险。

4. 有选择的专业化

企业选择几个细分市场，每一个对企业的目标和资源利用都有一定的吸引力。但各细分市场彼此之间很少或根本没有任何联系。这种策略能分散企业经营风险，即使其中某个细分市场失去了吸引力，企业还能在其他细分市场盈利。

5. 市场全面化

企业力图用各种产品满足各种顾客群体的需求，即以所有的细分市场作为目标市场，例如，家电厂商为不同消费层次的顾客提供各种档次的家电。一般只有实力强大的大企业才能采用这种策略。例如海尔集团在家电市场开发众多产品，满足各种消费需求。

（三）市场定位

企业在选定目标市场之后，要树立在目标客户心目中的某种形象或某种个性特征，使其在消费者心目中有深刻的印象和独特的位置，从而取得竞争优势。

1. 市场定位的依据

企业可以从以下几个方面为本企业产品在顾客心目中塑造独特的形象和确立市场价值位置：

（1）市场分析。依据企业有能力进入的、未被充分满足的细分市场进行定位。

（2）消费者分析。依据企业能够给予消费者的差异化利益进行定位。

（3）产品分析。依据企业提供产品或服务的特点、特殊用途或使用场景进行定位。

（4）竞争分析。依据区别于竞争对手的优势进行定位。

2. 市场定位的主要方法

（1）差异定位法。初创企业可以从产品和服务的差异来给产品或服务定位。差异越明显，越容易吸引消费者的注意。

（2）主要属性/利益定位法。消费者购买和使用产品是为了获取价值，既包括产品本身的价值，也包括产品的形象价值和外延价值等。因此不同的企业、不同的产品都可以使用主要属性/利益定位法。一般说来，低端产品应该从其本身的价值和成本出发，而高端产品则适宜从产品之外的附加价值出发，才更容易找到适合其目标市场需要的定位。

（3）产品使用者定位法。找出产品确切的使用者/购买者，针对他们的特点特别塑造一种形象。如，海澜之家凭借广告词“海澜之家，男人的衣柜”，成为专为男性打造服饰的著名品牌。

（4）分类定位法。产品的生产并不是要和某一特定竞争者竞争，而是要和同类产品竞争。对于初创企业，这种方法最为有效，不论是开发新市场，还是对既有产品进行深度市场开发。抖音上非常火的答案奶茶，人气火爆，一经出现就自带话题度，自带网红体质，一夜之间爆红全城。

（5）针对特定竞争者定位法。这是一种直接针对某个竞争者的市场定位方法。小微企业比较常用的一种方法是避强定位法，这是一种避开强有力的竞争对手的市场定位方法。其优点是能够迅速地在市场上站稳脚跟，并能在消费者心中迅速树立一种形象。这种定位方式市场风险小，成功率较高。当然也有些比较有实力的初创企业，在企业成立初期，定位就瞄准在市场上占据支配地位的也是最强的竞争对手。其目的是激励自己奋发上进，一旦成功就会取得巨大的市场优势。

案例学习 12－2

屈臣氏——成功的市场定位

全球个人护理连锁店老大——屈臣氏的成功关键在于其市场定位。

第一步：细分消费者，精准锁定目标消费群。

与欧美国家的消费习惯显著不同，亚洲女性会用更多的时间逛街购物，她们愿意投入大量时间去寻找更便宜或是更适宜的产品。中国大陆的女性平均在每个店里逗留的时间是20分钟，而在欧洲只有5分钟左右。这种差异，让屈臣氏最终将中国大陆的主要目标市场锁定在18岁—40岁的女性。18岁—35岁的时尚女性消费者富有挑战精神，她们喜欢用最好的产品，寻求新奇体验，追求时尚，愿意在朋友面前展示自我。她们更愿意用金钱为自己带来大的变革，愿意进行各种新的尝试。40岁以上或年龄更长一些的女性大多早已经有了自己固定的品牌和生活方式了，18岁—35岁女性比较注重个性，有较强的消费能力，但时间紧张，不太喜欢去大卖场或大超市购物，追求的是舒适的购物环境。

第二步：准确的市场定位，最大限度地满足目标顾客的需求。

屈臣氏以“个人护理专家”为市场切入点，以低价作为引爆点，围绕“健康、美态、快乐”三大理念，为消费者提供高性价比的产品、优雅的购物氛围环境和专业资讯服务来传达积极美好的生活理念，旨在协助热爱生活、注重品质的消费者塑造内在美与外在美的统一。

（资料来源：许勋恩：《创业基础》，厦门大学出版社2017年版。）

三、规划营销组合策略

市场营销组合策略，又称为“4P”营销理论。它出现在20世纪60年代，由美国的麦肯锡教授归纳提出。他认为市场营销可以归结为四个方面因素：产品（Product）、价格（Price）、渠道（Place）和促销（Promotion）。市场营销组合由企业根据市场需要灵活安排。

（一）产品策略

产品策略是企业在确定产品营销战略后，所实施的一系列有关产品的具体营销策略。企业在制定产品策略时，首先要明确企业为消费者提供什么样的产品或服务来满足他们的需求。这是企业4P营销组合策略的基础和重要组成部分，是企业为了在激烈的市场竞争中获得优势，在生产、销售产品时所运用的一系列措施和手段。

1. 产品整体概念

产品是能提供给市场，用于满足人们某种欲望或需求的事物，包括实物、服务、场所、组织、思想、主意等。产品整体概念包含核心产品、形式产品、期望产品、延伸产品和潜在产品五个层次。

2. 产品生命周期策略

产品从投入市场到最终退出市场的全过程称为产品的生命周期，该过程包括产品的导入期、成长期、成熟期和衰退期四个阶段。

在产品生命周期的不同阶段，产品的市场占有率、销售额、利润额是不一样的。导入期产品销售量增长较慢，利润额可能为负数；当销售量迅速增长，利润由负变正并迅速上升时，产品进入了成长期；经过快速增长销售量逐渐趋于稳定，利润增长停滞，说明产品成熟期来临；在成熟期的后一阶段，产品销售量缓慢下降，利润也随之下滑。当销售量加速递减，利润也较快下降时，产品便步入了衰退期。

研究产品生命周期对企业营销活动具有十分重要的启发意义。企业针对产品在市场上不同的生命周期阶段制定不同的营销策略，有利于减少创业企业的经营风险。

3. 品牌策略

品牌对企业有很多好处，但建立品牌的成本和责任不容忽视。一般情况下，市场上很难区分原料、产地、销地的小商品可以不使用品牌。如果企业决定使用品牌，则面临着使用自有品牌还是别人品牌的决策。对于实力雄厚、生产技术和经营管理水平具有优势的企业，一般都使用自己的品牌。使用其他企业品牌的优点和缺点都很突出，需要结合企业的发展战略来决策。

（二）价格策略

制定最优的价格对初创企业来说是个巨大的挑战。制定科学合理的定价略，必须对企业成本进行核算、分析、控制和预测，同时还要根据市场结构、市场供求、消费者心理及竞争状况等因素做出判断与选择。

1. 定价因素

初创企业的产品定价，要考虑如下因素：

（1）产品成本：定价不能低于成本，且应有一定的利润。

（2）市场需求：供不应求时，定价可以较高；供过于求时，则应降低定价。

（3）物价政策：定价时应考虑国家的物价政策。

（4）定价目标：企业制定价格的目标是要快速占有市场、要树立高端的形象还是要战胜竞争对手等。

（5）市场竞争：行业或竞争对手的价格。

2. 定价方法

常见的定价方法有：

（1）成本加价法。以企业的完全成本为计算基础，加上一定的利润和税金来制定价格。用以下公式来表示：

商品售价 = 完全成本 ×（1 + 成本加成率）

（2）竞争导向定价法。企业根据行业的平均价格制定本企业的商品价格，即企业以同行业主导企业的价格为标准制定本企业的商品价格。在竞争激烈的情况下，是一种与同行和平共处、比较稳妥的定价方法，可避免风险。

（3）需求导向定价法。企业按照购买者或消费者对商品及其价值的认识程度和感觉来进行定价。同时，也可以依据消费者能够接受的最终价格，计算自己经营的成本和利润后，逆向推算出产品的批发或零售价。批发和零售商多采取这种定价方法。

（三）渠道策略

把产品移动到最终消费者手中的任何环节都称为渠道。典型的渠道包括批发商、代理商、零售商等。

1. 影响销售渠道选择的因素

（1）产品因素，包括单位产品的价值量的大小，产品重量和体积的大小，产品性能，产品档次、等级等。

（2）市场因素，包括市场的大小，用户购买习惯，市场销售的季节性和时间性，竞争者的销售渠道等。

（3）企业本身的因素，包括企业的规模大小和声誉，管理者的能力和经验，销售渠道的控制程度等。

2. 销售渠道选择方式

常见的渠道选择方式包括直接渠道和间接渠道。直接渠道是企业采用产销结合的经营方式进行销售，即商品从生产领域转移到消费领域时不经过任何中间环节；间接渠道是指商品从生产领域转移到用户手中要经过若干中间商的销售渠道。

直接渠道有销售及时、中间费用少、便于控制价格和及时了解市场、有利于提供服务等优点，但是此方法使生产者花费较多的财力物力和人力，所以消费面广、市场规模大的商品，不宜采用这种方法。间接渠道由于有中间商加入，企业可以利用中间商的知识、经验和关系，从而简化交易，缩短买卖时间，集中人力、财力和物力用于发展生产，以增强商品的销售能力。

（四）促销策略

促销是指企业利用各种信息载体与目标市场进行沟通的传播活动，包括广告、人员推销和营业推广等。

1. 广告

广告是企业以促进销售为目的，支出一定的费用，通过特定的媒体传播商品或劳务等有关经济信息的大众传播活动。

广告的功能有很多，一是宣传功能，目的是诱发消费者的初级需求；二是劝说功能，目的在于使消费者建立对某一特定品牌的选择性需求；三是提醒功能，目的是保持顾客对于某产品的记忆。广告媒体主要有报纸、电视、网络、广播、杂志、户外广告及移动媒体如微信、短视频等。选择媒体时，必须考虑几个变量，如目标受众的媒体习惯、产品性能和特点、媒介特点、费用、竞争对手的广告策略等。

2. 人员推销

人员推销是企业推销人员直接向顾客推销商品和劳务的一种促销活动。推销人员、推销对象和推销品构成人员推销的三个基本要素，推销人员是推销活动的主体。人员推销的特点主要有直接面对顾客、针对性强、反应及时、便于信息的沟通和交流等。

3. 营业推广

营业推广，是指在一定的时间内刺激消费者或中间商迅速或大量购买某一产品的促销手段。对消费者的营业推广形式主要包括：

（1）折价券。

（2）赠品：随包装赠送、试用装、试吃装等。

（3）抽奖："建议"抽奖（答对抽奖）、购物抽奖等。

（4）免费样品：逐户赠送、邮寄赠送、点面分送、随产品附赠等。

（5）减价优惠。

（6）其他：以旧换新、廉价包装、包退包换等。

四、制订营销计划

市场营销计划的制订需要经过市场调研、市场营销计划制订和书面计划三个阶段。

（一）市场调研

市场调研在此处着重在市场调研的方法和调研过程中的问题设计方面。

1. 市场调研方法

市场调研分为直接调研法和间接调研法两类：直接调研法是为了回答一个明确的营销问题而进行的调研；间接调研法则是针对其他原因而不是具体问题而进行的调研。市场调研是为了收集数据，其方法包括观察法和调查法。观察法可以获得直观的数据，如你正在考虑开一家餐馆，你可以在选定的场所前了解过往的行人和机动车辆的数量，也可以光顾家竞争者的餐馆以观察人们的点餐，他们在餐馆里停留的时长以及他们在哪一个时间段光顾餐馆。或者可以听听他们谈论的内容，以确定其喜好。调查法，通常以问卷的形式，调查手段可以是书面形式，也可以亲自询问或通过电话询问。无论调查是书面还是口头，准备一套确定的书面问题都是有益的，这就是通常所说的调研问卷，调研问卷重在问题的设计。

2. 调研过程中的问题设计

调研问卷通常使用两种类型的问题：封闭式和开放式。封闭式问题多以选择的形式，让被访问者在预设的选项中进行回答，选项多少不等，例如，在1—5分的范围进行打分，称为"数量问题"；只有两个选项的称为"是非问题"；从预先设定的选项里选择，称为"分类问题"，如年龄阶段。开放式问题则要求被访问者按照自己的意愿选择任何方式进行回答，如"你喜欢×××吗"。封闭式问题只能用特定的方式回答，因此各组的答案和统计分析容易获得；开放式问题通过多种方式回答，很难用表格形式表示统计结果，花费的时间也相对长些。

（二）市场营销计划制订

市场营销计划的制订应该关注三个方面：目标市场、目前状况和对"4P"的考虑。

1. 目标市场

对于新企业来说，目标市场准确地说应该是细分市场，如对图书市场的分类，细致到各个领域。关于目标市场的选定在营销管理过程的第二步已做介绍，这里不再赘述。初创企业市场营销计划的制订必须围绕着目标市场来进行，要充分考虑目标市场上用户的实际需求，围绕着如何满足他们的需求来制定营销计划。同时也要尽可能充分了解目标市场上竞争者的一切情况。

2. 目前状况

对于新企业来说，除了考虑客户外，需要对其他外部环境进行分析。例如，企业是在人口高速增长的地区吗？如果是，那么期待业务增长就是合理的。目前状况分析中，关键要素是考虑竞争者，比如企业竞争者的年销售额是多少？主要的经理人和董事会成员是谁？公司是独资的还是合资的？竞争者的优势是什么？竞争者的劣势是什么？竞争者的产品构成是怎么样的？价格构成是什么样的？公司有什么样的营销活动？公司产品的供货来源渠道是什么？公司是在收缩还是在扩张？

3. 对“4P”的考虑

营销计划应包括产品或服务促销、定价以及达到客户手中的详细信息，即所谓的“4P。”

定义产品时，需要描述所有的细节，如有什么特性；这些特性中有哪些是可选的；是否有不同大小、风格或颜色；产品包含什么服务要素（如送货、安装修等）；对于提供的服务，将完成哪些具体任务等细节。

价格由成本结构决定，也还包括客户可能发生的额外支出信息，如运输或安装。对于定价，还要考虑如下问题：为什么认为这个利润是合理的；价格同竞争者的价格相比怎么样；如果产品价格偏高或偏低，怎样解解或证明它是合理的。

促销方面，使用哪些促销工具，如礼券、折扣券、大减价、赠品等；如果使用，多久使用一次？

（三）书面计划

书面营销计划应包含你认为有用的有关目标市场的详细资料，还应该包括目前和近期面临的包括竞争者在内的形势分析。当然还包括财务预测、计划完成项目的预算、项目完成的时间安排以及应怎样评估进展情况。最后一项还应包括对目标的测度方法，如每月销售预测和目标销量与实际销量的比对等。

五、执行营销计划

营销计划的执行要靠组织去实施，没有一个有效且符合市场导向观念要求的组织，再好的计划也只是纸上谈兵。新企业要设定好自己的组织架构，现代企业的市场营销部门，有如下几种组织形式：第一种，职能型组织，在市场营销负责人的领导下，集合各种市场营销专业人员组成。第二种，地区型组织，按照地理区域组织、管理销售人员。第三种，产品管理型组织，适合企业生产多品种或多品牌的产品，并且产品之间的差别很大的情况。对于新企业来说，可能受限于发展规模，企业的营销团队可能仅由几名业务员组成，并未设立专门的营销部门，但也要自上而下地组织并落实。

市场营销计划在执行过程中，会受到各种各样因素的影响，为了保证企业预定的营销目标的实现，必须对企业计划和企业外部环境的变化，企业内部上下左右的协调、部门之间的利益与立场进行有效的调节与控制。有效的营销计划控制讲究科学、严格的工作程序或步骤：第一步，确定控制对象；第二步，设置控制目标；第三步，建立一套能测定营销结果的衡量尺度；第四步，确立控制标准；第五步，比较实际与标准；第六步，分析偏差原因；第七步，采取改进措施。

第二节　财务资源管理

了解初创企业的财务管理

一、财务管理的重要性

（一）财务管理的重要性

财务管理是企业管理活动的一项重要内容，创业者应树立的财务管理理念，是对资金进行的管理，主要解决企业资金的筹集、运用和分配等问题。财务管理讲求成本效益原则，通过对资金的管理，使企业资金更有效地为企业带来效益。对企业进行有效的财务管理，必须了解企业财务管理的现状和财务管理过程中存在的主要问题，并进行改进。

处于创业初期的小企业往往将管理的重点放在经营上，而忽视财务管理。企业财务管理水平如何，能否适应创业初期的管理要求，创业者必须要有一个清晰的认识。下面一些问题可以判断创业初期企业的财务管理水平：企业经营一年赚了还是亏了；如果赚了，赚了多少；是否有足够的资金保证企业的正常运转；是否每天清点营业款；营业款与销售单汇总数是否一致；收款是否自己进行；应收账款是否有专门的账簿登记；仓库是否请人管理；是否盘点过库存，多长时间盘点一次；是否请过会计处理财务税务业务；赚到的钱存在银行赚取利息，还是用来补充流动资金扩大经营……这些问题涉及企业财务管理的基本要求，如果处理得当，则基本能适应创业初期的管理要求；如果处理得不好，则企业财务必将是一本糊涂账。

（二）财务管理可能存在的问题

创立初期的企业财务管理基础十分薄弱，概括起来通常主要存在以下几个方面的问题：

1. 重经营、忽视管理，尤其不重视财务管理

财务管理是企业管理的一项重要的基础性工作，对财务管理的忽视，将制约企业的发展。

2. 只有短期打算，而无长远计划，更没有发展规划

激烈的市场竞争环境中，不进则退，企业发展不能只看眼前，还得放眼未来，给企业做一个长远的规划，让企业不断发展壮大。

3. 会计基础工作薄弱，财务管理水平低

表现为会计资料随手丢，没有妥善保存；或者基本会计资料保存了，却没有对会计资料进行有效汇总，甚至连一张报表都没有；或者虽然对会计资料进行了一些汇总，但没有对其

进行有效分析，不能充分利用会计资料为创业者决策服务。

4. 岗位分工不明确，工作职责变动大

受成本效益原则的限制，企业人员少，职责分工往往不明确，工作职责变化大。一些单位对互不相容，职位没能做到职责分离，出现一名财务人员身兼数职的情况。这会造成资产管理的巨大风险。

二、初创期的财务管理

创业初期受条件的限制和对成本的考量，对财务管理不追求高标准，但要让经营有条不紊地进行，让管理出效益，必须将财务管理的基础工作做好，为以后经营发展和进行更高标准的管理打下良好的基础。

（一）加强现金流预算与控制

企业财务管理首先应关注现金流量，而不是会计利润。现金流是创业企业的命脉，其预算与控制是财务控制的一个关键点，新企业应该通过现金流预算管理来做好现金流量控制。新企业要努力保障企业的账上有不少于 6 个月（完成一轮融资通常需要 6 个月时间）的现金储备，以避免资金断流。

（二）仔细权衡投资的回报与付出

即使在产品销售情况良好、短期现金流充裕的情况下，新企业仍然需要全面考虑新增投资的回报率、回收期，以及由于新增投资所带来的对企业现有能力的挑战和管理等连带问题；更需要客观评价新增投资的发展前景及对现有业务发展的价值。在新企业创办初期，市场竞争地位才刚刚确立，经营的过于分散化会削弱企业原有核心业务能力。

（三）充分利用产业平台

对于高科技的新企业，应该充分利用所在地区的园区、孵化器等产业平台，争取政府基金及相关政策的支持，这是一种成本相对较低的缓解现金流短缺的方法。孵化器通常是大量政府政策资源的聚集地，孵化器内的新企业在政策资源上有着得天独厚的优势，通过关注、利用政府机构制定的相关法律条例，创业者有可能争取到政策性低息贷款或无偿扶持基金（如创新基金），以及写字楼或者孵化器提供的廉价房租等。

（四）增收节支，开源节流

开源节流是企业经营中最朴实、最实用的手段和策略。节流不是简单地减少支出，而是通过费用支出结构分析、支出的必要性和经济性分析，采取措施来改善费用支出的使用效果。

（五）财务风险控制

对于初创期或成长期的企业来说，需要大量的运营资本来应付快速增长的应付账款和存货，举债经营成为企业发展的途径之一。有效利用债务可以提高企业的收益，但企业举债经营会对企业自有资金的盈利能力造成影响。由于负债要支付利息，债务人对企业的资产有优先权利，万一企业经营不善，或有其他不利因素，则企业资不抵债、破产倒闭的风险就会加大。因此，新企业必须正确客观地评估财务风险，采取稳步发展的财务策略。

（六）资金控制

在市场竞争异常激烈的今天，新企业往往不得不以信用形式进行业务交易，经营中应收账款比率难以降低。应收账款是一个重要的财务控制点。应收账款是指尚未收回的货款或者所提供服务应得的款项，许多大企业认为可以延迟支付小企业或新企业的欠款，因为小企业或新企业几乎没有讨价议价的能力。另外，许多新企业或者处于发展早期的企业经常通过给那些风险更大、在别处贷不到款的客户更大的个人信誉（以个人信誉来担保的应收账款）来获得业务，但这样做的隐患很大，许多初创期企业都由于未能收回欠款而导致破产。

新企业控制好应收账款应处理好三方面的问题：一是客观评价客户资信程度；二是建立合理的信用标准；三是对所发生的应收账款和客户要强化管理，制定催款计划，定期向赊销客户寄送对账单和催缴欠款通知书，或者拨打催款电话，同时要对经常性业务往来的赊销客户进行单独管理。

第三节　人力资源管理

了解初创企业的人力资源管理

企业在初创时期是最需要人才的时候，生产、销售、财务、运营都需要有水平、能胜任的人才，而创业初期的人才匮乏是初创企业经常面临的困境之一。因为无论少了哪个方面的专业管理人才，都有可能使初创企业这片小舟驶向险滩。具体而言，初创企业人力资源管理的核心工作主要有招聘与配置、员工激励及员工职业生涯管理。

一、招聘与配置

企业的持续健康发展离不开对人力资源的有效管理。拥有一支素质优良、结构合理、能够满足企业岗位工作要求的人力资源队伍，是企业生存与发展的关键。因此，招聘与配置是企业人力资源管理中最关键的环节，对企业人力资源的引进、使用、开发和管理都起着至关重要的作用，这项工作的好坏直接影响企业的发展。

（一）招聘与配置的含义

招聘与配置是指企业根据发展和岗位要求，通过一定的程序，把具有相应知识、技能和其他特性的人员招募进来并将其安排到合适的岗位上的过程。招聘与配置的过程从客观上来说，是一种企业与个人之间双向选择和匹配的动态博弈过程，是企业管理中最为重要的基础之一。要做好企业员工的招聘与配置工作，就需要从企业的实际发展情况出发，做出有针对性的招聘与配置方案。

从企业内部来说，招聘与配置关系到企业的生存和发展。一个企业只有招聘到合格的人员，把合适的人员安排在合适的岗位上，并在工作中重视员工的培训和发展，才能确保员工队伍的素质适应企业的需要，也才能使企业具备有效应对外部激烈竞争的能力。

从企业外部来说，一次成功的招聘活动就是一次成功的公关活动，是对企业形象的绝好宣传。从招聘信息的发布到招聘过程中的测试，直至最后的录用，都为企业创造了扩大知名度的机会。

（二）招聘与配置的原则

任何企业无论招聘多少人，也无论招聘工作由谁完成，必须遵守一定的原则才能确保整个招聘与配置工作的有效性。

1. 前瞻性原则

招聘与配置的任务不是简单地招录以填补岗位空缺的人员，而是要获取企业发展的战略资源。在招聘过程中，企业不仅要关心所招聘人员能否胜任目前的工作，而且还要更加关注企业的长远战略规划，关注所招聘人员能否支持企业发展目标的实现。企业应从战略的高度制定人力资源规划，并依切实可行的招聘计划指导招聘工作，减少招聘的盲目性，提高招聘效率。

2. 能级匹配原则

招聘与配置应该本着因职选人、因能量级的原则，既不可过度追求低成本造成小材大用，也不可盲目攀比，造成大材小用。小材大用会贻误工作，而大材小用则会导致人才高消费。现实企业中，这种现象也很普遍。有关资料显示，大多数企业、单位招用的高学历人才并没有被安置在合适的岗位上并发挥其最大作用，有的长期闲置，有的高能低就。这种不顾实际需要，盲目引进"千里马"的做法只会导致企业人力成本的上升和组织之间的恶性竞争，危害极大。

能级匹配原则要求在招聘中"不求最好，但求合适"，即在合适的基础上要给岗位胜任度留有一定的空间，挑选既能较大程度满足岗位能力需求，又具备一定的提升空间和培养潜力的人才，使其"永远有差距，永远有追求"。

3. 竞争原则

首先，招聘与配置方案的设计要经过简历分析、结构化面试、心理和行为测试、业绩考核等一系列过程，来评判应聘者的优劣高下，以便在竞争中择优录取。其次，企业必须设法动员和吸引更多的人来应聘，竞争越激烈，就越容易选拔到优秀人才。

4. 差异化原则

企业应该根据人员不同的种类，针对不同类型人力资源的不同特点以及对企业的重要程度，分别采取不同的招聘方法和策略。在招聘面试团队组建、招聘渠道选择、甄选技术、人才的吸引和保留等方面，均应根据不同招聘对象的特点有针对性地选择不同的方法和策略。

5. 突出核心员工原则

招聘与配置工作必须紧紧围绕提高组织绩效、提高组织核心竞争力、促进组织战略目标的实现这个中心，而要实现这一任务，就必须突出核心员工的地位和作用，把核心员工招聘作为招聘工作的首要任务。一个企业的核心能力突出地表现在企业所拥有的核心员工身上。

6. 全面考查原则

人才难得更难识，对于人才的识别一定要坚持全面考查的原则。也就是说，要全方位、多角度地考察应聘者，不仅要看一个人的学历、专业，还要深入了解求职者的工作经历与背景，从其职务的变动、所从事的主要工作、个人成长学习和培训经历、工作成果等多方面、分层次地对求职者进行考察。要根据任职条件和职位发展的要求，尽可能全方位、多角度地进行评价，通过对应聘者的上级、下级、平级以及直接或间接的客户进行调查，确保所招聘员工的特长和优势与企业的职位、企业需要和长期发展要求相适应。

二、员工激励

（一）建立一个共同愿景

在创业团队规模还比较小、产品和业务主线还不是很清晰的时候，创始人的个人影响力在团队激励中有很重要的作用。对于那些在创业之初就跟着你的人来说，他们更看重的是创始人本身，他们的加入往往是抱着一种“我相信这个人”的心态。

创业者需要建立和强调公司共同的发展愿景：创业的目的是什么？我们目前正在做的事情是为了什么？未来想要达到什么目标？成功后每个人会有什么收获？一个明确的方向会让大家更容易受到鼓舞，在迷茫的时候重新审视方向，并朝着同一个目标去努力。

（二）将目标细分

“画饼”当然重要，但创业公司的成功也不能只靠画饼，因此，在带领团队往前冲的时候，创始人要给团队成员制定清晰的规划。目标细分是为了让团队成员能够持续保持成就感。这个规划应具体到要做哪些事情：比如明确未来 3 个月公司最需要完成的目标是什么？为了达成这个大目标，每个阶段的目标是什么？具体到每个职能的负责人，需要完成什么目标？

（三）保持团队沟通，增强团队意识

在刚开始创业的时候，因为有太多的不确定因素，因此保持固定频率的沟通和反馈是很重要的。要让每个人都知道其他人在做什么，自己是否有什么能配合的地方，而不是只管自己的工作、做自己的事情。最简单的方式是每天的晨会，这样做的目的一方面是创始人可以及时了解每个员工的工作进度，同时能让员工有团队意识，了解别人的工作，并互相支持。

（四）建立企业文化，保持一致的价值观

所有的创业者都了解，一个统一的价值观对于整个公司团队的重要性。而最常用和普遍的做法是，在召开全体员工会议时，灌输企业文化，告诉员工为什么公司要这么做，而不那么做，让他们理解背后的原因。另一方面，保持和公司中层的互动与沟通很重要，确保核心团队的成员能够理解公司的价值观，他们的做法和态度会进而影响自己的部门员工。

（五）设立适当的竞争制度和奖励制度

快速发展和扩张的创业公司，内部员工也一直保持着快速迭代——既有新鲜血液的加入，也有不得不被淘汰的旧人。所以设立适当的竞争和奖励制度就很重要，一方面可以激发团队的动力，另一方面，也能作为他们自我判断的依据。有竞争就要有奖惩，因此创业公司内部可以设立一些更灵活的激励奖项，既可以是物质奖励，也可以是名誉奖励，以此来随时表彰一些为公司付出且有所成绩的员工。

（六）提供更多的轮岗机会，支持员工多元化发展

当公司初步发展，有了更丰富的职能和岗位需求时，对于那些愿意接受挑战，或是想要转换一下岗位的员工来说，根据自己的兴趣和能力选择尝试其他的岗位也是一种很好的激励。因此开放各种岗位，接受跨界员工，并及时地赋予他们责任都是很有效的做法，毕竟让员工实现自我价值本身就是一种很好的激励。

三、员工职业生涯管理

员工职业生涯发展是企业发展的基础，只有充分发挥员工的主观能动性，在企业建立以人为本的职业生涯开发与管理的目标体系，帮助每个员工实现自我价值，通过做好员工的职业生涯开发与管理，把企业的人力资源最大限度地变成人力资本，企业才能最终实现未来的愿景。重视并规划员工职业生涯发展的组织，在提高其员工满意度与工作积极性方面，具有十分重要的作用，同时职业生涯规划与管理也是组织有效的人力资源战略规划的重要基础。

第四节 发展战略管理

了解初创企业的发展战略管理

初创企业的成长与发展是一个动态的过程，是在变革创新和强化管理的基础上，通过各种资源的不断积累与整合，从而实现企业持续发展的过程。初创企业发展管理战略主要有以下几个方面。

一、整合外部资源，追求外部增长

初创企业由于规模小，各种资源相对匮乏，为了在不确定的环境中持续成长，企业须学会整合外部资源，发挥资源的杠杆效应。企业可通过缔结战略联盟、首次公开上市、特许经营等方式实现企业成长。

（一）缔结战略联盟

新企业可缔结垂直联盟，使在营销上下游环节上的不同企业以垂直一体化的形式共享利益，共担风险，长期合作，得以生存。例如，制造商与经销商或供应商联盟。新企业还可以缔结水平联盟，使不同行业的企业共同营销，共担营销费用，并在产品促销、营销宣传、品牌建设等方面实现资源共享。例如，生产刀具的企业与生产厨房家电的企业联盟。

（二）首次公开上市

当新企业发展到一定规模，符合首次公开上市的要求，则可选择该方案。公开上市可带来以下效益：首先，能为企业发展在资本市场上获得所需要的大量资本，企业以增发股份等方式获取扩张资本，也获得企业再融资的能力使其他金融机构对企业充满信心；其次，可提高企业的知名度和可信度，企业上市，在受投资者监督的同时，也能提升企业知名度，提高企业在利益相关者（如消费者、供应商和投资者）心目中的可信度；再次，能为创业者和企业家在短期内创造大量财富，实现财富聚集；最后，可为企业员工和股东创造财富，赢得预期的资本流动性。

案例学习 12－3

创业板优先选择“两高六新”创业企业

党的二十大报告中指出：“推动战略性新兴产业融合集群发展，构建新一代信息技术、人工智能、生物技术、新能源、新材料、高端装备、绿色环保等一批新的增长引擎。构建优质高效的服务业新体系，推动现代服务业同先进制造业、现代农业深度融合。”

高科技：国家发改委数据显示，65%的发明专利、80%以上的新产品开发都由中小企业完成。支持具有自主创新能力、掌握行业核心技术的企业，如拥有发明专利、关键专有技术等。

高成长：随着经济的发展，很多以前未被关注的行业涌现出很高的成长空间，而从事这些行业的多数为小企业。如服务、健康、体育产业。

新经济：近年来市场专业分工趋势明显，一些从事专业化运作的公司通过经营模式的创新形成了独特的经济模式和竞争优势。如：专业化物流、连锁营销。

新服务：主导产业和人民生活水平的快速发展使得配套服务行业需求大幅提高，为满足市场需求而诞生的创业企业将有很大的成长空间。如：信息、检测、医疗。

新能源：替代有限资源、开发洁净能源是当前世界发展的重要深题。国内从事新能源开发的创业企业严重缺乏资金。如：太阳能、单晶硅、风电。

新材料：近年来很多创业企业利用自有技术投入到新材料、新产品的开发中，为经济发展、环保和节能事业的推进做出了很大贡献。如：环保、节能新材料产业。

新农业：国家政策的支持、农产品市场价格的提高使得很多创业企业从事新农业产品开发或服务业务，从而提高我国农业产业化的进程。如：苗种产业。

新商业模式：包括连锁经营、收益分成、虚拟经济等。

（根据资料来源：张于喆：加快战略性新兴产业融合集群发展，人民网，2023年06月01日。）

（三）特许经营

当新企业达到一定规模，可有偿使用已成功创业的品牌、工艺、产品或服务，借助特许经营的方式降低企业经营风险，即通过特许经营化解企业在产品可信度、经营管理技能、资本需求、经营经验与市场营销知识、企业运营与结构控制等方面的风险。同时，创业者要在取得特许经营权之前对机会进行深入调查，避免高素质员工选聘难、管理监控不力给特许经营带来的影响。企业还可以通过合资经营、收购及兼并等方式，实现可持续发展。

二、及时实现从创造资源到管好用好资源的转变

从创造资源到管好用好资源是指企业在开发创造各种生产经营必需资源的同时，采取必要措施，加强对各种资源的管理，并充分利用已开发的资源为企业创造更大价值，实现创造与利用并举。

企业只注重创造资源，忽视对所创造价值进行科学管理和有效利用，容易导致某些资源被企业内部的个人占用，使企业蒙受经济损失，无形中企业也会培养出一批同行业竞争对手。相反，企业在生产经营中树立创造资源、管理资源和利用资源并重的管理理念与经营思想，建立企业资源管理制度和资源利用监督机制，加强对企业核心技术人员与员工核心技

术、关键设备、客户关系等的管理，可以使企业核心竞争力得到提升，企业利润保持在稳定的水平上，在同行业中赢得认可并占据优势。

三、形成比较固定的企业价值观和文化氛围

企业价值观是在长期生产经营活动中逐渐形成的，由企业管理者和员工共同分享的价值观念，是企业成长与发展的灵魂。企业一般以口号、成语、隐喻、谚语等形式，将自身的价值观传递给员工，使员工明确企业的目标，领悟企业的精神，并努力把企业的价值追求内化为生产经营的实际行动。作为企业文化精髓的价值观，是企业正确处理企业与员工之间、企业与客户之间、企业与市场之间等一系列关系问题的准则，主要表现为企业对企业宗旨、企业精神、企业经营理念、员工价值观等方面的价值判断。企业价值观虽然是无形的，却融入了企业成长的全过程之中，渗透在企业生产经营发展的方方面面，如怎样实现与那些帮助企业创造财富的员工一起分享财富与企业的成功，以何种方式回报社区与社会，如何利用和节约资源、保护生态环境等。

企业文化氛围是由企业员工对企业的使命和愿景的期望及创业者的目标、理念和态度共同形成的，是企业应对成长过程中出现的一系列问题的关键。新企业在制定兼顾长远目标的短期目标、设立高水平的道德标准、激发员工个人能动性、提供共享的快速信息、采用特定的管理方式、打造清晰的团队精神等方面所形成的文化氛围，会对企业的业绩产生十分显著的影响。因为员工清楚创业者及管理团队的目标追求与管理方式后，其在生产经营中的付出与努力将直接反映在企业业绩上，从而促进新企业成长。

随着新企业规模日益壮大，组织结构与员工人数发生变化，管理复杂性加大，创业者必须及时提出有利于企业凝聚力的企业价值观，形成攻坚克难的文化氛围，并将其巩固下来、发展下去，才能避免企业成长过程中因生产经营出现的问题而给企业发展造成的危害。

案例学习 12－4

知名企业核心价值观

华为：

1. 以客户为中心，它可以确定奋斗的方向。
2. 以奋斗者为本，它可以提供活力的源泉。
3. 长期艰苦奋斗，这是对人修身的一个过程。
4. 坚持自我批判，在批判中能够得到修心。

海尔：

1. 是非观：永远以客户为是，以自己为非——海尔创造用户的动力。
2. 发展观：创新创业的两创精神——海尔文化不变的基因。
3. 利益观：人单合一双赢——海尔永续经营的保障。

鸿星尔克：

诚信：即言必信，行必果。

创新：即与时俱进，敢于革新，勇于突破。

协同：即统一思想、明确目标、团结协作。

高效：即强执行、重实效、高效益。

四、注重用成长的方式解决成长过程中的问题

用成长的方式解决成长过程中出现的问题，其本质是推动并领导变革。新企业成长意味着企业壮大，企业规模效果显现。随着新企业知名度提升，能吸引更多利益相关者的关心与信任，企业绩效、议价能力与社会地位在提高，企业与员工的财富在增加，但同时，企业经营管理问题也日益凸显。此时，新企业可通过以下途径解决问题：

（一）创新人力资源管理

人力资源是企业实行变革与创新最重要的因素，即企业实行变革与创新需要强有力的管理团队和高素质的管理人员。企业应采取积极的人力资源政策，加大人力资源管理创新的力度。创新人才内部培养机制，并开发企业现有人才的潜力；激励人才，留住人才，创新人才引进机制，注重高层次人才的挖掘；创新利润分配机制，使其成为企业变革成功持续成长的决定力量。

（二）创新经营体系

新企业规模上的扩大，日常业务经营活动量的增加，使日常经营管理工作日益繁杂。企业必须在原有经营管理的基础上创新经营体系，构建科学合理的企业日常经营管理系统，其内容覆盖员工招聘与培训、企业采购、生产、运输、销售等各环节，以实现经营管理的连续性与有效性。

（三）掌握变革与创新的切入点

进入成长期的企业要善于掌握变革与创新的切入点，或从经营策略切入，或从竞争策略切入，或从售后服务切入，由点及面、逐步推进。由于企业成长性强，能为变革与创新提供所必需的相关资源，因此，变革与创新的成本较小；由于局部变革与创新短期内易产生效果，因此，变革与创新的见效较快；由于局部变革与创新失控性小，因此，变革与创新易被控制。

五、从过分追求速度到突出企业的价值增加

新企业成长主要表现为规模的增长，具体体现在销售额的增长与利润的增加等。当企业过分追求发展速度时，往往导致销售额增长很快，利润却没有增加，企业价值的增值也没有得到充分的体现，会影响企业的持续成长。因此，当新企业发展到一定程度时，就要依靠企业经营结构、组织结构、技术结构等方面的更新与完善，依靠企业内部资源配置的变化和核心竞争力，使企业从过分追求速度向企业价值增加的方向转移和扩展，以获得最大的价值增值，获得长期稳定的增长。

打造企业品牌是实现企业价值增值的重要战略。企业经营实践表明，品牌可以帮助企业产品或服务提高附加值，是企业的产品或服务建立差异化竞争优势的强有力手段。品牌已逐渐成为企业综合实力的象征，成功的品牌定位能使企业扩大知名度，建立信誉度，提高竞争力。新企业应把品牌定位提升到战略高度，作为企业成长管理中的一个重要象征，避免品牌培育或品牌定位错误而影响企业成长的市场机会，甚至导致企业的失败。

思考与练习

一、市场定位与目标客户

结合你的创业项目，请做如下思考与训练（也可以分析其他创业企业的案例）：

1. 项目的目标市场上消费者的特点有哪些？竞争情况怎样？

2. 项目的产品或服务的市场定位是什么样的？

二、分析企业资金管理常会出现的一些问题，根据拟创办的企业的自身情况（也可以分析其他创业企业的案例），制定企业现金管理和使用制度，制定公司成本控制的有效措施。

要求：

1. 了解企业所属行业的资金运作特点。

2. 通过网络等途径搜集相关行业企业的资金运作情况。

3. 讨论同行企业的资金运作特点，总结哪些经验可以借鉴。

三、结合自己拟创业项目，做如下思考与训练（也可以分析其他创业企业的案例）：

1. 预测企业人力资源需求情况。

2. 通过网络等途径搜集相关行业企业的人力资源管理情况。

3. 讨论并提交一份初步的人力资源规划。

四、选择一个你比较熟悉的行业，并从中选择两个有代表性的企业作为研究对象，对这两个企业的成长发展进行对比分析，包括其成长背景、成长历程、成长速度、成长战略、成长特点等，整理分析结论并总结从对比分析中获得的启示。

提示：所选择的企业可以是行业内两个非常优秀的企业，如华为和中兴、国美与苏宁；也可以是处于不同战略集团的企业，如丰田和吉利、万达与万通等。

评分标准：能简明扼要描述案例中企业的成长发展情况（25 分）；能分析不同企业的发展战略（50 分）；能从分析中获得启发（25 分）。

主要参考文献

[1] 江远涛：《商业生态圈》，当代世界出版社 2006 年版。
[2] 罗鲜：《做事要会算计》，中国物资出版社 2007 年版。
[3] 林敏：《影响你一生的习惯》，中国长安出版社 2008 年版。
[4] 丁继安：《大学生创业实践》，浙江大学出版社，2011 年版。
[5] 李肖鸣，朱建新：《大学生创业基础（第 2 版）》，清华大学出版社 2013 年版。
[6] 付晓容：《大学生创业管理指导》，重庆大学出版社 2017 年版。
[7] 陈永奎：《大学生创新创业基础教程》，经济管理出版社 2015 年版。
[8] 刘艳彬，李兴森：《大学生创新创业教程》，人民邮电出版社 2016 年版。
[9] 石冬喜：《创新创业指导》，西安交通大学出版社 2016 年版。
[10] 张钱，李强，詹一览：《大学生创新创业教育教程》，上海交通大学出版社 2017 年版。
[11] 穆建国，任彩银，程凯：《大学生创新与创业》，上海交通大学出版社 2016 年版。
[12] 郭金玫，珠兰：《大学生创新创业基础》，上海交通大学出版社 2017 年版。
[13] 马雅红：《大学生创新创业教育基础与能力训练》，北京理工大学出版社 2016 年版。
[14] 张丛，于元涛，刁玉锋：《创新创业教程》，上海交通大学出版社 2017 年版。
[15] 万玉青，李运楼，黄凤芝：《大学生创新创业基础训练教程》，上海交通大学出版社 2016 年版。
[16] 钱红，周秀娥：《职业发展与创新创业》，南京大学出版社 2016 年版。
[17] 李肖鸣，孙逸，宋柏红：《大学生创业基础》，清华大学出版社 2016 年版。
[18] 付冬娟，杨芳：《大学生创业教育与实践》，高等教育出版社 2016 年版。
[19] 陈晓敏，陈李彬，田敏：《创新创业教育入门与实战》，清华大学出版社 2017 年版。
[20] 张强，段丽华，操江涛：《创新创业基础》，高等教育出版社 2018 年版。
[21] 丛子斌：《创新创业教育》，高等教育出版社 2016 年版。
[22] 黄远征，陈劲，张有明：《创新与创业基础教程》，清华大学出版社 2017 年版。
[23] 吴泽俊："高校创新创业教育及其启示"，《南昌工程学院学报》，2007 年第 5 期。
[24] 马雅红：《大学生创新创业教育基础与能力训练》，北京理工大学出版社 2016 年版。
[25] 郭金玫，珠兰：《大学生创新创业基础》，上海交通大学出版社 2017 年版。
[26] 穆建国，任彩银，程凯：《大学生创新与创业》，上海交通大学出版社 2016 年版。

［27］张钱，李强，詹一览：《大学生创新创业教育教程》，上海交通大学出版社 2017 年版。

［28］孙伟，李长智：《创新创业教程》，清华大学出版社 2017 年版。

［29］李静薇：《创业教育对大学生创业意向的作用机制研究》，中国经济出版社 2016 年版。

［30］罗伯特·希斯里奇、科劳丁·卡尼著，董正英译：《公司内部创业》，中国人民大学出版社 2018 年版。

［31］陈新达、桂舟：《大学生创新创业》，清华大学出版社 2018 年版。

［32］杨炜苗：《大学生创新创业》，中国传媒大学出版社 2018 年版。

［33］许勋恩：《创业基础》，厦门大学出版社 2017 年版。

［34］刘星原：《商学通论》，陕西科学技术出版社 1998 年版。

［35］周荣，莫海兵："高校创业教育实训模式研究"，《北京教育（高教）》，2013 年第 5 期。

［36］雷家骕，冯婉玲：《高新技术创业管理》，机械工业出版社 2001 年版。

［37］约翰·贝赞特著，牛芳，池军，田新译：《管理教材译丛：创新与创业管理》，机械工业出版社 2013 年版。

［38］孙洪义：《创新创业基础》，机械工业出版社 2016 年版。

［39］顾庆良：《企业和创新创业精神》，北京大学出版社 2016 年版。

［40］陈虹宇、曹颖著：《"互联网 +"大学生创新创业入门》，中国水利水电出版社 2018 年版。

［41］曹裕，陈劲著：《创新思维与创新管理》，清华大学出版社 2017 年版。

［42］陈晓暾，陈李彬，田敏著：《创新创业教育入门与实战》，清华大学出版社 2018 年版。

［43］秦立栓、孙桂生著：《大学生创新创业理论与实践指导》，经济科学出版社 2017 年版。

［44］赵永楷，王东杰著：《创新与创业》，中国人民大学出版社 2017 年版。

［45］刘胜辉：《大学生创新创业基础（第 2 版）》，北京理工大学出版社 2017 年版。

［46］王宏：《高校大学生创新创业能力培育研究》，吉林人民出版社 2017 年版。

［47］薛永基：《大学生创新创业案例集》，北京理工大学出版社 2017 年版。

［48］陈叶梅，贾志永，王彦：《大学生创新创业基础》，西南交通大学出版社 2016 年版。

［49］刘海滨，孙洁珺：《创新创业教育实证研究》，吉林人民出版社 2016 年版。

［50］薛艺，乔宝刚：《创行大学生创新创业实务》，中国海洋大学出版社 2016 年版。

［51］刘亮：《区域创新、创业与经济增长》，复旦大学出版社 2012 年版。

［52］徐占东、陈文娟："大学生创业特质、创业动机及新创企业成长关系研究"，《科技进步与对策》，2016 年第 12 期。

［53］唐永红："'互联网 +'背景下大学生创新创业的机遇和挑战"，《中国培训》，2017 年第 7 期。

［54］雷家骕，冯婉玲：《高新技术创业管理》，机械工业出版社 2001 年版。

[55] 布鲁斯·巴林格、杜安·爱尔兰著，李俊薛红志等译：《创业管理：成功创建新企业》，机械工业出版社 2010 年版。

[56] 杨东华：《中国青年创业案例精选 第二辑》，清华大学出版社 2012 年版。

[57] 丁继安：《大学生创业实践》，浙江大学出版社 2011 年版。

[58] 李肖鸣，朱建新：《大学生创业基础（第 2 版）》，清华大学出版社 2013 年版。

[59] 付晓容：《大学生创业管理指导》，重庆大学出版社 2017 年版。